华东政法大学65周年校庆文丛

网中之我：
何明升网络社会论稿

何明升 / 著

法律出版社
LAW PRESS·CHINA

崛起、奋进与辉煌
——华东政法大学65周年校庆文丛总序

2017年，是华东政法大学65华诞。65年来，华政人秉持着“逆境中崛起，忧患中奋进，辉煌中卓越”的精神，菁莪造士，棫朴作人。学校始终坚持将学术研究与育人、育德相结合，为全面推进依法治国做出了巨大的贡献，为国家、为社会培养和输送了大量法治人才。一代代华政学子自强不息，青蓝相接，成为社会的中坚、事业的巨擘、国家的栋梁，为社会主义现代化和法治国家建设不断添砖加瓦。

65年栉风沐雨，华政洗尽铅华，砥砺前行。1952年，华政在原圣约翰大学、复旦大学、南京大学、东吴大学、厦门大学、沪江大学、安徽大学、上海学院、震旦大学九所院校的法律系、政治系和社会系的基础上组建而成。历经65年的沧桑变革与辛勤耕耘，华政现已发展成为一所以法学为主，兼有政治学、经济学、管理学、文学、工学等学科的办学特色鲜明的多科性大学，人才培养硕果累累，科研事业蒸蒸日上，课程教学、实践教学步步登高，国际交流与社会合作事业欣欣向荣，国家级项目、高质量论文等科研成果数量长居全国政法院校前列，被誉为法学教育的“东方明珠”。

登高望远，脚踏实地。站在新的起点上，学校进一步贯彻落实“以人为本，依法治校，质量为先，特色兴校”的办学理念，秉持“立德树人，德法兼修”的人才培养目标，努力形成“三全育人”的培养管理格局，培养更多应用型、复合型、高素质的创新人才，为全力推进法治中国建设和高等教育改革做出新的贡献！

革故鼎新，继往开来。65周年校庆是华东政法大学发展史上的重要里程碑，更是迈向新征程开创新辉煌的重要机遇。当前华政正抢抓国家“双一流”建设的战略机遇，深度聚焦学校“十三五”规划目标，紧紧围绕学校综合改革“四梁八柱”整体布局，坚持“开门办学、开放办学、创新办学”发展理念，深化

“教学立校、学术兴校、人才强校”发展模式，构建“法科一流、多科融合”发展格局，深入实施“两基地（高端法律及法学相关学科人才培养基地、法学及相关学科研究基地）、两中心（中外法律文献中心、中国法治战略研究中心）、一平台（“互联网＋法律”大数据平台）”发展战略，进一步夯实基础、深化特色、提升实力。同时，华政正着力推进“两院两部一市”共建项目，力争到21世纪中叶，能把学校建设成为一所“国际知名、国内领先，法科一流、多科融合，特色鲜明、创新发展，推动法治文明进步的高水平应用研究型大学和令人向往的高雅学府”。

薪火相传，生生不息。65周年校庆既是对辉煌历史的回望、检阅，也是对崭新篇章的伏笔、铺陈。在饱览华政园风姿绰约、恢弘大气景观的同时，我们始终不会忘却风雨兼程、踏实肯干的“帐篷精神”。近些年来，学校的国家社科基金法学类课题立项数持续名列全国第一，国家社科基金重大项目和教育部重大项目取得历史性突破，主要核心期刊发文量多年位居前茅。据中国法学创新网发布的最新法学各学科的十强排名，学校在法理学和国际法学两个领域排名居全国第一。当然我们深知，办学治校犹如逆水行舟，机遇与挑战并存，雄关漫道，吾辈唯有勠力同心。

为迎接65周年校庆，进一步提升华政的学术影响力、贡献力，学校研究决定启动65周年校庆文丛工作，在全校范围内遴选优秀学术成果，集结成书出版。文丛不仅囊括了近年来华政法学、政治学、经济学、管理学、文学等学科的优秀学术成果，也包含了华政知名学者的个人论文集。这样的安排，既是对华政65华诞的贺礼，也是向广大教职员工长期以来为学校发展做出极大贡献的致敬。

65芳华，荣耀秋菊，华茂春松，似惊鸿一瞥，更如流风回雪。衷心祝愿华政铸就更灿烂的辉煌，衷心希望华政人做出更杰出的贡献。

华东政法大学65周年校庆文丛编委会

2017年7月

目　　录

第一章　信息技术与网络社会　1

第一节　现代信息技术的技术特性与社会效应　1
第二节　信息化的社会学含义——一个技术社会学问题　6
第三节　复杂巨系统：互联网——社会研究的一个新视角　13
第四节　“网络社会”的概念辨析　23
第五节　网络行为的哲学意义　39
第六节　信息化进程中的生活观转型问题　45
第七节　论“在线”生存　50
第八节　论“在线”与“在世”的关系　60
第九节　在线生存：现代性的另一种呈现　69
第十节　虚拟和谐：网络社会系统的一种理想状态　78

第二章　网络化生存样态　88

第一节　网络生活中的情景定义与主体特征　88
第二节　网络生活中的虚拟认同问题　91
第三节　互联网与消费形态的跃迁　99
第四节　关于网络消费的理论解说　105
第五节　网络消费的数学模型与应用分析　109
第六节　网络消费的测度及其管理意义　115
第七节　网络消费的制度化过程　122
第八节　发达国家的网络消费管理　127
第九节　网络消费管理模式初探　134

第十节　我国网络消费的问题分析　142

第三章　网络化结构效能　154

第一节　一种新的社区形式：网络社区　154
第二节　虚拟公共领域功能实现的过程　159
第三节　网络集体行动的意义建构——基于斯图亚特·霍尔的编码—解码理论的分析　166
第四节　行动者网络理论的困境及出路——以虚拟社区系统的社会建构为例　176
第五节　演化博弈论在虚拟企业和谐互动研究中的应用　186
第六节　基于Weisbuch-Deffuant模型的网络舆论演化模式研究　192
第七节　电子政务：政府与公众互动规则的技术化呈现　204
第八节　网络文化建设的两个视点与多主体协同发展　211
第九节　我国网络文化建设的多主体协同发展战略　224
第十节　网络文化的工具性因缘及其多样化共享问题——兼论中国特色网络文化的学理依据　235

第四章　网络越轨与网络治理　248

第一节　网络侵犯行为：多视角解读　248
第二节　网络成瘾与病态人格的选择性亲和　254
第三节　青少年网络越轨：虚拟和谐视角　260
第四节　网络秩序的生成机理：从分层演化到共生演化　269
第五节　基于进化博弈理论的网络秩序生成机理研究　275
第六节　电信技术选择管制的理论与政策分析　279
第七节　虚拟社会治理的概念定位与核心议题　290
第八节　网络治理：政策工具与推进逻辑　305
第九节　中国网络治理的定位及现实路径　322
后　记　337

第一章　信息技术与网络社会

第一节　现代信息技术的技术特性与社会效应*

一、问题的提出

近年来，信息化及其社会效应已经成为一个热门话题。由于技术的社会效应是由其技术特性所决定的，因此学术界所关注的一个核心问题是：现代信息技术具有哪些技术特性，由此而引发的社会效应是什么。

学术界普遍认为，现代信息技术具有革命性质。胡继武考察了信息科学的发展历史，他认为"语言的产生是人类自开天辟地以来所经历的第一次大的信息革命"。此后，历经文字、造纸和印刷术、电报电话和广播，人们又经历了三次信息革命，而现代信息科学则是第五次信息革命。金吾伦则更为简约地认为，语言和文字的出现是信息通信和人类文明发展史上的大飞跃；而第一次信息技术革命则是由印刷机所导致的，也就是说，是由机械技术应用于信息通信领域而形成的……而今，由计算机和通信技术的结合、"信息高速公路"的建设引发的第二次信息技术革命，对人类产生的影响将远比第一次信息技术革命所产生的影响要巨大而深远得多。

从技术史看，有些新的概念框架（如牛顿、爱因斯坦的概念

---

* 原载《信息世界》1998年第2期。

框架）是具有革命性的，它们会引起科技与社会的巨大变革。现代信息科学的概念框架是革命性的，它已经并将继续对社会进行剧烈的冲击，这是其技术特性的逻辑结果。因此，现代信息技术的技术特性与社会效应是当代学术界富有魅力的研究主题。

二、现代信息技术及其技术特性

（一）现代信息技术的核心内容

信息技术是能够扩展人的信息器官功能的技术，它与人类社会一起不断进步。我国信息技术专家童志鹏教授将现代信息技术体系划分为信息基础技术、信息作业技术、信息系统技术。现代信息技术进步主要是信息作业方面的发展，这也是信息技术的主体部分。其中，计算机技术和通信技术是现代信息技术的典型领域；微电子技术和信息材料技术是现代信息技术的支撑技术和基础技术。

依此看来，现代信息技术的核心内容是计算机技术和通信技术，为此，美国学者还创造了一个新词Compunication（计算机通信）。实际上，在相当一部分技术专家看来，信息化的技术内涵就是计算机化加通信化，如俄国信息专家格莉米扎所言：在全世界组建全球性的信息网络，并将它们联成统一的信息空间，简要地说，建设将世界上所有存储的信息变成每个人的财富的人类共同体——就是信息化。这实质上是一个计算机技术与通信技术的综合运用过程，而“信息高速公路”正是这种综合运用的范例。

（二）现代信息技术的技术特性

以计算机、通信技术为核心的现代信息技术，与文字、电报、电话、广播等较传统的信息手段相比，具有独特的技术特性。

1.数字化

20世纪30年代，克劳德·商农完成了他的硕士论文：《计算机电路（关代表真，开代表假）如何才能完成逻辑操作》，这是计算机对所有信息进行编译、存储和使用的二进制代码系统。时至今日，这些被称为“比特”（bit）的“1”或“0”不仅可以表示开或关、上或下、黑或白、出或入，而且可以表示几乎所有的人类信息。在过去的25年中，我们极大地扩展了二进制的语汇，使它包含了大量数字以外的东西。越来越多的信息，如声音和影像，都被数字化了，被简化为同样的1或0。因此，数字化已经成为现代信息技术的首要的技术特性，被人比作“信息DNA”。

商农的信息理论闯入实践之门的重要突破是所谓“数据压缩技术”，它对于计算机和通信都十分关键。虽然任何信息都可以数字化，但数字化信息却十分冗长。此时，根据商农的“信息就是减少不确定性”的概念框架进行数据压缩，既可删除无意义的数字代码，又无损于信息含量。此外，由于数字传输具有高保真的纠错功能，因而为远距离通信预设了“先天优势”。

2.网络化

数台计算机形成一个信息交互系统则可称为“互联网”或“网络”。这种网络化技术可以使互联网成为一个相对独立的整体，并采用一种标准的计算机网络语言使所有的计算机得以相互交流。目前，人们所熟知的国际互联网实际上是全球性的各种计算机“网络的网络”，是“信息高速公路”的干线。

数字化信息的网络化交流，在技术上依赖于TCP（传输控制协议）和IP（网络层协议），它可以保证各种信息安全、可靠地到达指定地。各种不同类型的计算机都可以采用网关与Internet相通，从而使“信息高速公路”成为一个巨大的全球信息网。美国天体物理学家拉里·斯马尔认为：“这是自古腾堡以来所发生的最根本的变化，这种相互连接的网络基本上是时空的破坏者，把距离和时间缩小到零。”

3.大容量

今天，英特尔公司所生产的微处理器已经能容纳1000万个晶体管；据说十年以后，人类将生产出能容纳10亿个晶体管的芯片。这种几何式的增长速度被信息技术专家称为“摩尔定律”，它预言：微处理器所包含的晶体管数每18个月翻一番。

现代信息技术的这种大容量技术特性，使计算机产生了巨大的存储能力和极快的处理功能。而当其在网络中运作时，使计算机成为一种革命性的工具。

4.高带宽

把一切信息都转换成数字固然方便，但比特数是极高的。为此，除利用数据压缩技术外，还要求信息通道具有很高的带宽。所谓带宽，指在特定信道上每秒钟传输的比特数，也叫比特率。

光纤通信技术，是解决带宽问题的有效手段。据计算，人类有史以来积累起来的知识，在一条单模光纤里，用3～5分钟即可传毕。为此，有人乐观地说："光纤已经带着我们从较窄的带宽大步跳跃到近乎无限的带宽"。因此，光纤及其高带宽技术特性是信息世界的快车道。

三、现代信息技术的社会效应

（一）沟通方式的革命

沟通是人们相互之间传递、交流各种观念、思想、情感，以建立和巩固人际关系的过程，被学者们视为社会交往结构的基本要素之一。语言，作为信息交流的第一载体，始终是人类沟通的基本形式；文字的出现，虽冲淡了人们原有的时空概念，使跨地域沟通成为可能，但却存在异步性"时滞"障碍；由计算机通信技术所引发的新一轮信息技术革命，尤其是以"信息高速公路"为代表的互联网络的出现，基本上消除了跨地域沟通的"时滞"，使人类沟通发生了一场深刻的革命。

首先，现代信息技术可以同步交换信息，因而可用作社会交往的基本沟通方式。迄今为止，人类尚没有找到一种优于语言的基本沟通方式，现代信息技术的出现，使人类拥有了一种虽不如语言快捷，但基本上可以同步交换信息，且能进行跨地域交流的沟通方式。与此相比，文字沟通虽具有可跨地域交流的优点，但由于不可同步交换信息而只能用作辅助性的沟通方式。

其次，现代信息技术可以提供多主体共享的沟通形式，因而可用于社会成员的大众化交流。对一个社区而言，不仅有两两交流的人际沟通，而且有多人参与的大众化交流，因而要求有一种可以多主体共享的沟通形式。语言可用之于众多主体进行大众化交流，这是显而易见的；电话是远距离会话工具，但基本上用于两两交际，因而不能用作大众化交流手段；现代信息技术则既可两两交际，又可进行多主体的大众化交流，是一种能够满足社会沟通所需的新质沟通方式。

最后，现代信息技术可以进行远距离交流，打破了传统沟通的地域限制。由于迅速、高保真及网络用户的迅速增加，人类沟通正在形成跨时空的特点。预计到2001年，国际互联网络的用户将达到1.1亿，使用者将超过3亿人。可以说，现代信息技术所创造的新质沟通方式正在实践着加拿大学者马歇尔·麦克卢汉关于世界将成为“地球村”的预言。

（二）社会形态的变迁

技术的社会影响是技术社会学的重要视角。从这个视角出发，现代信息技术将引发一个技术——社会过程。在这个过程中，现代信息技术和信息资源将得以普遍运用，并逐渐形成与之相应的社会行为模式、社会结构和社会规范体系。实际上，这是一个步入信息文明的社会形态变迁。

技术的社会影响，在很大程度上也是由生产实现的。由于“社会生产技术的准则是追求高效率的技术”，因此计算机通信技术一经出现，就注定了要被市场经济所选中，成为改变世界经济格局的龙头产业。随着信息产业在经济结构中地位的不断上升，其对人类生产方式的影响会日益加剧，从而形成社会变迁的经济基础。

由现代信息技术革命所引发的社会形态变迁，丹尼尔·贝尔称为“后工业社会”，也有人称为“电信社会”，更多的人则称为“信息社会”。专家们认为，“由计算机和通信手段造成的信息时代，不仅对现代工业社会有巨大的社会经济影响，它将引起如此规模的社会变化，使现代制度转变为全新类型的人类社会，即信息社会”。可见，现代信息技术与18世纪的蒸汽机技术、19世纪的电气技术一样，都具有划时代的性质。

新型社会形态的形成，最终要体现在人类行为模式、社会结构和社会规范体系的变迁上。这是一个现代信息技术逐渐建立自己的规则、新的行为方式逐渐制度化的复杂过程，这也是社会学所谓的“个人与社会互相生成”的社会过程。

（三）思想文化的演进

中国电子专家罗沛霖先生认为，“信息高速公路”建设所导致的信息革命，实质就是文化领域的产业革命。在他看来，“人类社会的进步标志不只是物质资料生产的简单增长，而且也是人的精神文明的发展”。实际上，现代信息技术的革命性质，最终要体现为人类思想文化的跃进式演进，并以此作为社会进步的重要标志。

现代信息技术所促成的思想文化演进，首先表现为传统学科的再造。目前，理论界倾向于这样的观点：信息既不是物质，也不是意识；既不是物质的属性，也不是意识的属性；更不是介于物质和意识之间的“第三态”。如果是这样，那么信息时代的哲学应如何建构？再如经济学，它应该回答数字化经济的性质、特点和规律性，这显然是常规经济学所不能为之的，而网络经济学又该如何建构呢？又如社会学，它应该对网络出现后人类新的生存状态和生活方式做出理论阐释，但面对“虚拟社会”“虚拟共同体”等诸多社会现象，社会学家们尚缺乏理论上的积累和创建。

现代信息技术所促成的思想文化演进，还表现为一种新质的网络文化的形成。“信息高速公路”为人们提供了一个冲破传统地域界限的通道，使人们形成了一个跨时空的新型活动空间，即网络空间。在这个空间里，人们利用新的沟通方法相互联系，并逐渐形成新的行为特征、互动规则和思想意识，最终将会创造出新质的网络文化。

第二节　信息化的社会学含义*

——一个技术社会学问题

一、问题的提出

虽然人们都在谈论信息时代的到来，但对信息化的含义却至今仍未达成一致的看法。这是因为，信息化既有其技术内涵，又有其社会方面，因而是一个多侧面的复杂概念。

（一）信息化的技术内涵

在相当一部分技术专家看来，信息化就是计算机技术与通信技术的综合及其运用过程。阿古尔等人认为，信息化——这是在计算机化（广泛的数据库存取和现代通信手段）基础上建立适应政治、经济、社会及生态任务的社会信息基础设施。[1]格莉米扎写到：“在全世界组建全球性的信息网络，并将它们连成统一的信息空间，简要地说，建设将世界上所有存储的信息变成每个人的财

* 原载《自然辩证法研究》1998年第1期。

〔1〕［苏联］И.М.阿古尔等：《发展和采用新信息技术的迫切问题》，载苏联《科技信息·第1类》1989年第7期。

富的人类共同体——这就是信息化。”[1]从技术的角度看，信息化实质上是计算机化加通信化，为此，美国学者还创造了一个新词Compunication（计算机通信）。

信息技术专家童志鹏教授将信息技术体系划分为信息基础技术、信息作业技术、综合系统技术。依此看来，现代信息技术进步主要是信息作业技术方面的发展，这也是信息化的主体技术。其中，计算机技术和通信技术是现代信息技术的典型领域；微电子技术和信息材料技术是现代信息技术的支撑技术和基础技术[2]；而“信息高速公路”，则是其综合运用的范例。

（二）信息化的社会方面

实际上，信息化不仅有其技术内涵，而且存在社会方面；信息化也不仅是一个单纯的技术问题，而是一场由技术革命引发的社会变革。从这个意义上说，“信息化的主要内容实质是根本改造社会生活的所有信息环境，其目的是优化任何一个有社会意义的活动结果。信息化不是单纯的技术过程，而是以计算机革命为基础的社会——技术过程。”[3]有人说，这是苏联用20多年时间，耗资几千亿卢布才换来的一条经验教训。[4]

但是，从社会的角度来考察信息化，由于问题的复杂会引出众说不一的结果。有人说，信息化就是知识化，是为更大规模地生产、存储、转换、传播，甚至创造新知识而集约地利用新技术和最新工艺的过程，是利用这些知识解决各种社会问题的过程。因此，未来社会也可以称为“知识社会”。[5]还有人说，信息化就是“掌握作为重要管理和发展资源的信息的社会活动，其目的是借助信息技术手段，建立信息社会。”[6]乌家培认为：“信息化是信息活动（包括信息的生产、传播和利用等）的规模相对扩大及其在国民经济和社会发展中的作用相对增大的过程，它是一种物质的社会经济现象。”[7]

---

〔1〕［俄］H.格莱莉米扎：《信息与信息化》，载俄罗斯《科学与生活》1996年第2期。

〔2〕张正德：《美国信息技术的发展及其经济影响》，武汉大学出版社1995年版，第8～9页。

〔3〕［苏联］A.И.拉基托夫：《计算机革命与社会信息化》，载苏联《哲学科学》1988年第5期。

〔4〕应寿仁：《什么是信息化?》，载《国外社会科学》1997年第2期。

〔5〕Peter F. Druker, The Rist of the Knowledge Society, *Wilson Quarterly*, Vol. 17, p. 52, 1993。

〔6〕［苏联］A.Д.乌尔索尔：《信息化的系统活动方法》，载苏联《科技信息·第2类》1989年第10期。

〔7〕乌家培：《信息与经济》，清华大学出版社1993年版，第11页。

信息化的社会方面，不同学科的理解是大不一样的。但至少有三点是基本确定的：其一，以计算机通信为物质基础；其二，以信息活动上升为主导地位为标志；其三，以步入信息文明为过程。

（三）一个技术社会学问题

关于信息化的社会方面，社会学是怎样理解的呢?换言之，信息化的社会学含义是什么呢?这实际上是一个技术社会学问题。

技术的社会影响以及社会对技术的作用是技术社会学中两个最基本的视角。此时，技术被视为一种社会活动，它既具有独立地位，又部分地依赖于支持它的社会。在科学技术中，有些新的概念框架（如牛顿、爱因斯坦的概念框架）是具有革命性的，它们会引起科技与社会的巨大变革。显然，信息科学的概念框架带有革命性，已经并将继续对社会进行剧烈的冲击。因此，信息技术及其社会影响应是当代技术社会学最富魅力的研究内容。

关于信息技术的社会影响的研究，其逻辑起点是对信息化概念的社会学界定。也就是说，信息化的社会学含义是技术社会学应该回答的一个前沿性问题，也是其信息化研究（似可称为信息社会学研究）的一种基础性工作。

二、信息化概念的社会学界说

（一）社会学的信息化定义

如果从社会学的角度来理解，那么，信息化是指在社会生活中普遍采用信息技术和信息资源，以及逐渐建立与之相应的社会行为模式、社会结构和社会规范体系，即逐渐步入信息文明的社会发展过程。

在这个定义中，信息化被赋予三层含义：它是信息技术和信息资源的普遍运用；它是新质行为模式、社会结构和社会规范体系的确立；它是步入信息文明的社会发展过程。

实际上，社会学的信息化定义仅仅是关于信息化的社会方面的诸多理解的概括和规范化。确切地说，这是对信息化概念的社会学诠释。

（二）作为社会发展过程的信息化

在人类历史上，每一项划时代的重大科技进步，都会带来经济与社会的深刻变化，并将技术革命转换为社会形态的重大变革。

一般认为，人类已经发生过四次重大的“技术革命”：第一次是1780年至

1910年的机械化革命，以蒸汽机技术为核心；第二次是1911年至1945年的电气化革命，以电子技术为核心；第三次是1946年至1975年的自动化革命，以计算机技术为核心；第四次是1976年开始的信息化革命，以数据通信技术和网络技术为核心。与此相对应，人类社会也经历了由农业到工业、由工业到服务业、再到信息业的产业结构大变动，以及相应的社会形态变化。

由信息化所引发的社会形态变革，丹尼尔·贝尔称为“后工业社会”，也有人称之为“电信社会”，更多的人则称为“信息社会”。专家们认为，“由计算机和通信手段造成的信息时代，不仅对现代工业社会有巨大的社会经济影响，它将引起如此规模的社会变化，使现代制度转变为全新类型的人类社会，即信息社会。”〔1〕从这个意义上说，数据通信技术、网络技术与18世纪的蒸汽机技术、19世纪的电气技术一样，都具有划时代的性质。由此，信息化将会引发一个步入信息文明的社会发展过程。

（三）信息化的物化基础

信息化的技术支撑是以数据通信技术和网络技术为核心的信息技术。信息技术与信息资源相匹配则构成了信息化的物化基础。“人类对不同的资源基础的选择和依赖既是社会文明变迁的一种内在的依据，又是社会文明发展不同阶段的重要标志。目前，人们对信息资源的高度重视和作为主要的资源基础，正表明了社会信息化的重要特征。”〔2〕信息技术与信息资源的综合，以信息高速公路等互联网络为典型。它将作为信息社会的“中枢神经”，承载人们的信息获取、传输、处理和利用，成为信息化的物化基础。

（四）信息化的社会内容

从社会学的视角看，信息化的基础内容是建立新质的（与信息技术和信息社会相适应的）行为模式、社会结构和社会规范体系。简单地说，就是确立信息文明的社会形态。

就过程而言，信息化的社会内容是通过生产力的跃迁、劳动方式的变化等诸多环节实现的。恩格斯曾指出：“科学的发生和发展一开始就是由生产决定的。”技术的社会影响，在很大程度上也是由生产实现的。

信息文明的社会形态，最终要体现在人类行为模式、社会结构和社会规范

---

〔1〕［日］松田米津：《作为后工业社会的信息社会》，1981年版，第59页。

〔2〕胡继武：《信息科学与信息产业》，中山大学出版社1995年版，第205页。

体系的变迁上。这是一个信息技术逐渐建立自己的规则、新的行为方式逐渐制度化的复杂过程，这也是社会学家所说的："个人与社会互相生成"的社会过程。

三、信息化对社会发展的意义

（一）信息化在现代化发展中的标识地位

英格尔斯认为，"'现代'可以被视为代表我们这个历史时代特色的一种'文明的形式'"。[1]因此，在现代化的历史进程中，处于不同时点的现代化应有其不同的"现代"特征。依此来审视今天的社会发展，我们会发现，信息化实际上已经成为现代化发展中的标志性内容。

从人类技术史看，信息化首先应该是"早发现代化"的结果，因为恰恰是以工业化为核心的现代化孕育了信息技术，进而造就了迄今人类社会最先进、最强大的生产力。由于"社会生产技术的准则是追求高效率的技术"，[2]信息技术一经出现，就注定了要被市场经济机制所选中，成为改变社会形态的技术工具。随着信息工具的普遍运用，人类生活将携带更多的信息化因子，并最终使信息化成为现代化发展的旗帜。

时至今日，作为"早发现代化"发展结果的信息化，只能被后发国家作为现代化发展的目标和标识。对此，江泽民同志曾准确地表述道："四个现代化，哪一化也离不开信息化。"作为后发国家的中国，清楚地认识到这一点，具有明显的战略意义。

（二）信息化给我国社会发展带来的机遇

应该说，正在兴起的信息技术革命及其引发的信息化浪潮，给我国社会发展带来了良好的机遇。

首先，信息化给中国现代化提供了一个后来居上的机会。中国现代化是一种"赶超型"现代化，这是国人的共识，也是可以实现的宏图。事实上，世界现代史中利用历史机遇实现赶超目标的成功经验也不鲜见。先"起飞"的英国并没有阻挡后"起飞"的法国、德国的赶超，强大的欧洲诸强也没有阻挡美

---

〔1〕 殷陆君编译:《人的现代化》，四川人民出版社1985年版，第18页。

〔2〕 [日]时严周:《社会变迁与现代化》，载《现代化理论与历史经验的再探讨》，上海译文出版社1993年版，第402页。

国、日本的赶超，亚洲“四小龙”更是给我们提供了成功的借鉴。如果说，每一个后来者的赶超都必须抓住一次历史机遇的话，那么，信息化恰是中国实现“赶超型”现代化的良机。如前所述，所谓现代化总是对于不同时期的生产力水平和技术基础而言的，当代和下一世纪的现代化必将以信息化为标志。“在这种情况下，及时而有利的抓住信息化所带来的机遇，于促进工业化任务的同时积极推进信息化，以实现历史性飞跃，这是时代的需要。”[1]这也是民族的需要、国家的需要。

其次，信息化有可能解决中国人均自然资源占有量相对较少的难题，为社会发展提供更好的资源供给。由于人口众多，中国的人均自然资源占有量大大低于世界平均水平。“我国作为一个‘后发’国家已不具备‘早发现代化’那样宽裕的生存和发展空间，也不允许用‘早发现代化’的发展方式进行现代化。加上自然资源的有限性和生态系统的脆弱性，以及巨大的人口压力等，都决定了我国在现代化建设中，如果把自然资源无限制地转化为国民生产总值，是不可能做到持续发展的。”[2]这样，就给我国的社会发展提出了一个资源供给不足的难题。步入信息社会，信息已经具有了资源性质，而且是一种越来越重要的新型资源。也就是说，信息化使我们有可能解决人均自然资源占有量不足的难题，为我国的社会发展提供更好的资源供给。

最后，信息化使我国有可能较快地形成新质的现代行为模式和社会形态。一种新兴的技术会制造一种新兴的文明形式。美国《布线》杂志载文认为，“两大并存趋势——根本的技术变革和开放的社会新风——将改变我们的世界，使之进入一种全球文明的初期阶段。所谓全球文明是指新的文明中的文明，它将在整个下一世纪呈现繁荣。”[3]到那时，一种与信息文明相对应的新质行为模式、社会结构和社会规范体系会应运而生。如果说，这种新质社会形态的最终确立需要一个较长过程的话，那么在今天，我们和发达国家基本上尚处于同一起跑线上。也就是说，我们有可能以较快的速度形成与信息文明相对应的现代行为模式和社会形态。

---

〔1〕　乌家培：《加快信息化进程中若干关系的探讨》，载《信息经济与技术》1997年第2期。

〔2〕　王雅林、何明升：《论现代化的发展质量》，载《社会学研究》1997年第3期。

〔3〕　［美］彼得·施瓦茨、彼得·莱登：《长期繁荣》，载《参考消息》1997年7月31日。

（三）信息化对我国社会发展提出的挑战

信息化不仅给我国社会发展带来机遇，而且也提出了挑战。信息化对我国社会发展提出的一个核心问题是：在这场新的角逐中，我们能否跑在前面？有专家指出，“当前的世界已进入一个以信息和传播技术为基础的时代，这使国家、社会和经济关系都在发生戏剧性变化，而少数发达国家则因其技术上的优势，在信息高速公路上明显地处于领先地位”。“越来越多的发展中国家已经认识到，一个国家的未来将取决于它进入信息高速公路的程度，然而，当前的情况却表明，与发达国家相比，发展中国家在这场角逐中明显地处于劣势。”[1]作为发展中的一个大国，我们可以利用较强的综合国力和能够集中力量办大事情的好传统，去占领信息化的制高点。对于我国的社会发展和现代化事业来说，这将是一个生死攸关的大问题。

其实，即便是在信息化的进程中成功地解决了硬件建设，也还有一个能否有效地抵御西方“文化帝国主义”、创建信息新秩序等诸多“软性”挑战，这在我国的现代化发展中，又是一个必须逾越的关口。

四、结论

从技术的角度看，信息化就是计算机通信技术的应用。但信息化不仅有其技术内涵，而且存在社会方面。作为一个具有革命性、能够引发技术与社会变革的概念框架，信息化是指在社会生活中普遍采用信息技术和信息资源，以及逐渐建立与之相对应的社会行为模式、社会结构和社会规范体系，即逐渐步入信息文明的社会发展过程。

就人类技术史而言，信息化是作为“早发现代化”的结果而出现的，但对当代和下一世纪而言，信息化已经成为现代化的标志。信息化给我国的社会发展带来了良好的机遇：它为中国现代化提供了一个后来居上的机会；它有可能解决中国人均自然资源占有量相对较少的难题；它有可能使我国较快地形成新质的现代行为模式和社会形态。但是，机遇与挑战并存。能否抓住机遇，正确地回应信息化的挑战，将是一个生死攸关的大问题。

---

〔1〕 黄育馥：《信息高速公路上的发展中国家》，载《国外社会科学》1997年第1期。

第三节　复杂巨系统：互联网*

——社会研究的一个新视角

从20世纪中后叶开始，人类社会正经受着两大浪潮的冲击：一是嵌入社会生活的互联网；二是深入学术领域的复杂性科学。当下，人们已明确地认识到，网络时代已经到来；同时，学界也在预言："21世纪将是复杂性的世纪"（史蒂芬·霍金语）。当我们以复杂性视角来审视互联网与社会的关系时，就会发现一个复杂巨系统的存在与影响。也许，这会将互联网——社会研究引向新途。

一、互联网—社会（I-S）复杂巨系统的生成

目前，互联网与社会（Internet-Society，I-S）已成为一个一体化的复杂巨系统。I-S复杂巨系统的生成，是由互联网嵌入社会并与其相互耦合而实现的。从复杂性角度看，这是一个由复杂性事件所引发的复杂性过程。

（一）互联网嵌入社会是一个复杂性事件

1969年，美国加州大学、犹他大学和斯坦福研究院的四台电脑相互连接，迈出了互联网的第一步。这四台电脑就像复杂性世界中那只影响了全球天气的著名蝴蝶[1]一样，开启了一个"不可预知的可能性"之门，将人类带入了丰富多彩的网络世界。互联网的诞生实质上是一个不确定事件，而其成功地嵌入社会则展示了这一复杂性事件的无穷内涵。互联网之嵌入社会虽是一个技术事件，但作为一个复杂性事件，它所引发的后果是无法估量的。

一直以来，人的生存是立足于现实世界中的，它是由可能发展而来，并表现为现实性和必然性的对应关系。由此，人类生存已经形成了可能与不可能，现实与非现实的二元对立关系。普里高律认为，"我们周围的宇宙只是许多

---

* 原载《学术交流》2005年第7期。

〔1〕 彭新武：《论复杂系统探究方式》，载《系统辩证学学报》2003年第1期。

'可能'世界中的一个。"[1]"'可能'的确比'实在'更丰富"。[2]盖尔曼也认为，"我们可以用'多宇宙'代表整个宇宙总体，在这总体中我们熟悉的宇宙只是其中一员"。[3]也就是说，我们过去所赖以生存的社会仅仅是一个可以预知的"可能性世界"。

互联网嵌入社会后，使人类进入了另一个可能世界。如果说，"互联网出现以前，人的存在方式是经过'脱域'而使时间与空间相分离，那么，在虚拟世界里，时间则获得了主宰空间的地位。那个被称之为Cyberspace的'幽灵'，把物理空间压缩为无限小，而把数字空间扩展为无限大"。[4]由互联网的嵌入而引起的时空变化，是一种"不可预知的可能性"，也是互联网嵌入社会这一复杂性事件的逻辑结果。

（二）互联网与社会的耦合是一个复杂性过程

互联网与社会这两个系统的再度耦合，是一个极具复杂性的过程。实际上，这就是人们常说的"技术与社会相互生成的过程"。从复杂性科学的角度看，这也是互联网与社会之间的双向建构过程。

互联网与社会的耦合是社会对信息技术的选择和建构过程。互联网的发展看似偶然，实际是社会选择了它。此后，互联网所经历的嵌入社会并与社会相耦合的过程，本质上是社会经过一系列的建构赋予其一定的社会属性的过程。主要表现在：其一，互联网的目的性是社会所赋予的；其二，互联网的社会后果受控于社会；其三，互联网的发展过程受各种社会因素的制约。[5]在上述过程中"人作为社会系统的基本组成部分，其行为充满了复杂性，也就意味着人在进行技术选择时，会出现多种可能性，从而给技术的社会选择带来不确定性。"[6]当年对Windows系统的选择，现在对IPV6的选择，都体现了这种复杂性。

互联网与社会的耦合也是信息技术对社会的扩张与建构过程。当我们说，是社会选择和建构了互联网，指的是信息技术发展的不确定性和初始敏感性。

〔1〕［比］普里高律：《确定性的总结》，湛敏译，上海科学技术出版社1998年版，第46页。
〔2〕［比］普里高律：《确定性的总结》，湛敏译，上海科学技术出版社1998年版，第57页。
〔3〕［美］盖尔曼：《夸克与美洲豹》，杨建邺译，湖南科学技术出版社1999年版，第206～207页。
〔4〕何明升、白淑英：《论在线生存》，载《哲学研究》2004年第12期。
〔5〕何明升：《网络消费：理论模型与行为分析》，黑龙江人民出版社2002年版，第41页。
〔6〕凌小萍：《论技术社会选择的复杂性》，载《广西社会科学》2004年第7期。

而一旦选择了互联网及其关键技术，它就要按自身的技术逻辑去扩张和演化，这也是一种逻辑上的必然性。但是，技术逻辑的必然，却可以引起社会结果的偶然和不确定性。因为同样的技术系统出现在不同的时间、地点，就形成了互联网与社会复杂巨系统不同的初始条件和耦合过程。

（三）互联网与社会构成了一个复杂巨系统

互联网与社会的双向建构过程，其结果是使二者耦合成一个更加庞大、更加复杂的超级复杂巨系统，它符合戴汝为等学者关于复杂巨系统的所有标准：[1]

1.系统与外部环境，以及子系统之间存在能量、信息或物质的交换。I-S系统是一个覆盖全球的开放系统，它对任何人都是开放的，但在某一时点上谁“在线”、谁“离线”，又是不确定的；它对任何信息都是开放的，但具体信息的增减、传输、利用，又是不确定的；它对社会的政治、经济、文化是敏感的，但却是不可预测的。

2.从已经认识的比较清楚的子系统到可以宏观观测的整个系统之间层次很多，组成模式多种多样。自I-S系统打破人们习惯的三维时空以来，我们越来越习惯于在现实与虚拟之间的穿梭转移以及由此而带来的多面孔生活。以至于我们谁也说不清楚这个I-S系统到底有几个层次，能否分拆，以及它的变换模式。

3.系统组件之间按局部或全局的行为法则平等交互，涌现出宏观与整体形态。这实际上说的是穆勒（J.S.Mill）所言的“第二种因果关系”，其特征是多因素共同作用产生的结果，不等同于各个原因单独作用的总和。在I-S系统中，“涌现”是一种常见的系统行为特性。那些由时空交叠而形成的终端、网民，在各自的行为法则之下，可以交互出不可预见的整体模式，形成千姿百态的“涌现”之潮。从复杂性科学的角度看，我们只有弄清楚了这些涌现现象的规律，才能真正了解这个系统。[2]

4.系统经过一定的生命周期之后，在整体上演化出一些独特的新性质。互联网影响社会生活的一些具体细节，以及互联网自身的演化规律，是一个无

〔1〕 戴汝为、王珏：《巨型智能系统的探讨》，载《自动化学报》1993年第6期。

〔2〕 [美]约翰·霍兰：《涌现——从混沌到有序》，陈禹等译，上海科学技术出版社2001年版，第5页。

从知晓的复杂性问题。互联网的设计者并没有意识到它与社会之间的相互耦合，更无法预知I-S复杂巨系统在某一个时点上的确定运行状态。

5.系统中基本单元或子系统的数目巨大。这种现象我们称为“巨量”或“海量”。社会系统所容纳的基本单元是海量的：海量的人、海量的事务、海量的信息；互联网系统也是海量的：海量的网民、海量的链接、海量的终端、海量的网页。不言而喻，I-S是一个超海量的复杂巨系统。

二、I-S的复杂性特征及其动力机制

I-S是一个复杂巨系统，其运行状态表现出诸多的复杂性特征。主要有：可嵌合的系统、不可表达的整体效应、混序现象、虚实共生、人机交互、多主体等。I-S系统的复杂性特征，各有其内在的根源和动力机制。

（一）可嵌合的系统

I-S系统是一个可以解析的、由一系列不同层次的复杂性子系统和要素复合而成的超级系统。首先，它由互联网系统和社会系统耦合而成。其次，互联网系统又是一个由物理维（Physical）、自我维（Self）、社会维（Social）和关系维（Relational）组成的大规模复杂系统。[1]最后，社会也是一个典型的复杂系统，它由经济、政治、文化等系统耦合而成，其基本元素是人，而人体系统、人脑系统自身也是典型的复杂系统。

作为可嵌合的系统，I-S具有超强的自组织能力。自组织能力是任何一个复杂系统都必须具备的。按照霍兰的看法：自组织也可如是观——它造成“复杂性的诞生”，而非复杂性本身。也就是说，自组织是复杂系统的一个关键性的动力机制。人们也许会记得互联网发展初期的“自治”与“法制”之争。从复杂性的角度看，网络自治本质上就是自组织能力的一种表现。

I-S系统的自组织能力，表现为在大量子系统或要素合作下出现的宏观上的新结构。某一种系统行为（如QQ聊天），经过参与者的相互作用，以及参与者与网络平台的不断适应和调节，会由低级走向高级，从无序走向有序，并最终涌现出独特的整体行为特征。在普里高津看来，“复杂性是自组织的产物，在远离平衡、非线性、不可逆的条件下，通过自发形成耗散结构这种自组织而

〔1〕 戴汝为、操龙兵：《Internet——一个开放的复杂巨系统》，载《中国科学》（E辑）2003年第4期。

产生出物理层次的复杂性，在此基础上才可能通过更高形式的自组织产生出生命、社会等层次的复杂性”。[1]I-S系统也是这样，其自组织过程往往是由物理层面走向社会层面的，是由低层次演化为高层次的，是一个从无序的混沌演化出有序的行为的复杂过程。

（二）不可表达的整体效应

经验告诉我们，人与网络的结合可以创造出许多不可预知的奇迹，这也是互联网的社会控制难以进行的原因所在。实际上，即使是“在线”的网络使用者，也对其“下一步”的行为（如链接）难以预设，因为它往往取决于网络空间的情境变化和互动结果。也就是说，在I-S系统中，子系统之间的功能互换所产生的输出是不确定的。系统的组成要素可以相互作用，但对作用的结果不可预设。这说明，I-S系统的整体效应具有不可表达性，其行为特征是要素之间不同的相互影响关系创造出来的。

互联网就像一个没有门户的世界，任何人都可以通过“在线”和“离线”来去自由。网络与社会耦合之后，互联世界的来去自由就转化为I-S系统的随机性。这种随机性是内在的，它决定了系统行为的偶然性。从复杂性角度看，I-S系统的诸多偶然性使其自身发展呈现出在一定范围的多种可能性和不确定性，而社会主体则可以通过选择缩小原有的可能性空间，从而达到预期的目标。另一方面，I-S系统的偶然性又是与其要素之间的非线性作用关系交织在一起的。这种非线性作用关系可以产生不可表达的整体效应，它使系统行为难以预料，而不能用决定论的方法来把握。

（三）混序现象

从有序的现实社会看，网络是混沌的；而从互联网逻辑看，社会也很无序。实际上，I-S本身就是一个硕大无朋的混序界面。如果深入I-S系统内部就会发现，混沌与秩序共存是这一复杂巨系统的普遍现象和基本特征。盖尔曼认为，复杂系统就是混沌边缘。[2]哈克为此创造了“混序”（Chaord= Chaos + order）一词，用以表示那些具有自组织、自适应、非线性的复杂系统。[3]从这个意义上说，I-S系统中的混序状态，不仅是客观、自然的，而且是从混沌走向有序的物

〔1〕 许国志主编：《系统科学》，上海科学技术出版社2000年版，第298页。

〔2〕 ［美］盖尔曼：《夸克与美洲豹》，杨建邺译，湖南科学技术出版社1999年版，第2页。

〔3〕 ［美］哈克：《混序时代的诞生》，李明译，台湾大地文化股份有限公司2000年版，第12页。

质基础。

互联网与社会之间，以及I-S各要素之间，存在错综复杂的混序结构，表现为不同的张力作用。这些张力相互关联和交织，呈现出各具特色的非线性作用关系，从而使系统状态和行为存在多种可能性。在I-S系统内部，对此要素起作用的要素对彼要素不一定起作用，此时起作用的要素彼时不一定起作用。但无论如何，由混序状态所引发的各种张力，在整体上构成了I-S复杂性的动力机制之一。

（四）虚实共生

目前，很多人将网络中的虚拟现象与现实中的真实诉求相分离甚至对立起来，这是一种传统的线性思维方式。从复杂性视角看，"虚拟"与"真实"是人们在I-S系统中最典型的两种存在形式。一方面，"'在线'与'在世'，是一个生物实体在两种截然不同的生活世界中的存在方式"；另一方面，"'在线'与'在世'形成了一种相互嵌入的生存关系。"[1]因此，I-S系统中的虚与实是一种共生关系。"我们需要确立一种以'共生'为导向的理念，即以寻求虚拟和现实的共生作为设计和建构人类未来生活世界的一种基本价值和理想，并以此为基础，去建立一种能够展现和支撑人类未来生存方式之合理前景的行动平台。"[2]

I-S系统的虚实共生，不是简单的虚实相加，甚至不是虚实相融，而是自我强化式的巨量扩张。人们已经熟知了网络经济中的"效用递增"现象，也认识到互联网所在之处，一般都要伴随种种爆发式的正反馈效应。实际上，这正是人们经常提及的复杂系统的"蝴蝶效应"。对于I-S系统而言，其"蝴蝶效应"的产生是基于对初始条件的敏感性以及随之而来的"路径依赖"现象的。首先，I-S系统具有对初始条件的敏感性，往往"失之毫厘"的肇始，即引来"差之千里"的结果。BBS上的发帖、聊天室里的话题、网络社团的走向等，都有此类可能。其次，I-S系统具有路径依赖现象，系统行为的早期状态是其后续演化路线中不可缺乏的要素，如同生物进化中的非线性路径依赖过程一样。因此，对I-S系统的管理要十分注意"首创效应"，使预期的系统行为尽早进入

---

〔1〕 何明升、白淑英：《论在线生存》，载《哲学研究》2004年第12期。

〔2〕 冯鹏志：《从混沌走向共生——关于虚拟世界的本质及其与现实世界之关系的思考》，载《自然辩证法研究》2002年第7期。

自我强化的良性循环，并沿着既定的路径得到优化。否则，网络之虚就可能迅速湮没社会之实。

（五）人机交互

I-S系统是一个人机交互、人网合一的开放巨型系统，具有超强的智能性和智慧性。首先，由于互联网所链接的网络是巨量的，因此所聚集的信息是海量的，加之计算机超人的处理能力，使I-S系统具备了超越人的自然能力的物质基础。其次，由于人本身是一个复杂系统，具有非线性思维方式和行为能力，其在I-S系统中就更显得主动、活跃和不可确定。最后，当互联网与社会耦合成I-S系统时，人的"心智"与计算机的"高性能"就得到了很好的嵌合，这种嵌合不是量的叠加，而是质的飞跃，是一种复杂性的结合。

在I-S系统的人机交互中，人是最活跃的因素。不仅人类的理性是产生复杂性的重要根源，其非理性更是复杂性的动力机制之一。因此有人说，"人工性和复杂性这两个论题不可解脱地交织在一起"。[1]由人所带来的复杂性大体可归结为两个原因：其一是多重动机，人在追求理性目标的同时也存在非理性目标，因此其行为具有多重动机作用下的复杂性。其二是认知阈限，在既定的条件下，人的认识能力是有阈限的，是受制于环境的，也是具有不确定性的，这必然导致其行为的复杂性。

（六）多主体

日常生活中，主客体的关系一般是明确的。但在I-S系统中，存在普遍的多主体并存和互为主体现象。比如人际互动，由于互联网提供了一个高技术符号交换系统，就使I-S中的互动行为超越了"在场"与"不在场"的分界，从而允许一个人有选择地进行一对多、多对多、多对一等点对面的互动方式。这样，人们就能够在I-S系统中同时维持着多个"主体"。不仅如此，I-S系统中的要素与子系统之间也存在普遍的多主体和互为主体的现象。这些主体之间"通过聚集相互作用而生成具有高度协调性和适应性的有机整体；这种作用是非线性的，并会产生突现现象。"[2]

突现即涌现（Emergence），是复杂系统的本质规定性之一。许多人用突现

---

〔1〕［美］西蒙：《人工科学》，武夷山译，商务印书馆1987年版，第3页。

〔2〕［美］约翰·霍兰：《涌现——从混沌到有序》，陈禹等译，上海科学技术出版社2001年版，第85页。

来表达复杂性功能，但霍兰认为，这只是“复杂现象产生的根源”。[1]的确，与其说突现是复杂系统的特征，不如说突现是复杂现象产生的动力机制。具体到I-S系统，有些貌似无关的因素，可以在一定条件下“突现”出来，经过迅速的自我强化过程后，就可以产生既不可预见又不可逆转的系统行为。在一定意义上说，这些行为本身就是可以影响历史进程的社会事件。此时，网络集群行为的直接后果，是自动突现和生成了一种意料之外的整体效应。

三、复杂性视角下的互联网—社会研究

从复杂性视角来审视互联网—社会这一学术领域，首先要面临的就是研究范式的转型，即由经典研究转向复杂性研究。以此为基点，互联网—社会既可以看作复杂性科学的对象，又可以看作多学科的共同论域。

（一）研究范式的转型

互联网与社会研究是近年来学术界的活跃领域，也是一个颇有分歧的学术问题。目前，大体有三种看法：（1）互联网是人类社会的一种巨型工具（中介系统）。作为工具，它只是人类自然身体的延长，人类可以使用它，但并不以其为生理生活的载体。从这个角度看，互联网所创设的“虚拟世界”只是人和现实世界的中介系统。它是为了解决人和现实世界之间的矛盾而发明创造出来的，最终又要用它来为解决人和现实之间的矛盾服务。[2]（2）网络世界与现实社会并存，是社会的拓展、延伸与重构。网络社会是现实社会人们交互作用的结构、环境和空间的“延伸”和拓展。[3]互联网所建构的社会是与现实社会并存的人类社会存在的新形式。[4]（3）互联网是社会网络的一种形态。当电脑网络把人与人连接起来时，电脑网络实际上就是一种社会网络，它也为人们提供某种社会支持。[5]就方法论而言，上述研究基本沿袭了经典的还原论、整体论和一般系统论观点。显然，这对于I-S这样的复杂巨系统，多少有些力不从心。为此，将互联网—社会研究置于复杂性视角之下，无论从“问题”的特性，

---

〔1〕［美］约翰·霍兰：《涌现——从混沌到有序》，陈禹等译，上海科学技术出版社2001年版，序言。

〔2〕陈晓荣：《虚拟世界的哲学意义》，载《自然辩证法研究》2003年第4期。

〔3〕戚攻：《网络社会与社会学》，载《社会》2002年第1期。

〔4〕张昱：《论虚拟社会》，载《广东社会科学》2002年第1期。

〔5〕Barry Wellman: 2001.Computer Networks As Social Networks.Science.Vol., l291.September.

还是从对象的复杂程度，或是从方法的适用性，都应是一种必然的选择。可以预期，复杂性视角将会把互联网—社会研究引入一片学术新天地。

复杂性观超越了系统观，代表着科学方法论跨上一个新台阶，这突出表现在其“整体小于部分之和”的基本观念。它批判片面的、绝对的“整体性”观念，提出容许系统中存在一定的无序性以保证组成单元发挥其创造性的自由度。它把被经典科学的简化理性所排除的多样性、无序性、个体性的因素引进科学的视野，以便研究能动系统的复杂性的自组织问题。〔1〕在复杂性视角下，以前被认为纷繁无序的网络现象有了一个科学的定位，以前被视为混沌无章的网络世界有了一个全新的坐标。在互联网与社会的耦合过程中，混沌和有序形成了一个复杂性界面，而莫兰提出的“有序—无序—相互作用—组织”〔2〕过程则将互联网—社会研究提升到了一个多样性与统一性相融合、有序性与无序性相交混、整体性与个体性相统一的新境界。

（二）作为复杂性研究对象的互联网—社会

由于整体论是区别于近代科学还原论的未来科学的基础，复杂性科学被誉为“21世纪的科学”。结合具体的某种特定的复杂系统开展研究，最早是从研究自然界无生命系统的复杂性现象开始的，这类系统称为复杂自然系统，随后具有生命的系统成为主要的研究对象，如生物、生态系统，近年来更进一步扩展到工程系统和有思维的社会系统。几个新兴的应用研究方向，包括人造复杂工程系统、国际安全与军备控制、电子信息系统等。〔3〕有理由相信，I-S巨系统将是复杂性科学的又一个新兴的应用研究方向。从这个角度看，互联网—社会应是复杂性科学的研究对象。

作为复杂性科学的研究对象，互联网—社会具有一定的典型性。钱学森等学者认为，自然界和人类社会中的一些极其复杂的事物，可以用开放的复杂巨系统来进行描述。其中，典型的复杂系统有四类，即人体系统、人脑系统、社会系统和地理系统。〔4〕不久前，有学者提出，“可以认为Internet是一个典型

---

〔1〕 陈一壮：《超越系统观的复杂性观》，载《江南大学学报》（人文社科版）2004年第5期。

〔2〕［法］莫兰：《方法：天然之天性》，吴泓缈等译，北京大学出版社2002年版。

〔3〕 张健：《复杂性科学几个新兴的应用研究方向》，载《复杂系统与复杂性科学》2004年第3期。

〔4〕 钱学森、于景元、戴汝为：《一个科学的新领域——开放的复杂巨系统及其方法论》，载《自然杂志》1990年第1期。

的、具体的开放的复杂巨系统实例。”[1]如前所述，互联网与社会相互耦合所形成的I-S新系统，不仅可以用开放的复杂巨系统来进行描述，而且是一种更具典型性的新兴研究对象。

作为复杂性科学的研究对象，互联网—社会具有很强的时代性。互联网为人类提供了一个技术系统和可能世界，架构了一个承载人类生命内涵的新时空。互联网与社会耦合之后，人—人关系变成了人—机—人关系，I-S复杂巨系统自身也成为信息时代人类特有的一种互动平台。它以无限的创造力使人的自由得到全面实现，人类将会借此登上生存的自由之巅。因此，互联网—社会是21世纪最具时代性的复杂性研究对象之一。

（三）作为多学科共同论域的互联网—社会

国外已有的50多种复杂性概念大体可分为三大类：计算型、多样结构型和隐喻型。计算型复杂性是一维序列的复杂性程度的度量；多样结构型复杂性是纵向层次之间的复杂程度的度量；而隐喻型复杂性概念则是这两类复杂性度量之外的更大语境中的系统与历史、演化、环境的相互关系的复杂程度的度量。[2]目前，复杂性研究主要有三个层面：从方法论角度开展研究，研究者多为哲学与社会科学研究人员；从数学理论的角度开展研究，如非线性动力学理论、混沌理论、随机理论等，研究者多为数学、物理研究人员；结合具体的某种特定的复杂系统开展研究，一般与具体研究领域的相关学科相结合。[3]从这个角度看，互联网—社会应是复杂性语境中多学科的一个共同论域。

作为多学科的一个共同论域，互联网—社会具有多重层面和多个侧面，需要多学科间的合作研究。在自然科学和工程技术层面，可以对I-S复杂巨系统直接使用已经建立的科尔莫哥洛夫复杂性或者某种复杂性测度的算法进行研究。就管理科学而言，其基本理念、思维模式、理论方法和应用实践等都面临复杂性科学的挑战。[4]在哲学与社会科学层面，哲学、社会学、经济学、法学等诸多学科都将在复杂性和I-S的结合点上得到再造。为此，加强各学科之间的

---

〔1〕 戴汝为、操龙兵：《Internet——一个开放的复杂巨系统》，载《中国科学》（E辑）2003年第4期。

〔2〕 吴彤：《复杂性概念研究及其意义》，载《中国人民大学学报》2004年第5期。

〔3〕 张健：《复杂性科学几个新兴的应用研究方向》，载《复杂系统与复杂性科学》2004年第3期。

〔4〕 李彦斌、李涛、张文泉：《管理科学面临复杂性科学的挑战》，载《北京航空航天大学学报》（社会科学版）2004年第2期。

合作研究是一种必然。

作为多学科的一个共同论域，互联网—社会研究可以推动多学科共同发展。互联网与社会的耦合正在形成一种新质的网络文化，这种全球性的、超时空的文化形式，会引起传统社会的再造和人类知识体系的创新。从一定意义上说，对I-S复杂巨系统的探究将是信息时代科学研究的制高点。因此，人们有理由相信，该研究领域的学术工作能够促进多个学科的交叉研究和共同发展。

第四节 “网络社会”的概念辨析*

一、问题的提出

20世纪90年代以来，信息技术的发展进入互联网时代。一系列信息技术的合能效应相继引发深刻社会影响。包括哲学、社会学、政治学、经济学甚至人类学等各种社会科学开始给予这种“社会—技术”互动影响以密切关注。其中一个似乎约定俗成的概念——“网络社会”，不经意之间成为各学科甚至一般大众纷纷引用的关键词。大家似乎形成某种共识，即在以互联网为核心的信息技术作用下，人类社会已经开始进入一个新的社会阶段或产生了一种新的社会形式——“网络社会”。本文作者收集了“网络社会”的许多相关文献。遗憾的是，我们发现大多文章只是以“网络社会”作为各自所关注问题的语境或社会背景，并没有给出具体界定。只是最近才开始有少数作者尝试对此进行考证。即便如此，本文作者也发现了其指称的相互矛盾和混淆。这种指涉的模糊和混乱，使不同学科以及学者之间难以开展有效对话。在彼此误读的情况下，产生许多不必要的纷争和误解。随着互联网以及信息技术的社会影响之快速发展，该领域需要各学科的研究同步做出回应。而就一些基本问题和概念进行协商，是学科对话和深化研究之必需。

经过对目前相关文献进行梳理，本文大抵将“网络社会”的指涉归纳为两

* 原载《社会学研究》2004年第1期，合作者郑中玉。

大类：作为一种新社会结构形态的“网络社会”(network society)和基于互联网架构的电脑网络空间(cyberspace)的“网络社会”(cyber-society)。但此“网络社会”(network society)非彼“网络社会”(cyber-society)。尽管在中文上是同一“能指”，但各有不同“所指”。本文试图分别对两种网络社会的界定及其含义进行进一步的分析，试图对其能指和所指之间，以及各自所指上的混乱进行澄清，以便于使相关研究进一步深化，并有利于不同学科对话的进行。

二、作为社会结构形态的“网络社会”(network society)

作为一种社会结构形态的“网络社会”，在我们接触的国内目前有限文献中，还很少有人真正意义上对此进行分析或如实地引用。甚至一些作者也只是简单借用这种概念，但并没有真正认识其研究视角之所在，从而在分析中出现了与其原意不符，错会了“网络社会”之“网络”的独特用意。(这一点我们会在后文具体分析这种误解)

(一)“网络”视角与“网络化逻辑”

在本节谈及的作为一种社会形态的“网络社会”，我们主要采纳卡斯特在《网络社会的崛起》一书中的界定。尽管卡斯特没有对什么是“网络社会”进行明确定义。但是在全书的结尾，他还是试图得出一个综合性结论。“作为一种历史趋势，信息时代支配性功能与过程日益以网络组织起来。网络建构了我们社会的新社会形态，而网络化逻辑的扩散实质地改变了生产、经验、权力与文化过程中的操作和结果。虽然社会组织的网络形式已经存在于其他时空中，新信息技术范式却为其渗透扩张遍及整个社会结构提供了物质基础……网络化逻辑会导致较高层级的社会决定作用甚至经由网络表现出来的特殊社会利益：流动的权力优于权力的流动。在网络中现身或缺席，以及每个网络相对于其他网络的动态关系，都是我们社会中支配与变迁的关键根源”。卡斯特称这种社会为“网络社会”(the network society)。[1]

在此意义上的“网络社会”(network society)之“网络”(network)并非专指互联网(internet)或电脑网络(computer network)，而是指“一组相互连接的节点(nodes)”，而“什么是具体的节点，根据我们所谈的具体网络种类

〔1〕［美］卡斯特：《网络社会的崛起》，夏铸九等译，社会科学文献出版社2001年版。

而定"[1]。而"网络化逻辑"(networking logic)正是信息化社会(informational society)的关键特色和基本结构。当然卡斯特认为,"网络社会并没有穷尽信息化社会的所有意义,因为其中除了结构的类似性外,还必须关注历史文化的特殊性"。[2]其实,作为一种分析方法的"网络"分析在社会学及相关学科中很有历史。尽管这种方法仍有不足,但"作为一种理论方向,网络分析仍深具潜质。因为它抓住了社会结构的重要本质——社会单位间关系的模式,无论这些单位是人、集体还是位置"[3]从"网络"的角度,社会结构可以定义为位置或结点之间联系的形式。这种分析社会关系结构的社会网络分析方法发轫于20世纪20～30年代英国社会人类学对于离开乡村的移民在城市中的支持性联系的研究。在美国的网络分析始于社会心理学的小群体研究。如莫雷诺分析小群体关系结构的"社网图"。而网络分析从社区和小群体研究扩展到更广阔的社会生活,则是由20世纪70年代的新经济社会学开始。[4]因此可以说"网络"对于社会结构的研究,对于社会科学来说由来已久。

卡斯特所言的"网络社会"之"网络"应该也导源于传统网络研究视角,因为他也认为社会组织的网络形式在所谓"前信息技术范式"的时空早已存在了。而且在一篇文章中,他直接阐述到:新型社会是由各种网络构成的,由"网络"对社会实践进行组织改变了当今社会的结构。"当今的社会结构表现为一个多向度的动态网络发展系统,对它的分析可以有助于解释信息时代的社会发展"。同时,社会学的概念和方法也有助于对作为组织与关系的特殊形式的"网络"进行研究。因此21世纪的社会学必须重视以"网络"为基础的观念来分析社会整体结构。可见,在卡斯特看来,"网络"是一种分析当今信息时代社会发展和整体结构的有力工具和视角。实际上,在现实生活中,各种社会单位,从个人、家庭、组织乃至更大的国家都存在于与其他单位的关系网络中。也就是说,人类社会正是由无数各种功能类型的具体社会网络组成,各种社会资源在这些网络中流动。社会的运行就在于这些网络的稳定和其中资源的顺畅交流。某种程度上,社会历史的演进也就是社会网络的变迁。无论是

〔1〕［美］卡斯特:《网络社会的崛起》,夏铸九等译,社会科学文献出版社2001年版,第570页。
〔2〕［美］卡斯特:《网络社会的崛起》,夏铸九等译,社会科学文献出版社2001年版,第25页。
〔3〕［美］特纳:《社会学理论的结构》(下),邱泽奇等译,华夏出版社2001年版,第200页。
〔4〕汪和建:《经济生活的新社会学:一个批判性述评》,载《马克思主义与现实》2000年第6期。

人际关系网络，还是组织之间的沟通，或者是不同国家和社会之间的联系和交往，若想建立持续的网络关系，必须解决时间和空间的限制。因此，社会网络结构的变迁也可以看作人类利用不断发展的交通和信息通信技术对人类社会时空框架进行解构的过程。从人类局限于波斯特所言的口头面对面互动的时代到印刷媒介时代，乃至所谓电子媒介时代[1]，在交通和信息通信技术的发展过程中，人类的社会网络不断超越时空的社会和历史局限，并呈现出不同形态。但只有在卡斯特所言的"新的信息技术"的作用下，人类社会的"网络"结构才能够"渗透扩张遍及整个社会"，甚至这种"网络化逻辑"可以在全球以一个"即时"的状态运行。因此这是新时代的新的网络结构现象。下面本文试图分析新的信息技术与此处的"网络社会"（network society）之间的逻辑关系。

（二）新的信息技术是网络社会逻辑的物质基础

卡斯特所指的信息技术包括微电子、电脑（硬件和软件）、电信广播，以及光电等汇合而成的整套技术。由于遗传工程焦点是对生物信息、符码的解码和操纵，以及最后的重组。同时由于生物学、微电子学和信息科学在应用与材料，以及基本的概念取向上似乎已彼此汇聚，因此卡斯特把遗传工程及其发展也纳入信息技术范畴。[2]这种所谓的"新信息技术"或"当前的信息技术"与信息技术具有革命性的历史前身相比具有特殊性。就此，我们可以结合波斯特从信息方式对人类社会历史的三种划分，即口头媒介传播时期、印刷书写媒介传播时期和电子媒介时期，来简单分析以往的信息技术的作用。在中国和西方印刷术诞生之前，人类日常社会大多集中于面对面社会关系，此前的社会以"地方"为基础组织日常社会生活。

英尼斯非常关注技术媒介对文化的社会组织的作用。他比较了口头社会和文字社会。口头社会信息传播主要是言语。言语是偏倚时间的媒介，不利于信息存储。因此"传统"只能通过程式化仪式和实践来保存。而文字社会，印刷术纸张是偏倚空间便于存放和运输的信息媒介，更利于行政关系的发展，促进了世俗制度和政治权威的发展。[3]结合这种分析，我们可以发现，西方

---

〔1〕［美］波斯特：《信息方式》，范静哗译，商务印书馆2000年版，第13页。

〔2〕［美］卡斯特：《网络社会的崛起》，夏铸九等译，社会科学文献出版社2001年版，第34页。

〔3〕［英］史蒂文森：《理解媒介文化》，王文斌译，商务印书馆2001年版，第182～184页。

十五六世纪正是中世纪封建社会开始瓦解，文艺复兴和宗教改革开始为资产阶级启蒙做出准备的时期。而这个过程中，15世纪西方印刷术对于文化传播和知识普及，乃至整个社会历史变迁的作用不可低估。在科学与工业革命技术革新的合力作用之下，人类社会关系网络可以很大程度上突破面对面关系的信息传播局限。但是此时，交通运输某种程度上就是信息传播。也只有到了19世纪所谓“电子媒介”时期的开始，“空间”才真正开始瓦解。人类关系网络开始在全球范围内扩展开来。但是需要关注的是，波斯特的电子媒介传播中的信息传播技术没有区分20世纪70年代，尤其是90年代以后的新的信息技术。他关注的是三种具有明显区别的信息方式，以及电子传播时期交流的语言学层面的革命如何改变社会关系网络与重构社会关系及主体。

但是，当前的新的信息技术并不是以知识和信息为核心，而是如何将其应用在知识生产与信息处理及沟通设施上，即创新与创新的运用之间的累积性反馈回路。同时，新的信息技术革命从20世纪70年代至今近30年时间内席卷全球。这展现了这场革命的特性：其所产生的技术立即运用在技术本身发展，通过信息技术连接整个世界。[1]而此前的革命一般只发生在几个少数社会，在有限区域扩散，而且技术革命产生的社会效应具有相当长的延迟性。此处我们不去考证“社会—技术”范式何以快速产生和扩散，而是直接关注新的信息技术范式的特性及其与网络社会的逻辑关系。

卡斯特认为新的信息技术范式是网络社会的物质基础，其特性表现为：这些技术本身就是处理信息的技术，信息就是其原料；效果的普遍性；网络化逻辑；以弹性为基础，具有重构组织和制度的能力；技术系统的高度整合。[2]这里我们集中关注的是，新信息技术的运用过程所催动的网络化逻辑（networking logic）。这是新信息技术对使用它的系统形态学上的构造。“网络”区别于“原子”的特性在于它的开放性，而其他各种现有组织形态都无法既容纳差异又能整体运作。当然，如卡斯特所言，“网络”在信息技术范式之前的社会形态中同样存在。不过，新信息技术范式可以使网络扩展到整个社会结构及全

〔1〕［美］卡斯特：《网络社会的崛起》，夏铸九等译，社会科学文献出版社2001年版，第37～38页。

〔2〕［美］卡斯特：《网络社会的崛起》，夏铸九等译，社会科学文献出版社2001年版，第83～86页。

球，并以"即时"的方式快速运转。因此没有这些技术，网络化逻辑将很难执行。卡斯特所论述的网络社会，不单单指网络这种结构逻辑的单纯存在，而且是指它是能够即时地在全球范围内，在社会生活各领域普遍存在的结构形态。因此，这只有新信息技术才能有助于这种网络化逻辑的彻底实现。

作为一种处理信息的技术，新信息技术可以不断应用到自身的动态发展上来，而其推动的网络化逻辑也使信息技术自身充满弹性以及朝向整合与凝聚，不断打破旧的技术区分轨迹。基于此，我们认为新的信息技术范式某种程度上可以简单归纳为信息化和网络化。总的来看，也许不会与卡斯特的本意相违背。信息化是网络化的前提和基础，网络化是信息化的高级阶段。只有当信息化到一定程度，网络化才有可能。〔1〕卡斯特评论20世纪末出现的全球范围上的新经济时，认为其具有信息化、全球化和网络化特征。〔2〕如他所言，信息化指的是该经济体内的生产力和竞争力基于能否有效生产、处理及应用以知识为基础的信息，而网络化则是由于经济增长与竞争是在企业网络互动的全球网络中进行的。全球化则指的是所有经济活动及要素在全球范围上组织起来。我们认为，这里的信息化是基础，网络化是结构形态，而全球化是结果。或者我们可以称这种新经济为"网络化全球经济"。当然卡斯特强调三者是相互交织、相互作用的，绝不能简单导向技术决定论。因为世界体系论者告诉我们早在16世纪，西方资本主义就开始尝试使资本积累克服时空限制，在世界各地扩张。但卡斯特认为这种世界经济不同于全球经济。"全球经济里，全球化能够变成一个单位而在即时或是选定的时间里运作"。〔3〕而这只有到20世纪末随着信息通讯技术发展及一系列市场管制解除之下才有可能。同理，就一般社会结构形态而言，网络是普遍存在的。如新经济社会学就以结构视角研究了网络作为一种资源配置方式，与市场和企业相比的优势。但是也只有在20世纪末的新信息技术作用下，包括各种具体的工具性经济网络在内的社会网络才能够将网络规模推至整个社会和全球，以一个即时状态运作，并大大减少了"网络"维持的成本。而此时，随着网络规模呈指数增长，在网络中现身或

---

〔1〕 张文桥等:《网络社会初探》，载《上海交通大学学报》(社会科学版)2001年第3期。

〔2〕 [美]卡斯特:《网络社会的崛起》，夏铸九等译，社会科学文献出版社2001年版，第91页。

〔3〕 [美]卡斯特:《网络社会的崛起》，夏铸九等译，社会科学文献出版社2001年版，第119～120页。

缺席的好处和弊处也呈指数增长。

（三）实体网络、虚拟网络与网络社会

对于网络分析而言，有两种不同看法。其一是把网络本身视为研究对象，其二是把网络本身视为一种分析方法。[1]作为研究对象的“网络”，我们将其理解为各种功能网络或各种具体的工具型社会型网络。实际上，人类社会本身就是由各种类型的社会网络组成。无论是人与人、组织与组织还是国家与国家都无法独自生存，必须存在于彼此的互动关系中。这就形成了各种形态和功能的网络。因此网络可以看作各种社会单位的结构形态。张文桥等人言及的实体网络（实网）大抵指的是这种具体的功能网络。而所谓虚拟网络的信息网络（虚网）则是以光纤、卫星、电脑、电话及各种电子通讯技术为基础、数字化连接覆盖全球的信息传输系统。可见这个信息网络乃是以卡斯特的新信息技术为物质基础的。

这个信息网络的集中体现是互联网。卡斯特认为互联网是“网络化逻辑”的缩影。这种网络化逻辑变得可以应用于一切能经由电子连接的领域及地点。为此，卡斯特追溯了三个彼此相关的主要技术领域不同阶段的创新：微电子学、电脑与电信。[2]奠基于微电子装置与电脑处理能力进步，以及电信、电脑网络技术的进步，20世纪80年代中期开始，电脑已经无法孤立地机械对待。比如手提电脑增强了移动能力。到了90年代由中央资料处理转变为网络化、互动式电脑功能共享。这一步改变了技术系统的同时，也改变了社会与组织。相关电子技术在互动通信领域的结合导致了互联网的产生和发展。这是一个去中心的、在任何节点都可以沟通的信息网络媒介，充分体现出了卡斯特所言的“网络化逻辑”的结构形态。

社会组织的网络形式在漫长的人类历史变迁中变化缓慢。到工业革命以后，随着信息技术的发展，尤其是电子媒介的发展，才很大程度上实现了在全球的资本主义扩张和普通人群众性交往的愿望。当然只有到了20世纪90年代以后的新信息技术的迅猛发展才开始为网络形式渗透并普遍到整个社会乃至全球奠定了物质基础。要使网络社会成为整个社会的结构形态，高度发展的

〔1〕 张其仔：《新经济社会学》，社会科学出版社2001年版，第13页。

〔2〕 [美]卡斯特：《网络社会的崛起》，夏铸九等译，社会科学文献出版社2001年版，第46～63页。

信息网络的渗透以及与各种已存的社会实体网络的融合是根本途径。在这样一个社会里，物质能量与信息能有效地迅速地传递和实现优化配置。[1]因此，关键是全社会的信息化和网络化。信息化是前提，网络化是结果和目的。各种社会实体网络只有信息化到一定程度，才能成为信息网络的一个节点。如此各种社会网络的信息才可能转化为信息网络上的数字化信息。而这个过程中的技术基础正是新的信息技术（当然包括互联网）。张文桥等人认为，建立网络社会的过程是信息化和网络化的过程。其建设过程表现为：（1）实网结点的信息化，即单点信息化；（2）实网的信息化、网络化；（3）实网群的信息化和网络化。这个实网群可以推演为整个社会的信息化和网络化。这样从每一个网络主体到各社会网络内部，再到无数个整体社会的社会网络集群的信息化和网络化，就有望实现一个网络社会或“网络化逻辑”的渗透。这个过程中，新的信息技术是隐含的前提或物质基础自不必多言。

但是，即使可以实现这种“网络化逻辑”高度渗透的“网络社会”，它也不可能是如张文桥等人所言的“高度整合”“无缝一体化”“单一网络”的社会。似乎信息技术将推动或决定一个高度整合的社会结构的形成。这种观点隐含技术决定论的假设。因为网络社会只是一种社会结构形态，它只是信息化社会的超文化和制度的基本结构逻辑和关键特色之一。但信息化社会无法排除社会或国家的独特民族文化和制度形态。即使是网络社会的形成过程也需要后者的积极支持。不同国家会在此作出不同的与本国社会历史及文化相符合的独特选择。同时，无论如何仍有与网络社会“脱出”的区域，而且彼此之间会存在社会冲突。尽管在新信息技术下，网络可以无限扩大，但是“如果某一地区对这样一个网络没有价值，它就不会被连接，或者如果它不再有价值，它就会被关闭……今后的社会冲突也采取了以网络为基础的斗争形式，社会斗争则与人们思想中文化准则的重新界定有关”。[2]可见，所谓“网络社会”并不代表着一种单一网络形式的社会和高度整合的社会状态。社会冲突仍然存在，不过会同样以“网络”为基础而发生。

同样，我们可以想象，正如工业社会并不能否定各民族国家的独特文化传统以及制度建构一样，信息化社会及所谓“网络社会”也莫不如此。而社会学

---

〔1〕 张文桥等：《网络社会初探》，载《上海交通大学学报》（社会科学版）2001年第3期。

〔2〕 ［美］卡斯特：《论网络社会的社会学》，载《国外社会科学》2001年第3期。

在研究企业网络或生产网络时，发现网络本身具有维持的成本和封闭性问题。在网络内部可以实现节约交易成本，利于形成合作和信任，节约信息费用，实现信息快速传递等优势。但对于网络外部或市场本身而言，则具有一定排斥性和外部影响。[1]因此，我们认为，“网络社会”可能是所有信息化社会共有的结构逻辑，但一方面，它无法排除社会文化和制度的多样性。因为形式的相似并不意味着内容的雷同，因此网络社会对于不同民族国家来说将是“和而不同”的关系。即使结构逻辑相似，但仍具有各自民族和文化的独特存在。另一方面，各社会网络尽管必将主动连接到全球网络中去，但各网络之间基于利益、价值观等因素不太可能“一体化”，并完全整合进单一网络。

三、基于互联网技术架构的“网络社会”(cyber-society)

卡斯特所谈的“网络社会”英文为network society，指的是信息化社会的共同的社会结构形态。而在目前国内学术界中同一个能指——“网络社会”，却有不同的所指。也即本节要论及的电脑网络空间(cyberspace)中存在的一种新的社会形式。国内大多也称为“网络社会”。从英文翻译上看，一般似乎应该是cyber-society，有人直译为“赛博社会”以区别于前者的“网络社会”(network society)。这是互联网通过虚拟现实技术模拟现实情境所形成的一个沟通信息的空间。如今，这个空间也已经成为一个非工具性的互动场所。而且就其所产生的广泛的社会关系而言，它也是一种社会形式。本节我们就对目前国内对这种网络空间中的社会形式的观点进行总结，并试图发现其中的诸多问题。

(一)“网络社会”[2](cyber-society)的所指

在本节意义上的“网络社会”(cyber-society)，一般国内可以达成相当程度上的共识。即它是在互联网架构的网络空间中产生的社会形式。在此，我们可以陈述几种相对完整和系统的界定，并从中发现一些细微的分歧与问题。其中较早的代表性的界定在戚攻近几年的几篇文章中可以发现。“网络社会”是在信息通信以及网络技术发展和整合中创造出的一种新的社会，是人类生活和工作的“另类空间”。从本质上看，网络社会是一种数字化的社会结构、

〔1〕 张其仔:《新经济社会学》，社会科学出版社2001年版，第200～218页。
〔2〕 张其仔:《新经济社会学》，社会科学出版社2001年版，第200～218页。

关系和资源整合环境。其关系网具有虚拟特征，但最终网络社会是一种客观现象。[1]在另一篇文章中，他阐述了网络社会与现实社会 的关系。[2]前者是后者的延伸，并对后者起到重构作用。“从现实角度看，‘网络社会’是现实社会人们‘交互作用’的结构、环境和空间的延伸和拓展；从虚拟的角度看，网络社会‘依存’于现实社会，是一种‘真实’”。但是“虚拟的网络社会不是现实社会的‘翻版’”。“延伸”表现在网络社会对现实社会关系结构的重构，而“依存”则表现为网络社会中“经验的东西”将通过现实社会检验。这种定义相当程度上是在与现实社会的关系中确定网络社会的本质。

而另一种界定，相对而言更强调了从发生的个人与个人、群体与群体以及个人与群体的独特互动关系出发，来关注“网络社会”之所以可以称其为一种社会形式或“社会存在方式”。[3]“网络社会”是“通过网络（主要是互联网）联系在一起的各种关系聚合的社会系统”。童星等人认为，就网络社会中的互动关系而言，互动双方没有“身份感”，是“情感人”之间的信息和情感交流，属于纯精神领域。由于加入和退出一个“群体”很容易，并且“群体”也无法支配个人的资源、干预成员行为，因此个人对群体缺乏“归属感”。整体而言，其群体关系是双方基于同样的兴趣和观点而形成的“机械团结”。从表面上看确实如此，但是根据卡斯特引证威尔曼（Wellman）的经验研究[4]表明虚拟社群在持续互动形成的关系网络中存在“互惠”和“支持”，并可以发展成为“实质的”群体关系。我们认为既然它可以发展成实质的关系并存在各种实际的“支持”，因此其互动关系有时必将渗透某些工具性目的。当这种关系被引进日常生活时，关系“实质”化可能会带来交流的工具性结果。总之，这种互动关系不能避免工具性地被利用和产生“实质”性后果。因此它绝不是所谓的“纯精神领域”。而就其群体关系的实质而言，除了强调同质性外，也有些研究表明网络空间存在“分层”[5]与性别参与上的差异甚至交流中的性别歧视和

---

〔1〕 戚攻：《网络社会的本质：一种数字化社会关系结构》，载《重庆大学学报》（社会科学版）2002年第1期。

〔2〕 戚攻：《“虚拟社会”与社会学》，载《社会》2001年第2期。

〔3〕 童星、罗军：《网络社会：一种新的现实的社会存在方式》，载《江苏社会科学》2001年第5期。

〔4〕 ［美］卡斯特：《网络社会的崛起》，夏铸九等译，社会科学文献出版社2001年版，第444～445页。

〔5〕 Schroeder, R.（1997），“Networked Worlds: Social Aspects of Multi-User Virtual Reality Technology”, *Sociological Research Online*, Vol. 2, No. 4.

性骚扰等。[1][2][3]因此，绝不能只从理论上进行推演，就得出似乎成理的结论。对于网络空间中的互动关系的性质需要进一步的经验研究来确证。

总的看来，以上两种较清晰的界定基本上可以代表目前对于网络空间中的社会形式的共识，但是就网络社会的“虚拟”与“现实”的问题上又出现了许多分歧。童星认为，“可以说网络图书馆、网络学校是‘虚拟图书馆’和‘虚拟学校’，但不应当说网络社会也是虚拟社会。恰恰相反，网络社会是一个现实社会”。[4]网络社会作为人与人互动的结果，同于“日常社会”，是日常社会的一部分。因此它是“现实的”而不是“虚拟的”社会。而许多作者一般认为网络社会的特性在于其“虚拟”特征。如戚攻认为网络社会本身就是网络技术“为人类经济和社会发展创造出（虚拟出）新的条件、环境和空间”。康健认为网络社会与日常社会形式相比，区别在于它的虚拟性质。但是“虚拟现实首先还是现实，其次是对现实的模拟……虚拟现实乃是经过处理……可以为大家共享、能通约的客观现实”。“网络社会不是在社会生活之外的社会形式，虽然采取了与日常和传统社会生活形式不同的形式，但终究还是社会生活……它仍然在社会生活的范畴之内”。[5]因此，问题不是网络社会是否存在或是具有现实性，而是网络社会之现实性所具有的特殊之处。其特殊性在于虚拟现实是“具有虚拟性质的现实”，但是仍然是“个人之间相互作用的和交互活动的产物”。[6]

---

〔1〕 Jennifer Vaughn Trías, Democracy or Difference: A Literature Review of Gender Differences in Online Communication, 1997,(online)http://nimbus.temple.edu/~ jvaughn/papers/litrev.html.

〔2〕 Herring, Susan C.(1992). Gender and Participation in Computer-Mediated Linguistic Discourse. Paper presented at the Annual Meeting of the Linguistic Society of America. Philadelphia, PA.

〔3〕 Herring, Susan C.(1993). Gender and Democracy in Computer-Mediated Communication. *Electronic Journal of Communication*, *3*(2).

〔4〕 童星、罗军：《网络社会：一种新的现实的社会存在方式》，载《江苏社会科学》2001年第5期。

〔5〕 康健：《试论网络社会及其特殊的现实性》，载《中共中央党校学报》2002年第3期。

〔6〕 总的看来，对于这里的“网络社会”，童星认为尽管其具有特殊性，但仍是日常社会的一部分。两者是“部分”与“整体”的关系。而另一种观点则认为网络社会具有不同于日常生活的特殊的“现实性”，或者如卡斯特所言，两者在不同的“现实层面”上运作。这里我们也认同后者的观点。网络社会不是日常社会的一部分，尽管它们都是人类社会生活在当代的组成。在后文，我们借用许茨的“有限意义域”和“多重实在”等概念，认为网络空间中的“赛博社会”是社会生活的一个“有限意义域”，是具有自身独特“实在”性的社会场域。

总的看来，有一个共识还是存在的，即网络社会具有不同于日常生活的现实性。但分歧在于童星强调互动关系的发生而言，网络社会不是“虚拟”的，是真实发生的存在的关系。实际上，他把“虚拟”和“现实”看作相对立的概念，似乎暗示着“虚拟”就是不“现实”。而其他人则从网络社会的空间和环境看，网络社会是通过一种“虚拟现实技术”来模拟一个从物质上看并不存在的、互动的情境和空间。实际上两者的焦点并不同，如果不从语境出发就容易彼此误读。童星意指由于网络社会的行动者之间就其关系的发生而言，尽管没有那些“看得见”的物质要素，但仍可证明“网络社会”是“现实的”。而其他人实际上并没有否定其“现实性”，只不过由于网络社会发生的情景或环境是由虚拟技术建构的，因此，网络社会是一个“虚拟”的社会场域。当然它仍然是“互动的结果”并具有特殊的“现实性”，或如卡斯特所言，是处于一个不同的现实层面上。总的看来，两者就对网络社会的基本认识而言，说不上矛盾。相反，可以相互为用。而本文认为，之所以出现诸多不必要的分歧，另一原因在于“虚拟”和“现实”在它的英语和汉语词义转换中的文化和语用误读。根据卡斯特的考证，“虚拟”指的是“严格而论或就名义上虽然不是，但实际上是”〔1〕。或者指“事实上的、实际上的、实质上的，但未在名义上或正式获承认”。〔2〕也就是说，“虚拟”从来没有常识意义上的“不现实”或“不真实”的含义。而在汉语语境中，“虚”和“虚拟”则具有或暗示着虚无、虚假和不真等语义。在“虚”的几种本意中，就有如空虚、虚弱、虚假和徒然等义。〔3〕而在《现代汉语规范用词大词典》中，“虚”也有“空虚，不实在；虚弱，不强大”等义。而“虚拟”则意指“假设的，不符合或不一定符合事实的”。其与“虚构”〔4〕、“虚假”、“编造”等词近义，与“真实”和“实在”反义。〔5〕总之，在汉语使用中，“虚”的原意以及“虚拟”基本上意味着虚假、虚无或不现实等用意。因此，“虚拟”在英语和汉语的语义转换和运用中很容易产生误解。

另一方面，由于人类一切行动都是基于符号的象征互动，因此所谓“现

〔1〕［美］卡斯特：《网络社会的崛起》，夏铸九等译，社会科学文献出版社2001年版，第462页。

〔2〕《牛津高阶英汉双解词典》（第4版增补本），2002年版，第1692页。

〔3〕《词源》（合订本），商务印书馆1989年版，第2750～2753页。

〔4〕虚构，按照该词典的解释，是指凭想象编造，或者作为一种文艺创作手法（当然也不能完全脱离真实）。

〔5〕周行健等主编：《现代汉语规范用词大词典》，学苑出版社1997年版，第1280～1281页。

实”本身就是符号象征。人们从来就是生活在一个符号象征的世界里。同时，由于语言具有后现代主义所谓的“暧昧的编码”能力和诠释的开放性，因此这种“多重语意”使互动和信息意义的矛盾与隐晦更加彰显。波斯特也曾做过类似的精彩分析。他认为日常生活中“词”与“物”的关系已经由于指涉对象的丧失而趋于复杂化。在电子媒介的交流世界里，语言发生着深刻变化。由于电子媒介放大了话语的“自我指涉性”，导致语言的表征功能出现危机，从而使语言面对“自我游戏”的可能。[1]由于语言的指涉对象存在的那个物质世界的“不在场”，导致一种指涉的衰落。在“能指”的另一端并不是“所指”，而不过是另一个“能指”。对于电子媒介交流的主体，客体不过是一个“能指流”，而不是物质世界。此时，要辨别这种“能指”背后的所谓“真实”几乎不可能，也是没有意义的。而卡斯特从更广阔的历史审视“自然与文化”关系变迁模式时，认为“我们已经进入一个文化指涉文化的阶段，已经超越自然，到了自然人工再生（‘保存’）成为文化形式的地步”。如今“我们已经进入社会互动和社会组织的纯文化模式之中”。[2]从这个角度上看，从来就没有什么原始意义上的“未经编码”的真实经验，一切社会表象都可以视为经过文化或语言符号的“编码”或建构。对于一切互动而言，都已经由于经过媒介象征的组织而出现偏移。因此一切所谓“现实”从感知角度出发都是“虚拟”的。卡斯特称之为“真实的虚拟”（real virtuality）。日常生活与电子媒介交流莫不如是。

（二）能指之间的商榷

上文我们谈了由于“虚拟”和“现实”的文化与语用误读，导致诸多分歧和混乱。除此之外，许多作者对于基于网络空间的所谓“网络社会”的英文选择也很混乱。有的人用network society[3]。也许这种用法意指“computer network society”，即“电脑网络”社会，如此似乎也未尝不可。但前文我们已经说明了network society在卡斯特那里主要指信息化社会中的共同的社会结构逻辑。当然，卡斯特认为“网络化逻辑”最纯粹的体现是互联网，而

〔1〕［美］波斯特：《信息方式》，范静哗译，商务印书馆2000年版，第22～24页。

〔2〕［美］卡斯特：《网络社会的崛起》，夏铸九等译，社会科学文献出版社2001年版，第577～578页。

〔3〕戚攻：《网络社会的本质：一种数字化社会关系结构》，载《重庆大学学报》（社会科学版）2002年第1期。

且互联网本身也是一个社会和信息“网络”（social network and information network）。在这个网络里信息和能量可以即时地在全球网络里流动，并可以把“网络化逻辑”迅速地“渗透扩张遍及整个社会”乃至全球。因此，这个所谓电脑网络社会也可看作“网络社会”（network society）的浓缩版。但network society（卡斯特意义上的“网络社会”）是一个日常现实空间中的社会形态，而互联网所架构的社会形式是发生在一种区别于日常现实的“空间”（网络空间，cyber-space）中的“现实”。它们是信息化社会中的不同层面的“现实”。因此总体上两者还应有所区别。另外，还有用network community[1]的。“Community”一般被翻译为“共同体”或“社区”。童星等人正是基于迪尔凯姆的用意，即由于网络空间中的互动或群体关系是基于情感和同质性而发生的，因此可以称为“机械团结”。在英文的选择上用“Community”以强调其关系的属性。但按照腾尼斯之意，“community”和“society”是有区别的。至于它们的区别，要与腾尼斯关于社会团结或联系的纽带的性质结合在一起来考虑。“community”指的是由诸如血缘、邻里和朋友关系作为联系的纽带的社会类型，而“society”则是以契约、交换和计算等理性关系为纽带的社会类型。与迪尔凯姆从分工协作角度出发，来分析“社会团结”不同，腾尼斯从情感和价值角度出发，认为前者是“有机团结”，而后者是“机械团结”。这与迪尔凯姆正好相反。基于这些众所周知的分歧，我们认为即使以network community 与卡斯特的network society可以从表面上部分地区分开，但双重歧异同样不可避免。为了既与卡斯特的network society区分开，又不过多涉入迪尔凯姆与腾尼斯的价值争议，我们建议沿用西方一般的用法。即用cyber-society来指涉产生在网络空间中或赛博空间（cyberspace）的社会形式。至于virtual society（虚拟社会）则是强调cyber-society的互动环境和空间的技术因素，即网络空间是一个互联网虚拟现实技术架构的抽象的电子空间。因此我们认为它与cyber-society并不矛盾。

同时，为了区别中文同一个译词“网络社会”在汉语语境中的两种不同所指，即作为信息化社会的共同的社会结构形态和基于互联网技术架构的网络空间（cyberspace）中的新的社会形式，我们建议用“网络社会”指涉前者

---

〔1〕 童星、罗军：《网络社会及其对经典社会学理论的挑战》，载《南京大学学报》（哲学·人文科学·社会科学）2001年第5期。

(network society，沿用卡斯特的用法)，用“赛博社会”(cyber-society，沿用一般的直译，或者也可以进一步商榷以确定一个汉语对应的合适的译词)指涉后者，从而与前者区分开。这样一来，两种“网络社会”的所指在汉语和英语的用词上得到统一，避免了由于语言上的混乱和模糊处理导致不必要的误解和纷争，从而阻碍进一步的学术交流。在此基础上，本文想就“信息化社会”“网络社会”和“赛博社会”之间的逻辑关系作一点分析。

(三)信息化社会(informational society)、network society(网络社会)与cyber-society(赛博社会)的关系

尽管一般而言，我们常称前者为“信息社会”。但是根据卡斯特的观点[1]，“信息社会”(information society)尽管强调信息的社会角色，但从广义上看，信息作为“知识的传播”是所有社会的关键。而“信息化”(informational)则“表明了社会组织之特殊属性，在这个组织里，信息的生产、处理与传递成为生产力与权力的基本来源”。“信息化社会”(informational society)强调的是当前社会转型的特征，即新的信息技术对于政治经济及日常生活的渗透。同理于工业化社会并非指有工业的社会，而是“工业组织的社会与技术形式渗入所有活动领域的社会。它开始于经济系统与军事技术之中的支配性活动，然后延伸到日常生活的对象与习惯。”信息化社会的寓意亦如此。而网络社会(network society)则指的是许多信息化社会共有的基本结构。这种结构特征是超文化和超民族的。无论是日本、美国还是未来的中国，作为已进入或将进入信息化社会的民族国家所共同的社会结构逻辑，即“网络社会”。但是卡斯特并没有排除各信息化社会的文化和制度形态的民族特征。各国的信息化会有不同特色，正如同样称为工业资本主义的西方各国具有不同的文化和具体制度建构一样。“网络社会”只是信息化社会的“结构类似性”或关键特色之一而已。

那么赛博社会(cyber-society)又与网络社会以及信息化社会是什么关系呢？赛博社会是一个基于互联网技术的发展而产生的网络空间或赛博空间中人们的互动关系产生的社会形式。就空间和互动场域而言，它与日常社会生活是不同的。而且从我们自身的一些研究表明，网络互动(CMC)由于身体的

---

〔1〕［美］卡斯特：《网络社会的崛起》，夏铸九等译，社会科学文献出版社2001年版，第25页。

不在场及独特的语言呈现过程等因素的合力作用，明显区别于日常互动，并解构着日常生活的种种社会建构。我们的社会生活是一个拥有多个“有限意义域”的具有“多重实在”的世界。其每一个有限意义域的“意义”仅仅在于其“界限自身范围之内去寻找”。不同意义域具有不同的感知和意义赋予方式，只能通过“跳跃”或“冲击”等方式从一个意义域转到另一个意义域。但相对而言，日常生活是“最高实在”，其他有限意义域，如科学世界、宗教体验世界或者梦的世界都是以日常生活世界为原型。[1]就此而言，赛博社会作为一个“有限意义域”也是日常社会即“网络社会”或“信息化社会”的“变体”。实际上，互联网从表面上是无数电脑终端的连接，即电脑网络（computer network），但实质上，它连接的是作为运用和生产信息的“人”。因此，互联网本身就是一个人与人之间传递信息的社会网络（social network）。卡斯特认为，虚拟社群（virtual community）是以弱纽带（weak tie）为基础的人际社会网络，其互动是以个人为中心重建社会网络，发展个人社群。这种所谓的“虚拟社群”与以“地方”为基础的所谓“实质社群”不过都是社会网络“创造和维系”社会关系的多种选择之一。也就是说，两者同样都是人际社会网络，只是在互动方式和特征上不同而已。而且从有限的研究看，网络互动并不是取代其他沟通工具，而是与它们一起扩延了社会网络范围。[2]因此，我们认为，可以把互联网及赛博社会中发生的网络互动关系视为一种社会网络。当然它是一种区别于传统意义上的以“地方”为基础相联系的互动和空间，是一种纯粹私人化、可以拥有多重身份的解构日常生活的个人沟通网络。总之，赛博社会是作为转型社会的信息化社会和网络社会的独特产物。它的产生最初是政治的、军事的和技术的目的，而后逐渐成为文化的、社会的、私人的和自在的互动场域。它既是网络社会的逻辑“缩影”（卡斯特语），也是一个已经具有独特“实在”的社会场域。

四、简要结论

综上所述，可以发现目前关于“网络社会”这一能指在所指上的混乱，

---

〔1〕［德］许茨：《社会实在问题》，霍桂恒、索昕译，华夏出版社2001年版，第309～313页。

〔2〕［美］卡斯特：《网络社会的崛起》，夏铸九等译，社会科学文献出版社2001年版，第444～446页。

基本上有两大类指涉：作为一种信息化社会的社会结构形态的网络社会(network society)和基于互联网技术的网络空间这一互动场域中的赛博社会(cyber-society)。而且，在赛博社会的界定中也存在细微分歧，通常未得到澄清。这既包括运用同一中文“网络社会”却指涉不同意义，也包括对于赛博社会场域中，虚拟、现实以及其与日常现实社会关系的纠缠不清。还有的观点将卡斯特的“网络社会”与电脑网络空间的“赛博社会”相互混淆。[1]一方面，引用卡斯特的网络社会概念；另一方面，却在分析所谓网络技术和“网络社会”的先天不足产生的“网络社会问题”，即讨论网络犯罪、网络色情、网络欺诈、网络侵权和沉溺等赛博社会中的失范行为。比如该文认为“与人类既存的现实社会所具有的正负功能一样，网络社会作为一种特殊的社会行为系统，可以释放出难以形容的生产力量，但它也可能成为恐怖主义者和江湖巨骗的工具，或是弥天大谎和恶意中伤的大本营。”从此可见该文所指的“网络社会”并非卡斯特所指的“网络社会”，而是另一种所指，即“赛博社会”及其所产生的新的社会问题，而非“网络社会”(network society)的社会问题。我们已经在前文说明，尽管两者存在逻辑联系，但是并不是同一层次或范畴的概念。

除理解的问题外，所指的混乱部分来自英汉转译中的文化和技术的语用出入。总之，对于网络社会这一概念而言，并不是不证自明的。如果不对诸多细微分歧进行澄清，进一步的研究和学术对话就很难有效进行，包括与国际学术的接轨。我们建议在相关概念的所指和能指之间进行进一步的讨论，以达成某种共识，从而使该领域的研究健康有序地进行。本文对此做出了一点尝试。

第五节　网络行为的哲学意义*

从逻辑上说，网络行为分析是信息时代社会科学的制高点。因此，哲学、经济学、社会学、心理学等众多学科均聚焦于此。目前，这一领域的研究还处于起步阶段。为此，对网络行为的哲学意义进行深入的探讨，是极富学术价值

〔1〕 文军：《网络社会的病症与网络社会问题的社会学分析》，载《科技导报》2002年第10期。

* 原载《自然辩证法研究》2000年第11期。

的一项工作。

一、关于网络空间的时空特点

许多人认为，网络行为所赖以存在的网络空间（Cyberspace）已经成为一种全方位的新质社会形态，需要对其时空特点进行哲学透析。

Cyberspace一词源于加拿大作家吉布森（W. Gibson）1984年出版的一本科幻小说，指一个神经移植术漫游者所经历的虚拟空间，目前人们用它表示基于全球计算机网络化的由人、机器、信息源之间相互联结而造就的一种新型的社会生活和社会交往的虚拟空间，也称为在线空间、赛博空间、电脑空间、网络社区、虚拟社会等。20世纪90年代以来，学术界对网络空间的兴趣陡然而升，已举行了8届“国际Cyberspace会议”，许多专家学者对此进行了热烈的研讨。美国天体物理学家拉里·斯马尔认为，“这是自古腾堡以来所发生的最根本的变化，这种相互连接的网络基本上是时空的破坏者，把距离和时间缩小到零。”李正风等人撰文指出，赛博空间不仅影响人类认知方式的变革和文化的演进，而且“意味着人类生活观念的重大变革，这种变革与人类未来的生活方式相互促动。”它“将真正促进人类行为规则的创新，并由此推动社会生活和社会交往方式的变革”。不久前，有人甚至在互联网上发表《Cyberspace独立宣言》，宣称将在Cyberspace中创造一种新的精神文明。

二、对网络行为的深入分析

近年来，学术研究的焦点已从对网络空间的直面探讨转入对网络行为的深入分析。陈立辉在研究了互联网对男女交往模式的影响、基于Internet的崭新的商业组织模式、Internet网际互动与民间社会发育等问题后指出，“Internet的出现导致对人类既有的各类社会组织形式和交往模式进而对整个社会结构及其组织方式进行全面的重构、重塑和重组……Internet作为在当代世界逐渐发展起来的人类体外神经系统，在复杂的反馈环路中把机器和人结合了起来，并以远为持久和比任何人曾知道，或许曾梦想到的任何信息流大几个数量级的方式阐释、储存和传送信息。尽管这次转变像有文字记载的历史上任何一次转变一样深刻，但是却要比以往任何一次转变都快得多。人类社会正由此迈入一个加速变革的时代，技术正以前所未有的方式改变着人类的社会组织、社会结构和人类的生存环境，并正在全球范围内促成着一个高关联性、高风险性、高不确定性的全球社会系统。”[1]何明升将网络空间中的社会共同体定义为“网络社区”，并认为此种不同于传统地域社区的新质社区具有五个基本特点：其一，它是一种社会互动共同体，即网民借网络进行心理交感和行为交往的社会单位；其二，它是以网络空间为活动区域的社会群落；其三，它是一个相对独立的社会共同体；其四，它是一个有限的、可界域的具体社会群落；其五，它主要是一个精神社区，而不是一个完备的社会单位。[2]美国专家尼葛洛宠帝（N. Negroponte）也认为，网络真正的价值越来越和信息无关，而和社区有关。

三、对网络行为的高位反思

网络行为及其研究，正在引起学术界对人类生存方式的高位反思。尼葛洛庞帝曾预测说，“我们将拥有数字化的邻居，在这一交往环境中，物理空间变得无关紧要，而时间所扮演的角色也会迥然不同”，这是一种“生存新定义”。陆群以《人生始自网络》为题撰文认为，“人是什么，不同文化氛围中对人的理解是不同的，网络人生就是网络文化中人是什么，他应该如何活着，他的物质生活和精神生活应该是什么样的，他的时光应如何度过，如此等等。网络的出现和发展，将人类文明向前推进了一大步，在网络中每个网民都能充分享受自己所理解的自己应过的人的生活，潇洒走一回。”方弩认为，“网络是一种技术，网络是一种文明，网络更是一种生存方式”。“为什么要把网络这本来只是一项技术进步的产物在实用和哲学的意义上都置于这样一个很高的、带有根本特征的重要性水平?最直接的答案是：因为网络将彻底地改变人们生活和生产的方式，更因为网络将深刻地影响人们的思维、观念、道德、文化等各种形而上的并且会永久积淀在人类文明传统之中的事物。”张青松对此做了更为一般性的哲学分析后认为，“如果说传统的唯物论（及其思维方式）是一种‘实物主义’的或实物型的本体论，这种信息时代的唯物论（和思维方式）则应该是一种‘虚物主义’的（虚物型的）本体论，这种信息时代的唯物论（唯物论的

〔1〕 陈立辉：《互联网与社会组织模式重塑：一场正在进行的深刻社会变迁》，载《社会学研究》1998年第6期。

〔2〕 何明升：《一种新的社区形式：网络社区》，载《中国国情国力》1998年第3期。

第四型态）既承认虚物与实物是同在的，同时也承认虚物是实物的主导物支配物，我们暂且把这种唯物论称之为‘辩证虚物论’。总之，没有虚物观念就不可能适应和反映这个时代。”[1]

四、网络行为的伦理规范

也许是由于实践的需要，学术界对网络行为问题的讨论较集中于“网络伦理”和“网络规范”领域。虽然有人认为使用网络是一种自由的权利，但国外研究者普遍的看法是，网络不仅仅是一个简单的网络，它更是一个由成千成万的个人组成的网络“社会”，就像你驾车要到达某个目的地必须通过不同的交通路段一样，你在网络上实际也是在通过不同的网络“地段”，因此，参与到网络系统中的用户不仅应该意识到“交通”或网络规则，也应认识到其他网络参与者的存在和权利。[2]为此国外一些计算机和网络组织制定了一些初步的伦理规则，比较著名的有美国计算机伦理协会的“十条戒律”、南加利福尼亚大学网络伦理声明等。美国网络伦理研究者巴格（R.N.Barger）认为，在当今伦理困境正在变得越来越复杂的计算机世界中，找一种简单的、包括每一个人都赞同的标准的道德规范的希望是比较渺茫的，然而这并不意味着做这种努力是无用的，对具有不同哲学世界观的人来讲，同意相同的标准——尽管出于不同的理由——还是有可能的。他进一步指出，以前的技术被取代了，但基本的行为准则依然可以运用于目前的技术革命。据此，巴格提出了三条基本原则：第一，一致同意的原则，如诚实、公正和真实等；第二，把这些原则运用到对不道德行为的禁止上；第三，通过惩罚并且（或者）通过对遵守规则行为的积极鼓励来加强对不道德行为的禁止。[3]可以预期，被人类社会实践所证明了的合理的伦理准则，其内核应该得以保留，改变的只是它在信息时代的具体形式。波士顿大学的斯皮内洛（Spinell，R.A.）在信息伦理学领域颇有建树，他的著作《信息技术的伦理方面》在大量案例分析的基础上，较系统地讨论了信息伦理的诸多内容。值得注意的是，他在中文本序言中写到，社会和道德方面通常很

---

〔1〕 张青松：《虚物主导性与唯物论第四形态探讨》，载《理论探讨》1998年第5期。

〔2〕 陆俊、严耕：《国外网络伦理问题研究综述》，载《国外社会科学》1997年第2期。

〔3〕 R.N.Barger. In Search of A Common Rationale for Computer Ethics. Read at the Third Annual Computer Ethics Institute Conference. The Brookings Institution. Washington. April 28, 1994.

难跟上技术革命的迅猛发展。而像中国这样的发展中国家在抓住信息时代机遇的同时，却并不总是能意识到和密切关注各种风险，以及为迅猛的技术进步所付出的日渐增长的社会代价。

五、网络经济的价值理论

价值理论是关于价值的本质、实体、价值量的决定及其实现的理论，是哲学和经济学共同关注的领域。不同的经济学体系一般以不同的价值理论为基础，如马克思主义政治经济学建立在劳动价值论之上，西方经济学则以边际效用价值论及均衡价格论为基础。网络经济的价值理论，是网络行为研究中的一个基本理论问题，学术界对此多有探索，其中，最具代表性的是所谓"信息价值论"和"注意力价值论"。

对于信息价值问题，在早期的理论信息经济学中就有所研究。马尔萨克(J. Marschak)曾认为，信息的价值应当是获取信息之前与之后的最大效用之差。斯蒂格勒(Stigler G.)则认为，信息的价值可以用购买行为中买主预期成本的减少额来表示。更一般的观点是，测度总体上的信息价值是不可能的，但可以对信息的使用价值和交换价值做些较为准确的描述。很明显，理论信息经济学中的信息价值学说，都是在传统经济学的概念框架内展开的。

网络经济理论中的信息价值论，实际上是一种新的财富观。贝尔(D. Bell)曾称为"知识价值论"，更多的人则称为"信息价值论"，其基本观点可以表述为：信息就是财富，谁占有了更多更好的信息，谁就能开发出更多更好的资源，从而拥有更多的财富，成为信息时代的富人。在信息革命日益激烈的今天，信息不仅是财富的象征，而且是财富的源泉。人们利用信息，既可以直接创造财富，也可以间接创造财富。但是，信息不能简单地等同于财富。人们要使信息变成财富，就要综合运用自己所掌握的科技知识，进行创造性的劳动。人的创造能力，主要来自对深层信息的思维加工；而对深层信息的获取则必须具有专门知识。因此，人们利用信息创造财富的能力，与其文化水准和科技素养成正比。[1]随着网络经济的发展，信息价值论逐渐为人接受并引发了一些深层思考。"有些人担心，社会将因此分裂为不同的阵营：信息富裕者和信

---

〔1〕 李建明：《论信息与财富》，载《信息世界》1997年第1期。

息匮乏者、富人和穷人，以及第一世界和第三世界。”[1]美国的一项研究认为，知识较先前任何时候都更有力量。能领导信息革命潮流的国家方能成为强者。在可预见的将来，这个强者就是美国。美国的军事和经济方面已具相当之实力，但它更精巧的相对优势却在于它收集、处理、应对和传送信息的能力。这种优势在下个十年肯定会得到增值。与此相反，“越来越多的发展中国家已经认识到，一个国家的未来将取决于它进入信息高速公路的程度。然而，当前的情况却表明，与发达国家相比，发展中国家在这场角逐中明显处于劣势。”[2]

在信息价值论盛行之际，注意力价值论悄然而起，它虽居非主流地位，但却不容忽视。早在1988年，索尔加特（W. Thorngat）就撰文探讨注意力价值问题，1994年，朗曼（R. Lanman）发表了《注意力经济》一文。但是，在该领域颇具影响力的，还是格尔赫伯（Goldhaber）发表于1996年的论文《注意力经济：网络的自然经济》，[3]其基本观点是：经济由稀缺的东西所决定，而信息，尤其是网络中的信息，不仅仅是丰富，甚至是泛滥，因此信息根本不稀缺。相反，有另一种东西在网络中流动，它流动的方向与信息相反，这就是注意力。由于注意力是一种固有的稀缺资源，获得它比较困难，因此新经济的核心是注意力而不是信息。

其实，信息价值论和注意力价值论并不是互不相容的。美国学者西蒙指出：在一个信息相对稀缺的社会中，在一个问题较少而又较为简单的社会中，信息几乎总是一种积极产品，而在一个注意力是主要稀缺资源的社会中，信息可能成为昂贵的奢侈品，因为它可能使我们的注意力，从重要的事情上，转移到不重要的事情上去。李志昌认为，“信息是一项重要的资源，人的注意力也是一种重要的资源，这两种资源之间存在着紧密的联系。在信息相对匮乏的情况下，它们之间的矛盾并不突出，而在信息社会中‘信息爆炸’的情况下，它们之间的矛盾将会十分突出。在信息社会中，怎样处理好信息资源和注意力

---

〔1〕［美］尼葛洛庞帝：《数字化生存》，胡泳等译，海南出版社1996年版，第188页。

〔2〕黄育馥：《信息高速公路上的发展中国家》，载《国外社会科学》1997年第1期。

〔3〕［美］高德赫伯（Goldhaber）：《注意力经济：网络的自然经济》，载《计算机世界报》1999年3月8日。

资源之间的关系，合理配置注意力资源，将是一个重要的问题。”[1]

第六节　信息化进程中的生活观转型问题*

在社会生活中，信息化正在由专业术语演变为大众用语；在观念世界里，人们对生活的看法也在经历着由科技进步而激发的大震荡。此时，学术界所关注的一个问题是：人的生活观是否会因信息化而产生历史性的转型？

一、现代信息技术的革命性质及其对生活观的转型要求

(一)现代信息技术所引发的生活空间变化

科学技术对社会发展的作用是当代科学哲学所研究的重要问题。此时，科学技术被视为一种社会活动，它既具有独立地位，又部分地依赖于支持它的社会。科学技术史表明，有些概念框架（如牛顿、爱因斯坦的概念框架）是具有革命性的，它们会引起科技与社会的巨大变革。现代信息技术就是这样一种具有革命性的新的概念框架，它将对社会进行剧烈的冲击，并推动人类生活观的转型。

现代信息技术的革命性质，是由其独特的技术特性所决定的。首先，现代信息技术几乎对任何信息都能进行数字化处理，因而具有成本低、易传输、高保真、有利于再创造等优势；其次，现代信息技术可以形成网络化的信息高速公路，从而打破传统的时空观，把距离和时间缩小到零；再次，现代信息技术具有极大的容量，因而可以产生巨大的存储能力和极快的处理功能，当其在网络中运作时则会成为一种革命性工具；最后，现代信息技术具有很高的带宽(bandwidth)，从而为信息洪流提供必要的快速通道。

作为人类信息器官的扩展，信息技术与人类社会同步前进，并不断发生着革命性突破。一般认为，“语言和文字的出现是信息通信和人类文明发展史上的大飞跃；而第一次信息技术革命则是由印刷机所导致的，也就是由机械技术

---

〔1〕 李志昌：《信息资源和注意力资源的关系——信息社会中的一个重要问题》，载《中国社会科学》1998年第2期。

* 原载《哲学动态》1999年第5期。

应用于信息通讯领域而形成的……而今，由计算机和通信技术的结合、信息高速公路的建设所发生的第二次信息技术革命，对人类产生的影响将远比第一次信息技术革命所产生的影响要巨大而深远得多。”[1]其中，生活空间的变化是诸多影响中的显要之处。现代信息技术所引起的生活空间变化，包括物质环境、人际环境、消费资料等多方面，较为集中和典型的则是沟通方式的变化。语言，作为信息交流的第一载体，始终是人类沟通的基本形式，也是决定生活空间形态的基本要素。文字的出现，虽冲淡了人们原有的时空概念，使得跨时空沟通成为可能，但却存在着异步沟通的“时滞”障碍。因此，由印刷技术所引发的“第一次信息技术革命”，在推动人类社会由农业文明步入工业文明的过程中并没有动摇传统的以地域为基础的生活空间。由计算机通信技术所引发的新一轮信息技术革命，尤其是以信息高速公路为代表的互联网络的出现，则基本上消除了跨时空沟通的障碍，使人类沟通发生着一场深刻的革命，也使人类生活空间大大地扩展了。

（二）信息化对生活观转型的客观要求

人的生存形式是在一定生活空间中呈现出的生活方式。“如果说生活方式是生活活动主体依据自身的需要而对社会提供给他的生活条件加以利用的方式的话，那么这种‘利用’正是主体为满足自身需求而对生活资源加以选择、组合、配置的过程与结果。”[2]也就是说，在相同的生活空间内，人们会因其生活资源的不同配置而呈现出不同的生活样式，而决定这种生活样式的深层因素则是其生活观。

另一方面，尽管任何一个时代的人都会有千差万别的生活形式，但同一时代的人总会因其更多的“同质性”而区别于另一时代的生活形式，而这也是其生活观所决定的。换言之，一个时代会有一个时代的生活观，时代的变化也包括生活观的转型。由于生活是主体不断地从外界获得物质、能量和信息的过程，因此人的生活观要历史地受到物质生产和社会形态的制约，并在总体上与人类科技进步保持同步演进。在漫长的农业文明中，由于生产能力较低，人们必须用绝大部分时间从事食物的生产，生活的主要内容是维持生存和简单的

〔1〕 金吾伦：《信息高速公路与文化发展》，载《中国社会科学》1997年第1期。

〔2〕 王雅林：《繁难的超越——市场经济与生活方式建构》，黑龙江人民出版社1995年版，第24页。

再生产。即使是感情味颇浓的家庭生活，也"基本上是柴米油盐的经济工作。夫妇间先得把这些基本事务打发开了，才有讲求兴趣相投的资格"。[1]生产力的不发展必然造成人的不发展，因此农业文明中人类生活观的典型形态是物质型的。进入工业文明，人类已摆脱了对大自然的直接依赖，推动社会进步、提高生活水准的重要杠杆已转为对能源的开采和利用。此时，先进的生活方式总是与高能量型的生活工具和生活资料相对应的，人类生活观的典型形态也实现了一个由物质型向能量型的跃进。正在到来的信息文明，将使人类社会的基础性资源由能量转到信息，从而为高信息型生活方式树起"现代化"的旗帜，并将促使人类生活观向信息型快步迁移。

社会发展表明，人类生活观的基本形态从根本上说要受到一定的生活空间，尤其是科学技术水平的制约。正是由于农业文明、工业文明、信息文明中不同的生活空间和主导技术，才导致人类生活观走了一条以物质需求为基础，不断向高能量、高信息发展的"大轨迹"。从另一方面看，人类生活观也是个人和社会生活的内在基础，正是人们不断演进的新生活观，为社会发展注入了涌流不止的活力。对于中国这样的后发国家而言，人们对于高信息生活方式的主观要求会由于"示范效应"而几乎自动地产生并膨胀，并最终演进为与信息文明相协调的生活观。

二、生活观转型中的工具建设

（一）生活工具对生活观的决定性作用

历史唯物主义揭示：人类社会发展的决定力量是生产方式，而生产方式的物质形式生产力与其社会形式生产关系之间的矛盾运动是社会历史演进的根本动力。一般认为，生产工具是生产力性质的决定性因素。在我们看来，由生产工具决定的生活工具应该是生活观形态的决定性因素。

实际上，人类生活观的历史形态在本质上是与其所占有的生活工具相对应的。在人类历史上，每一项划时代的重大技术进步，都会带来生活工具质的飞跃，并将其转化为生活观的演进。18世纪的蒸汽机技术使工业生活用具取代了手工业生活用具的主导地位，并使人类生活观步入工业文明；19世纪的电

---

〔1〕 费孝通:《生育制度》，天津人民出版社1981年版，第52页。

气技术使生活工具的自动化程度不断提高，人类生活观也进入了一个新阶段；以计算机通信技术为核心的新一轮信息技术革命，将以提高生活工具的信息含量为杠杆，使人类生活观向信息文明转型。

从这个意义上说，生活工具对生活观具有历史性的决定作用。任何生活观的存续，都需要与之相应的生活工具做基础；任何一次生活观转型，都需要更先进的生活工具做支撑。因此，工业文明型生活观向信息文明型生活观的演进，是以人类生活工具的信息化为前提的，而生活工具信息含量的不断提高，则机制性地制约着生活观演进的幅度和时限。

（二）信息化进程中的工具建设及其对生活观转型的物质支持

科学技术是生产力，而关键性的科学技术则是推进生活观转型的第一动力。因此，在人类生活观向信息文明演进的过程中，加强以现代信息技术的应用为特点的“工具建设”，是需要优先考虑的基础性工作，其中包括信息技术的研究与应用、信息资源的开发与应用，以及以此为基础的高信息含量生活工具的设计与使用。

生活观的演进，是以现代信息技术为基础的。现代信息技术已经成为一国综合实力和技术水平的重要标志，也是生活观转型的技术支持。

信息技术要与信息资源相匹配才能发挥其效能，而信息资源则是一种前途无限的新型资源形式。

信息技术与信息资源的综合形式，以“国家信息基础结构”为代表，它将成为信息社会的“中枢神经”。国家信息基础结构可以支持信息获取、传输、处理和利用全过程，并与国际互联网络一起改变人们的交流、工作和生活，成为生活观转型的支撑系统。

信息技术与信息资源除物化为巨型工具信息高速公路外，还将渗透在人们生活的各个方面，使人们的衣、食、住、行及精神文化生活工具不断增加信息含量，这是“工具建设”的最终体现。生活工具的创造和使用是人类生活过程的特征，生活观的演进也是从生活工具的进步开始的，当代生活工具的进步主要体现在其信息化程度上。因此，随着人类生活工具信息含量的提高，其生活观的转型就会获得越来越坚实的基础。作为后发国家中的大国，及时认识并抓好信息化进程中的“工具建设”，是一项意义重大的事情。江泽民同志指出的“四个现代化，哪一化也离不开信息化”，是一个富有远见的战略思想。

三、生活观转型中的制度建设

（一）生活观转型的制度需求

信息技术的嵌入，对人类既存的生活观是一种冲击，这是社会生活步入新天地的必要震荡。面对新的生活空间，“破”是必要的，但“立”也是必需的。当生活观开始向信息文明演进的时候，信息技术也在形成着自己的“游戏规则”。

目前，人们在谈论信息高速公路时常说的一句话是：“天上的公路的确也需要一定的空中交通管制”。[1]在信息化进程中，生活观的转型受制于诸多社会因素，其中，至关重要的一点就是信息活动的有序化。所谓信息活动的有序化，实质上就是信息生活新制度的生成和创立过程，即信息行为习惯、信息伦理以及信息法规制度的确立过程。没有这些社会要素，信息活动将出现“无序”，其对生活观转型的作用也会因此而缺少价值。因此，人类生活观的转型过程中始终存在强烈的“制度需求”。

（二）生活观转型中的制度创新

随着信息化进程和生活观转型的加快，无论是发达国家还是发展中国家都存在关于信息活动有序化的制度需求。相比之下，“制度变化的供给是重要的；需求的变动趋势虽为必要条件，但不是了解变化路线的充分条件”。[2]因此，国家和社会，尤其是发展中国家和后发社会，应该主动负起“制度供给”的责任，将信息活动有序化作为推进信息化进程和生活观转型的重要一环。为此，洞察信息化的发展趋势，做好信息化进程和生活观转型中的制度创新工作，是十分重要的。

首先，要进行关于信息问题的理论研究。目前，理论界倾向于这样的观点：“信息既不是物质，也不是意识；既不是物质的属性，也不是意识的属性；更不是介于物质和意识之间的‘第三态’”。[3]如果是这样，那么信息哲学应如何建构?这类理论问题，都是需要认真研究和回答的，因为信息文明中的制度创新不能也不会以传统理论为基石，而生活观的演进也不应是沙滩上的欲望。

---

〔1〕［美］尼葛洛庞帝：《数字化生存》，胡泳等译，海南出版社1995年版，第68页。

〔2〕卢现祥：《西方新制度经济学》，中国发展出版社1996年版，第122页。

〔3〕胡继武：《信息科学与信息产业》，中山大学出版社1995年版，第30页。

其次，是合理而良好的信息行为习惯的形成。这是非正式约束中的重要内容，实际上是确立一些起标准化作用的惯例。尼尔森和温特尔认为，一种行为若能成功地应付反复出现的某种环境，就可能被人类理性（工具理性）固定下来成为习惯。熊彼特认为，若没有习惯的帮助，无人能应付得了每日必须干的工作，无人能生存，哪怕是一天。在信息化的初级阶段，这类合理而良好的信息行为习惯相当重要，它包含信息伦理以致法规制度的胚芽，是生活观演进的社会路标。

再次，是信息伦理的确立。巴格认为，在当今伦理环境正在变得越来越复杂的计算机世界中，找一种简单的、每一个人都赞同的标准的道德规范的希望是比较渺茫的，然而这并不意味着做这种努力是无用的，对具有不同哲学世界观的人来讲，同意相同的标准——尽管出于不同的理由——还是有可能的。他指出，以前的技术被取代了，但基本的行为准则并不会因此而过时，一些基本的伦理准则依然可以运用于目前的技术革命。可以预期，被人类社会实践所证明了的合理的伦理准则，其内核应该得以保留，改变的只是它在信息化条件下的具体形式及其为生活观转型所给定的历史空间。

最后，是信息法规制度的形成和完善。一个国家的信息能力是其综合实力的重要指标，而信息法规制度的完善则是其信息化水平的重要表征。信息法规制度既反映信息活动的内在要求，又代表国家和社会的利益，是信息化发展较为成熟的产物。因此，既不能操之过急，又必须早做准备，这样，就可使生活观转型具有必要的社会依托。

第七节　论“在线”生存*

随着信息技术的发展，尤其是互联网在社会生活中的广泛应用和渗透，人类生存方式受到了前所未有的挑战。学者们普遍认为，互联网建构了一个虚拟世界，这意味着人们不仅生活在现实社会中，也生活在虚拟世界里。在互联网架构的虚拟世界中，人们利用虚拟技术，进行着与现实社会不同的实践活

* 原载《哲学研究》2004年第12期，合作者白淑英。

动，呈现出与现实社会不同的生存方式。“在线”就是对人的这种存在状态的一种描述。所谓“在线”（on line），是指人在由互联网架构的可能世界中利用数字化中介手段所进行的一系列实践活动。虽然从形式上看这是人与技术系统的结合，但其实质却是人以网络虚拟技术为中介形成的一种新的实践方式，是人在信息时代呈现出的一种新的生存方式。“在线”生存的出现，不仅为人类自身提供了别样的生存状态，也为长兴不衰的生存哲学研究提供了又一崭新论域。

一、“在线”的生存意蕴与存在状态

（一）承载人类生命内涵的网络架构

一直以来，人的生存是立足于现实世界中的，它是由“可能”发展而来，并表现为现实性与必然性的对应关系。由此，人类生存已经形成了可能与不可能、现实与非现实的二元对立关系。“在线”就像是打开了另一扇门，使人类进入到另一个可能世界。在那里，既有对可能性的虚拟，更有对不可能的可能性的虚拟。这种不可能的可能性，超越了现实性，也跨越了人们所熟悉的那个生活世界。因此，当我们漫步于网络世界时，实际上是进入了一个更大的可能世界。这个世界虽存在更加复杂的可能性与不可能性，但却为人的创造性提供了更加丰富和多样化的条件与可能，也为人的在线生存方式提供了可能。

无疑，“在线”作为人的一种存在形式，是以互联网的技术架构为基础的。卡西尔曾说：“人不再生活在一个单纯的物理宇宙之中，而是生活在一个符号宇宙之中”。[1]互联网在全球范围内的飞速发展，为卡西尔所言的“符号宇宙”的实现提供了物质可能，它彻底打破了人类单纯生活在物理宇宙时空的生存域限。从这个意义上说，互联网为人的在线生存提供了一个技术系统和可能世界，架构了一个承载人类生命内涵的新时空。

以虚拟作为最本质特征的在线生存实践，冲破了物理性的生存域限，使“社会关系从彼此互动的地域性关系中，从通过穿越不确定的时间而被重构的关联中‘脱离出来’，并跨域无限的时空距离对这些关联进行重组”，形成类

---

〔1〕［德］卡西尔：《人论》，甘阳译，上海译文出版社1985年版，第33页。

似"脱域"的现象。[1]但是,这种"脱域"不仅使人从经验性的物理世界解脱出来,也使人类真切地体验到了另一种存在方式——作为符号的存在。如果说,互联网出现以前,人的存在方式是经过"脱域"而使时间与空间相分离,那么,在虚拟世界里,时间则获得了主宰空间的地位。那个被称为Cyberspace的"幽灵",把物理空间压缩为无限小,而把数字空间扩展至无限大。此时,人们感觉到的只有时间而无空间。其结果,如维纳所言,人成为"一种通讯存在物",甚至"社会只能通过研究信息和通讯工具来认识"。[2]因此,从生存论的视角看,"在线"在赋予互联网生命意义的同时,其自身也成为信息时代人类特有的一种生存状态,具有独特的生存意蕴。

(二)虚拟与现实共生的存在

实际上,"虚拟世界原本是人类生存或生活的工具。作为工具,它只是人类自然身体的延长,人类可以使用它,但并不以其为生理生活的载体;它根本不是对真实世界的'虚拟',而是一种真实世界的运行手段"。[3]因此,在线中的存在是现实社会中的人在虚拟世界中的存在。"在线"与"在世",是一个生物实体在两种截然不同的生活世界中的存在方式。

从显现本体论看在线存在,它不是身体的现身,而是符号的显现,是可以随意变更的符号在虚拟世界中的显现。但是,在线中的存在既不是完全虚无缥缈的虚拟,也不是完全真实的模拟,而是虚拟和现实共生的存在。虚拟和现实共生的特征体现在两个方面:一是通过在线以符号为形式的"初入世"者,绝不同于现实生活世界中呱呱坠地的没有任何价值判断的婴儿,而是生活在现实社会中的,饱经风霜、具有思维意识的个体在符号世界中的另一种新生,因此是现实基础上的符号虚拟存在。二是在线中的符号存在不是现实生活中的人,简单地使用数字符号进行实践的存在,而是现实生活世界中的人在被"网络化"的过程中的创造性的存在。如同在现实生活世界中人需要学会使用劳动工具一样,在线生存也需要学会利用数字化工具,掌握一定的计算机技术和技能。换句话说,在线生存也要经历掌握一定的生存技能的过程。这个过

〔1〕[英]吉登斯:《现代性的后果》,田禾译,译林出版社2002年版,第18页。

〔2〕[荷]舒尔曼:《科技时代与人类未来——在哲学深层的挑战》,李小兵等译,东方出版社1995版,第177页。

〔3〕陈晓荣:《虚拟世界的哲学意义》,载《自然辩证法研究》2003年第4期。

程不是一个被迫的实践过程，而是现实生活世界中的人要取得在线生存能力的必由之路。但是，这个过程不是一个简单的学会使用数字化工具的过程，更是一个学习网络规范，遵守虚拟社会秩序，进行在线实践活动的过程。概言之，作为虚拟和现实共生的存在，在线是现实生活世界中的人在虚拟技术工具作用下的衍生和嬗变。

实际上，网名就是虚拟和现实共生的存在状态的表征。网名相对于生物维度的身体而言是虚拟的存在，但相对于在线者而言就是实体的存在，网名就是存在，就是显现。可以说，任何网名都是一个有意义的复合载体，它可以体现出在线存在的诸多属性，并折射出人的某些心理预期。“虚”是“实”的表征，而“实”是“虚”的根基；虚者，是在线存在的指称和角色，实者是现实社会中人的身心和欲求。正如卡西尔在《语言与神话》中所言，名称从来就不单单是一个符号，而是名称的负载者个人属性的一部分。虚拟与现实的这种相互依赖性，使“在线”与“在世”形成了一种相互嵌入的生存关系。尽管如此，虚拟存在却与现实存在大相径庭，其虽来源于现实，但却超越了现实。

二、在线生存的生成方式

（一）即时生成

互联网的神秘性归根结底是为人提供了一种“技术工具”，“在线”则是这类工具的使用。所不同的是，在线中的存在不像现实生活世界中那样，需运用物理工具去进食止渴，而是利用虚拟技术工具不断地进行自我的创造和塑造，它在创造了自身的同时也显示了自身。这种存在更似海德格尔眼中的“此在”。在海德格尔看来，“此在”是一种特殊的存在者，特殊之处在于它在自己的生存中生成了自己的本质（存在），[1]即“在自身中显示自身”。[2]海氏的这种自我生成论在网络空间中得到了很好的展现，从中我们可以看到或体验到在线中的“此在”如何生成此在。

简言之，在线中此在的生成，体现为符号的生成。其生成的过程就是一个网名注册的过程。因此，只要是愿意，其结果便是持续地生成各具特色的“此

〔1〕 朱荣英：《从海德格尔的生存论看诠释人的本质生成的3种理路》，载《周口师范学院学报》2003年第3期。

〔2〕 [德]海德格尔：《存在与时间》，熊伟译，商务印书馆1963年版，第51页。

在”。可以说，在这个创造自我的过程中，在线实践活动也是一种“生产”实践，是一个生产自我的实践。此时的生产，既包括创造一个具有全新面貌的存在，也包括对原有存在的加工和改造。在线中的此在也是生产者，在线过程就是此在不断生产出自己的过程，正如马克思所说的那样：“个人怎样表现自己的生活，他们就是怎样。因此，他们是什么样的，这同他们的生产是一致的——既和他们生产什么一致，又和他们怎样生产一致。”[1]。同时，被生产出的此在也将继续利用互联网提供的虚拟工具（用海德格尔的话说，这些虚拟工具无非是一些指向他人的“用具”）和同样是经过创造的此在（他人）进行着交往实践。因此，“在线”的本质并不是指向自己，而是通过虚拟工具指向他人。但是，需要强调的是，“在线”不仅仅是“上网”，它不是去实现既定的存在，而是人们即时性地生成的一系列存在，是对一系列可能性的选择。“在线”作为一种生存方式，它是一个可能性集合，网名则是在线存在的具体表象，是人所选择的一种存在方式。

从另一个角度说，在线中即时生成的存在也体现了人的另一种形式的存在，即作为生产者和消费者合一的存在。早在1970年，未来学家托夫勒在《未来的冲击》一书中就提出了“生产——消费者”的概念，他认为未来社会人们将同时扮演消费者和生产者的角色。在线生存中，不仅要进行自我生产，还要利用网络平台和信息资源创造出可供自己享用或用来交流的成果。“在线”总是伴随“生产”，在线者是人们通过“生产”创造出来的自己。

（二）复生复死

生存的直接含义是“生命的存活”。人类长期生活在原始的天人合一状态，传统哲学也总是缘起并回归人的生与死。时代以来，人们已经形成了“人生一世，草木一秋”的一生一死定式，死而复生仅仅是人类神话般的幻想。

然而，在线生存却可以使神话成为现实，复生复死是在线生存的主要特征之一。所谓复生，就是根据自身的需要重复地创造出多个在线存在；所谓复死，就是通过选择离线或废弃自己的在线身份的方式随时可以实现的“死亡”。由于在线生存是借虚拟技术实现的数字化生存，因而在线的生死离别不再是一种悲欢离合，而仅仅是一个技术问题，是一种可以实现的“神话”。

---

〔1〕《马克思恩格斯选集》(第1卷)，人民出版社1995年版，第67页。

生与死，是哲学家探讨的一个古老命题。对于人来说，虽然不能达到肉体的永存，但却可以追求精神的永驻。因此，真、善、美以及知识的生产历来是人类生存的高阶活动，"人过留名"也是人人都有的生存欲求。可以说，哲学家为人类自身构建了一个超时空的终极本质，也为人的生存找到了一种绝对价值，从而使人能够从容地面对生与死的检验。但无论如何，人的物质主体只能经历一生一死，这是一个基本事实。

人虽没有选择生的自由，但是却有选择死的权利，并且由于人只能"一生一死"，这种权利就显得弥足珍贵。海德格尔认为传统人学的主客二分法只能对人的存在进行外在描述，而从人的总体性看，人总是为自己而存在，"这个在者的在总是我的在"。〔1〕由此，人"对自己的生存拥有绝对的自主权。可选择自己亦可放弃自己，可选择本真的生存亦可选择非本真生存，因而人不是为了在者而是为了存在而生存着。"〔2〕但是，在线中的存在却是一个可以选择生和选择死的存在。人们可以通过选择某一个ID而得到"生"，也可以通过废弃这个ID而选择"死"。如果有必要，人们也可以同时启用多个ID而选择多重"生"，并可以随意处置其中任一个ID的"生"与"死"。在线可以使一个具有选择意志的"意欲者"，随心所欲地选择存在，选择退出，选择以何种面目存在，从而使人们实现了可以进行自我设计的、复生复死的生存方式。这种复生复死的在线生存方式亦是本真与非本真共在的。

三、在线交往实践

（一）自由的"此在"

把在线置于生存论的视野下，将不可避免地回到"存在者如何存在"这一古老的哲学话题之中。在线中的"此在"，掌握着既可以创造自身，也可以创造理想世界的虚拟技术。通过利用虚拟技术的创造性生存实践，"此在"会把在现实生活世界中可能永远也无法实现的理念融入这种特殊的生存状态中，获得精神上和意识上的无限自由。在以虚拟作为主要特征的在线生存中，生存的三个维度即实践维度、理想维度和价值维度都可以成为一个可以创造的

〔1〕［德］海德格尔：《存在与时间》，熊伟译，商务印书馆1963年版，第67页。

〔2〕朱荣英：《从海德格尔的生存论看诠释人的本质生成的3种理路》，载《周口师范学院学报》2003年第3期。

体系。在实践维度，“此在”可以摆脱一切来自现实社会中的束缚，以自我实现作为实践的目标和追求；在理想层面，此在通过创造可以达到对理想世界的构建和探索；在价值领域，此在可以超越生命终结的界限实现本体论和价值论上的“终极关切”。可以说，在线生存体现了真实存在及其意义。

作为一个开放的、多层次“构造物”的在线中的“此在”，更加昭示了雅斯贝尔斯大全论中的大全存在思想。在雅斯贝尔斯那里，“存在既非单纯的客体，亦非单纯的主体，而是在主客分裂中显现出主客两级的‘大全’（Umgreifenole）。大全的存在是开放的、多层次的，与之相适应，大全的真理也是开放的、多层次的。在此在空间中，凡是发展此在并获得此在的东西便真；在意识一般的空间中，凡是妥当的便真；在精神空间中，凡是使有限理念达到一致的便真；在生存空间中，凡使我达到我自身的便真”。[1]成为“大全存在”的“此在”，更体现出了真正的自由与平等。何谓“自由”，意欲自身的意志即是自由。按照雅斯贝尔斯的观点，自由作为意欲存在着，自由是通过意欲行为而被设定的。正如意志决断是无条件的一样，最初的自由行为也是无条件的。最初的自由行为发生于由经验世界向自由空间的飞跃中。自由的空间人人皆有，它根源于人的意志，即根源于“不自由的不可能性”。[2]

如果说，雅斯贝尔斯的自由实现根源于“不自由的不可能性”，那么，在线自由则是源于“自由的可能性”。这种自由和平等实现的前提是虚拟技术创设了类似于哈贝马斯的“理想沟通情境”。哈贝马斯认为，美好和真诚的沟通，是源于一个具有特殊属性的“公共空间”。在那里，参与讨论的人可以在没有内在和外在压力的制约下达成共识。实际上，在线生存中内在和外在压力得以消解的最主要的原因是源于可以创造自身的虚拟存在。可以说，虚拟技术创造出来的可以复生复死的存在特征才是消除一切不平等的本源。因此，虚拟是实现自由和平等的最具意义的技术工具。

从更深的层次看，这种自由和平等意味着在线生存中没有米尔斯所说的政治经济权力以及掌握权力的精英阶层。“权力，在米尔斯那里，被看作是即使在面临反对的情况下也能实现自己意志的能力。权力精英就是那些处于能

---

〔1〕 梦海：《存在如何显现给我们——论雅斯贝尔斯大全论中的大全存在》，载《现代哲学》2003年第3期。

〔2〕 梦海：《自由与超越者——论雅斯贝尔斯哲学中的自由概念》，载《浙江学刊》2001年第5期。

做出重要影响的决定位置的人，那些处于可以改变一般人的一般环境的位置的人”。[1]当然，这里我们排除了基于现实权力体系的网络管理者们，因为这些管理者掌握着封杀他人在线生存的权力。但是，没有权力精英，不意味着在线生存中不会形成源于话语能力而获得的影响和改变他人的意见领袖。

由此可见，在线中的“此在”既不同于柏拉图和康德的将存在看作某种对象并在某种与“我”相对立的主客体关系中以“我”为中心的孤傲，也不同于尼采与克尔凯郭尔的“存在就是个体的存在”的独白，而是在虚拟技术保障下更具有创造力和独立意识的自由的“此在”。与其具有互动关系的“他人”，也是具有创造力和独立意识的自由的“存在”。他人既是此在，此在也是他人。引用海德格尔的话来言明，即此在是独特的，但他人也是此在。此在是其他此在的他人，此在互为他人，他人互为此在。[2]在这里，“此”和“他”只具有为了阐释方便的方向之性，而无主客之分。

（二）“此在”与“他人”的理解与沟通

在线生存中，“此在”如何理解“他人”？对于以文本符号为主要生存状态的在线存在而言，文本符号代表了存在者的具象。换言之，在线生存实践中，此在就是通过文本符号理解了能够代表他人具象的文本符号。可以说，在线生存中，自身的存在与表象的符号之间的可分离性，使此在与文本符号之间的关系具有两个特征：一是文本符号即此在，文本符号的存在即此在自身的存在；二是文本符号是此在自我表达的工具，此在自身可以不存在，但是文本符号可以存在。所以说，文本符号既是理解的工具，也是理解的对象。

从文本符号与存在的关系上可知，如果符号仅仅是理解的工具时，此在自身便与符号相分离，此在与他人的理解便呈现为没有沟通实践的观察式理解；如果符号与他人自身结合在一起，符号代表他人的存在时，此在与他人的理解便呈现了另一种样式，即在沟通过程中的理解，一个以符号为代表的此在与他人的理解。因此，在线生存的理解和沟通涉及三种情况，即不现身的理解、旁观者的理解和沟通式理解。

其一，不现身的理解。这是一种间接的理解，是此在在他人没有“在场”

---

〔1〕 谢立中主编：《西方社会学名著提要》，江西人民出版社2001年版，第194～195页。

〔2〕 欧仕金、高中健、巨乃岐：《在世及其意义——海德格尔生存论》，载《河南师范大学学报》（哲学社会科学版）2001年第3期。

时，通过观察和理解他人遗留下来的符号来理解着他人，这种理解的典型形式就是"读帖"。这类似于现实生活世界中通过作品达成的对作者的理解，所不同的是"作品"中的主角是自我的展现。

其二，旁观者的理解。在一定程度上，在线中的旁观者理解等同于现实生活世界中"旁观者"的观察。在线中的此在可以在不参与沟通的情况下，通过观察他人的存在理解他人，但这是一个更容易隐藏的旁观者。由于自身可以浓缩为一个符号，更容易成为可以忽略的实体存在，因此尽管此在可能没有觉察到作为旁观者的他人的存在，但是他人却以实体存在，似乎是一个可以置"身"之外的存在。这种理解的典型形式是在线浏览，他人就是通过不参与的形式理解此在。但是此在却仅仅知道他人存在，却无法理解他人。

其三，具有沟通意图的理解，即符号互动中的理解与沟通。由符号代表的此在去理解代表他人的符号的过程是一个最为复杂的理解过程，此在对他人的理解表现为符号之间的理解，即代表存在具象的符号对另一个同样代表存在的符号之间的理解。问题是，符号之间如何理解？虽然符号代表着他人的存在，但是毕竟是一个虚拟的存在，一个可以随时消失并且找不到与之相对应客体的存在。这种理解无法用工具理性解释得通，就在于"工具理性的特征之一是试图把原则的普遍有效性还原为规律的客观性。所谓客观性，就是认识的内容与某种客体的对应关系"。[1]但是，符号之间的真正理解，最终可以还原为作为人的存在之间的理解。作为人的存在，无论其存在方式怎样，都逃脱不了人的终极价值的追求。因此，价值理性将成为真正的符号间理解的关键。这种价值理性，如同康德的给自我的行为进行道德立法的实践理性，人按照这种自律去规范自己的行为，就从因果序列的他律中解放出来，将自身置于人类共同体的目的王国之中，获得真正的自由，而这种自由，是谈论任何道德责任的逻辑前提。[2]归根结底，符号之间的理解源于人们心目中的美好理想和道德期望。在那里，每一个人都认为道德责任是人类所具有的最基本的本质。这种期望，是在线生存中此在与他人得以理解并能够进行沟通的关键要素。

（三）在线"生存交往"

无疑，在线中的"自由和平等"在一定意义上实现了尼采和克尔凯郭尔的

〔1〕 翟振明：《价值理性的恢复》，载《哲学研究》2002年第5期。
〔2〕 翟振明：《价值理性的恢复》，载《哲学研究》2002年第5期。

具有独立意识、可以将发展和完善独特个性作为自己追逐的终极目标的"作为自我的存在"。但是人不仅是作为自我的存在，更是作为社会的存在，交往便是作为社会存在的基本方式。实际上，克尔凯郭尔的"孤独"也是个体为了进入交往过程的自我性反思，其最终的走向仍然是保持交往中的独立意识。因此，在线交往，实质就是具有独立意识的此在与他人之间的相互作用。在线交往不像现实社会中那样受到来自地位、角色、财富等外在力的制约，而是可以完全按照自我的兴趣、爱好，自由地选择交往中的他人和交往方式。这里的自由是雅斯贝尔斯眼中的自由，即一种自我对自我的全面拥有和决断的自由，是一种内在自由。在线交往是一个自由者和另一个自由者之间的心灵的对话。可以说，在线交往在某种程度上实现了雅斯贝尔斯提出的第四种交往境界——"生存交往"(Existentile Kommunikation)。在雅斯贝尔斯看来，"生存交往是最高的、最有价值的交往形式，是人借以实现生存的交往形式。生存交往不能借助特殊科学来探究，而只能借助哲学来澄明并借助个人生活来体验。"[1]生存交往是雅斯贝尔斯指出的真正具有理想意义的交往，这种交往将使人的自由得到全面的实现。

在线"生存交往"，就是人借在线实现的交往形式并且也需要借助个人生活来体验。它是一种创造性的生存方式，是人的生存自由度的扩大，它使人类生存跃迁至一个更高的层次。在现实生存中，人不仅要受制于物质性的自然，更要受制于人们自己创立的社会，其生存自由度虽大小有别，却终归不足。自有"我思"以来，人们都在致力于扩大生存自由度。"虚拟为人类创造出现实所无法提供的新的发展空间、可能性和发展平台，它是人的创造性活动之源。"[2]以此为基础，被放开手脚的人将会借在线"生存交往"演出一幕幕鲜活的人间喜剧，将会借"在线"登上人类生存的自由之巅。

---

〔1〕 梦海:《人的自我实现——论雅斯贝尔斯生存哲学的道德涵义》，载《南京社会科学》2003年第12期。

〔2〕 张世英、陈志良:《超越现实性的对话》，载《中国人民大学学报》2001年第3期。

第八节　论“在线”与“在世”的关系*

随着互联网在人们社会生活中的广泛渗透，人们越来越意识到，互联网真正的价值不在于技术而在于社会。互联网除了承担技术的基本工具化作用之外，更为人类建构了一个可能世界。其中，“在线”（on line）就是互联网的社会价值的一种体现。所谓“在线”，就是人在由互联网架构的可能世界中利用数字化中介手段所进行的一系列实践活动，是人类在信息时代呈现出的一种新的生存方式。[1]在线生存的出现，意味着生活在信息时代的人具有了两种存在方式，即“在线”的存在和“在世”的存在。[2]由此可见，信息时代的生存哲学不仅仅要将研究的视角引向“在线”生存，更要关注具有两种存在方式的人“如何存在”的问题，即“在线”与“在世”的关系问题。这既是生存哲学研究的一个基本问题，又是理解虚拟世界和网络时代人类社会生活的一个理论支点。

一、互联网与社会的双向建构

毋庸置疑，作为“在线”和“在世”存在的两种不同的生存环境，互联网和社会之间的关系问题是探寻“在线”和“在世”关系的基点。

（一）互联网构成意蕴整体

一般认为，生产工具是生产力性质的决定性因素。在我们看来，由生产工具决定的生活用具应该是人类生存方式的决定性因素。追溯历史，人类生存方式的历时形态在本质上是与其所创造和使用的生活用具相对应的。在人类历史上，每一项划时代的重大技术进步，都会带来生活用具质的飞跃，并将其转化为生存方式的演进。从这个意义上说，互联网最显现的价值就在于架构了一个覆盖全球的巨型生活用具。在海德格尔看来，这类生活用具因彼此相

* 原载《哲学研究》2005年第12期，合作者白淑英。

〔1〕 何明升、白淑英：《论“在线”生存》，载《哲学研究》2004年第12期。

〔2〕 “在世”是海德格尔生存哲学中的一个术语。在海德格尔看来，“在世”即“在世界之中存在”，是人的存在特征，即人融合于世界之中。在这里，我们沿袭海德格尔的概念，专指人在物理环境之中的存在方式。

联而成为一个用具整体，并在其施用中指向他人。“他人随同在劳动中供使用的工具‘共同相遇’了，而这些‘工件’就是为这些他人而设的。”[1]

在海德格尔看来，“此在”生活在世界之中，世界之内的物和人构成此在生存的处所，它们都是比在的世界。他认为：世界“指一个实际上的此在‘生活'在其中的东西”。[2]人与环境的关系是在人的活动中建立的，一切东西都在人的活动中并通过人的活动被理解。在人的活动中，世界之内的物就变成了“用具”，人就是在对用具的使用和操作中开始了对世界的理解。[3]这样，用具在相互指引中联结成一个关联整体。这个关联整体在此在的使用和领会中被赋予意义而成为一个意蕴整体，这个意蕴整体就是世界的结构，海德格尔把它叫作“世界性”。

网络作为一种“显示用具”，具有确定的效用。它“奠基于用具的存在结构，奠基于对‘某某东西有效’”。[4]指引借助于网络这一途径解读实际世界和存在方式间的每一联系，揭示出世界关系形式上的规定性。在网络世界里，人与网络结缘，网络与世界结缘，网络与网络结缘，最终归结为人与人的结缘。网络让人与人、人与世界最大程度联络为关联整体。从“因缘”到“意蕴”，网络从“指引”中构建了世界的结构。在这一结构中，人的“此在”得以领悟我们生存的“世界之为世界”。[5]胡塞尔说，对人有意义的世界是在意识中。本源的世界正是人们生活于其中并包含了全部现实的、可能的及具体的意识生活的“日常世界”或“生活世界”。现象学者认为，通常在生活世界的各种纬度之中，“只要主体之某一部分经验表现出特定的认知风格，并且就这种风格而言前后一致且彼此相容”，那么它就构成一个“有限意义域”。[6]因此，可以认为，同“在世”一样，“在线”也创设了一个“有限意义域”，它有自己的意蕴整体，构建了自己世界的结构。

---

〔1〕［德］雅斯贝尔斯：《现时代的人》，周晓亮等译，社会科学文献出版1992年版，第851页。

〔2〕［德］海德格尔：《存在与时间》，陈嘉映、王庆节译，三联书店1987年版，第47页。

〔3〕［德］海德格尔：《存在与时间》，陈嘉映、王庆节译，三联书店1987年版，第81页。

〔4〕［德］海德格尔：《存在与时间》，陈嘉映、王庆节译，三联书店1987年版，第97页。

〔5〕朱军：《网络时代的存在论浅析》，载《苏州大学学报》（哲学社会科学版）2003年第1期。

〔6〕参见苏国勋主编：《当代西方著名哲学家评传》（第十卷·社会哲学），山东人民出版社1996年版，第365页。

（二）互联网意蕴整体与社会的互动

互联网意蕴整体与社会的互动，实际上是互联网构建的意蕴整体与社会之间的双向建构过程。这个过程可以从两个方面进行考察：互联网的社会化和社会的网络化。某项技术的社会化，是指“在社会的整合与调适下，使技术成为社会相容技术的过程”。[1]科学社会学家一般是在两个意义上使用这个概念，一是指科学家个人的社会化过程，二是指科学的体制化或制度化过程。[2]从本质上看，技术社会化实际上是使一项技术获得其社会属性即为社会所用的过程。就信息技术和互联网而言，主要表现为社会对互联网的选择和建构过程，即互联网嵌入社会并与社会耦合成巨型生活用具的过程。这主要表现在：其一，互联网的目的性是社会所赋予的；其二，互联网的社会后果受控于社会；其三，互联网的发展过程受各种社会因素的制约。[3]在上述过程中，“人作为社会系统的基本组成部分，其行为充满了复杂性，也就意味着人在进行技术选择时，会出现多种可能性，从而给技术的社会选择带来不确定性。”[4]当年对Windows系统的选择，现在对IPV6的选择，都体现了这种不确定性。在由不确定到确定的选择过程中，人们的生活方式、价值体系、政治制度都以其独特的方式塑造着互联网，并最终为自己建构了一个巨型生活用具。

所谓社会的网络化，是指互联网的技术规则逐渐地长入社会并得以确立的过程，它也是互联网对社会的扩张与建构过程。当我们说，是社会选择和建构了互联网，指的是信息技术发展的不确定性和关键技术的初始敏感性。而一旦选择了互联网及相应的关键技术，它就要按自身的技术逻辑去扩张和演化，这也是一种逻辑上的必然性。[5]现代信息技术一经出现，就被维纳赋予一种“帝国主义性质”。他预言：信息技术将呈现出巨大的社会经济影响，未来社会“只能通过研究信息和通信工具来认识”，甚至可以将人视为“一种通信

---

〔1〕 陈凡：《技术社会化引论——一种对技术的社会学研究》，中国人民大学出版社1995年版，第5页。

〔2〕 张碧晖、王平：《科学社会学》，人民出版社1990年年版，第84页、第165页。

〔3〕 何明升：《网络消费：理论模型与行为分析》，黑龙江人民出版社2002年年版，第41页。

〔4〕 凌小萍：《论技术社会选择的复杂性》，载《广西社会科学》2004年第7期。

〔5〕 何明升：《复杂巨系统：互联网——社会研究的一个新视角》，载《学术交流》2005年第7期。

存在性”。[1]正如维纳所料，现代信息技术尤其是互联网的发展已经呈现出一种强烈的扩张特性。卡斯特认为，“信息时代的支配性功能与过程日益以网络组织起来。网络建构了我们社会的新社会形态，而网络化逻辑的扩散实质地改变了生产、经验、权力与文化过程中的操作和结果。虽然社会组织的网络形式已经存在于其他时空中，新信息技术范式却为其渗透扩张遍及整个社会结构提供了物质基础”。[2]实际上，这就是互联网的社会效应得以释放，并以其巨型生活用具之身对社会进行网络化改造的过程。

二、“在线”与“在世”的本体关联

从本体论看，存在是一种显现，不同的显现形式决定着不同的存在状态。就这个意义而言，“在线”不是身体的现身，而是符号的显现，是一种符号存在。比较而言，“在世”则是以身体的在场为基本特征的，是一种实然存在。尽管就存在者而言，无论是符号存在，还是实然存在，都是同一个生物实体在两种截然不同的生活世界中的存在方式，[3]但是，二者具有不同的本质属性。因此，明确符号存在与实然存在的本质是弄清在线和在世之间关系的前提。

（一）符号存在与实然存在的本质属性

就在世存在的本质而言，心灵和身体之间的关系问题一直是西方哲学的一个重要问题。尤其是自笛卡尔以来的近现代哲学中，一直存在如何化解由笛卡尔的二元论所造成的心身之间的紧张关系这个问题。[4]在这里，我们无意于进一步探讨人的身心之间到底是统一的还是对立的观点，而是借此来进一步分析信息时代的存在者的本质。

在虚拟世界里，“在线”的主体形象是符号化的，它不是一个现实的“自在之物”，而是一个“意念之身”。网络生活中显现着很多虚拟身份，可能是一个昵称，可能是一个卡通的脸谱，也可能是一串代码，在这些符号后面可能不是简单的一一对应的关系，也无从考证是否实指。正因如此，从感性经验上看，

---

〔1〕［荷］舒尔曼：《科技时代与人类未来——在哲学深层的挑战》，李小兵等译，东方出版社1995年版，第177页。

〔2〕［美］卡斯特：《网络社会的崛起》，夏铸九等译，社会科学文献出版社2001年版，第568页。

〔3〕何明升、白淑英：《论“在线”生存》，载《哲学研究》2004年第12期。

〔4〕张尧均：《舍勒与梅洛——庞蒂心身关系论之比较》，载《浙江学刊》2004年第5期。

人在网络空间活动时，物质性的本体并不需要随之移动，仿佛在可见的物理空间之外还存在一种精神感应空间。为此，很多人将网络中的虚拟现象与现实中的真实诉求相分离甚至对立起来，这是一种传统的线性思维方式。如果仅仅以物理属性来做虚拟与真实的判断的话，从在线生存的视角出发，尽管符号存在没有生命个体的物理特征，但是它仍旧是一种实然存在，是一种符号的现身，符号就是它的"身体"显现。正如卡西尔在《语言与神话》中所说：名称从来就不单单是一个符号，而是名称的负载者个人属性的一部分。任何网名都是一个有意义的复合载体，它可以体现在线者的诸多属性，并间接折射出人们的某些心理预期。任何人进入网络都有一个网络身份的自我认定问题，这不仅指必要的网络注册，更指个人选择怎样的角色来表现自己。事实上，在给自己起一个网名的时候，网络角色扮演就已经开始。换句话说，一个以符号为显现的主体已经生成。就这个角度而言，符号就是一个"生命个体"。

与此相对，"在世"的主体形象是物理化的，它是一个立足现实、身体在场的"自在之物"，但是，这种存在，绝不是简单的自然的存在，而是一种社会的存在。现实世界"是一个对自然的恐怖和对艰辛生活心安理得的世界，那里的诗歌和文化所讲述的节奏，是那些信步漫游、驾车逡巡的人的节奏，是那些有时间、有情趣、有雅兴去苦思冥想、体验和吟唱的人的节奏。"在那里，人们的审美意向是"围绕空间和时间的理性组织建立起来的艺术准则，是一种和谐静穆审美理想中的宇宙观。"[1]换言之，"在世"作为一种传统生存，其实是发生在物理性时间和空间模式中的行为，这时身体在交往中是物质性本体。"在世"是一种实然存在，它以身体的在场为基本特征。

看来，符号存在与实然存在不是简单的线性的对应关系，而是具有心灵和"身体"二重本质而又来源于同一生命个体的存在和存在之间的关系问题。无疑，符号存在的出现又为生命个体与精神、理性个体之间的复杂关系增添了另一重复杂性。从复杂性视角看，由于实然存在和符号存在的异态同源性，因此，没有进行网络化之前的实然存在是实然存在和符号存在的"自我"，符号存在则成为实然存在的"共体"。由于"共体"是"自我"在网络中的一种塑造，因此，在一定程度上其理性成分更多。就这个意义上而言，符号存在较之

---

〔1〕 朱军：《网络时代的存在论浅析》，载《苏州大学学报》（哲学社会科学版）2003年第1期。

实然存在相比，身体和心灵的同一性程度更强了。

(二)自我与共体的相互生成

如此看来，符号存在与实然存在的本体关联更体现为一种自我与共体之间的本质关系问题。但是这与舍勒所言的自我与共体的本质关系有所不同。在舍勒看来，自我与共体的本质关系问题，或者说是，生命个体与精神、理性个体之间的联结是种属不同的本质联结还是偶然性的关系。[1]舍勒认为，人之为人，在于其人格，而人格具有整体性。因此，自我与共体不是割裂的，而是统一的。而就在线和在世而言，自我和共体却是相互生成的。

库利的镜中我(The looking glass self)理论认为，他人可以充当一面镜子，使人从中看到并衡量自我。[2]但是，在互联网出现以后，此在不仅能够以他人为镜，而且能够以在线中"共体"为镜，从而实现社会个体与在线共体的互动，这不是一个主体间性问题，更类似于"许茨将舍勒的主体间性理论表述为关于变形自我的理论，"[3]共体就是一个自我变形而又互相生成的过程。"网络主体是那些掌握网络技术、具备网络交往能力的社会成员。网络世界是一个全新的生活空间，不仅自然人无法生存其中，即使是'未入道'的社会人，也难以从容地进行网络互动。因此，'网络化'是自然人乃至社会人登堂入室的必然过程。一般而言，人们都可以在上网实践中经过多次的实践和验证，体会不同网络角色的需求和情感，掌握不同网络角色的社会期望和行为规范，迅速实现'网络化'。当人们建立起一定的网缘关系并学会扮演网络角色时，就自然获得了网络生存的能力。"[4]此时，在线"共体"就确立了。

共体的形成与确立，并不是独立存在的，共体反映了在世者对自我"在线"角色的认知、反思和期待。由于"在线"带来了改变现实自我的可能性，创造了塑造期望角色的理想空间，因此为"换一种活法"提供了机会。这种现象，正在引起学术界对人类生存方式的高位反思。这不仅如尼葛洛庞帝所言是一种"生存新定义"，而且将人类文明向前推进了一大步，使在世者能够通过"在线"充分享受他所理解的自己想过、应过的人的生活。从这个意义上

---

〔1〕［德］马克思·舍勒：《舍勒选集》，刘小枫选编，上海三联书店1999年版，第351页。

〔2〕参见［美］乔纳森·特纳：《社会学理论的结构》(下)，邱泽奇等译，华夏出版社2001年版，第3页。

〔3〕王晓东：《西方哲学主体间性理论批判》，中国社会科学出版社2004年版，第90页。

〔4〕何明升：《网络生活中的情景定义与主体特征》，载《自然辩证法研究》2004年第12期。

说，是“自我”生成了“共体”。

但是，共体生成的本身已经预设了一种“生存新定义”，即蕴含“自我”存在的另一种样式，这种样式又给社会个体带来新的体验和自我反思，从而影响到自我的存在，这种影响不是存在状态，而是一种精神、一种意识。因此，“我们需要确立一种以‘共生’为导向的理念，即以寻求虚拟和现实的共生作为设计和建构人类未来生活世界的一种基本价值和理想，并以此为基础，去建立一种能够展现和支撑人类未来生存方式之合理前景的行动平台。”[1]事实上，网络生活场域中的物理空间与精神感应空间并非分离而居，而是相互依赖、共生共存，两者共同托起了“在线”与“在世”这两种指代同一主体的存在方式。

三、生存境界的双重跃迁

“在世”是“在线”之根，它借互联网的多棱镜将自身投射为五彩斑斓的“在线”样式；“在线”是人类的数字化生存形态，它借互联网虚拟世界而实现了对“在世”的超越。因此，投射与超越是人类借互联网实现的对自身生存境界的双重跃迁。

（一）“在世”对“在线”的投射

戈夫曼认为生活就是演戏，表演者最关心的是留给观众什么样的印象。因此，日常生活从“特定行为的参照点”出发可以划分为“前台”和“后台”区域，由于其独特时空架构和隔绝，前台与后台呈现出不同的行为类型和语言风格。后台语言、行为与前台语言的仪式化、规范化和礼仪化相比，具有随便、不规范、常易伴有亲昵色彩的小动作等[2]。“在线”作为另类的生活样式，体现的正是戈夫曼所言的“后台”行为风格。所不同的是，日常生活中的“前台”表演往往是“后台”风格的投射，而“在线”行为虽具“后台”风格，却是“在世”这一“前台”行为的投射。

胡塞尔用“源印象”（Ur-impression）来解释内知觉意识以及自我问题，认

---

〔1〕 冯鹏志：《从混沌走向共生——关于虚拟世界的本质及其与现实世界之关系的思考》，载《自然辩证法研究》2002年第47页。

〔2〕 [美]戈夫曼：《日常生活中的自我呈现》，黄爱华等译，浙江人民出版社1989年版，第122～123页。

为在意识能够清晰地意识到印象之前，已经存在一个原始的作为内意识之由来的源印象，它是构造诸当下意识的源点和开端。[1]在胡塞尔之后，舒茨、伯格、勒克曼进一步表达了现象学的基本看法：人类建构着社会现实，在这种建构当中，主观过程可以变得客观化。[2]"在线"的具体样式，就是主观过程客观化的表现，它是"在世"对"在线"的投射，并且通过这种投射实现了人类生存境界的跃迁。

由于人的复杂和多侧面性，"在世"对"在线"的投射也具有不同的内容和表现形式。首先，在世者的某些潜意识会投射为"在线"形态。现实社会中，人的潜意识也可能显露出来，但却是无意的或经过合理化的。在网络生活中，人们首先要从网名开始设计自己的形象，这就给潜意识的"显化"提供了可能。那些在现实中可能会长期处于潜在状态的意识，会借"在线"投射为网络行为。

其次，有些被压抑的意识与行为，会投射为网络行为。"在线"对人类而言无疑是一个舒适的数字化家园，但言论自由与沟通无阻也使人类付出了沉重的道德代价。我们都知道人的社会性，他压抑了在世者的自然属性。但对在线者而言，网络情境下的匿名性、随意性等特点会致使其原本被压抑的自然属性得以膨胀，并将其投射为具有侵犯性的网络行为。因此，网络生活也具有丑陋的一面，包括恐吓、妨碍隐私、性侵害，甚至虚拟强奸等。凡有"在线"经历的人都会感觉到这种特异的危险因素，有些青少年甚至为此付出了惨痛的代价。

再次，那些在世所不能及的理想，会投射为虚拟现实。人之在世，总有一些理想是力所不及的，此时，有些人将其投射到文学艺术等虚构之中，更多的人只能珍藏于心底。但对在线者而言，由于其掌握着既可以创造自身，也可以创造理想世界的虚拟技术，他会把在现实生活世界中可能永远也无法实现的理念，融入"在线"这种特殊的生存状态中，从而获得虚拟意义上的理想实现。

---

〔1〕［德］胡塞尔：《生活世界现象学》，倪梁康、张廷国译，上海译文出版社2002年版，第130～131页。

〔2〕参见［澳］马尔科姆·沃特斯：《现代社会学理论》，许宝强、汪晖选编，华夏出版社2000年版，第39页。

最后，将想象和创造投射到网络生活中。在线不仅能使人变想象为现实，而且催生了创造的多样性。在线是虚拟和现实共生的存在，它使得“在线”与“在世”形成了一种相互嵌入的生存关系。在线是人们即时性地生成的一系列存在，是对一系列可能性的选择。在这类选择过程中，在世者并不是将“自己”简单地迁移为在线者，而是将自身的想象和创造投射至此。

（二）“在线”对“在世”的超越

学界一般认为，人的生存本身是动物性的生存与超越性的生命的统一，是不断地实现某种可能和不断地发生某种意义的整个生命和生活。互联网实现了“在线”对“在世”的超越，变革了人的世界图景、认识方式和实践方式，因而从总体上变革了人自身的存在方式，从哲学角度对这种变革的世界观、认识论和价值论意义进行深入的研究，可以使人自觉地意识到要历史地变革自己和重塑自己的存在，[1]从而更加自觉地借互联网实现对自身生存境界的跃迁。

“在线”对“在世”的超越首先是人类生存自由度的扩大。人之在世，“必须尊重自然界的优先性，因而受到大量物的直接性奴役，同时还不得不遵守人与人之间的一些不平等因素的制约，受到人的间接性奴役，这双重奴役是马克思所说的以‘人的依赖关系’和‘以物的依赖’的综合。有了这双重的奴役，创造性不可能自由发挥。而在虚拟生存中，一切都数字化了，成为可自由掌握控制的信息，而且人与人之间的社会权利、话语霸权被消解了，每个人都是独立的终端，彼此之间是平等的，这样挣脱了物与人的奴役，进入了马克思所说的人的‘自由个性’阶段，每个人都能自由地获取、发布信息，自由地与他人交流，一切按需分配，呈现出‘自由王国’里的生存。”[2]所以我们说，“在线”是一种创造性的生存方式，是人的生存自由度的扩大，它是对“在世”的超越，它使人类生存跃迁至一个更高的层次。

“在线”对“在世”的超越还是人类生存空间的拓展。海德格尔的生存论建之于本体论的原始时空，他看到了唯理性论在把握时空上的局限，欲在有限时空中体验无限人生，这正确地反映了人类生存的超越性诉求。网络生存中的虚拟，现实地实现了他所谓的本直时空的某种特性。“虚拟，是人对世界、对

〔1〕 马毅：《近年来生存哲学研究综述》，载《教学与研究》2003年第3期。
〔2〕 徐世甫：《虚拟生存的哲学反思》，载《南京社会科学》2003年第2期。

象、活动、意义等的人化形式的构建，这些人化形式主要是语言、符号、规则、数字等。虚拟为人类创造出现实所无法提供的新的发展空间、可能和平台，它是人的创造性活动之源。”这是因为，“超越现实，虚拟、创造未来是人区别于动物和人之为人的一个重要特征。只有虚拟才能创造未来。”[1]借助互联网和虚拟现象，在线者获得了自由创新的技术环境、信息资源和主体能力，他们可以尽情地展示自己的思想、才华和智慧，并最终达成对在世的超越和自身生存境界的跃迁。

第九节　在线生存：现代性的另一种呈现*

人类社会的永恒变化蕴含必然性的规律，现代性的确立及其演进就是人对现代化发展规律的认识成果。现代性的时间维度，将现代与传统进行了分裂；现代性的后果，则展现了不同于传统的社会文明；而人们熟知的理性、主体性等精神特质，更是现代性的标识性内容。“在线”生存的出现及其与“在世”的关联与互动，特别是它对日常生活的快速扩张，必然会产生这样的问题：在线生存是否具有现代性蕴含？在线生存到底是现代性的后果，还是现代性的终结者？如果在线生存真的终结或解构了现代性，那么人类社会将往何处？如果在线生存具有现代性，那么此现代性的具体形态是什么，它对人们探究已久的彼现代性是直接承续还是再造创新？

为什么一定要对在线生存进行现代性的追问？一个最直接的原因就是：在线生存作为发生在现代社会的事件，带来了社会各个层面的变革，有人甚至断言，它带来了哲学范式的革命。那么随之而来的问题就是，由在线生存所带来的思维方式和实践方式的变革，能否会像西方启蒙运动孕育了理性和主体性等现代性核心精神一样，生成与工业社会所不同的一种新的社会运行机制和文化精神，进而成为现代社会走向未来的“分水岭”，并将引领人类社会步入另一个历史形态？简言之，我们的问题是：在线生存是对现代性的颠覆，还是现代性演进中的另一种呈现。

---

〔1〕 张世英、陈志良：《超越现实性的对话》，载《中国人民大学学报》2001年第3期。

* 原载《哲学研究》2007年第3期，合作者白淑英。

一、现代性论域中的在线生存

要对在线生存的现代性问题进行探究，首先需要回答的就是：将在线生存置放在现代性视阈下的可能性。对这个问题的解答，从研究现状出发，既需要明晰现代性的本质规定性，又需要揭示二者之间的内在关联。

（一）现代性的本质规定性

可以说，"现代性"是一个内涵极其丰富的术语，不同的研究者有着不同的指称。凯尔纳和贝斯特认为，现代性一词指涉各种经济的、政治的、社会的以及文化的转型。在他们的视野里，现代性是断代史意义上的史学概念，主要用来描述西方社会从文艺复兴以来的历史沿革和基本特征。此时，现代性概念是对继古希腊罗马时代和欧洲中世纪之后的近现代史的概括性称谓，是指紧随中世纪或封建主义时代而到来的那个时代。[1]另一些观点，诸如埃米尔·迪尔凯姆，他认为现代性指自然界被机械改变了的工业化世界，马克斯·韦伯又将迪尔凯姆的论断向前推进了一步，他认为现代性的特征表现为在中央行政机关的监视和控制下合理性地组织起来的社会。[2]而在吉登斯看来，现代性指的是制度层面，是一种独特的社会生活和制度模式。[3]在这些观点中，现代性主要用来指涉支配现代社会政治、经济和文化等领域历史变迁背后的规范与理想。

显然，学者们是在不同的语境下谈论现代性的，严格来说，这些关于现代性的描述，是将"现代""现代化""现代社会"等概念不加区分地进行使用，虽然这些概念都冠以现代的称谓，但是其所指却有极大的不同。正如刘小枫先生所指出的那样，"现代事件发生于下面三个相互关联而又有所区别的结构性位置，并形成了三个不同的题域：现代化题域——政治经济制度的转型；现代主义题域——知识和感受之理念体系的变调与重构；现代性题域——个体、群体心性结构及其文化制度之质态和形态的变化"。[4]由此可见，尽管这些被冠以"现代"的概念间确实存在某种不可分割的联系，但是，现代性还是应该有

---

〔1〕［美］凯尔纳、贝斯特：《后现代理论》，张志斌译，中央编译出版社2001年版，第2～3页。

〔2〕曹天予：《科学和哲学中的后现代性》，载《哲学研究》2000年第2期。

〔3〕Anthony Giddens, *The Consequences of Modernity*, California: Stanford University Press, 1990, p.1.

〔4〕刘小枫：《现代性社会理论绪论——现代性与中国》，上海三联书店1998年版，第2～3页。

其明确的外延，即现代性最本质的规定性还在于体现在现代社会中的一整套经验和行为模式。

俞吾金先生对现代性概念的梳理和说明更为清晰，他认为现代性指涉的是现代社会生活的价值观念层面，具体地讲，体现为以下的主导价值："独立、自由、民主、平等、正义、个人本位、主体意识、总体性、认同感、中心主义、崇尚理性、追求真理、征服自然等"[1]在这其中，尤以主体意识和理性精神最为核心。

（二）在线生存与现代性的内在关联

在线生存与现代性的内在关联首先表现为，二者在对人的主体性的追求上相一致。现代性是与启蒙运动紧紧地联系在一起的。启蒙运动所树立的理性精神和主体性追求成为现代社会人存在的思想根基和行为准则，也成为一种现代的精神气质。对主体性进行追求、对主体的自由和意义进行宣扬，是现代性的价值理想。这种追求与宣扬，恰恰与在线生存所体现的精神内核相一致。

在以虚拟作为主要特征的在线生存中，生存的三个维度即实践维度、理想维度和价值维度都可以成为一个可以创造的体系。在实践维度，"此在"可以摆脱一切来自现实社会中的束缚，以自我实现作为实践的目标和追求；在理想层面，此在通过创造可以达到对理想世界的构建和探索；在价值领域，此在可以超越生命终结的界限实现本体论和价值论上的"终极关切"。可以说，在线生存体现了真实存在及其意义。[2]如果说，启蒙运动的意义在于开创了一种新的现代的精神气质，那么在线生存就是这种现代精神气质在新的历史条件下得以实现或者展现的具体样态。就某种程度上而言，在线生存体现了现代性的态度、现代性的思想和现代性的行为方式。显然，这必然会使我们反思后文将要探究的一个问题：在线生存的出现，能否在一定程度上解决由于"我们时代的具体经验所致，也是因为一些先进哲学家们的探究所致的主体性观念已经在丧失"[3]的现代生存悖论？

---

〔1〕 俞吾金等：《现代性现象学》，上海社会科学院出版社2002年版，第36页。

〔2〕 何明升、白淑英：《论"在线"生存》，载《哲学研究》2004年第12期。

〔3〕 [美]弗莱德·R.多尔迈：《主体性的黄昏》，万俊人、朱国钧等译，上海人民出版社1992年版，第1页。

在线生存与现代性的内在关联还表现为，二者在对“技术”的依赖上相一致。现代化的历史进程是与工业革命以来人类的技术进步相伴而行的。从技术史看，有些新的概念框架，如牛顿、爱因斯坦的概念框架，是具有革命性的，它们会引起科技与社会的巨大变革。吉登斯所说的作为现代性生成的前提的“脱域”过程，就是以科学技术的不断进步为历史节点的。按照吉登斯的观点，在前现代社会或传统社会中时间是与空间紧密联系在一起的，大多数人“总是把时间与地点联系在一起”，同时，“空间和地点总是一致的”。这是一种典型的“在场的”经验式的和自然的生存方式。而随着标准化时间或虚化时间（empty time）的出现，时间与地点相分离；同时，也出现了虚化的空间，空间也与地点相分离。这是一种深刻的历史变化，社会行动开始从经验化的地域情境中脱离出来，人们开始脱离直接的“面对面的”交往关系，从“在场”走向“不在场”。时—空分离为理性化组织运行提供了动力机制，为社会“脱域”创造了条件，形成更大的社会活动空间，提供了多种变迁的可能性。[1]从一定意义上说，现代性就是这类革命性的新技术在推行过程中所凝聚的思维逻辑和社会规则，它是特定技术的技术特性的逻辑结果。如果说既有现代性是人类文明从习俗、经验到理性的转变，那么在线生存现代性则将这种理性转变重构为更高层次的当代形态。

尽管芬伯格从技术的角度对现代性的批判表明了现代性所存在的悖论，但是，仍不能改变现代性与技术之间的相互伴生关系。现代性，“它显然指现代科学技术、各种民主政体和城市化等事物的普遍完成。由此可见，建立在一种独特的技术系统扩展基础之上的现代性与传统是相对立的，并且处处用一种合理的‘技术文化’取而代之”。[2]可以说，在线生存是这种相互伴生关系的又一次历史性呈现。

互联网以及信息技术的发展，是在线生存的物质基础。在线生存，归根结底，就是虚拟技术为我们创设了一种情境，这种情境允许我们去创造、去设想、去争取在现实社会中感受不到的个人和生活的体验，去改变我们自己和世界。

---

〔1〕 Anthony Giddens, *The Consequences of Modernity*, California: Stanford University Press, 1990, p.21.

〔2〕 ［美］安德鲁·芬伯格：《可选择的现代性》，陆俊等译，中国社会科学出版社2003年版，中文版序言，第1页。

因此，在线生存的实质就是一种基于虚拟技术的存在以及关于这种存在的一种体验。这一点恰恰验证了学界的一个观点：在一定意义上，当代人类的存在方式乃是由技术塑造而成的，毋宁说，今天的技术已经变成了人的存在方式本身，而现代技术恰恰是现代性的内在要求。

二、在线生存呈现的现代性样态

在线生存所具有的现代性，并不是我们所熟知的那个现代性的简单移植和虚拟化，而是一种本体意义上的现代性新形态，它是既有现代性的另一种呈现。

（一）以“自在主体”为内核的多主体形式

主体哲学总是被康德的“先验自我”引到一个自我相悖的境地，胡塞尔的“生活世界”概念对此进行了历史经验的理性反思。当人们由现实世界转入虚拟世界时，在线生存并没有像有些人所预料的那样去消解人的主体性，却解决了曾困扰我们多年的主体性悖论，从而使人的主体性更加张扬。事实上，在线生存所确立的主体性，使“自我”由纯粹概念转变为可体验的存在形式，由反思对象转变为可界定的形象，由被分离的客体转变为共在的主体。同时，这种多主体的存在形式，又是以“自在主体”为内核的。

首先，在线生存所确立的主体性，使自我由纯粹概念转变为可体验的存在形式。在现实世界中，自我是一个经历了特定的反思历程后而形成的纯粹概念。但是在虚拟世界中，自我却是自在主体的一种存在形式。此时，自我是基于自在主体的创造物，而在线生存不仅仅要在外表、昵称以及年龄身高等物理特征方面去塑造一个虚拟主体，而且要在思想、意识、逻辑等方面去重塑自我。实际上，这是自在主体通过在线生存去体验自我的过程，它有别于笛卡尔的“我思”，更近于一种现实体验。在虚拟世界中，自在主体借助于在线生存去领悟他人内在的心智、意识、行为和情感，从而“把我自己放在他的位置里”而“被同化于他”。这样一来，就以自在主体为内核，把自我由纯粹的概念转变成了一种以“移情”为中介的可以进行现实体验的存在形式。

其次，在线生存所确立的主体性，使自我由反思对象转变为可界定的形象。在网络中所出现的主体多维性身份正在对传统的人格主体观念进行着挑战，正如贝克尔所言，“主体实际上是一种可以自主界定自己的客体”[1]。在线生存就是利用虚拟技术工具不断地进行着自我的创造和塑造，它在创造了自身的同时也显示了自身，同时又体验到自在主体如何生成“此在”。就本质而言，这是一个以自在主体为内核的自我生产实践，是人对一系列可能性的选择，体现出主体性的发展和重新创造。

最后，在线生存所确立的主体性，使自我由被分离的客体转变为共在的主体。“在网络社会中，由于其身份的虚拟性，主体只是现象学意义上的我的身体（我的自然），而非自然科学意义上的我的身体（我的自然）。自然科学意义上的我的身体是一种‘客观的自然’，即一种为每一个人所构成的主体间的自然。相反，网络意义上的我的身体则是一种主观自然，即‘我’所构成的非主体间的自然。”[2]这种身体的缺场与心灵的在场相互交织，使自在主体与虚拟主体相互融合，从而使自我由被分离的客体转变为共在的主体。

（二）去感性化的理性逻辑

长期以来，人们总是把合逻辑性与理性相等同而与感性相对立，认为感性是非逻辑的、非理性的。传统认为，“情感、意志、动机、欲望、信念、习惯、本能等是人意识要素中的非理性因素。幻想、想象、顿悟、直觉、灵感等是人认识和感觉过程中的非理性因素。这两类因素共同的特点是：不自觉性、非逻辑性。”[3]这样，人们就割裂了感性与理性、直觉与逻辑、抽象与形象之间的密切关系。在这种思维惯性下，“感知与理性、形象思维与逻辑思维、艺术与科学变成了相互排斥，迥然相异的东西”。“这样一来，人们便丧失了一个通向真理、通向认识自身和社会的重要途径。”[4]

在线生存消解了理性与感性的对立，创造了一种感性化的理性形式。虚拟技术是一项以人的感知能力为基础的巨型认识工具。以此为平台，在线生存的数字化虚拟功能可以用数字代码来构成事物的现实性过程，因而使自身具有了某种对非逻辑因素的感知力。这一逻辑性特征实际上是用确定性来表达不确定性，用逻辑性来表达非逻辑性。以此为基础，可以把理性与感性、形

〔1〕 转引自卢山冰、黄孟芳：《网络主体的理性解读》，载《自然辩证法通讯》2003年第4期。
〔2〕 卢山冰、黄孟芳：《网络主体的理性解读》，载《自然辩证法通讯》2003年第4期。
〔3〕 齐鹏：《21世纪人类感性方式的变革趋势》，载《哲学动态》2004年第2期。
〔4〕 [美]鲁道夫·阿恩海姆：《视觉思维》，滕守尧译，光明日报出版社1987年版，第27页。

象与抽象紧密地联系起来，从而构建了一种全新的去感性化的理性逻辑。

这种去感性化的理性逻辑，使人们对合目的性的线性理解非线性化了。这样一来，就使人们传统的思维方式和认知模式发生了巨大的变革，并最终将人的理性能力提升到了一个更高的层次，从而为实现对现存工具理性的非线性重构奠定了基础。其实，互联网诞生本身就是非线性化的杰作，它体现的正是思维路径的非线性；而在线生存则正在实践着对理性的非线性理解，以非线性方式实现着在线者的理性目的。在虚拟时空中，在线者处于一种交互主体的主体间状态，形成了主客体互通反馈式的主体性认知架构。此时，在线者获取信息的路径是跳跃性和非线性的，其思维结构也是非线性的，体现了一种系统、全面、辩证的理性思维方式。人类理性当然要以合目的性为其评判标准，但也要以合规律性为其合理性的前提。在线生存现代性对工具理性的非线性重构，是人类理性发展到现阶段的必然产物，是人类文明的历史性精神成果。

（三）网络理性形态

目前，学界普遍认同韦伯的观点：理性化是现代性的基本特征。理性，古希腊语为noun或logos，意为“思维”“计算”“思想”，与我们常用的“逻辑”一词相通，它从一定意义上说就是合逻辑性。其实，理性的核心是思维方式，而思维方式则是由实践方式所决定的。恩格斯在《自然辩证法》中指出：“人的思维最本质和最切近的基础，正是人所引起的自然界的变化，而不单独是自然界本身，人的智力是按照人如何学会改变自然界而发展的。”[1]虽然理性一词在现代性的大旗下被赋予丰富的内涵，但其基本含义和本质规定性是合逻辑性，而不在于其具体形态。

人们所熟知的现实理性精神是工业文明的文化结晶，也是现代化实践的理论精华。它与以往的人类文明一样，都是通过人的劳动实践创造和传承的，是人类对自身活动规律的总结和升华。因此，现实理性精神是对人类创造物的一种客观肯定，它一方面具有现实的合理性，另一方面又成为可以“规定”现实存在的指导思想。

人类社会是变化的，而变化中的必然性就是规律，理性的内涵及其演进是

---

〔1〕恩格斯：《自然辩证法》，人民出版社1971年版，第204页。

人对现代化发展规律的主观映射，它也必然伴随着现代化的历史发展而继续演进。人类社会发展到网络时代，似乎“现代不再是理性（思想）规定存在的时代，而是存在（生活）规定理性的时代……存在自身的规定性导致了不是思想决定存在，而是存在决定思想，存在是思想的基础和根。”[1]我们已经看到，在线生存作为虚拟存在正在以不同于以往劳动实践的创造方式，建构着一种网络理性，它是人类理性精神的最新形态。

网络理性形态的精神实质，按卡斯特的概括就是一种“网络化逻辑”（networking logic）。他认为，在“网络化逻辑”支配下，网络社会空间的支配性逻辑是流动性逻辑，网络社会就是环绕着流动而建构起来的新社会形态，这种流动扩大着人们的社会互动范围和改变着人们的交往形式。“信息时代的支配性功能与过程日益以网络组织起来。网络建构了我们社会的新社会形态，而网络化逻辑的扩散实质地改变了生产、经验、权力与文化过程中的操作和结果。虽然社会组织的网络形式已经存在于其他时空中，新信息技术范式却为其渗透扩张遍及整个社会结构提供了物质基础”。[2]

但是，在线生存所形成的网络理性形态及其精神实质并没有解构现存的工具理性。事实上，网络理性形态不过是人类所凝结的另一种工具理性，当然，它是工具理性的一种全新形态。实际上，在线生存承袭了现代理性精神，其张扬主体性、崇尚自由、去感性化、非线性思维等基本内容都是工具理性在网络平台上的新拓展，它是虚拟技术和理性精神的融合。虽然网络理性形态对现实理性精神的哲学基础和立论依据形成了挑战，但却未必反对现存理性精神的基本内核及其逻辑推演规则。因此，网络理性作为人类理性精神的最新形态是对传统理性精神的扬弃，其对现实理性的部分解构是以更加合理、更具时代感的重构为前提的。

三、在线生存现代性的实践意义

在线生存现代性的社会显现和实践意义就是社会的网络化，它是互联网的技术规则不断地长入社会、在线生存现代性逐渐得以确立的过程。

---

〔1〕 何中华：《“现代性”危机与“形而上学”命运》，载《求是学刊》2003年第1期。

〔2〕 [美]卡斯特：《网络社会的崛起》，夏铸九等译，社会科学文献出版社2001年版，第568页。

（一）现代性的先锋形态

发展到今天的互联网，已经不是价值中立的信息平台，而是承载着在线生存的价值诉求和理性精神的时空架构，它包含丰富的人类理性的精神内涵。哈贝马斯认为，应该根据特定历史阶段的时代意识来把握"现代性"的概念及其精神实质。依此来看，互联网真正的价值不在于技术而在于社会，它除了承担技术的基本工具化作用之外，更为人类建构另一种全新的现代性形态提供了可能。在线生存是网络时代人类社会生活的新实践，它使主体间的交往发生了革命性的变革。这种新的实践模式既渗透着在线者的主体追求，也蕴含着丰富的人类理性精神。如卡斯特所言，新的信息技术范式是网络社会的物质基础，它具有按其网络化逻辑重构组织和制度的能力。历史地看，在线生存所展现的网络化逻辑恰是现代性的先锋形态。

（二）对日常生活的扩张

可以说，当人类选择了互联网和在线生存时，就已经注定了在线生存现代性的扩张和演化。在线生存现代性的实践意义，不仅体现在它对人类理性和主体性的重塑，更重要的是其对日常生活的扩张。在线生存是一种技术体验，更是一种实践方式。马克思认为，人在改造世界的同时，也在"发展和改造着自身，造成新的力量和新的观念，造成新的交往方式、新的需要和新的语言"。[1]在线者是具有主观能动性的人，他们会通过在线生存来建造自己的数字化家园。另一方面，在线生存过程也是在线者再造自我的过程。正如麦克卢汉所言："开始我们制造工具，现在工具开始改造我们。"[2]这一过程，是在线生存对日常生活的扩张过程，是把存在于网络社会的手段、规范、理念等内化于人自身的过程。用米德的话来说，制度成了自我的一部分。这样，拥有某些新质特征的在线者也就同时成为具有新特征的现实生活实践者。在日常生活中，这些新质特征必然要冲破既定生活方式的阈限。这无疑是对现有实践方式的背叛，是日常实践方式转型的推动力。

（三）未来的标识性地位

近年来，一些学者对现代性提出质疑，形成了一种后现代的批判氛围。但

〔1〕 马克思、恩格斯：《马克思恩格斯全集》（第46卷），人民出版社1985年版，第494页。

〔2〕 转引自史鼎新《我国网民的在线活动及其与生活方式的互动问题》，哈尔滨工业大学2000年硕士学位论文，第50页。

哈贝马斯认为，现代性尽管出现了许多问题，但并非是走到了穷途末路，因而“不要将现代性及其计划作为一项失败的事业而放弃”，它仍有许多潜能还尚未发挥出来，是一项“未竟”的事业。[1]如果说，西方社会的种种现实弊端为后现代主义对现代性的批判提供了事实依据，那么，在线生存则为哈贝马斯所言“现代性是一项未竟事业提供了实践基础”。

在线生存所展现的现代性特质和网络化逻辑作为现代性的先锋形态，源于互联网这一先锋技术所蕴含的技术现代性，即现代技术和传统技术相比较本质上具有的新特性。在线生存之于社会的关键之处是将网络技术变成了一种新的文化系统，而在线生存本身也已经成为整个社会文化系统的一部分。其结果是，在线生存使以往的社会文化系统发生了翻天覆地的变化，使人类社会关系和生活方式发生了巨变。从目前的实践经验看，在线生存已经呈现出一种强烈的扩张特性，它变革了人的认识方式和实践方式。英格尔斯认为，“‘现代’可以被视为代表我们这个历史时代特色的一种‘文明的形式’”。[2]因此，在现代化的历史进程中，处于不同时点的现代化应有其不同的现代性特征和样态。依此来审视在线生存，其所呈现出的现代性正在演化为现代化发展中的标志性内容。就像传统社会在现代性大旗下被改造为工业社会一样，在线生存现代性也会作为未来社会的现代性标识而被确认，并最终成为现代化发展的旗帜。

第十节　虚拟和谐：网络社会系统的一种理想状态*

和谐作为一个美的社会理想范式，不仅普遍地存在于现实社会中，而且也包含在虚拟实在社会（抑或虚实世界）里。换言之，对虚拟和谐的追寻体现了人们对网络社会系统的社会关系或“亲社会性”的理想诉求和人文关切。这是一个注重“关系”甚于注重“物”的研究的时代。因而，在对包括网络与社会关系在内的科技与社会关系的形上认识或技术社会理想模式的建构过程

〔1〕［德］哈贝马斯：《后形而上学思想》，曹卫东、付德根译，译林出版社2001年版，第169页。
〔2〕［美］英格尔斯：《人的现代化》，殷陆君译，四川人民出版社1985年版，第18页。
* 原载《黑龙江社会科学》2009年第3期，合作者唐魁玉。

中，也应该贯彻这一研究路径。众所周知，在本体论思考上，重视"天人合一"和在社群生活上重视人际和谐一直是中国本土思想家努力的方向之一。在中国网民已超过2.5亿之众并成为同美国不相上下的"网络共和国"，以及虚拟（网络）社会中的人际关系日趋复杂、失序现象日益增多的今天来探讨虚拟和谐问题，无疑有着重要的实践意义和认识价值。

一、虚拟和谐何以可能

正如在现实世界中会存在诸多和谐现象一样，在虚拟世界（网络空间）中也会存在各种虚拟和谐现象。因为从混沌到和谐乃是客观世界和人类社会的基本存在方式或生存演化状态。当然，从本质论的意义上说，和谐还可以界定为具有某种完善性和潜在性的事物的理想状态。为了更好地把握和谐、特别是虚拟和谐的可能性问题，让我们先来探讨一下虚拟和谐的本质。

（一）虚拟和谐的实质内涵

什么是虚拟和谐?虚拟和谐是网民在线生活的一种理想状态，同时也是一种"和合共生"的网络社会征候。从某种程度上说，虚拟和谐就是作为数字化社会信息产品和服务消费者的所有网民的"虚拟享用"的合目的性的理想环境。这里所谓"虚拟享用"是指人在需要及其满足方式上的一个重要环节，同时也是一种心理机制和实践行为。不过，虚拟享用还是一个悖论性的存在，即在使人的各种需要得到满足的同时，既可使个体同自然、社会与自己和谐相处，也可刺激人的占有、消费和炫耀的欲望，以致超出同代和代际规定给它的伦理界限，造成奢侈和浪费[1]。

如果说"虚拟享用"本身无善恶之分的话，那么，"虚拟和谐"至少应该是以人为本和以文明的伦理和公平正义为基点的良性社会运行目标。以游戏和色情主题的虚拟享用品或"物体系"为例，它们的生产和普及固然给技术发明人与电子商家带来了无数的经济收益，同时也极大地满足了亿万网民追求感官快乐的心理需要，但毋庸置疑的是，这些电子物品曾几何时也成为网络社会混沌无序的始作俑者。与其说这些游戏和色情产品的制作人在人性普遍的弱点上打开了一个缺口——赢得了技术史上的空前胜利，不如说由于他们的"智

〔1〕 晏辉：《虚拟享用：伦理辩护与批判》，载《中国社会科学》2005年第6期。

力性工作”致使信息网络技术面对着善良的人类永远蒙羞，并因此而使人与互联网之间的异化性达到了顶峰。

要强调说明一点，无论是虚拟和谐还是现实和谐，就其本质而言都是理想的“关系配置”的结果[1]，应当把虚实世界关系的本质问题与和谐的本质问题联系起来。因此，虚拟和谐就是一种合目的性的、理想状态下的人类个体关系或社会关系。

（二）虚拟和谐的可能性

虚拟和谐何以可能?它是否存在与前文所述的理想关系“相符合”的内在可能性?在此，我们所说的“相符合”一词是海德格尔的概念。在他看来，“一切行为对存在而言都是‘显明’的，而一切‘显明的’关系都是（与那在场之物相符合的）行为”[2]。

显而易见，网民在赛博空间或虚实场域中的社会行为（如在线行为）就是一种包含了自由本质的存在形式。从一定意义上说，网络之于人类是一种人工物或人工生命的延伸。在线经历与其说是一种恐惧和沉迷，不如说是一种偶然性的遭遇，一种寻求“无”的冲动与尝试，一种因为摆脱现实世界的孤独而转换为虚拟生存中的对快乐和欲望的消费体验。比如，网络游戏可以给人们带来快乐，但快乐有两种不同的方式，一种是良性的快乐；另一种是恶性的快乐，我们需要的快乐是良性的快乐。良性的快乐就是本质的快乐，就是蕴藉着真理意味的快乐或与和谐本质相符合的虚拟和谐式的快乐。故而，为了寻求虚拟世界中的本真快乐，就必然产生对具有和谐属性的关系状态的内在需求，和谐不啻为一种数字化生存的充要条件和可能生活的根据。

以某种和谐理念来限定和约束虚拟行为，其结果会让人认同某一种在线生活从而感悟到具有幸福意义的生活。正如赵汀阳先生在《论可能生活》一书中所说：“生活本身向多种‘可能生活’敞开着，就像思想向多种‘可能世界’（Possible Worlds）敞开一样。生活的意义就在它的种种可能生活中展开和呈现，生活的意义就在于生活自身，而不可能在别处。”[3]可见，要想在虚实

〔1〕［德］鲁道夫·卡尔那普：《世界的逻辑构造》，陈启伟译，上海译文出版社1999年版，第35～36页。

〔2〕［德］马丁·海德格尔：《存在与在》，王作虹译，民族出版社2005年版，第133～134页。

〔3〕赵汀阳：《论可能生活》，中国人民大学出版社2004年版，第13～15页。

世界中找寻具有幸福意义的可能生活，就不能不对"和谐"范式有更深的理解。在对虚拟和谐及其生存方式的理解过程中不仅体现着某种目的性，而且也包含以人为本的精神。

如此说来，虚拟和谐乃是一种"杂多中的统一"或"整体性的存在"。在网络社会生活中，每个网民的经历都是一种叙述，一种或宏大或碎片化的现代和后现代叙述的一部分。作为以虚拟实践主体和主体间性为基础的虚拟和谐是这样一种生态人类学全新演进过程，以至于它如同一面镜子可以同时使自我、他者和社会呈现出来。

（三）和谐寓于虚实之间

网络社会的虚拟和谐如何可能?这对没有在线生活经验的人来说，或许还是一个问题。但对熟悉虚实世界生活方式的人说来，却不是问题。和谐之于虚实世界的关系如此密切，以至于我们不能不说"和谐就寓于虚实之间"。

然而，网络世界的和谐并非天然的、本真的存在。虚拟和谐可以说是被一系列虚拟现实技术及其社会理性作用方式"生产"出来的。换句话说，"它不是通过自发的发生（genesisspontanea）形成的"[1]，而是一种经虚拟实践主体及其主体间的复杂性互动构造出来的。因此，虚拟和谐从一定程度上说它既是网络在"生活的生产"的结果，也是虚拟技术"生产的生活"的结果。直言之，虚拟和谐就是虚实合一的网络生活系统的产物，同时也是虚拟世界与现实世界得以统一的合理化根据。

二、虚拟和谐过程为何复杂?

毫无疑问，网络化社会乃是一个充满着无序和有序、混沌与和谐现象的两极世界或二度空间。一方面，呈现出异乎寻常的混沌和无序；另一方面，则呈现出无与伦比的和谐与有序。确切地说，混沌中包含有序与和谐的因素，和谐中又包含无序和混沌的因素。无论是虚拟和谐甚或是虚拟混沌现象，都可以借助于复杂性理论加以深度描述或系统分析。

（一）虚拟和谐观念的复杂化进程

很显然，不管是从系统、子系统的结构，还是从系统要素之间的关系上

---

〔1〕［德］埃德蒙德·胡塞尔：《生活世界现象学》，倪梁康、张廷国译，上海译文出版社2005年版，第89页。

看，因特网以及由它所形塑的网络社会都可能被视为一个“开放的复杂巨系统”[1]。这个复杂巨系统中，既包含了计算复杂性、文本复杂性，也包含了过程复杂性和行为复杂性等因素。具体地说，因特网系统包括开放性、巨量性、层次性、涌现性和复杂性五个主要特征[2]，并以此为基础构建或混沌或和谐的网络社会系统。

网络社会的混沌性首先就表现在万维网（www）的自组织机制上。它通过超文本文档组织信息，并有序与无序化地向受传对象传递巨量信息。超文本是包含一些词汇、句子或图片等作为超链接的指针的具有复合、非顺序、相互关联和非线性结构的文档，向人们提供符合虚拟思维习惯和学习情景的、极富想象力的主题内容。在一定意义上，人们所使用的键盘和点击的鼠标就是赛博空间初始敏感性的始作俑者，随着它的“奇怪吸引子”似的参与活动就构成了一个混沌世界——全球化的网络社会。正如耗散结构理论创立者、诺贝尔化学奖获得者伊利亚·普里戈金在2003年出版的《未来是定数吗？》一书中所指出的：“因特网给予我们大量的信息，很可能导致一种新的社会形式，但是我们不知道这样的社会将是怎样的。可以肯定的是，它会导致更多的相互作用和产生大众文化。”[3]更为有趣的是，他还创造性地将充满复杂性的网络社会和大的蚂蚁社会作了类比[4]。在他看来，由数以百万计的蚂蚁组成的大的蚂蚁社会中采取的是集体行为，作为个体的蚂蚁既是微不足道的又是盲目的，一如网络社会一样。这种复杂性认识论观点中，包含人类对混沌的虚实世界的组织和谐方面的忧虑和期望。生活在混沌的虚拟世界里，除了寻找通往和谐之路的出口，我们别无选择。

为了更好地把握虚拟和谐观念的复杂性过程（complexification）和渐进性的相对过程，我们一刻也不能停止对网络社会中的混沌现象的体验、观察和反思。事实上，这一观念，不再只是指一种具体的虚拟社会对象，在某些方面，

---

〔1〕 钱学森、于景元、戴汝为：《一个科学的新领域——开放的复杂巨系统及其方法论》，载《自然杂志》1990年第1期。

〔2〕 孙东川、魏永斌：《因特网系统特性浅析》，载《系统辩证学学报》2005年第2期。

〔3〕 [比]伊利亚·普里戈金：《未来是定数吗？》，曾国屏译，上海世纪出版集团2005年版，第70～71页。

〔4〕 [比]伊利亚·普里戈金：《未来是定数吗？》，曾国屏译，上海世纪出版集团2005年版，第70～71页。

它自成一体。所以，虚拟和谐的观念应该而且必须被置入一种更为广阔的分析观察视角，这一观察视角所关注的，不是作为单一的网络社会现象的和谐，而是作为一种局部秩序的结构，因此，它关注的也是一种具体的却是中心的和无处不在的形态特性，它存在于建构人类网络社会行动的过程之中。同样，也存在于对人类的善良本性与社会秩序的不懈追求上。人们彼此生活在网络中，缠绕着对方、映照着对方，从而引导着虚拟和谐的方向。

（二）虚实世界中的静态和谐与动态和谐

从无序到有序、从混沌到秩序，不仅是现实社会的一个普遍规律，而且也是虚拟和谐赖以存在的虚实世界的一个普遍规律。从复杂性理论的观点看，虚拟和谐就是一种存在于"秩序和混沌边缘"上的动态过程，抑或一种静态的"涌现"现象。当然，在我们的虚拟世界里所实存的"混沌的边缘"，亦可以视之为"和谐的边缘"，这其中的意义在于客观事物的初始敏感性总是"两极相通"的，而规律性与随机性、有序性与无序性彼此又总是在适中地结合起来的条件下才能实现最佳状态。

诚然，赛博空间正是能够使无序性与有序性、混沌性与和谐性二者之间得以最好结合的一种具有现代性的理想环境。"虚拟空间是一个本真的场所，同时也是一个主体社区"[1]。要知道网络社会系统中的主体不仅有一定的数量，而且还具有智能性和自适应性[2]。目前，世界各国网民的人数在其国家或地区总人口中所占的比例都达到了很高的程度，中国的网民在全国人口中的比例也接近19%。截至2008年6月30日，中国网民人数已达2.53亿人，这个数字超过了德国、英国和法国的总人口[3]。尽管虚拟世界中网民人数如此巨大，但是，由于系统的复杂性必须借助于子系统各个要素之间的整合方能有效地发挥作用，因而虚拟实践主体往往并不知道其他所有主体在做什么，这就难以避免地会形成无序状态，从而影响虚拟和谐行为目标的达成。虚拟和谐要求我们在适当的虚拟情境或场域下建立起虚拟社会行为的有意义模式。

所有迹象都表明，有序与无序不仅是互为条件的，而且也是相互作用的。

---

〔1〕 Xiewenjing.Virtualspace, real identity: Exploriny cultural indentity of Chinese Diasporain Virtual Community.Telematics and Informatics, 2005,(22): 395-404.

〔2〕 [奥]约翰·L.卡斯蒂:《虚实世界》，王千祥、权利宁译，上海科技教育出版社1998年版，第230～231页。

〔3〕 汪向东:《中国网情报告》，新星出版社2009年版，第1～3页。

由此构成了虚实世界中的静态和谐与动态和谐的系统格局，同时也锁定了一切虚拟社会行为的意义结构。按照复杂性理论的出色解释者沃尔德罗普在《复杂》一书中的说法，“涌现”不仅能够说明诸如银河、云彩和雪花之类静态和谐的现象，而且还能说明像生命和心智这样的动态和谐现象的成因[1]。倘若我们将网络世界视为一个广义的人工生命系统及其社会拓展形式，那么，就会很容易理解“涌现”所包含的从静态到动态和谐的演化过程及其真实意蕴。

事实上，从“涌现”的静态化到动态化之路并非遥不可及。这是因为，“涌现”在本质上就是能够不断地产生出整体的优异新质的复杂事物运行机制，而这种整体性就是和谐性的根本属性的一种体现。在很多情况下，虚拟和谐的静态现象与动态现象是很难分清界限的。比如，计算机硬件设备和技术系统看来好像是一种静态和谐，但因特网是由成千上万台电脑所构成的网络系统，只要子系统局部有一个微小变化（假若有人制造了一个病毒），在没有相应的预防机制的情况下，就会导致不可收拾的局面，这就是所谓的“蝴蝶效应”。反之，如果有人发明了一个有效的杀毒技术软件，那么，就会促进网络世界的和谐。在线诊断、数字化教学、网上弈棋等行为，也都是“涌现性”在虚实和谐中的表现。只是在虚实世界的网络文化与虚拟社会行为中动态和谐总是多于静态和谐，这无疑是由世界运动的普遍性规律所决定的。一般而言，人们在建设性地促进虚拟和谐方面的努力，肯定要多于在虚拟混沌世界里的秩序破坏者的努力。

三、虚拟和谐社会系统如何建构？

如前所述，我们对虚拟和谐的社会意义及其与复杂系统间的关系的真实性已深信不疑。这种复杂性解释，在本质上都属于整体性观点。因为，系统的组成部分似乎只能通过彼此之间以及与整体的关联才能得以了解和获得自我认同。而要真正理解虚拟世界的和谐问题，归根结底要把握住网络社会系统之间的关系，尤其是要搞清楚它们之间的整体联系。虚拟和谐不是抽象的整体性的反映，而是作为网络社会系统的一个复杂性的统一；但这个统一，作为复杂性相互作用的结果则与和谐本身内在的规定性相一致。唯其如此，在全

〔1〕［美］沃尔德罗普：《复杂——诞生于秩序与混沌边缘的科学》，陈玲译，三联书店1997年版，第410～411页。

球信息化时代里建构的虚拟和谐才是具有普世价值的虚拟和谐，不仅可以在很大程度上规范和约束虚拟社会行为，而且也可以为人们理解现实生活世界的生存意义与价值提供一个理想的参照系。同时，自然与社会、心与身体、人与网络的关系在虚实世界中正演变为一系列新的和谐互动关系。然而，正因为和谐不能在主体自身内部独立形成和完善一样，虚拟和谐也必须依赖于网络社会系统环境。

依据德国社会学家卢曼的社会系统理论的说法，网络社会可以被视为一个基于要素和关系的动态系统，这一系统的复杂性突出了选择的作用，也就是说，网络社会系统中任何一个运作（如某一种网站聊天室里的交流过程）都是在诸多可能性中的一个选择。在他看来，网络社会系统不仅具有自我组织、自我调整的特性，而且具有自我指涉、自我再生的功能[1]。由于网络社会系统有着复杂多样性的特质，加之系统内部和外部存在的异质性作用，使虚拟和谐及其社会系统的建构过程异乎寻常的艰难。可以这样说，在特定的网络社会场域里要达到一次哪怕是微小的和谐都十分不容易，甚至于必须动员起某一个网络社会系统的全部资源和力量，才能从不和谐的手中获得一次和谐的机会。

从广义系统哲学的角度来说，“一个以网络为基础的社会结构是具有高度活力的开放系统”[2]，能够创新而不至于影响其内部的和谐均衡状态。虚拟和谐在网络社会系统结构的开放和无限扩展的过程中，将或多或少，或快捷或缓慢地呈现出来。

不过，我们虽然主张对虚拟和谐社会作系统化建构，并不意味着我们将无视有机社会的动态机制的制约，而是在知识建构的前提下对充满生活可能与活力的网络社会进行实践导向的建构。也就是说，这种虚拟和谐的社会建构是有限度的，是不违背现实世界所具有的主体与客体的实践关系规律的。鉴于网络社会系统所面临的大环境并不是一个单纯的“个体社会”，而是一个“全球社会”，再考虑到在这个特殊社会中每个成员都有意无意地追求他们的生活目标——寻求如何在网络“共同体”中自由而又幸福地生活的可能性，因

---

〔1〕 丁东红：《卢曼和他的“社会系统理论”》，载《世界哲学》2005年第5期。

〔2〕 ［美］曼纽尔·卡斯特：《网络社会的崛起》，夏铸九等译，社会科学文献出版社2001年版，第570页。

此要求我们必须学会对“在线生存”进行公平合理的权衡，并在分散信息权利和赋予权利之间做出尽可能明智的抉择。那么，我们究竟如何对虚拟和谐社会系统进行建构呢?

第一，优化因特网的系统配置。我们完全有理由认为，在虚拟和谐的形成过程中，那些最活跃的社会因素并不是自主作用的结果，而是通过各种互联网技术（包括各种硬件和软件技术资源）加以实现的。这些因特网技术系统配置的好坏，关系到网络社会中虚拟和谐的物质条件是否完备，同时也会成为抑制系统要素劣质属性发挥的“天然屏障”。为此，必须在科学发展观的前提下加强有限网络资源的优化配置，以使和谐保持可持续性。

第二，提升网民的道德素质。要实现“网络共同体”的虚拟和谐理想，就不能离开网民的积极参与，特别是离不开他们自身道德修养的不断提高，主体性作为网络社会的第一种资源在虚拟和谐社会系统的建设中，具有至关重要的作用。这里，我们提倡建立“以（网）民为本，推己及人”和“网民治网，高度自律”的道德约束机制，以此来弘扬中华民族优秀的人文精神传统并促进网络文明对话。

第三，增强网络社群的“和合”意识。一个和谐的虚拟社会不仅是需要外在的条件和内在的道德约束，而且也需要每个人的合作精神。其实，和合有序也就是数字化和谐社会的主要标志。从《周易》《道德经》到《和合哲学论》，都揭示了中国社会思想的整体性或和合性旨趣。但中华文化不只强调“天人合一”，而且也注重“和而不同”，也就是说这里的关系含有辩证法意味。因之，“从和合的实性追求到和合的虚性追求”中[1]，也将体现网络社会关系的二重性。对此，在我们提倡的“和合”意识与“和谐共生”理念里，也应该包括对网人关系的同质性与异质性的辩证理解。

第四，发挥网络社区的规制作用。没有规制，不成网络。虚拟和谐社会系统既需要民主与合作意识，也不能没有法治与契约精神。按照法治与契约精神来对虚拟和谐社会进行建设，就需要形成一系列体现了公平正义思想的网络社区规制，有了这些法律和伦理意义上的规制，也就有了和谐的基础。从这个意义上说，在线规制是虚拟和谐社会发展和冲突化解的关键。

---

〔1〕 张立文:《和合哲学论》，人民出版社2004年版，第88页。

第五，推进全球网络与信息安全。网络社会的虚拟和谐的建设，不仅有赖于本国或本地区的信息安全机制的发挥，而且更依赖于包括美国、英国、日本等信息技术大国在内的国际信息安全方面的协调努力。因此说，虚拟和谐实际上就是“和谐中国”甚至“和谐世界”的产物，离开全球网络域名平等与网络文明平等对话基础的虚拟和谐是不可想象的。

综上所述，我们对作为网络社会系统的一种理想状态与范式的虚拟和谐进行了初步的讨论。这里，有必要重申的是，任何理想型的和谐社会系统都不可能经过一次性建构就圆满地完成它的预设目标，还需要在无数次的良性网络互动行为的基础上不断地作出超越性的努力。因为和谐性就存在于和谐的存在之中，建构虚拟和谐生活的前提，充其量只是建构可能形态的和谐生活，建构和谐生活本身并体验和谐生活才是数字化生存的真正意义。但虚拟和谐范式的提出，将有助于成为一种促进亿万网民真正成为人和使赛博空间真正成为和合载体的文明共生行动。

第二章　网络化生存样态

第一节　网络生活中的情景定义与主体特征*

网络生活是人们借助互联网所营造的超时空情境而实现的以符号传递为表征的社会活动。这种经过媒介技术为中介的人—机行为在时空情境、符号形式和意义赋予、主体特征等方面都有别于一般的日常活动。它形成了一种依赖于情景定义的存在空间，成为人类生活的一个有限意义域，并因此而表现出现实与虚拟共生的主体特征。

一、情景定义之下的网络生活及其现实化趋势

人们常说的“网络化生存”，实际上是指在互联网所构造的技术空间内的社会活动方式，它是人类借技术系统所架构的一种超时空的新型交互关系。按卡斯特的说法，互联网“彻底转变了人类生活的基本向度：时间和空间。地域性解体脱离了文化、历史、地理的意义，并重新整合进功能性的网络或意象拼贴之中，导致流动空间取代了地方空间。当过去、现在与未来都可以在同一则信息里被预先而彼此互动时，时间也在这个新沟通系统里被消除了。”[1]这很容易让我们想起美国社会学家W. I. 托马斯于1923年提出的“托马斯定理”：如果人们把一种情境定义为真实的，那么它们在结果上也就是真实的。[2]托马

* 原载《自然辩证法研究》2004年第12期。

〔1〕［美］卡斯特：《网络社会的崛起》，夏铸九等译，社会科学文献出版社2002年版，第465页。

〔2〕宋林飞：《西方社会学理论》，南京大学出版社1999年版，第268页。

斯进一步指出，在环境刺激与人的反应之间有一个主观定义的过程，即“情境定义”（Definition of the situation）。情境定义本身虽然可能是正确的也可能是错误的，但毕竟都是客观存在的反应。在网络超时空里，情境定义在相当大的程度上依赖于互联网所营造的生存环境。在网络交往中，如果网络主体将某种情境作为真实来把握，那么这种情境在结果上就转化成了现实。

由互联网所构建的超时空情境，是一种与现实世界全然不同的生活空间，而这一新生活空间所展示的，又是一种全新的“网络化逻辑”。显然，基于情景定义的网络时空不仅要把“网络化逻辑”施加于“网络化生存”，而且要将其施加于现实生活。空间和时间作为人类社会生活的基本维度，实质上是人类实践活动的产物。人们对空间的经验与认知，归根结底是建立在人类实践活动基础上的。因而空间概念总是与人类物质活动和精神活动的结果——文化紧密联系。我们已经看到，人们正在越来越明显地把网络生存经验带入日常生活。信息时代的支配性功能与过程日益以网络组织起来。网络建构了我们社会的新社会形态，而网络化逻辑的扩散实质地改变了生产、经验、权力与文化过程中的操作和结果。“虽然社会组织的网络形式已经存在于其他时空中，新信息技术范式却为其渗透扩张遍及整个社会结构提供了物质基础。”[1]毫无疑问，这是一个网络生活现实化的过程。从这个意义上看，尽管网络生活形成了一种独特的存在空间即赛博空间，并成为人类生活的一个有限意义域，但网络生活本身只是信息技术发展过程中产生的一种超越时间和空间限制的人类活动方式而已。因此，它既是独特的社会场域中的社会行动，同时又必然随着互联网技术的社会渗透而成为一种日常化的交往活动。

二、现实与虚拟共生的网络主体

现实中的社会生活发生在社会主体之间，他们是被社会化了的自然人。在网络空间中，社会生活则发生在网络主体之间，他们是被网络化了的自然人。与现实生活一样，网络主体可以是个人也可以是群体。但相对于社会主体而言，网络主体并不是一个现实的“自在之物”，而是一个现实与虚拟的共生体。

---

〔1〕［美］卡斯特：《网络社会的崛起》，夏铸九等译，社会科学文献出版社2002年版，第568页。

作为"被网络化了的自然人"，网络主体是那些掌握网络技术、具备网络交往能力的社会成员。网络世界是一个全新的生活空间，不仅自然人无法生存其中，即使是"未入道"的社会人，也难以从容地进行网络互动。因此，"网络化"是自然人乃至社会人登堂入室的必然过程。一般而言，人们都可以在上网实践中经过多次的实践和验证，体会不同网络角色的需求和情感，掌握不同网络角色的社会期望和行为规范，迅速实现"网络化"。当人们建立起一定的网缘关系并学会扮演网络角色时，就自然获得了网络生存的能力。

在网络生活中，网络主体的形象是符号化的，但本质上却是自然人和虚拟人的统一体。在网络生活中，有很多虚拟身份，可能是一个昵称，可能是一个卡通的脸谱，也可能是一串代码，在这些符号后面可能不是简单的一一对应的关系，也无从考证是否实指。在现实生活中，一个人很难改变他的身份，包括他的籍贯、家庭背景、学历、社会地位等，而在网络空间中一切变得轻而易举。虚拟身份的这种可选择性，不仅表现在行动者可以获得一个什么样的身份，而且还表现在行动者可同时获得多个身份。其实，网络主体指称的虚拟性，是源于社会主体之实的，他是社会主体在网络生活中的特殊表现形式。因此，网络主体的形象虽然是符号化的，但却是自然人和虚拟人的统一体。

同样，网名相对自然人而言是匿名的，但却是网络主体的实名。正如卡西尔在《语言与神话》中所说：名称从来就不单单是一个符号，而是名称的负载者个人属性的一部分。任何网名都是一个有意义的复合载体，它可以体现网络主体的诸多属性，并间接折射出人们的某些心理预期。任何人进入网络都有一个网络身份的自我认定问题，这不仅指必要的网络注册，更指个人选择怎样的角色来表现自己。事实上，在给自己起一个网名的时候，网络角色扮演就已经开始。而且，网络角色的意义并不局限在网络生活本身，它总是以各种不同的方式向现实生活延伸，从而丰富与提高现实中自我的水平。现实中，当我们说网络生活的匿名性时，总是相对于自然人而言的；而当我们把立足点移到网络本身时就会发现，网名其实就是网络主体的实名。

传统技术哲学专注于发生在物理性时间和空间模式中的行为审视，其视野中的主体是物质性本体，而在网络世界中，时间和空间、主体及其社会属性都是缺失的。人在网络空间活动时，物质性的本体并不需要随之移动，仿佛在可见的物理空间之外还存在一种精神感应空间。事实上，网络生活域场中的物理空间与精神感应空间并非分离而居，而是相互依赖、共生共存。以此为基础，网络主体也被构建成了一个现实与虚拟的共生体。

网络可以被视为一个高技术符号交换系统，它动摇了传统的人—人沟通模式，并创造了一种全新的人—机—人交流方式。这种极具现代性的交流方式，超越了“在场”与“不在场”的分界，使人们能够通过人机界面产生互动效应；克服了点对点的局限，使人们可以有选择地进行一对多、多对多、多对一的互动，从而实现了点对面的沟通；使人们隐去了原有的身份，得以塑造一个有别于现实身份的另一个自我，还可以在一对多的互动关系中维持数个不同的自我。许多人认为，这种“通过机器所进行的交流将变得比人与人、面对面的交流更加有效”[1]，而这种“更加有效”的交流则有赖于以现实与虚拟共生为特征的网络主体。

第二节 网络生活中的虚拟认同问题*

一、问题的提出

互联网创造了一个全新的生活空间，即所谓网络空间（Cyberspace）。由于人的生存形式本质上是在一定生活空间内呈现出的具体生活样式，因此网络空间的出现为人类打开了网络生活之门。但是，尝试网络生活的先行者很快就发现了步入新生活的一大障碍——虚拟性。有限的实践经验已经表明，不逾越网络生活中的“虚拟”障碍，人们就不可能真正地迈向网络新天地。也就是说，对“虚拟”是否认同以及认同的程度，成了影响网络生活质量的关键性因素之一。为此，探讨网络生活中的虚拟认同问题，无疑具有理论与现实的双重价值。

---

〔1〕 郭良：《网络创世纪》，中国人民大学出版社1988年版，第16页。

* 原载《自然辩证法研究》2001年第4期，合作者李一军。

二、虚拟认同及其对网络生活的意义

(一)网络生活的虚拟性

网络生活的虚拟性，是建于20世纪90年代兴起的虚拟现实技术之上的。通过虚拟现实技术，人与人之间的互动关系转换成了人—机互动或人—机—人互动，从而使网络生活具有了明显的虚拟性。具体表现为：(1)仿真性，它所提供的环境是对现实物体的模拟，就像真的一样，其迷惑度完全达到以假乱真的程度，许多游戏爱好者为此达到入迷的程度，甚至患上“游戏综合征”，长时间陷进去乐此不疲，其强烈的吸引力来自逼真的图像。(2)交互性，虚拟环境是一个开放的体系，虚拟环境中的物体与人是互相作用的，可以进行双向交流，如看电视人们只是被动地接受信息，而虚拟现实所提供的环境可以进行人机对话，是一个人—机耦合的共振环境。(3)人工性，虚拟环境中的各种场景、人物都可能是虚拟的人造的，但它给人的感觉如同现实一样真实，甚至比现实还逼真。(4)沉浸性，计算机生成的图像加之真实的图像上，也是虚拟现实的一种形式，使用者在使用沉浸系统时，他们正处于系统设计者创造的世界中。[1]总之，通过高超的电子技术，人类像上帝那样为自己开创了一个虚拟的伊甸园[2]。

正是由于这种虚拟性特征，使网络生活产生着巨大的诱惑力。据中国互联网信息中心(CNNIC)的调查，我国的互联网用户1997年底为62万，1998年底为210万，1999年底为890万，2000年6月为1690万，正在以极快的速度飙升。因此，有人乐观地估计：今后3～5年内，从绝对数字上说我们将属于全世界使用互联网人数最多的3个国家之列，这3个国家是美国、日本和中国。

也正是由于虚拟性的存在，使许多网民仅仅是把互联网当作现代化的“玩物”。在他们看来，网络生活只是一种时髦的“玩”法，而不是一种新的生活方式，因为那里有太多的“虚拟”。可见，“虚拟”成了人们步入网络生活的一大障碍。不排除这一障碍，人们就不会将网络生活纳入自己正常的生活轨道，网

---

〔1〕 胡心智:《信息网络的虚拟技术对物质观及中介的影响》，载《科学技术与辩证法》1999年第12期。

〔2〕 Pickover, C.*Visions of the Future Art, Technology, and Computing in the Twenty-First Century*. New York: St. Martin's Press, 1992.

络生活也不会真正地改变人们的生活形态。为此,有必要提出虚拟认同的概念。

(二)虚拟认同概念的界定

虚拟认同,是人们在网络生活中承认和接纳虚拟现象,并将其融入自身生活体系的过程。对此概念,我们可以从以下五个方面进行界定。

第一,虚拟认同是在网络生活中发生的一种特殊现象。在日常生活中,"虚拟"被视为真实的对立性,因而不会有人对其谈论认同问题。但在网络生活中,"虚拟"不仅不再与真实相对立,而且为人类创造了一种"生存新定义"。这种虚与实的同在和统一,是网络生活中的一种特殊现象。

第二,虚拟认同本质上是一种情感移入过程。对虚拟现象是否认同,最直接的反应就是在感情上是否接受。因此,对"虚拟"的认同过程,实质上是一种情感移入过程,这是一种慢慢地排除对"虚拟"的"异类"感的情感转化过程。

第三,虚拟认同可以有意识地推动,也可以无意识地进行。显然,理性、有意识的过程会更具目的性;而非理性、无意识的过程则会伴有负面效应,如沉迷不拔的"病态上网症"(PIU)等。

第四,虚拟认同在观念上表现为对虚拟现象的承认和接纳。对这一社会现象的基本看法是人们采取行动的观念前提。因此,在观念上承认和接纳虚拟现象,是虚拟认同的首要表现。它既涉及对"虚拟"的理性认知,又涉及对原有生活观、价值观的梳理调整,因而是一个复杂甚至痛苦的思考过程。

第五,虚拟认同在行为上表现为对虚拟生活的理性和主动参与。认同过程的发生伴随着主体与认同对象的相互交融。因此,对虚拟生活有理性地主动介入,是虚拟认同的行为表现。其结果,必然是日常生活与虚拟生活的融合。

(三)虚拟认同对网络生活的意义

虚拟认同不仅在理论上具有重要的学术价值,而且对网络生活具有现实意义,这主要表现在以下几方面:

首先,培养网络生活主体。目前,网民队伍正在以惊人的速度迅速膨胀,但网络生活的质量尚不如意,其主要原因之一就是主体素质有差距。一个合格的网络生活主体需要多方面的知识和技能,但最起码的一条是对网络生活中的虚拟现象给予认同。否则，它永远是一个“网上游客”。

其次，使网络活动融入主流生活。学术界一般认为，互联网会从根本上改变人们的生活形态。实际上，这种改变必须以网络活动融入主流生活为前提，而这个前提并不是“自动”存在的，它要以虚拟认同为条件。换言之，只有在社会范围内出现普遍的虚拟认同，网络活动才能真正成为人们生活的一个组成部分，并不断迁升至主流地位。

最后，促进网络生活的有序化。人们在谈论网络生活时常引用尼葛洛庞帝的一句话：“天上的公路的确也需要一定的空中交通管制”。可以认为，无序的网络活动对社会生活形态转型并无意义，而有序的网络生活一定要以对虚拟现象的认同为基础，因为人们不会去致力于“异类”活动的有序化。

三、虚拟认同的观念前提：虚拟真实观

对虚拟现象的认同，需要观念的转换。“这一转换，就是从现实性哲学进入到虚拟性哲学”。[1] 从网络生活的角度看，就是确立一种虚拟真实观。

（一）虚拟是一种存在

存在，不仅指与思维相对的物质，而且指“存在着的东西”，既包括物质的东西，也包括精神的东西。“但是由于长期以来人们所接触的存在都立足于现实性，因此，从历史的长河而言，迄今为止的所有哲学，可以用一句话来概括，是非数字化的现实性范畴框架内的哲学。”[2]

实际上，存在也可以是借技术手段而确立的实际状态，这就是所谓“技术事实”。技术事实也是一个技术实体，冯·莱将其视为能量转换过程。在我们看来，一个技术事实也可以是一个信息转换过程。

作为一种技术事实，“虚拟”是一种借信息转换的技术手段而实现的，人与计算机共存的状态。因此，“虚拟现实既不是有形的物理现实，也不是根本不存在的虚无，它是一种特殊的存在，是一种人造的电子环境，既不能简单地把它归为有形的物质，也不能简单地把它归为意识……它是由物质向意识转化

〔1〕 陈志良：《从现实性哲学到虚拟性哲学》，载《中国人民大学学报》2000年第2期。
〔2〕 陈志良：《从现实性哲学到虚拟性哲学》，载《中国人民大学学报》2000年第2期。

的中间环节”,“形成了事物的过渡态”。[1]从这个意义上说,“存在着的东西”除物质、精神外,还包括一种中间态,即“虚拟现实”。

网络生活中的“虚拟”也可称为“虚物”。有人认为,“没有虚物观念就不可能适应和反映这个时代”。[2]依此看来,“虚拟是信息世界里的普遍现象,它是物质存在的又一种形式,所以物质观从大范围讲应该包括这种客观存在”[3]。而“虚物”概念的确立,必然引出网络生活中的虚拟真实观。

(二)虚拟是一种有中介的真实

人们所说的真实并不总是对客观存在的直接感知,它往往是经由中介系统的认知结果。换言之,真实可以是一种有中介的存在。实际上,人与人之间的互动总是有中介的,口头语言是一种中介,书信、电话也是中介,人们并不会因为这些“中介”的作用而感到对方的“不真实”。

另一方面,人类互动关系的中介系统又是不同时代的基本特征,沟通工具的变革反映着科学技术的水平和时代的进步。正如爱因斯坦所言,“科学直接地,并且在更大程度上间接地生产出完全改变了人类生活的工具”。

从这个视角来看,“虚拟,首先是人类中介系统的革命。人类什么也没有,只是有赖中介系统才使自己变得强大起来。人类第一次中介系统的革命,是语言符号系统的发明,它导致了人类文明的长足发展,以致我们在一定意义上,可以把人称为‘会使用符号的动物’。语言符号创造了人类的思维空间和符号空间,而虚拟则是思维空间中发生的革命,它在思维空间中又创造了虚拟空间、数字空间、视听空间和网络世界,它指向不可能的可能性,使不可能的可能在人类历史上第一次成为一种真实性。”[4]因此,虚拟是一种有中介的真实。

历史实践证明,中介系统的革命,是通过不断超越“真实”可及的界域而改变人类生活形态的。语言符号的发明,使人际关系超越了体势语的限制;文字的出现使人类沟通突破了面对面的要求;电话的普及使跨地域交谈成为

---

〔1〕 胡心智:《信息网络的虚拟技术对物质观及中介的影响》,载《科学技术与辩证法》1999年第12期。

〔2〕 张青松:《虚物主导性与唯物论第四形态探讨》,载《理论探讨》1998年第5期。

〔3〕 胡心智:《信息网络的虚拟技术对物质观及中介的影响》,载《科学技术与辩证法》1999年第12期。

〔4〕 曾国屏:《虚拟现实——一项变革认识方法的技术》,载《自然辩证法研究》1997年第7期。

可能；而互联网的发展则把整个世界变成了极易交流的“地球村”。在此过程中，人类不断地接受和熟悉着由更高水平的中介系统所触及的“真实”，直到“虚拟”真实。可见，由于中介系统的发展，人类已经不再将“面对面”作为真实与否的分界。

（三）虚拟是真实的表现形式之一

真实除表现为自然状态外，还可以有多种表现形式。现实中，人们所说的真实往往是现实存在所留给大脑的影像，它是现实存在与感知、认知等精神现象作用后的幻象，但却是真实的一种表现形式。

随着客观世界复杂性的增加，人们的内脑已不足以储存和处理过多的真实影像，于是出现了真实的另一些表现形式，如录音、录像等。它们作为现实存在的信息转换物，既充作有记忆的“外脑”，又是真实的表现形式。

模型是对现实的模拟，被视为科学研究方法的核心，它也是真实的一种重要表现形式。与录音、录像相比，模型相对于原型而言，大大简约了原有信息，因此有“伪真实”的成分，但由于它显现了原型的特定信息和主要特征，因而不仅被认作真实，而且成了认识世界的重要方法。

虚拟可以看作模型方法的深化和进步。“虚拟现实把抽象模型和实物模型的优点结合起来……无论是实物模型，还是概念模型，都变成了虚拟世界中的现实，成为一种（虚拟的）情景模型，并且具有更高的逼真度”。[1]因此，有人说，假如用数码复制“克隆”出一批《蒙娜丽莎》的伪造品，那么伪造的唯一含义就仅仅在于：它们不是达·芬奇曾经创造的那幅画。[2]但作为“虚拟”，它们仍传递着“真实”的信息，这是因为其可以还原到现实。

（四）虚拟反映着真实的角色关系

帕森斯的社会系统理论认为，社会系统是一种行动者互动过程的系统，社会系统中的行动者通过社会身份和社会角色与社会发生联系。角色是相互的，因此而形成社会的角色结构。按照这个观点，人际的互动并非是人与人实体上的互动，而是角色与角色之间的互动。

在网络社会中，人们一方面隐去了原有的地位角色，另一方面又会获得新的网络生活角色。林顿将角色定义为“在任何特定场合作为文化构成部分提

[1] 曾国屏：《虚拟现实——一项变革认识方法的技术》，载《自然辩证法研究》1997年第7期。

[2] 李湘德、钱振勤：《“虚拟现实”与现实》，载《自然辩证法研究》1999年第9期。

供给行为者的一组规范”，并认为当地位所代表的权利与义务发生效果时即为角色扮演。[1]对于网络社会这个特定场合而言，“虚拟”恰是其文化特色之一。因此，虚拟行为不仅符合其规范要求，而且是反映网民互动关系的角色行为。从这个意义上说，现实生活中的“虚”，可以转化为网络生活中的“实”；看似不现实的虚拟互动，应是一种真实的角色关系。

四、虚拟认同过程中的行为调适

虚拟认同要经历一个或长或短的过程，它不仅触及观念层面，而且需要行为调适。为此，至少要解决以下两个问题。

（一）由人—人互动向人—机—人互动转换

互动是人际的心理交感和行为交往，并以“符号互动”为主要形式。米德认为，社会由代表心理过程的姿态和语言（符号）的交换构成，因此象征符号是社会生活的基础。

从互动的角度看，网络可以被视为一个高技术符号交换系统，它动摇了传统的人—人互动模式，并创造了一种全新的人—机—人互动方法。这种新的互动方法，具有明显的虚拟特征：利用网络的虚拟性，互动超越了“在场”与“不在场”的分界，使人们能够通过人机界面实现相互之间的沟通；利用网络的虚拟性，交往克服了点对点的局限，使人们可以有选择地进行一对多、多对多、多对一的交流形式，从而实现了点对面的沟通；利用网络的虚拟性，使人们隐去了原有的身份，得以塑造一个有别于现实身份的另一个自我，还可以在一对多的互动关系中维持数个不同的自我。许多人认为，这种“通过机器所进行的交流将变得比人与人、面对面的交流更加有效”[2]。

哈贝马斯认为，“人类社会是作为一个沟通共同体而发展的”。网络时代的来临，要求人们由原有的人—人互动模式向未来的人—机—人互动模式转换。为此，一个社会成员不仅要掌握网络技术，而且要熟悉网络文化和在线行为规范。由于人—机—人互动所传递的信息不及面对面丰富，因此新的互动模式在相互认知、信任关系的建立等诸多方面会面临不少问题。“毕竟，人与

---

〔1〕 Ralph Linton, *The Study of Man*, D.Appleton-Century, New York, 1936.

〔2〕 郭良：《网络创世纪》，中国人民大学出版社1988年版，第16页。

人之间面对面的交流是最古老也是最基础的信息发展方式”。[1]为此，一方面要发展更为完善的虚拟技术，另一方面要靠提高社会成员的自身素质来解决。

（二）现实生活与虚拟生活的整合

由于互联网的快速扩张，涉足网络生活的人会越来越多，许多人“生活在两个世界里，一个是现实世界，另一个是网络世界。在第一个世界里，作为社会个体，他承担着现实社会赋予他的责任和义务，作为生物个体，他从中呼吸空气，获取食物，进行着维持其生命的物质交换；在另一个世界里，作为网民，他遵循着网络世界的秩序和规则，作为精神个体，通过符号进行着信息交换以维持其精神的存在……同一个体在两个不同的世界里轮流‘切换’，在‘双重生活世界’里扮演着‘双重角色’”。[2]如果同一个人的生活空间长时间处于分裂状态，必然会导致“双重人格”甚至更严重的后果。因此，尽快地将现实生活和虚拟生活整合起来，是虚拟认同过程中的重要问题。

就宏观层面而言，整合要达成的是一个现实社会与虚拟社会相互依存的和谐状态；就微观层面而言，整合是人们将两种生活相互协调的行为调适过程。在此过程中，“两个世界”的文化和行为规范是相互约制的。一方面，作为文化形态的现实生活模式因历史的传承和层积而具有异常的稳定性，从而对网络生活发挥规范和调节作用；另一方面，基于互联网技术特性的网络文化也因其异质和前卫特点而具有超常的活跃性，从而对现实生活产生实质性的影响。两者的良性互动，将达成现实生活与网络生活的和谐统一。这是一个信息技术在现实文化制约下逐渐建立自己的规则，新的网络生活在与现实生活的同化中逐渐制度化的复杂过程，这也是技术社会学所说的“技术与社会互相生成”的社会过程。

五、结论

不逾越网络生活中的“虚拟”障碍，人们就不可能真正地迈向网络新天地。为此，有必要提出“虚拟认同”的概念。虚拟认同是人们在网络生活中承认和接纳虚拟现象，并将其融入自身生活体系的过程，它对培养网络生活主

---

〔1〕 John Magretta. The Power of Virtual Intergration: An Interview with Dell Comywter's Michael Dell. Harvard Business Review, 1998: 20.

〔2〕 郑荣双、严全治：《互联网的信息超载、虚拟性与PIU》，载《自然辩证法研究》1999年第5期。

体、使网络活动融入主流生活、促进网络生活的有序化都是有意义的。

虚拟认同的观念前提是虚拟真实观。它确认，虚拟是一种存在；虚拟是一种有中介的真实；虚拟是真实的表现形式之一；虚拟反映着真实的角色关系。

虚拟认同还要经历一个或长或短的行为调适过程。为此，要解决好由人—人互动向人—机—人互动转换、现实生活与虚拟生活相互整合等问题。

第三节 互联网与消费形态的跃迁*

伴随IT产业的发展，尤其是互联网的快速扩张，使网络经济成为新的经济活动的主题。著名的梅特卡尔夫法则（Metcalfe's Law）认为，计算机网络的价值等于其节点数的平方，即计算机互联网的数目越多，它对社会生活的影响就越大。目前，人们还不能预测出互联网的倍增周期，但其疯狂般的增长却足以支持专家们的断言：网络将改变人们的消费形态。

一、互联网的社会属性

互联网具有双重属性，即技术属性和社会属性。技术属性决定其技术内含，而社会属性则赋予其非技术内含。

互联网的技术属性是计算机通信技术和网络技术所固有的技术特性。有研究将其概括为[1]：（1）数字化，这是现代信息技术的首要的技术特性，被人比作"信息DNA"，它把越来越多的信息（如声音、文字和影像）都简化为1或0；（2）网络化，它可以使互联网成为一个相对独立的整体，并采用一种标准的计算机网络语言（技术上称为协议）使所有的计算机得以相互交流；（3）大容量，它可以使计算机具备巨大的存储能力和极快的处理功能，而当其在网络中运作时，则使计算机成为一种革命性的工具；（4）高带宽，有人乐观地认为，光纤已经带着我们从较窄的带宽大步跳跃到近乎无限的带宽。由此可见，互联网的技术属性具有以下特点：

第一，互联网的技术属性是建于技术规律基础上的，它既是人类发展互联

* 原载《哈尔滨工业大学学报》（社会科学版）2000年第2期。

〔1〕 何明升：《现代信息技术的技术特性与社会效应》，载《信息世界》1998年第2期。

网技术的认识成果，又是人类必须遵守的互联网法则。现代信息技术一经出现，就被维纳（N. Wiener）赋予一种“帝国主义性质”。他预言：信息技术将呈现出巨大的社会经济影响，未来社会“只能通过研究信息和通信工具来认识”，甚至可以将人视为“一种通信存在性”。正如维纳所料，现代信息技术的发展已经呈现出一种强烈的扩张特性。20世纪60年代以来，半导体的集成度按著名的摩尔定律每18个月翻一番，而半导体的价格却以6次级数的速度在迅速下降。20世纪90年代以来，互联网也出现了同样的指数增长趋势，尽管还不能像估计半导体技术一样大致预测出网络的倍增周期，但其爆炸性的扩张速度以及向社会经济各个领域的广泛渗透已经使越来越多的专家接受了所谓“计算机网络的价值等于其节点数的平方”这样一个预言式法则。

第二，互联网的技术属性反映了现代信息技术的技术过程，如声电转换、高保真还原、数据压缩等，这些过程不会由于有人的参与而有所改变。历史地看，创世纪的阿帕网是互联网发展过程中的一座里程碑。专家们指出，直到今天的Interner、ARPAnet的五大技术与贡献都还在发挥作用，它们是：(1)实现网络资源共享；(2)采用分布式结构，不担心个别节点失效，顺应了单一指挥控制中心分散化的要求；(3)首创分组交换方式，使许多用户不仅可以共用一条通信线路，而且一旦失效，还可通过迂回线路维持网络通信；(4)采用通信控制处理机，使入网主机的效率得到保障；(5)网络协议层次化，即著名的TCP/IP协议集。

第三，互联网的技术属性体现了技术的自然结果，它只说明现代网络技术的逻辑上的必然性。在20世纪70年代的阿帕网时代，许多人曾预言过互联网的短命和消亡。时至今日，它却成为发达国家竞相扩建、专家学者争相预测其膨胀规模和深远影响的“新宠”。种种迹象表明，信息高速公路具有一个美好的、可预期的未来。

互联网的社会属性是指其所具备的与社会环境相匹配的特性，它需要经历一个在社会的整合与调适下，使互联网成为社会相容技术的所谓“技术社会化”过程。互联网的社会属性并不是固有的，在不同的社会条件下也会有不同的表现形式，它主要表现在以下几方面：

其一，互联网的目的性是社会所赋予的。作为一种技术产物，互联网本身并无目的性。但是，作为新一代交流工具，互联网的目的就是要达成一种快捷的、跨时空的沟通手段。劳动使猿变为人，人又通过劳动来制造工具，并使相应的技术获得社会属性。从这个意义上说，互联网作为现代消费工具在相当程度上是人类目的性的体现。

其二，互联网的社会后果受控于社会。正如原子能技术既可以造出杀人武器原子弹，也可以造福于人类（如核电站）一样，互联网的社会后果也是正、负兼有的。但总的来看，互联网的社会后果也是可控的，它的整体效用是由社会来控制的。

其三，互联网的发展过程受各种社会因素的制约。任何新技术，在其产生之后都存在多种发展方向，而其最终的发展过程总是受到各种社会因素的制约。据记载，古希腊的希罗（Hero）很早就发明了一种蒸汽动力机械，这是蒸汽机的原型，但由于当时社会条件的制约，它演化成了一种高级玩具。而同样的原理和机械，却在18世纪发展成为蒸汽机。恩格斯曾指出，"科学的发生和发展一开始就是由生产决定的"。互联网的发展过程，在很大程度上就是由生产决定的。由于社会生产技术的准则是追求高效率的新技术，因此互联网一经出现，就注定要被市场体系所选择，并加速其社会化进程，使其迅速上升为有可能改变世界经济格局的推进器。

二、互联网所带来的生活工具革命

人类社会发展的决定性力量是生产方式，而生产方式的物质形式生产力与其社会形式生产关系之间的矛盾运动是历史演进的根本动力。按本文的观点，由生产力性质所决定的生活工具是消费形态的决定性因素。

在人类历史上，每一项划时代的重大技术进步，都会带来生活工具质的飞跃，并将其转化为消费形态的演进。18世纪的蒸汽机技术使工业生活用具取代了手工业生活用具的主导地位，并使人类消费形态步入了工业文明；19世纪的电气技术使生产工具的自动化程度不断提高，人类消费形态也进入一个新的阶段。可见，消费形态的历史形式是与人类所占有的生活工具相对应的。那么，互联网为人类生活提供了何种工具，这种工具能否成为推动消费形态演进的杠杆呢？

计算机专家巴雷特（N. Barrett）将互联网所提供的工具归纳为四种

类型:[1]

(1)远程登录。通过“文件传输协议”在计算机之间传送文件,使用户之间相互沟通。

(2)电子邮件。利用这种工具,互联网支持系统中部分用户甚至所有用户之间可以进行快速的、非正式的信息交换。

(3)网络新闻。用户把新闻稿直接提交给某一特定的新闻组(NEWSGROUP),供互联网用户浏览,这样的新闻组根据不同的主题而定,并且有成千上万个。

(4)互联网中继交谈。即“聊天”,采用这种工具的人会越来越多。如中国公众多媒体通信网为个人用户开列的服务内容有:网上交流、个人主页、网上新闻、新闻订阅、文艺娱乐、旅游之窗、生活空间、投资理财、网络购物等。它宣称,利用这些服务,人们可以实现“个人生活网络化”。

实际上,互联网所提供的最基本的工具就是所谓“在线沟通”,它是人类历史上一次划时代的沟通方式革命。在社会系统分析的范围内,沟通是主要的互动过程。通过这个过程,行动不仅仅对身份有决定性的影响,而且对其他人的行为特征也有决定性的影响。社会由相互沟通的社会成员整合而成,沟通方式的变化是推动人类生活进步的杠杆。从历史上看,语言作为信息交流的第一载体,始终是人类沟通的基本形式。文字的出现,虽冲淡了人们原有的时空概念,使跨时空沟通成为可能,但却存在异步沟通的“时滞”问题。因此,由印刷术所引发的“第一次信息技术革命”在推动人类社会由农业文明步入工业文明的过程中并没有动摇传统的以地域为基础的交流方式和消费形态。由互联网所引发的“生活工具革命”,基本上消除了跨时空沟通的“时滞”障碍,它将以提高人类消费形态的信息含量为杠杆,将社会生活推进到网络化的新阶段。

三、网络消费的兴起及其历史地位

人的生存形式实际上是在一定生活空间中呈现出的具体消费方式,而生活空间的扩展又是以生活工具的进步为基础的。因此,互联网这一巨型生活

[1] 巴雷特:《赛伯族状态》,李新玲译,河北大学出版社1998年版。

工具的出现必然导致网络消费的兴起。

对于网络消费的研究，信息经济学是在“信息消费”的概念框架内进行的。从较早期的文献看，信息消费并未成为信息经济学的重要概念，而仅是在信息商品和信息市场研究中兼有论述。如在信息商品理论中，认为“信息的消费与信息成本无关，也与信息使用数量和范畴相互独立，这是信息作为商品区别于其他物质商品的显著经济特征之一”。[1]

实际上，实物消费、劳务消费、信息消费这三种消费形式从一开始就并存。只是在最初的经济生活中，实物消费占据主要地位，另两种处于依附地位。工业革命后第三产业兴起，劳务消费也随之壮大并摆脱了对实物消费的依附地位。而从20世纪中叶开始的信息革命使信息产业从第三产业中独立出来，相应地，信息消费也从劳务消费中分离出来而成为独立的一类消费形式。随着多媒体网络技术的发展，信息消费又开始具有了数字化、无形化、网络化、虚拟化、全球化、自由化的新特点。[2]此时，“消费行为在很大程度上得到了改进，消费者通过计算机终端设备所发生的交互式消费行为将占据主导地位”。[3]由于信息爆炸，“没有控制和组织的信息不再是一种资源，它反倒成为消费者的敌人”，[4]因此有人说，“可以选择的信息越多，便越难作出选择。”[5]可见，信息消费要求消费者具有一定的信息消费（能）力，“即必须具备与信息消费相适应的知识、经验、理解力和可能占有的条件。信息消费力决定信息消费的对象水平”。[6]

将信息消费或网络消费视为一种必然趋势，是学术界居主流的理论观点。法国学者让雅克·塞尔旺施赖贝尔认为，“工业社会的信息化就如同农业社会的工业化一样：不仅根本改变生产方式和消费方式，而且根本改变生活方式”。[7]爱尔兰专家利亚姆·班农对信息社会的消费生活进行了细致的分析，

〔1〕 谢康：《微观信息经济学》，中山大学出版社1995年版，第197页。

〔2〕 陈南：《关于信息消费的思考》，载《未来与发展》1999年第1期。

〔3〕 A.L.Norman. Information Society: An Economic Theory of Discovery. *Information and Innovation*. Klrwer Academic Publishers, 1993: 186.

〔4〕 J.Naisbitt. *Megatrends-Ten New Directions Transforming Our Lives*. William Norrow Co., 1982: 79.

〔5〕 W.D. Wells, D.Prensky. *Consumer Behavior*. John Wiley & Sons, Inc., 1965: 5.

〔6〕 贺修铭：《信息消费概念的确立及其理论基础》，载《图书情报工作》1996年第4期。

〔7〕 让-雅克·塞尔旺-施赖贝尔：《世界面临挑战》，朱邦造等译，人民出版社1982年版，第45页。

并预测购物活动等消费行为将受到信息技术越来越大的影响。[1]有学者认为，当今世界正在由“物质经济”向“知识经济”过渡，信息消费和网络消费的到来是不可避免的。实际上，这种趋势在发达国家已经初见端倪。

学术界较一致的看法是，网络消费不同于传统消费，而有其自身的“新经济”特征。亚当·斯密关于市场的观点是：每一个买者知道每一个卖者的价格，每一个卖者知道每一个买者想付多少钱。斯蒂格勒（G. J. Stigler）在其著名论文《信息经济学》[2]中，认为这种“完全信息假设”是不存在的；而后，阿罗（K. J. Arrow）以其一系列论文[3]，维克里（W. Vickery）和米尔利斯（J. Mirrless）以其“不对称信息下的激励理论”使信息经济学先后三次捧得诺贝尔经济学奖。网络经济的兴起，使许多人看到了解决信息“瓶颈”在技术上的可能性和可预期的美好前景，他们认为，网络“会导致一个没有摩擦、头脑较为清醒的资本主义新世界，市场信息极为丰富，交易费用很低。这将是消费者的天堂”。[4]

由于有了“更加完美的市场”，专家们认为网络经济将表现出“有区别地生产”和“有个性地消费”的新经济特征。在这里，技术可被用于实现更高程度的个人化，更大程度地满足个人需要——这就是个人市场原理的全部内容。此时，“个人化、个体化和个人市场这些观念逐渐深入人心，而提高效率、降低成本和节约资金这些观念正在悄然逝去”。[5]对此，姜奇平称为“直接经济”。他认为：“工业社会生产方式的本质性特征，是迂回生产，通过拉长生产和消费之间的中间链条，来取得价值回报；而信息社会生产方式的本质性特征，是缩短生产和消费之间的中间环节，通过快速贴近目标，来获取价值。数字化网络对时空的这种‘合力’所产生的生产力，正好为削减不必要的中间环节，提供了现实可靠的基础。”[6]

专家们认为，网络消费相对于传统消费而言将对消费者更加有利。哈格

---

〔1〕 利亚姆·班农：《信息社会》，张新华译，上海译文出版社1991年版，第59～60页。

〔2〕 Stigler G. Economics of Information . Journal of Political Economy, 1961. 213-225.

〔3〕 K.J.Arrow. The Economics of Information. Basil Blackwell Limited . Washington, D.C., 1984.

〔4〕 比尔·盖茨：《 未来之路》，辜正坤译，北京大学出版社1996年版，第241页。

〔5〕 T. G. Lewis. The Friction-Free Economy: Marketing Strategies for A Wired World. Arts & Licensing International, Inc., 1997.

〔6〕 姜奇平：《数字财富》，海洋出版社1999年版，第54页。

尔三世和阿姆斯特朗对微观经济学中典型的供求曲线进行分析后认为，网络消费中市场价格将更靠近供应曲线，即经济活动中的剩余价值将更多地转移到消费者手中。〔1〕不仅如此，由于高技术因素所导致的“学习效应”的普遍存在，网络消费还可能步入一个“报酬递增的新商业世界”。〔2〕

我国的网络消费起步较晚，但具有强劲、快速的发展特点，这反映了“后发”国家在“示范效应”作用下不断膨胀的信息化需求。中、日、韩三国学者所做的一项研究表明，信息化进程已经开始改变中国城市居民的消费生活，使其正向“信息人”转化，对商品性能的消费也逐渐转变为对符号的消费（Symbol Consumption）。〔3〕有研究表明，中国城市居民信息化消费方式的兴起与发展，1998年是起动之年，2000年可初见规模，而2005年得到较大的发展。〔4〕

著名电子学专家罗沛霖院士指出，产业革命时期技术革命直接作用于人的物质、经济生活，从而间接作用于精神、文化生活，而信息技术革命则直接作用于人的精神、文化生活，并以更鲜明的姿态间接作用于物质、经济生活。可以预期，网络消费在未来社会将如同今天的衣、食、住、行一样成为民众的一种基本需要。为此，要特别关注互联网发展中网络消费的兴起与演进过程，以构建网络消费的理论模型，进而揭示其发展变化的微观机理和宏观规律。

第四节 关于网络消费的理论解说*

一般认为，网络消费步入了一个效用递增的世界，它对传统经济理论的突破需要建构一种新的理论模型。基于目前有限的实践经验和学术积累，可以对网络消费进行如下理论解说。

---

〔1〕 Hagel Ⅲ, A.G Armstrong. Net Gain: Expanding Markets Trough Virtual Communities. Published by arrangement with Harvard Business School Press, 1997.

〔2〕 Dale Neef. The Knowledge Economy. Butterworth-Heinemann, 1998.

〔3〕 何培忠：《中日韩生活观调查结果报告书》，亚洲论坛2005年东亚信息产业与经济发展研讨会，1997年。

〔4〕 李智勇：《信息化对我国城市居民消费行为的影响及对策研究》，哈尔滨工业大学1998年硕士学位论文。

* 原载《淮阴师范学院学报》2002年第5期。

一、网络消费的“生产”特性

消费，一般指人们以消耗物质资料和劳务来满足生活需要的过程。网络消费，则是人们借助于网络而实现的其生活需要的满足过程。与传统的物质消费、劳务消费相比，网络消费是一种“间接”消费，它不是消耗掉“网络”和“信息”本身，而是享用由网络、信息及其他投入要素所创造的成果和功用。因此，网络消费是经由“生产”而实现的。网络消费的这种“生产”特性可以从多个角度去理解：

从需要的性质看，网络消费一般与人的高级需要相对应，而这些高级需要是经由“生产”才得以满足的。根据马斯洛的理论，人的基本需要可分为由低级至高级的五个层次，即生理需要、安全需要、社交需要、受尊重的需要和自我实现的需要。显然，网络消费所满足的主要是人们社交、受尊重以及自我实现等高级欲望，并且，这种满足不是由网络自动地产生，而只能以人们的信息能力为基础去“生产”出来。

从消费资料看，网络提供给消费者的多为“工具”，而网络消费就是使用这些工具的“生产”行为。人类消费的形式是用生活工具所决定的，工具的革命必然带来消费的转型。在网络消费中，人们不是用简单的生活工具去进食和缝衣，而是在用复杂的生活工具去交友和创造。此时，消费行为同时也是“生产”行为，从而使网络消费具有了“生产”特性。

从消费过程看，网络消费不是“消耗”掉消费品，而是“生产”出欲消费的内容。在传统消费过程中，消费行为的结束意味着物质消耗的结束，即消费品的消失；而在网络消费过程中，消费行为的结束不是少了什么而是多了什么，多出来的东西恰是消费者创造的消费内容。具体说来，这些被“生产”出的消费内容可能是：①社会资本，即通过网际交往所形成的社会关系网，它具有潜在的应用价值；②人力资本，即通过网上信息所完成的自我增殖，它可以在实体经济中转化为工资等报酬；③生活工具，即将网络功能转化为生活功能，它可以方便生活；④直接消费，即实现网络的休闲、娱乐、阅读等功能，直接进入消费过程。实际上，网络提供给人们的只是消费的机会和可能，人们真正消费了什么以及满足其欲望的程度是由消费者的“生产”活动所决定的。

二、网络消费的投入要素分析

网络消费的“生产”特性，决定了它必须在一定“投入”的基础上进行。实践表明，网络消费的投入要素主要有两个：一是网络资源；二是时间资源。其中，网络资源是消费者以货币购得的，而时间资源则是消费者固有的。

网络资源就是互联网所提供的功能和信息资源，它为IT业所有，由消费者付费使用。消费者购买并使用网络资源首先在于其有用，无论是网络的功能性价值还是其信息性价值，都具有现实的使用价值；其次，消费者还特别重视网络资源的可开发性，它所蕴藏的潜在价值使其成为一种具有特殊意义的资源。学术界普遍认为，人类对不同的资源基础的选择和依赖既是社会文明变迁的一种内在依据，又是社会文明发展不同阶段的重要标志。[1]人类消费在经历了对土地的依赖、对工业品的依赖之后，正在转向对信息及网络资源的依赖。从这个意义上说，消费者对网络资源的使用和依赖是一种新消费方式甚至新消费文明的兴起和发展。

时间资源是消费者拥有的可用于网络消费的时间量。一个人每天有24小时可以利用，但一般不能将其全部用于网络消费，因为他还要去工作、休息、做家务等。因此，网络消费的时间量，不仅具有绝对的限制（24小时/天），而且是消费者根据需要和可能进行抉择的结果。工业社会以前，经济学家往往不考虑消费过程中的时间投入。但在网络经济中，时间的资源性质极为突出，因为它的潜在价值不断提高，而且是稀缺的。美国硅谷流行的谚语“速度是神，时间是鬼”就是这一时间观的反映。随着消费者工资收入的提高及网络产品价格的下降，时间将会成为影响网络消费的主要因素。

在网络消费过程中，网络资源和时间资源是同时投入，同步增减的。但是，由于网络产品的可选择性、IT业的竞争，以及不同消费者工资率的不同，二者之间是具有一定程度的可替代性的。此时，网络消费的内在结构和绝对水平与网络资源、时间资源的相对价值有关。

〔1〕　胡继武:《信息科学与信息产业》，中山大学出版社1995年版，第205页。

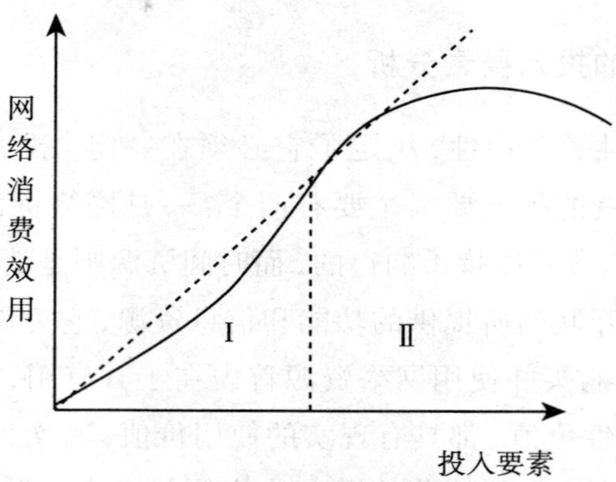

图1　网络消费效用的动态变化

三、网络消费效用的动态描述

“效用递增”是网络消费的基本特点之一，也是令经济学极为困惑的一种现象。因为，无限的“效用递增”不仅会彻底冲破传统经济学理论，而且会引致无法预期的正反馈后果。实际上，网络消费效用的递增是有限的，在某一个临界点之后，它仍然要遵从“效用递减”的消费规律。因此，网络消费效用的动态过程可以划分为“递增”和“递减”两个阶段（图1-Ⅰ，Ⅱ）。

在网络消费的第Ⅰ阶段，消费效用是随投入要素的增加而递增的。此时，消费者的学习效应、消费品的技术因素、消费过程中的信息增殖等形成了推动“效用递增”的合力，从而使网络消费表现出明显不同于传统消费的特征。

但是，随着投入要素的继续增加，推动“效用递增”的力量将会逐渐减弱，如学习效应的饱和、高技术产品的大众化等。此时，网络消费应进入第Ⅱ阶段，消费效用的变化将重回递减的轨道。

综合来看，网络消费效应的动态变化过程在形式上类似于传统经济学中投入与产量的对应关系，图1与传统经济学中的“生产曲线”也多有相似。因此可以说，网络消费的内容以生产行为的形式呈现出来，这种内容与形式的分离恰好反映了网络消费与生产合一的又一基本特征。

四、网络消费的约束条件

网络消费必须投入网络资源和时间资源，因此，其约束条件是消费者占有这两种资源的数量。在要素平面上（见图2），这种制约关系可以得到直观的说明。

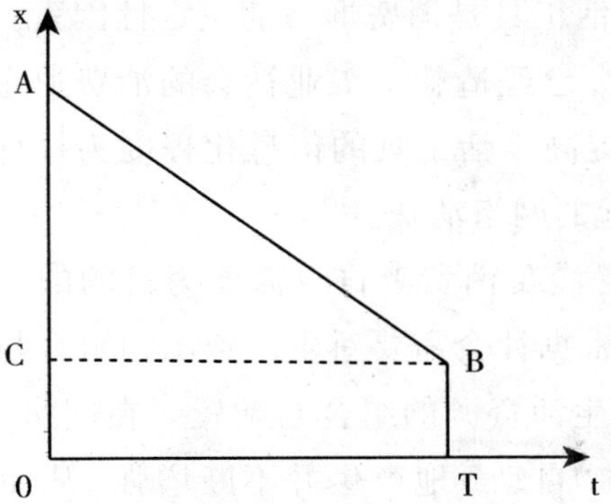

图2　网络消费的约束条件

图2中，表示消费者拥有的时间资源的绝对阈限，即24小时/日；A表示消费者可购得的网络资源的绝对阈限，其中C为非工资收入可购得的网络资源量。此时，网络消费只能在多边形ABTO所围成的界域内进行选择，其中三角形ABC是工资收入与时间构成的约束，而四边形BCOT是非工资收入与时间构成的约束。

第五节　网络消费的数学模型与应用分析*

传统经济学对消费问题进行了深入的理论探讨，代表性理论主要有：简单消费行为理论、消费函数理论、效用理论、新消费者行为理论等。这些理论对于解释工业社会以前的人类消费活动是准确而有效的，但随着信息时代的到来，尤其是在网络经济领域，却受到了来自网络消费实践的极大挑战。为此，本文在理论分析的基础上提出网络消费的数学模型并对其进行应用分析。

一、网络消费的概念

网络消费，是指人们以互联网络为生活工具而实现的其自身需要的满足过程。这个概念存在三方面的含义。首先，网络消费是借助于网络这个生活

* 原载《管理工程学报》2003年第3期，合作者李一军。

工具而实现的。一般认为，生产工具是生产力性质的决定性因素。本文认为，由生产工具决定的生活工具是消费形态的决定性因素。18世纪的蒸汽机技术和19世纪的电气技术，已经造就了工业社会的消费形态。以网络技术为核心的信息技术，必将以提高生活工具的信息化程度为杠杆而造就一种新的消费形态，这就是正在兴起的网络消费。[1]

其次，网络消费是满足消费者自身需要为目的的。在社会再生产诸多环节中，"生产"是人们根据社会需要对生产资源的组合与配置，而"生活"则是人们根据自身需要对生活资源的组合与配置。在网络经济的大背景下，人们对网络消费的需要将"自动"地产生并不断增强，从而为网络消费提供一种"内驱力"，同时也为网络消费提供目标上的导向。

最后，网络消费是一个动态过程。网络虽可以提供一些即时性消费内容，但主要还是提供一系列的"功能"，因此网络消费一般要经历一个较长时间的过程。实际上，自工业革命以来，消费过程的概念已经为人们所熟悉，汽车、家电、电话都是以提供"功能"而引发消费过程的实例。这类消费不是在短时间内消耗掉消费品，而是在较长期间内使用消费品，从而使消费成为一个历时性的动态过程。网络消费的历时性过程，对消费者的消费能力提出了新要求，也使消费效用出现了一些新特点。

二、网络消费的数学模型

网络消费最基本的特点是：效用递增，消费与生产合一。即是说，消费者首先要投入网络资源和时间资源，并以此为基础"生产"出能够满足其欲望的消费品，才能取得预期的消费效应。因此，网络消费实际上是一个"生产——消费"复合过程。

设网络消费的效用函数为

$$NU=U(NY) \tag{1}$$

其中，NU为网络消费效用，NY为网络消费过程中的"生产函数"。

令

$$NY=Y(x,t) \tag{2}$$

式中，x为消费者购得并投入消费过程的网络资源，t为消费者投入的时间资源。

---

[1] 何明升：《互联网与消费形态的跃迁》，载《哈尔滨工业大学学报》（社会科学版）2000年第2期。

显然，效用函数（1）除受到生产函数（2）的约束外，还受到消费者收入状况的约束：

$$I=P_x \cdot x \tag{3}$$

以及时间拥有量的约束：

$$T=t_w+t \tag{4}$$

（3）式中，I为总收入，P_x为网络资源x的价格；

（4）式中，T为总时间拥有量，即24小时/日，t_w为工作时间量，t为网络消费时间量。

收入约束和时间约束可以合并为单一的网络消费约束函数：

$$M=P_t \cdot t_w+V=P_t \cdot t+P_x \cdot x \tag{5}$$

（5）式中，M为消费者所拥有的收入与时间总量的货币当量，P_t为时间资源的价格即工资率，V为非工资收入。需要说明的是，人们除了网络消费外，还要消费其他物品和服务，因此，（5）式中的M实际上只是网络消费理论上可能的极限水平。

在网络消费中，最优消费选择就是如下问题的解：

$$\max U(NY) \tag{6}$$

$$s \cdot t \cdot \begin{cases} NY = Y(x,t) \\ M = p_t \cdot t + p_x \cdot x \end{cases}$$

根据Lagrange定理，存在常数，并可构作Lagrange函数：

$$L = U(NY) - \lambda(p_t \cdot t + p_x \cdot x - M) \tag{7}$$

令Lagrange函数的一阶偏导数为零，即

$$\begin{cases} \dfrac{\partial L}{\partial Y} = \dfrac{\partial U}{\partial Y} - \lambda\left(p_t \cdot \dfrac{\partial t}{\partial Y} + p_x \cdot \dfrac{\partial x}{\partial Y}\right) = 0 \\ \dfrac{\partial L}{\partial x} = \dfrac{\partial U}{\partial Y} \cdot \dfrac{\partial Y}{\partial x} - \lambda p_x = 0 \\ \dfrac{\partial L}{\partial t} = \dfrac{\partial U}{\partial Y} \cdot \dfrac{\partial Y}{\partial t} - \lambda p_t = 0 \\ \dfrac{\partial L}{\partial \lambda} = M - p_t \cdot t - p_x \cdot x = 0 \end{cases} \tag{8}$$

由(8)式推出

$$\frac{\partial U}{\partial Y}=\lambda(p_t\cdot\frac{\partial t}{\partial Y}+p_x\cdot\frac{\partial x}{\partial Y}) \tag{9}$$

$$\frac{\partial U}{\partial x}\cdot\frac{1}{p_x}=\frac{\partial U}{\partial t}\cdot\frac{1}{p_t}=\lambda \tag{10}$$

$$\frac{\frac{\partial U}{\partial x}}{\frac{\partial U}{\partial t}}=\frac{p_x}{p_t} \tag{11}$$

三、应用分析

(一)网络消费效用曲面及其经济意义

在网络消费中，效用NU是随投入要素x、t变化的。在NU-x-t三维空间中，它可以表示为一个连续曲面，称为网络消费效用曲面，如图1所示。

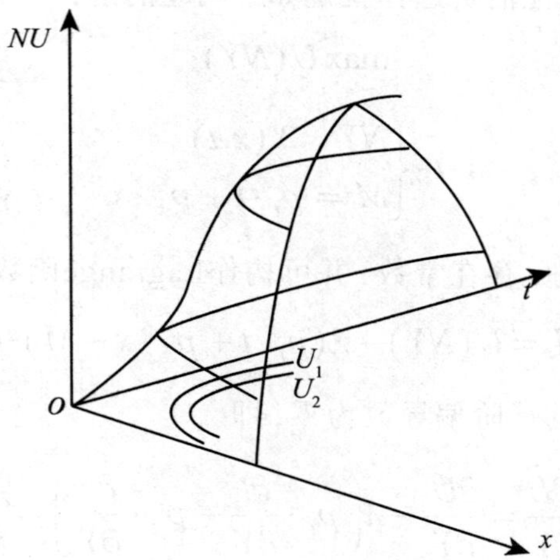

图1　网络消费效用曲面

此时，网络消费的总效用就是该曲面所围成的体积，它是由下式确定的：

$$NU=\int_0^x\int_0^t[Y(x,t)]dxdt \tag{12}$$

因此，网络消费曲面的经济意义是网络消费的总效用。

（二）网络消费的边际成本

由于网络消费效用是经由“生产函数”产生的，因此网络消费不仅需要投入要素，而且存在成本问题。在现实的网络消费中，消费者的决策一般要同时考虑支出和时间两方面的代价。

首先，网络消费决策要考虑受收入约束的网络资源支出。网络消费效用可以随网络资源的投入量递增而增加，但却不能无所限制。对于消费者而言，其收入是一定的，可以用于网络消费的预算也是有限度的。这一点，在欠发达国家尤为重要。事实上，资费政策及可支付能力确是制约中国网络消费水平的“瓶颈”之一。

其次，网络消费决策还要考虑受工资率制约的时间资源代价。在一定的资费水平下，消费者即使承受得了货币支出之“轻”，也可能承受不了时间支出之“重”，因为在当代快节奏生活方式中，时间的相对价格日益提高。在一些发达国家，制约网络消费的关键因素之一就在于时间资源的稀缺和昂贵。

分析（9）式，$\frac{\partial U}{\partial Y}$ 是“生产”的边际效用，$\frac{\partial t}{\partial Y}$ 是用于时间资源的边际成本，$\frac{\partial x}{\partial Y}$ 是用于网络资源的边际成本。因此，网络消费的边际成本是两种投入要素（网络资源和时间资源）的边际成本之和，而 $\left(P_t \cdot \frac{\partial t}{\partial Y} + P_x \cdot \frac{\partial x}{\partial Y}\right)$ 正是其价格的货币当量。

（三）网络消费效用最大化的条件

在网络消费中，效用最大化的条件实际上就是Lagrange函数的解，即（10）（11）两式。

根据（10）式，消费者欲求得效用最大化，应该使两种投入要素的边际效用 $\left(\frac{\partial U}{\partial x}, \frac{\partial U}{\partial t}\right)$ 与其价格之比等于一个定值 λ。实际上，某种投入要素与其价格之比表示单位货币（或其时间当量）。因此，网络消费效用最大化的条件是网络资源和时间资源的单位货币（或其时间当量）的效用量相等。由此也可以认定，λ 的经济意义是货币（或其时间当量）的边际效用。

根据（11）式，网络消费效用最大化的条件还可以表示为：网络资源的边际效用与时间资源的边际效用之比等于二者的价格之比。也就是说，消费者在安排网络消费时，首先要依据当时的工资率P_t来判断时间的货币当量，其次要确定两类资源谁更昂贵，并最终将二者的边际效用之比调至与其价格之比相等。

（四）网络资源与时间资源的替代

一般地讲，可以将时间资源（t）对网络资源（x）的替代率定义为：

$$\varepsilon_{tx} = \left|\frac{dx}{dt}\right|_{u} \tag{13}$$

分析网络消费效用曲面图中x-t平面的等效应曲线U_1、U_2，根据等效应曲线的性质，在任何一条曲线上，U恒取U_0，而$dU=0$，即

$$dU = \frac{\partial U}{\partial x}dx + \frac{\partial U}{\partial t}dt = 0 \tag{14}$$

故有

$$\varepsilon_{tx} = \left|\frac{dx}{\partial t}\right|_{u_0} = \left|\frac{\partial U/\partial t}{\partial U/\partial x}\right| = \frac{P_t}{P_x} \tag{15}$$

同理有

$$\varepsilon_{xt} = \left|\frac{dt}{dx}\right|_{u_0} = \left|\frac{\partial U/\partial x}{\partial U/\partial t}\right| = \frac{P_x}{P_t} \tag{16}$$

（15）式、（16）式说明，网络资源与时间资源之间的替代率，与二者的价格成反比。现实中，一种资源的减少一般要以另一种资源的增加为条件，才能保持网络消费的效用不变。也就是说，时间价值的提高会使人们倾向于从事货币密集型的网络消费，而闲暇时间的富集则会导致时间密集型网络消费的增加。

（五）网络消费效用的动态变化

若将网络消费效用曲面分解为两个效用平面$UN-X$和$UN-t$，利用微观经济学原理，可以看出："效用递增"是网络消费的基本特点之一，但它不会引致无法预期的正反馈后果。实际上，网络消费效用的递增是有限的，在某一个临界点之后，它仍然要遵从"效用递减"的消费规律。因此，网络消费效用的动态过程可以划分为"递增"和"递减"两个阶段。

在网络消费的第Ⅰ阶段，消费效用是随投入要素(X, t)的增加而递增的。此时，消费者的学习效应、消费品的技术因素、消费过程中的信息增殖等形成了推动“效用递增”的合力，从而使网络消费表现出明显不同于传统消费的特征。[1]

但是，随着投入要素的继续增加，推动“效用递增”的力量将会逐渐减弱，如学习效应的饱和、高技术产品的大众化等。此时，网络消费应进入第Ⅱ阶段，消费效用的变化将重回递减的轨道。

综合来看，网络消费效应的动态变化过程在形式上类似于传统经济学中投入与产量的对应关系，与传统经济学中的“生产曲线”也多有相似。因此可以说，网络消费的内容以生产行为的形式呈现出来，这种内容与形式的分离恰好反映了网络消费与生产合一的又一基本特征。

四、结论

本文的理论分析及数学模型显示，网络消费是一个“生产—消费”复合过程，也是一个效用递增与效用递减相继起的复杂过程。由于引入时间资源的概念，该理论模型突破了传统经济学关于资源要素的界域；由于效用递增阶段的存在，该理论模型突破了传统消费理论关于效用递减的定论；由于消费与生产的合一，该理论模型在总体上打破了传统消费理论与生产理论的分野。另一方面，本文的分析也印证了传统经济学的诸多科学成分，理论模型的一些分析结果如网络消费效用最大化的条件、投入要素之间的替代规律等，与经典经济学的结论是一致的。

第六节 网络消费的测度及其管理意义*

一、相关研究成果

自马克卢普（Machlup, F.）和波拉特（Pirat, M. U.）开创性地提出知识经

〔1〕 何明升、李一军：《网络消费的基本特点及其对传统经济理论的突破》，载《学术交流》2001年第2期。

* 原载《情报学报》2002年第6期。

济、信息经济测度理论以来，各国学者在该领域进行了不懈的努力。其中，与网络消费测度问题相关的研究成果，主要有以下三项。

(一)信息化指数模型

该模型用来测度一国（地区）的社会信息化水平，由日本电讯与经济研究所（RITE）提出，也称RITE模型。信息化的指数共由11个要素组成，并被分成四组，即信息量、信息装备率、通信主体水平、信息系数（见图1），以日本1965年的信息化指数为基数100。

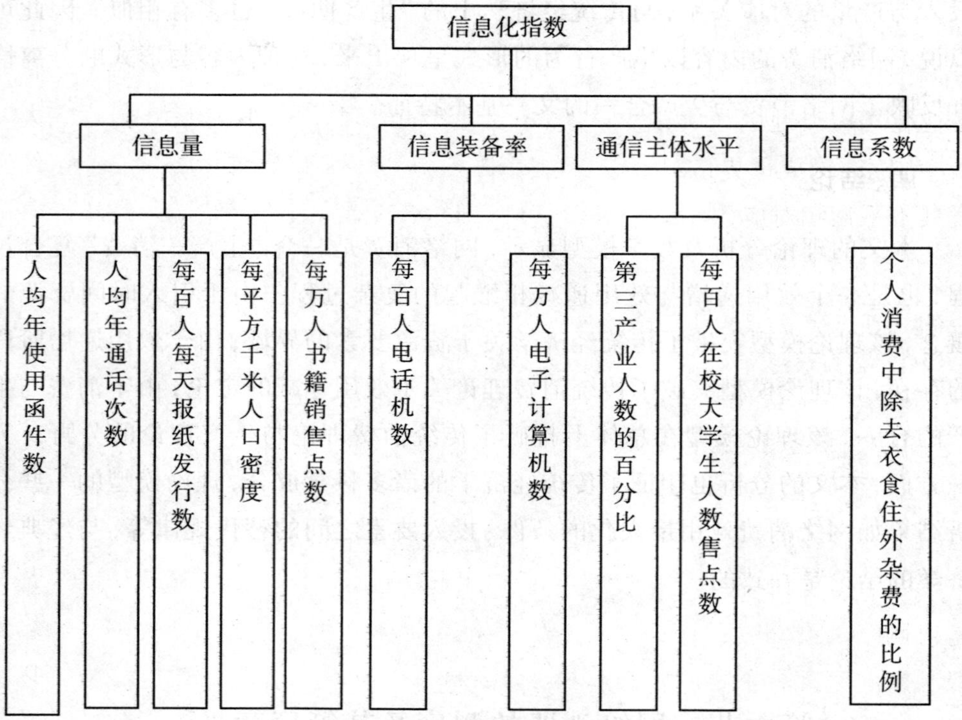

图1 RITE信息化指数模型

目前，RITE模型是测度社会信息化水平较为流行的方法。据日本学者的测算，1965年美国是信息化程度最高的社会，其次是英国、日本、联邦德国、法国。我国学者测算的结果是，1985年中国信息化发展水平相当于日本1951年的水平，大约落后30年。[1]

〔1〕 贾怀京、许飞同：《信息化指数模型及1985~1994年我国信息化水平的测定》，载《情报学报》1997年第6期。

（二）信息资源丰裕系数模型

由谢康、肖静华提出，其表达式是

$$R = R_1 + R_2 \quad (1)$$

式中，R—信息资源丰裕系数；

R_1—基本信息资源生产能力；

R_2—基本信息资源的发展潜力。

根据该模型的测算，美国和加拿大是目前世界上信息资源的“超级大国”（$R>3.0$）；日本、英国、澳大利亚、法国、德国和意大利等发达国家为二级信息资源强国（$2.9>R>2.3$）；俄罗斯及中国香港、新加坡、中国台湾和韩国等新兴工业化国家或地区组成第三集团（$2.1>R>1.7$）；包括中国、印度在内的广大发展中国家，构成世界信息资源中的四级丰裕程度国家（$R<1.3$）。而且，与经济发展不平衡相对应，世界信息资源分布和发展也严重不平衡[1]。

（三）信息系数

日本学者在信息化概念基础上，提出了信息系数的概念，其表达式为

$$信息系数 = \frac{与信息有关的消费}{全部家庭开支} \quad (2)$$

可见，该系数与广为人知的恩格尔系数有相似之处。根据日本学者佐贯（1970）的研究，1958年日本的信息系数已经超过恩格尔系数。多项研究表明，随着个人收入的提高，信息系数逐渐增加，而恩格尔系数将逐渐降低。

以上三项研究或出现于网络消费兴起之前，或因分析角度的原因，都不是对网络消费测度问题的直接研究。但是，这三项研究成果仍对研究网络消费测度问题具有重要的借鉴意义。它们不仅从模型或系数的构建上给人以启发，而且对于信息消费的趋势与格局具有认识价值。

二、网络消费及其主测量

对于网络消费的测定，首先要找到其在量和质上的标志性特征，也就是要解决主测量的问题。由于网络消费就是人们对有关资源的配置方式，因此测度网络消费就是描述和判断消费者在网络消费过程中对其所拥有的资源的利

〔1〕 谢康、肖静华：《信息资源测度：国际比较和中国的战略选择》，载《情报学报》1997年第3期。

用情况。

一般而言，网络消费在本质上是消费者在既定的生活空间内对自身资源的配置方式；在过程上是消费者与其生存空间在物质、能量、信息等方面的交换过程；在结果上则表现为消费者对其自身资源的利用和所得。从理论上说，这三个方面都可以作为网络消费测定的切入点；就操作而言，选择消费者对其资源的配置情况作为测度是更为可行的。

那么，消费者在与外界进行在线交换，并实现其消费过程时，运用了何种生活资源呢？最重要的是用货币购得的网络资源和其固有的时间资源。其中，前者表现为网络消费的货币支出，而后者则是这一消费过程所占有的时间支出。因此，测度网络消费的主测量有两个：其一是货币支出，用以描述和判断消费者运用其物质财富获取信息、实现在线行为等消费活动的状况；其二是时间支出，用以描述和判断消费者对时间这一稀缺资源的配置方式。

值得注意的是，传统的消费活动几乎都是以货币支出作为测度点的。贝克尔等人虽将时间因素引入对闲暇生活的研究，但并不为主流经济学所采纳。对于网络消费测度而言，引入时间变量应该是一种必然的逻辑结果，这也是网络消费的重要特质之一。

三、测度网络消费的具体方法

借鉴前述相关研究成果，本文提出测度网络消费的四种具体方法：

（一）支出法

这是最常用的一种测定消费活动的方法。对于网络消费而言，可根据需要选用以下三个指标：

其一，网络消费的货币支出；

其二，网络消费的时间支出；

其三，网络消费的总支出，即前两项之和的货币当量。

（二）系数法

在消费研究中，系数法是应用较多且行之有效的一种测度方法，如恩格尔系数、基尼系数都是广为人知的重要指标。系数法的实质是一个比率，用以说明被测量在总量中所占的比例。

根据前面的分析，网络消费是与“生产”合一的。即是说，消费者首先要投入网络资源和时间资源，并以此为基础“生产”出能够满足其欲望的消费品，才能取得预期的消费效应。因此，网络消费实际上是一个“生产—消费”复合过程。

显然，网络消费同时受到消费者收入状况的约束：

$$I = P_x \cdot x \tag{3}$$

以及时间拥有量的约束：

$$T = t_w + t \tag{4}$$

收入约束和时间约束可以合并为单一的网络消费约束函数：

$$M = p_t \cdot t_w + V = p_t \cdot t + p_x \cdot x \tag{5}$$

式中，M—消费者所拥有的收入与时间总量的货币当量；

P_t—时间资源的价格即工资率；

t_w—工作时间量；

V—非工资收入；

t—消费者投入网络消费中的时间资源；

P_x—网络资源的价格；

x—消费者购得并投入消费过程的网络资源。

据此，可以提出网络消费系数，其表达式为：

$$N_{et} = \frac{P_x \cdot x + P_t \cdot t}{C} \tag{6}$$

式中，N_{et}—网络消费系数；

C—总支出；

P_x—网络资源的价格；

x—消费者购得并投入消费过程的网络资源；

P_t—时间资源价格，即工资率；

t—消费者投入网络消费中的时间资源。

（6）式的含义是，网络消费系数是网络消费支出与总支出之比，其中，网络消费支出是货币支出与时间支出的货币当量之和。可见，网络消费系数是一个含义清晰、可操作性强的测度指标。

（三）结构法

在消费研究中，历来重视对消费结构的分析。若依此来测度网络消费，则可提出所谓“结构法”。与传统用法相似，结构法是将网络消费的具体项目进行列表表示，以分析网络消费内容之间的有机联系及结构特点，如表1给出的是网络消费结构的货币测度方法。

表1　网络消费结构的货币测度方法

消费项目	货币支出	所占比例
项目x_1	$P_1 \cdot x_1$	$P_1 \cdot x_1 / \Sigma P \cdot x$
项目x_2	$P_2 \cdot x_2$	$P_2 \cdot x_2 / \Sigma P \cdot x$
…	…	…
合计	$\Sigma P \cdot x$	100%

实际上，网络消费既可以用货币支出表示（见表1），也可以用时间支出表示（见表2），还可以用二者的货币当量来计量表示（见表3），这要依研究目的来选择。

表2　网络消费结构的时间测度方法

消费项目	时间支出	所占比例
项目x_1	t x_1	t x_1/t
项目x_2	t x_1	t x_2/t
…	…	…
合计	t	100%

表3　网络消费结构的当量测度方法

消费项目	当量支出	所占比例
项目x_1	$P_1 \cdot x_1 + p_t.\mathrm{t}\, x_1$	$P_1 \cdot x_1 + p_t.\mathrm{t}\, x_1 / \Sigma P \cdot x + p_t.\mathrm{t}$
项目x_2	$P_2 \cdot x_2 + p_t.\mathrm{t}\, x_2$	$P_2 \cdot x_2 + p_2.\mathrm{t}\, x_2 / \Sigma P \cdot x + p_t.\mathrm{t}$
…	…	…
合计	$\Sigma P \cdot x + p_t.\mathrm{t}$	100%

（四）指数法

自20世纪60年代中期起，西方学者开始探讨用一个（或一组）综合指数来判断人们的消费质量. 这就是所谓指数法。这种方法的思路一般是寻找一组用来衡量消费条件的指标，以图在宏观上判断人们所享有的消费资源和环境状况。

日本学者提出的信息化指数，是近年来在信息经济领域中的有益尝试。建构网络消费指数模型并对世界各地区的网络消费指数进行测算，是网络经济中一个有待探索的复杂问题。

四、网络消费测度的管理意义

对一种经济活动的测度与对该活动的管理是密切相关的，一般而言，测度仅是手段，而管理则是目的。对网络消费的测度也是直接为网络消费管理服务的，具体地说，它在网络消费中具有基础性的地位。

(一)网络消费测度是准确把握其运行状态的手段

网络消费是一种复杂的经济现象，建构其管理机制的前提是准确地把握其运行状态。也就是说，对网络消费进行管理，必须要对其主要的特性有一个深刻而确切的认识，并给以数量上的刻画。

但是，网络消费的运行状态并不能全面地进行直接观测。为此，需要对一些可观测的特征进行测度，以间接判断网络消费的动态变化。网络消费测度，实际上就是要选择这些可观测的特征，并对其进行精确的度量。显然，这是一种通过主测量来准确把握网络消费全貌的认识过程，在此过程中，测度是作为一种认识手段来使用的。

(二)网络消费测度是制订其管理目标的参照

确定目标是管理的计划职能的关键内容，也是网络消费管理中的重要环节，因为它体现了管理的目的性。在网络消费实践中，任何管理都是目的在先的，如果没有经过选择和论证的目标，不去实现由这些目标而产生的管理行为，管理本身也就失去了意义。

网络消费管理目标的确立应该是有所根据的，一方面要在总体上与宏观经济目标相协调，另一方面要符合网络消费的客观实际。亚里士多德有一句名言："幸福时时刻刻都要依赖两个条件：第一，正确地确立任何活动的终极目标；第二，寻找达到终极目标的相应手段。"以幸福为终极目标的网络消费管理，是离不开网络消费测定这一参照点的。

(三)网络消费测度是实施其管理计划的依据

管理计划的实施是由此时的网络消费过度到彼时的网络消费的过程，是通过管理到达网络消费理想彼岸的桥梁，是理想与现实的阶梯。在此过程中，任何调控手段的有效性都取决于对网络消费现状的准确认识，因而都以网络消费测度为依据。

（四）网络消费测度是评估其管理水平的量具

一般而言，网络消费的发展水平应随管理过程而不断提高。因此，网络消费的发展状况也是衡量管理水平的一个标准。此时，对网络消费的测度则成为一个标准化的量具。

首先，网络消费的管理目标应加以量化，其目标水平应以网络消费测度为量具。美国管理学家彼得·德鲁克认为，真正的困难不是确定我们需要哪些目标，而是决定如何设立这些目标；唯一的方法是确定在每一个地方应衡量什么，以及如何衡量。可见，网络消费测度是管理目标得以量化的"唯一方法"。

其次，网络消费管理的每一步都应进行量化，这也要以网络消费测度为量具。有成效的管理应该满足一定的数量标准，所以，重要的不仅是要知道怎样去做，而且要知道每一步所遵循的量化标准。这说明，网络消费管理的每一步都要以网络消费测度为量具。

最后，网络消费管理的绩效应予以测度。这在管理实践中是不可缺少的，而量化标准也是至关重要的。在这里，它是衡量网络管理水平的一个准绳。

第七节 网络消费的制度化过程*

一、网络消费及其制度化

（一）网络消费的制度化

网络消费制度化是网络消费制度的形成过程，即网络消费从无规范到有规范；网络消费规则从非制度形态到制度形态的动态变迁。任何一种经济现象，其被纳入市场经济体系的前提是运作有序，即制度化。

新制度经济学认为，制度是一种行为规则，这些规则涉及社会、政治及经

* 原载《学术交流》2004年第10期。

济行为,[1]它们被用于支配特定的行为模式与相互关系。因此,网络消费制度,就是用来规范网络消费的行为模式、相互关系,并确立其政治、经济、社会地位的规则体系,它以法律制度的形式存在,因而具有法律制度的功能。

由于网络消费是一种新经济现象,因此网络消费制度在很大程度上是需要人们去创造的。当网络消费制度被创造出来并获得其法律地位时,网络消费的制度化过程即得以实现,从而使网络消费步入有序的轨道。

(二)网络消费制度化的意义

使网络消费呈现制度化的有序状态,既是一种客观的必然趋势,又是一种主观的目标选择。其原因在于,网络消费制度化具有特别重要的意义。

第一,制度化可以使网络消费有规可循。网络消费的兴起与发展,对既存的生活方式是一种冲击。面对新的生活空间,“破”是必要的,但“立”也是必需的,网络消费制度如诺思(D.C.North)所言,可以“提供人类在其中相互影响的框架,使协作和竞争的关系得以确定,从而构成一个社会,特别是构成一个经济秩序。”[2]

第二,制度化可以确立网络消费的社会地位。就趋势而言,网络消费应走出一个不断上升、逐渐占据社会生活重要地位的发展轨迹。在此进程中,制度化既是网络消费发育程度的表征,又是其社会地位得以确立的标志。

第三,制度化可以为网络消费提供合作基础。网络消费是需要合作进行的,而合作则需要相应的“游戏规则”。这一重要的合作基础,是由网络消费制度提供的。

第四,制度化可以降低网络消费的成本。网络消费具有“生产”特性,其成本在不同的有序水平下是不同的。网络消费的制度化,可以降低网络市场的不确定性、减少网际行为的无序性,抑制网络空间的不良行为,从而降低网络消费成本。

二、网络消费的制度需求

在经济学中,资本、信息、人力资源等生产要素相对于人们的需求而言,都

〔1〕 Schultx, T.W. Institutions and thw Rising Econmic Value of Man. Amer. J. Of Agr. Ecom. 50 Dec., 1968.

〔2〕 [美]诺思,D.C.:《经济史上的结构与变革》,商务印书馆1992年版,第195页。

是稀缺的。诺思等人的研究揭示出：与经济技术因素相关的自然禀赋和物质资源在一定条件下，也可以引致制度稀缺。在网络经济中，制度稀缺是一种普遍现象，其中，对网络消费制度的需求是一个越来越突出的问题。

(一)信息技术的发展对网络消费制度的需求

一般认为，技术变化决定制度结构及其变化。现代信息技术的飞速发展在相当范围内建立了一个报酬递增的世界，这对固有的"报酬递减"的经济秩序提出了挑战。就像工业技术产生了工厂制度一样，信息技术的发展不仅使更加复杂的组织形态变得有利可图，而且对更加先进的制度形式提出了需求。其中，用于规范人们网络行为的网络消费制度，正伴随着互联网技术的发展而显露其需求。

(二)信息成本的降低对网络消费制度的需求

诺思认为，信息成本是交易成本的关键。由于环境的复杂性和理性的有限性，制度变迁是在不确定条件下进行的，因此，信息成本的变化将产生对制度的需求。实际上，网络经济不仅降低了信息成本，而且降低了制度创新的操作成本。这使那些试图改进市场秩序、规范网络消费的制度创新成为可图之举。可见，信息成本的降低，一方面产生了对网络消费的制度需求，另一方面也使该需求的满足具有了现实的可能性。

(三)市场规模的扩大对网络消费制度的需求

工业化进程表明，市场规模越大，社会分工就越细，对制度的需求也就越强。在网络经济中，这个规律仍起作用，即随着网络消费市场的扩大，IT业的分工会越来越细，越来越专业化，人们对网络消费制度的需求程度也会不断提高。

(四)社会结构的变迁对网络消费制度的需求

在信息化进程中，社会结构变迁与制度变迁是同时进行的，而广义的社会结构也应包括由各种法律制度构成的制度化结构。布劳(P. M. Blau)认为，社会结构诸方面的制度化应满足三个条件：一是有组织的社会生活的模式必须形式化；二是使这些模式合法化的社会价值必须能够延续下去；三是社会中的统治群体必须对这些模式的生存和延续感兴趣。[1]很显然，网络消费的发展不

〔1〕［美］彼德·布劳：《社会生活中的交换与权力》，苏国勋等译，华夏出版社1988年版，第318页。

仅会推动社会结构诸要素的变迁，而且会满足其得以制度化的上述三个条件，从而使网络消费制度化成为一种现实的需求。

三、网络消费的制度创新

在网络经济中，无论是发达国家还是发展中国家都存在关于信息活动有序化的制度需求。因此，国家和社会，尤其是发展中国家和后发社会，应该主动负起制度供给的责任。[1]其中，网络消费的制度创新是一项具有迫切性的重要课题。

（一）网络消费制度创新的基本内容

新制度经济学认为，制度提供的一系列规则由社会认可的非正式约束、国家规定的正式约束及相应的实施机构构成。依此来分析，网络消费的制度创新包括以下诸方面的内容：

第一，是形成合理而良好的网络行为习惯。网络行为习惯是一些起标准化作用的惯例，是非正式约束中的重要内容。尼尔森和温特尔认为，一种行为若能成功地应付反复出现的某种环境，就可能被人类理性（工具理性）固定下来成为习惯。熊彼特认为，若没有习惯的帮助，无人能应付得了每日须干的工作，无人能生存，哪怕是一天。在网络消费兴起之初，这类合理而良好的网络行为习惯相当重要，它包含网络伦理以至网络立法的胚芽，因而是网络消费制度创新的实践基础。

第二，确立普遍认同的网络伦理。正如巴格所言，以前的技术被取代了，但基本的行为准则并不会因此而过时，一些基本的伦理法则依然可以运用于目前的计算机网络世界。为此，以人类基本的伦理准则为内核，确立一套被网络消费者所普遍认同的网络伦理，是网络消费制度创新的又一重要内容。

第三，制定完善的网络消费法规。有关网络消费的法规制度，是制度化发展成熟的产物和标志，因而是网络消费制度创新的核心内容。

（二）网络消费制度创新的条件

虽然“天上的公路的确也需要一定的空中交通管制”，[2]但有关信息高速公路的法规制度仍然欠缺。同样，网络消费的制度创新也不一定会因“需求”

---

〔1〕 何明升：《信息化进程中的生活观转型问题》，载《哲学动态》1999年第5期。

〔2〕 [美]尼葛洛庞帝：《数字化生存》，胡泳等译，海南出版社1996年版，第68页。

而必然发生，必须满足一定的条件。实际上，在网络经济中，最基本的“经济理性”仍然起作用，即人们仍然要以收益与成本的比较来判断行为的价值。因此，网络消费制度创新是否会发生要取决于创新制度能否带来纯收益。

戴维斯（Davis. L.）和诺思（North.D.C.）在《制度变迁与美国经济增长》一书中提出了个人、团体和政府三个层次上制度创新预期收入的计算公式。[1]以此为参考，可提出网络消费制度创新的收益—成本公式：

$$PV = -C_0 + (R_1 - Cr_1)(1+r) + [R_2 - (Cr_2 + C_s] / (1+r)^2 + \cdots + [R_n - C_{r_n} + C_s] / (1+r)^n \quad (5-11)$$

式中，PV—网络消费制度创新的预期纯收益现值；

R—创新者从网络消费制度创新中获取的预期报酬，下标1，2，…，n代表年份；

r—相应的贴现率；

C_0—网络消费制度创新所预期的组织成本；

C_s—网络消费制度创新所预期的强制成本，即强制推行费用；

C_r—网络消费制度创新所预期的经营成本。

在网络消费中，政府是最重要的制度创新主体，但不同的消费者在制度创新中都会有所作为。只要创新者预期的纯收益（PV）为正值，网络消费的制度创新即可发生。

（三）网络消费制度创新的首创效应

有研究表明：技术的演变具有自我增强的性质。由于某种原因首先发展起来的技术通常可以凭借先占的优势地位，利用规模巨大促成的单位成本降低，普遍流行导致的学习效应提高，许多行为者采取相同技术产生的协调效应，在市场上越是流行就促使人们相信它会进一步流行的预期等，实现自我增强的良性循环，从而在竞争中胜过自己的对手。相反，一种具有较之其他技术更优良品质的技术却可能由于晚入一步，没有能获得足够的追随者而陷入恶性循环，甚至“锁定”（Lock-in）在某种被动状态之下。[2]诺思将此种现象称为

---

〔1〕 Danvis, Lance and Dougalss C. North. Institutional Cange and American Economic Growth: A First Stop Toward a Theory of Institutional Innovation. Journal of Economic History, 1970, 30: 131-149.

〔2〕 Arthur, W.Brian Self-rinforcing Mechanisms in Economecs. Addison-Wesley Publish Company, 1988.

“路径依赖”（Path Dependence），并认为这是理解制度变迁的关键所在。

在网络消费的制度创新过程中，技术的自我增强性质、制度变迁的路径依赖特点是同时存在的，并综合体现为所谓“首创效应”。即是说，与流行信息技术相匹配的网络消费制度一经出现，就会步入自我强化的良性循环，并沿着既定的路径而得到优化；而那些晚一步出现的网络消费制度，则因不具备“首创效应”而受到抑制。从这个意义上说，消费者、社会团体和国家政府应十分注意网络消费制度的初创工作，并合力构筑一个良性运转的网络生活空间。

总之，网络消费由兴起到确立其社会地位要经历一个逐渐制度化的过程。在网络经济中，制度稀缺是一种普遍现象，对网络消费制度的需求是一个越来越突出的问题。因此，网络消费的制度创新是一项具有迫切性的重要课题。网络消费制度创新的条件是创新者预期的纯收益为正值，而一旦创新成功，则会产生不断自我强化的所谓“首创效应”。

第八节　发达国家的网络消费管理*

目前，发达国家的互联网建设及网络消费已经发展到一定的水平，其管理理念和实践经验具有直接的借鉴意义。概括起来，发达国家的网络消费管理主要涉及以下五个方面的内容。

一、管理目标

由于网络消费是信息高速公路的使用，因此二者的总目标是一致的。自20世纪90年代以来，世界各国都加快了其各自的信息化进程，并将互联网建设和使用提到了空前的高度。1995年2月，西方七国首脑会议首次讨论了建立全球信息社会的步骤，并认为，平稳、有效地向信息社会发展是20世纪最后几年中所必须完成的重要任务。为此，发达国家纷纷推出自己的发展计划，其战略目标也非常相似，主要包含以下要点：

* 原载《情报科学》2003年第3期。

(1)加强信息基础设施建设,保证信息能够有效、低耗地传输。

(2)鼓励工商业界利用信息资源提高产品附加值,积极参加全球市场竞争。

(3)发展教育和培训,提供训练有素的信息人才和信息消费者。

(4)支持信息服务机构的发展,满足日益增长的社会信息需求。

(5)制定更大范围的社会、文化和政治政策,以适应未来的信息社会。[1]

管理目标是制定管理政策的重要依据之一,也是配置各种经济要素和信息资源,选择不同的管理手段的基础。因此,发达国家(如美国和日本)在总目标大体一致的前提下,也因各自国情的不同而制定了有所差异的管理目标。

美国的信息战略有其深刻的历史背景,其目的就是发动一场信息革命,从而彻底改变人们的生活、工作和相互交往的方式,最大限度地发挥人的智慧和才干,推动国家的经济增长,保持其在世界竞争中的优势地位。[2]为此,美国先后制订和实施了国家信息基础设施计划(1993)、全球信息基础设施计划(1994)、下一代网络计划(1996)和Internet2计划(1997)。可见,美国的互联网发展具有极强的连续计划性,其目标不仅在于推动国内的网络消费,而且在于谋求世界范围内新的经济、政治利益。

日本的互联网建设和网络消费也已具备相当规模。由于受能源和自然经济的限制,其管理目标在于谋求信息资源和该领域特殊的竞争力。为此,日本政府大力扶植信息资源观。有研究认为,向信息产业倾斜是日本信息战略的一大特点。[3]

二、消费政策

政策是政府为实现其特定目标而制定的基本行动原则。网络消费政策在发达国家一般包含于信息政策之中,是为实现相应的管理目标而制定的具体调控准则。信息政策在国外兴起于20世纪60年代,发展于70年代,在80年代形成了热点,而90年代以来则有了大发展。其中,相当一部分内容是用来调控网

〔1〕 黄纯元:《市场经济体制下的宏观信息控制问题》,载《情报学报》1994年第6期。

〔2〕 曹亦萍:《有所为有所不为——关于政府与互联网关系的思考》,载《互联网世界》1999年第1期。

〔3〕 张福学、时永梅:《东西方信息政策比较:殊途同归》,载《图书与情报》1998年第1期。

络建设与网络消费的，而这些内容在不同的发达国家亦有各自的特点。

美国自20世纪50年代开始制定信息政策，是最早制定信息政策的国家。由于经济发达，信息对各项事业的发展都有至关重要的作用，因而信息价值观具有广泛的社会基础，“信息经济商品”也成为美国经济政策的基本点。目前，美国并没有一个公平、统一的总的信息政策，但在大量深入研究的基础上制定了一系列局部的信息政策，并有日益强调信息政策的动向。在政策思想上，美国坚持信息的自由流动和企业在信息市场中自由竞争这两个基本原则。在政策出发点上，美国强调利用日新月异的信息技术谋求经济利益和政治利益。在政策目标上，美国考虑在各种相互冲突的利益中作出权衡和正确的选择。在历时发展上，美国经历了从不强调国家信息政策到十分重视国家信息政策的观念转变。上述信息政策，决定着美国的信息市场及网络消费呈现出自由竞争的总体格局。

日本在政策目标上将信息资源视为特殊竞争力，因此特别重视信息资源的开发、消费和使用。从世界范围看，日本是科技兴国的典型，其信息政策的核心也是强调科技信息的应用和管理。为此，日本认为科技信息是国家的重要资源，主张积极利用全球科技信息，坚持科技信息活动要产生经济效益，追求科技信息系统不断现代化。1992年，日本政府在其科技政策大纲中，把扩大科技信息的国际交流作为今后信息政策的重点之一，标志着其信息管理的国际化趋势。[1]另一方面，日本还特别重视信息产业及其对消费的拉动，把有线电视、增值网、电子邮件等新的信息经济活动作为一种网络化产业来加以发展，提出了技术主导型、市场主导型、政策主导型三种方案，并确定以政策主导型为主。总的看，日本的信息政策有四个基本要素：提高人的福利；利用信息促进生产；开发尖端技术以摆脱对自然资源的依赖；开发信息资源。[2]在其规范和引导下，日本在信息资源开发、网络建设、网络消费的管理方面，都有极鲜明的实用特色。

1978年，法国的诺拉和孟克受总统委托撰写了题为《社会的信息化》的国家信息政策研究报告。这个后被称为《诺拉—孟克报告》的文件对信息技术的

---

〔1〕 Loopmans, T.C., 1957, *Three Essays on the State of Economic science*, Mc. Grawhill Book Company.

〔2〕 乌家培：《信息资源与信息经济学》，载《经济学动态》1996年第2期。

进展及其社会化结果进行了分析，提出要在信息领域内保持国家利益和民族文化，防止少数国家称霸世界信息市场的政策思想。该报告在法国及世界范围内产生了深刻影响。据此，法国在信息服务、信息市场、信息传递等方面制定了一系列政策，[1]使法国的信息市场与网络消费呈现出由国家进行统一管理的特点。其他发达国家对信息政策也较为重视，如英国虽采取了与美国相类似的信息政策，但对信息资源和网络消费的管理更为集中；加拿大则采取与美国"连为一体"的政策，欲借助美国的信息实力谋求本身信息业的发展。

信息政策在本质上代表着国家的利益，它虽不具强制性，但对社会信息活动的导向性极强。相比较而言，发达国家的信息政策虽各有特点，但均受到美国信息政策的影响。从这个意义上看，世界范围内的信息政策及网络消费管理原则，在相当程度上要借鉴美国的先期经验和研究成果。

三、消费立法

近年来，由于信息市场和网络消费的迅速发展，立法问题逐渐成为研究的热点，目的在于通过法律程序对较成熟的信息、网络政策予以确立，使之规范化，并具有约束力。

信息法最早产生于18世纪的欧洲，但现代信息法则是与电子化、互联网等新兴技术相联系的。它兴起于20世纪中后期，主要由美国、欧洲、日本等信息、网络大国所制定。目前，主要集中于信息保密、隐私和数据保护、知识产权、信息的自由流动等较为敏感的领域。

美国重视信息、网络立法，其信息政策常常具有法律效用。据统计，仅从95届国会到98届国会，美国就先后颁布了有关政府信息系统建设、信息开发利用、信息交流与传播、计算机安全等方面的92种法律。如1967年颁布，1975年和1984年两次修订的《信息自由法》，强调信息要自由流动；1972年的《行政公开法》，1974年的《隐私法》，1978年的《联邦信息中心法》，1987年的《计算机安全法》等，都是美国在信息、网络立法方面的重要成果。

20世纪90年代以来，在互联网侵权争议不断及信息化进程加快的环境下，俄罗斯将信息、网络立法提到了重要位置。仅从1991年至1995年6月，俄联邦

---

〔1〕 Loopmans, T.C., 1957, *Three Essays on the State of Economic science*, Mc. Grawhill Book Company.

议会、总统和政府就颁布了75个有关法令。其中，最重要的是1995年通过的《关于信息、信息化和信息保护》联邦法，其内容主要涉及信息技术和信息系统的发展问题。但是，由于俄罗斯在信息、网络立法上多是严禁录制和翻录，禁止侵犯网络知识产权等内容，而且缺乏评判标准，因此在实践中存在有法难依的现象。[1]

其他发达国家在信息、网络立法方面也做了不少的努力。日本先后制定了《半导体芯片保护法》(1985)、《计算机程序保护法》(1985)、《日本技术文献法》(1986)、新《著作权法》(1986)等。法国早在1978年就颁布了《信息科学、归档文件卡片与自由法》，此后又制定了《版权与邻接权法》(1985)等有关法令。英国则制定了《英国远程通信法》(1981)、《私人远程通信法》(1981)、《数据保护法》(1984)等有关互联网使用与消费的法规。

目前，如何使立法管理和政策管理相互协调一致，是各国决策者们面临的棘手难题。特别是在新的信息与网络环境下，网络犯罪、信息安全、越境数据流通等网络消费问题，仅靠现行的信息政策无法解决，立法的条件又不成熟，因此在实践中实难把握。从发达国家的实践经验看，解决上述问题的途径一般有两个：一是依靠技术手段，研制管理用软件，如美国一些ISP开发的名为“家庭之友搜寻器”的软件，可以将90%的色情网页过滤掉。二是依靠管理和法律手段，加强这方面的理论研究和立法工作。但是，从总体上看，各国的信息、网络法规都是个体的、局部的，针对信息、网络行为的某个环节和特定问题，较多地偏重于信息自由流通、公益信息共享、信息安全、产权保护等方面的内容。即使在同一问题上，也因不同国家的国情而各有其自己的特色。

四、内容管制

对于网络消费需要进行内容管制，是发达国家的普遍共识。一般认为，这种管制有利于国家安全、社会公德和社会秩序，可以使网络消费步入良性轨道。

网络消费的内容管制除运用必要的技术手段外，主要的管理手段就是内容检查。但由于互联网是一个可转换媒介，它同时具有电信功能、新闻传播功

〔1〕 马费成、陈锐：《面向高速信息网络的信息资源管理——从经济角度分析》，载《中国图书馆学报》1998年第2期。

能和计算机软件功能，因此难以确立应由哪个部门来对其进行管理。目前，大体有三种管理方案：第一，因为互联网的主要功能之一是接收电子邮件，所以将其作为一种电信服务进行管理；第二，因为互联网的首要设备之一是计算机，所以将其作为计算机服务进行管理；第三，由于互联网通过各种网站和主页能够较大范围地发布信息，因此将其作为广播服务进行管理。显然，对于互联网属性的不同归类，决定着运用哪一项法规、由哪一个政府部门行使检查权。

西方发达国家的实践经验表明，互联网中的不良影响给社会和个人都造成了严重的困难和烦恼，传统的法制手段、市场机制及某些手段都存在一定的管理局限。根据德国电信和新媒体法教授恩格尔的总结[1]，发达国家对于网络消费内容的管制，主要采取了以下五种现实的管理办法：

（一）对国内提供者的管制

在德国，已经有相应的法规对不良内容进行管制，其中大多数法规都带有惩罚性。如果不良内容的提供者在德国国内，那么检察和监察机关就可以而且应该采取行动。这时，德国法律不必顾及使用者是通过国内还是国外途径获得这类内容，也不必顾及这类内容是否保存在国外的服务器中。

（二）对外国提供者的管制

一般认为，对于提供不良内容的外国人，最好的管制办法是运用世界性国际法规。具体而言，可以利用《反对传播淫秽出版物协定》（1910）管制色情内容；运用《防止和惩罚民族屠杀公约》（1948）查禁民族仇杀内容；使用《联合国人权公约》（1966）禁止战争宣传等。此外，还可以使用国际私法和国际民事诉讼法来协调当事国之间的有关问题。

（三）对使用者的管制

越来越多的国家正在将网络消费者列为新的管制对象。德国1993年通过的《刑法修改法令》规定“凡是获得……色情著作的人”应受到法律惩处。美国和英国也制定了类似的法规。

（四）对经营者的管制

与内容提供者相比，各类网站、网页的经营者在不良内容的传播中只起次

〔1〕 查先进：《面向高速信息网络的信息资源有效配置》，载《情报学报》1999年第3期。

要作用，因此对其管制的力度较小。如美国《新电信法》规定，只有那些蓄意为人们获得不良内容提供方便的网络经营者，才承担有关的法律责任。

（五）对互联网供应商的管制

在这方面，一般是要求互联网供应商（Provider）做出一些反不良内容的技术保障。

从效果上看，发达国家对网络消费的内容管制并不理想。在互联网建设及网络消费快速发展的条件下，这已成为一个亟待解决的世界性难题。

五、管理体制

网络消费的管理体制与一个社会的政治、经济背景关系极大。从发达国家的情况看，其网络消费管理体制存在较大的差异，其中以美国和日本最具代表性。

美国是最早进入信息社会的国家，互联网的普及程度很高。信息、网络资源作为一种主要的社会资本和动力源受到了普遍的关注，网络消费需求量大，市场发育良好。在网络消费管理上，美国以分散式管理著称，形成一种多元体制结构，缺乏一个权力集中的机构来充分发挥行政中心和协调中心的作用。这种格局的形成，与美国在互联网发展过程中的企业分散投资以及排斥中央集权的管理传统有关。在实际运作中，美国的政策法令及相应的组织工作，分别由总统科学顾问委员会的有关部门、国家科学基金、国家图书馆与情报科学委员会等机构，就有关的政策、法规向总统及国会提供咨询意见，然后通过立法机构以法规形式公之于众，再由国家信息服务中心、国防文献中心等官方信息机构以及兰德公司等著名智囊机构组织实施。这种分散模式以市场需求为导向，使美国信息机构能够及时地根据市场需求进行灵活调整。[1]

日本侧重于强化职能管理部门，建立有效的管理体系。早在1957年，日本政府就建立了一个庞大的综合性信息中心，即日本科学技术信息中心，使其具有特殊地位。[2]此后，日本又建立了产、官、学一体化的信息政策咨询研究体系。这种相对集中的管理体制既反映了日本的管理传统，又体现了政府在网络、信息管理中的主导作用。在运作过程中，日本也同时注意到了避免行政行

〔1〕 张福学、时永梅：《东西方信息政策比较：殊途同归》，载《图书与情报》1998年第1期。

〔2〕 查先进：《论我国信息资源的有效配置》，载《情报科学》1994年第2期。

为过度干扰信息市场的实际问题，对企业与民间的网络消费采取了一些扶植措施。

第九节　网络消费管理模式初探*

网络消费，是指人们以互联网络为生活工具而实现的其自身需要的满足过程，它对网络市场的管理提出了新要求。网络消费管理模式与一国的政治、经济体制及其管理传统有直接的关系，主要表现为政府的定位、管理的集中与分散程度、网络市场的运作、网络消费的控制方法等方面。

一、政府在网络消费管理中的定位

关于政府与互联网的关系问题，是讨论网络消费管理体制的理论前提。目前，主张对网络市场减少行政干预的理论较多，主要有：(1)技术论者：认为互联网是由计算机技术支撑起来的，用政府、政治家的思维方式来管理，其结果肯定不会是积极的。在网上如何做、做什么、不做什么，都应该由技术规范来规定。(2)认识论者：认为互联网是一个新事物，在我们对此知之不多、了解不深的情况下，过多的干预肯定不会是积极的。而且传统的管理方式与手段对互联网来说已经太不恰当了，用传统的思维方式、传统的法律来管这个领域的事情肯定是行不通的。(3)自律论者：认为互联网从一开始就是一个自律为主、政府管理为辅的领域，它并不是在国家的指导、计划之下孕育、发展起来的。迄今为止，互联网运转得相当有秩序，而这一切都是在没有政府的干预下发生的，因此，政府对网络首先要学会的就是要有所不为。〔1〕上述理论，对西方发达国家影响较大。在西方，虽然国家一再强调信息政策的目的和目标，也在一些基础研究上进行投资，但却一直在依靠私营机构和市场的力量来推动投资和实现这一目标。〔2〕

---

* 原载《情报科学》2005年第7期。

〔1〕 曹亦萍：《有所为有所不为——关于政府与互联网关系的思考》，载《互联网世界》1999年第1期。

〔2〕 张福学、时永梅：《东西方信息政策比较：殊途同归》，载《图书与情报》1998年第1期。

由于东方国家不同的文化背景和管理传统，更由于东方国家的互联网建设始终是在政府的主持下进行的，因此国家政府在网络管理中具有“为主”的定位。除前面介绍的日本外，马来西亚、新加坡、韩国也都制定了各自的行动框架，私营机构只能在框架范围内发展。这样，在东方国家的信息化进程中，国家政府的作用远远超过了市场力量。

但是，无论国家政府怎样处理其与互联网的关系，都必须承担下面的基本职能，只不过形式和机制上有所不同而已。

（一）规划职能

互联网建设与网络消费是一个事关国家、民族发展的全局问题，政府应根据自己的国情进行科学、合理的规划，并通过信息、网络政策予以引导。美、英、加的“信息高速公路”计划，日本的“维纳斯计划”，韩国的“超高速公路”计划，以及新加坡“智能岛”计划，都体现了国家政府的这种规划职能。

（二）投资职能

尽管私人机构是互联网的投资主体之一，但国家政府在这方面仍要发挥主导作用。这是因为，对于互联网这样的庞大工程，仅靠吸引社会资金是很不够的，政府的投入将具有关键性作用。这一点，在东方国家和发展中国家尤为重要。

（三）立法职能

对于网络这一新型市场，立法需十分谨慎。但是，立法不仅是政府职能的集中体现，而且是政府管理网络消费的主要手段之一。因此，科学立法将是政府在网络市场管理中有所作为的关键所在。

二、网络消费管理的集中与分散程度

根据其经济体制以及政府在网络市场中的定位，一国的网络消费管理可以是集中式的，也可以是分散式的。前者如日本、新加坡，后者如美国、加拿大。实际上，网络消费管理并不是非此即彼的，而是要在集中——分散之间选择一个恰如其分的位置，以准确反映政府在网络市场中的定位。

网络消费管理的集中与分散程度是与网络市场的投资体制并行而立的。在集中程度较高的管理模式下，公共机构的投资是必不可少的，即使像日本和韩国这样的资本主义国家，也是由政府承担基础设施、基础理论、网络服务等方面的投资。相反，在分散程度较高的管理模式下，特别强调私营机构的投资份额，如美国的“信息高速公路”计划虽耗资巨大，但仍希望私营机构能够承担大部分投资，并成为开发产品和开展服务的主要执行者。此时，政府的主要作用是创造一个能使市场力量起作用的环境。

近年来，发达国家在试图选择一个更加中和的管理模式。有迹象表明，美国长期以来所实行的运用市场机制来谋求信息服务效益的管理模式正在发生变化，政府在网络市场中的参与程度不断提高；而日本则更加强调政府行为不要扰乱网络市场的健康发展。这说明，网络消费管理模式应遵从网络市场自身的内在规律，并根据自己的国情在集中与分散之间确立政府的恰当选位，而不宜采取绝对集中或分散式管理。

三、网络市场的运作

网络消费是通过网络市场实现的。网络市场的运作在供求关系、价格机制等方面有其不同于传统消费品市场的特点，但其基本功能仍然是实现消费资料的优化配置。

（一）网络市场及其资源配置功能

信息资源管理（IRM）被认为是现代信息管理的制高点，[1]而网络市场管理则是IRM的核心。所谓网络市场，实际上是一种联结网络产品供求双方的交换关系，而不是传统市场的“场所”概念。由于网络市场是一个跨地区的电子空间，因此它联结着网络产品的生产、流通、消费各个行业。根据中国科学院计算机网络中心的分类，主要有：网络信息提供业、网络信息组织业、网络技术服务业、网络信息服务业、网络管理协调业、网络用户群体等。可见，网络市场是一种新型商业系统，其运作和管理都是较为复杂的系统工程。

网络消费传统市场有一个最大的共同点，就是以优化资源配置为基本功能，即“研究在给定的生产技术和消费者偏好下，如何将有限的经济资源分配于各种产品的生产，以便最大限度地满足人们的需要”。[2]乌家培、马费成等学者认为，网络消费资源管理就是运用经济手段解决网上信息资源的有效配置

---

〔1〕 万雪梅：《知识经济的发展与信息资源管理》，载《黑龙江社会科学》2001年第1期。

〔2〕 T.C.Loopmans, *Three Essays on the State of Economic science*. Mc. Grawhill Book Company, 1957: 109

和利用。它包括时间、空间和数量三个方面的配置问题，这三个方面既有不同的特征和要求，又需要形成有机配合。[1][2]

网络产品大多数是信息产品，因此有一个时效性问题。网络市场对资源的时间配置就是指在现在、过去和将来三种时态上对网络信息进行优化。由于时效性是信息产品是否有价值的基础，因此对网络消费效用影响极大。不同的网络信息资源，其时效性大小和变化情况是不一样的，有的信息资源表现为逐渐过时规律，有的信息资源表现为快速过时规律，有的信息资源强烈地受制于各种不定型因子的干扰和影响，表现为波动性。[3]显然，对各类网络产品时效规律的把握及针对性管理，是网络市场正常运作的前提。

网络市场对资源的空间配置指网络资源在不同使用方向上的分配。实践证明，网络市场的跨地域特点并不能完全解决各消费群体在资源占有上的不均衡，也不能自动地做到网络资源的平等利用。其实，网络信息资源在全球范围内配置后所产生的经济福利大小取决于多种因素，如市场竞争和价格体系、网络技术和资源条件、网络及其所涉及区域的信息效用和社会公平以及资源使用者的消费偏好、接受教育程度、职业状况和工资水平等。[4]这样一来，就为网络市场对各种资源的空间配置提供了较充分的调节空间。

网络市场对资源的数量配置包括网络资源的存量配置和增量配置，总量配置和个量配置等内容。在网络市场中，信息资源的品种、类型达到了空前的丰富程度，但这反而增加了对其进行数量配置的难度。

（二）网络市场的供求关系

在网络市场中，供求双方会形成一种不同于传统市场的全新的生产流通服务关系。首先，由于去除了中间环节，网络产品的供求关系是一种直接交换关系。借助于四通八达的互联网，消费者不仅可以直接面对电子媒体，而且可以在家工作，甚至可以进行电子购物，从而大幅度提高生活质量。

其次，由于互联网的开放性，网络用户既是网络产品的提供者，也是网络产品的消费者，从而使网络市场供求双方呈现出一种可以相互易位的特定关

〔1〕 乌家培：《信息资源与信息经济学》，载《经济学动态》1996年第2期。

〔2〕 马费成、陈锐：《面向高速信息网络的信息资源管理——从经济角度分析》，载《中国图书馆学报》1998年第2期。

〔3〕 查先进：《面向高速信息网络的信息资源有效配置》，载《情报学报》1999年第3期。

〔4〕 查先进：《论我国信息资源的有效配置》，载《情报科学》1994年第2期。

系。在实际运作中，此时的供与求会转化为彼时的求与供，这一方面会带来网络产品的极大丰富，另一方面也给网络市场管理提出了新问题。

最后，由于消费者的积极参与以及可选择性的增加，网络市场中的权利关系进一步向消费者一方倾斜。在这里，消费者不仅仅拥有买方市场的固有权利，而且还可以自主地设计、开发特定的网络产品，从而使消费者真正成为决定网络市场走向的主要力量。

（三）网络市场的价格机制

"有市就有价"，网络市场的价格机制是其运作的基础。其中，既包括网络消费的资费模式，也包括交易者的价格策略，还包括与时间资源的连带问题。

资费模式是网络市场价格机制的核心。目前，网络消费的资费模式是：消费者在购买网络资源（包括信息和服务）时，同时支付三部分费用，即电话费、上网费和信息使用费。电话费是租用电话线路的费用，专线上网时可免交，但一次性投入较大；上网费是租用网络基础设施的费用，一般按小时计费；信息使用费则由入网的大型数据库收取，按时间和流量计量，以口令（password）控制消费者进入。由于竞争激烈，这三种收费都存在折扣、赠时、免收等现象，以吸引更多的消费者，取得网络市场的规模效益。

尽管网络市场的权利关系在向消费者一方倾斜，但由于买卖双方的信息不对称以及买方信息不均匀分布，买方在交易中往往处于信息劣势，并且每个购买者所拥有的信息量不等，因而在信息网络市场中存在一套隐蔽性的"价格歧视"和"掠夺性定价"规则。[1]隐蔽性价格歧视是网络信息商对消费者的价格策略，它利用买方存在的知识、专业能力和经验的差别，对那些"能力"不等的消费者区别对待，从而使"能力"较低者因付出较多的价格而受到歧视。掠夺性定价是网络信息商之间的一种价格策略，它是网络市场中居优势地位的卖方，利用自己较好的软硬件设施、较高的技术水平和较强的开发能力，采取降价等方式而迫使竞争者退出网络市场的掠夺式行为。

值得注意的是，由于网络消费不仅要投入网络资源，而且要投入时间资源，因此使网络市场中的卖方处于一种两难选择：节约时间的网络产品有利于同行间的竞争，但会减少以时间为计费标准的收入；反之，网络产品的耗时增

〔1〕 中国信息经济学会：《信息网络的兴起：经济行为的新型参照系及其理论挑战》，载《信息与经济研究》1996年第31期。

加虽可增加收入，但也可能因同类产品的竞争而失去消费者。在这个问题上，买卖双方的立场是不一致的，而竞争的结果一般是对消费者有利。

四、网络消费的调控方法

对网络消费的调控是网络市场管理中的关键，也是网络经济的重要课题。从目前的管理实践看，网络消费的调控方法主要有以下四种类型。

（一）调控网络消费的技术手段

在网络消费中，许多地方是由技术手段来规范的，这是网络市场的一大特色。网络安全专家帕克（D. B. Parker）认为，这类调控网络行为的技术方法构成了网络的安全保障系统，它们的功能是：在受到威胁的情况下将公司的资产转移，以避免损失；禁止人们引入（故意的或偶然的）未授权的活动；防止未授权的活动；及时检验损失情况以便将损失减少到最小程度；从备份中恢复丢失和损坏的数据；弥补安全漏洞以防将来出现问题。[1]近年来，调控网络消费的技术手段发展较快，其典型方法有以下六种：

第一，口令制度。当用户进入一个主机或网络时，必须键入所要求的口令，否则被拒绝访问。由于口令是网络安全的核心，因此在网络消费中被普遍重视。一个好的口令“必须是猜不到的、不是词典中的、几个月就更新的、容易记忆的”。[2]有时，还要使用所谓多重口令的方法。

第二，加密软件。大多数安全专家认为，加密对网络自身的安全是至关重要的。比如电子邮件，若不能加密是很容易泄露的。如果使用所谓“端对端”（end to end）加密技术，就可以将其置入一个电子信封之中，而该信封在到达目的地之前不能打开。[3]

第三，开启协议。一般是在软件的外包装上或驱动之前设置一个可视的协议，消费者一旦打开包装或安装此软件，就意味着已经接受了该协议的有关条款。

第四，稽查控制软件。用来详细记录并监控系统中的各种交易，并提供记账日志。

---

〔1〕 D.B.Parker. *The Many Faces of Data Vulnerability.* IEEE SPECTRUM, 1984(5): 46-48.

〔2〕 C. Stoll. *Stalking the Wily Hacker.* Communications of the ACM, 1988(5): 493.

〔3〕 J. Rothfeder. *Holes in the Net.* Corporate Computing, 1993(5): 118.

第五，抗病毒软件。用于对各种病毒、蠕虫、定时炸弹等破坏性网络行为的防护。

第六，内容控制软件。用于对非法信息的过滤和防护。

（二）调控网络消费的经济方法

在网络经济时代，市场之网对人类生活的影响范围更趋广泛，甚至会将“闲暇时间”也纳入网络消费的轨道。这样，就要求调控网络市场的方法更加遵从经济规律。在实践中，以下方法将被普遍用于调控人们的网络消费。

第一，消费需求。需求始终是调节市场的主要杠杆。但在网络市场中，有可能出现一些变化：一方面，权利重心更加向消费者倾斜，网络产品的生产者会更加注重消费需求的导向作用；另一方面，某些网络产品的高技术含量也会使消费者出现“能力不足”的被动状态。因此，坚持以消费需求为市场导向的原则，必须以提高消费者的信息能力为前提。

第二，价格机制。价格对供求双方都十分敏感，它也决定着网络市场的发展状况。从实践经验看，自由价格机制应是网络消费健康发展的基础。为此，要特别警惕网络市场中卖方的“共谋定价”，专家们已经提出，网络可以成为一种强有力的共谋工具，达成一致会更加容易。[1]

第三，竞争机制。竞争，是保障市场公平的重要机制。但在网络市场中，垄断趋势正在引起人们的注意。有人预言，“有一天，两个或三个公司将在世界范围内控制信息超级高速路的电信通信服务。大气泡会变大，而小气泡会消失”。[2]可以认为，如何在网络市场中保持一种竞争态势，将是今后的一项重要议题。

第四，风险机制。利用风险机制，既可以推动网络市场的投资，又可以抑制不良经济行为。

第五，税收杠杆。目前的网络消费尚未收税，但由于电子商务的发展，税收将成为网络市场供求双方共同关心的重大问题。有人担心，随着互联网的广泛应用，现有的某些税收界限将难以继续维持下去。也有人提出征收“比特税”（Bit Tax），即信息传输税问题。无论结果是什么，税收成为网络消费的调

〔1〕 A.Q.Nomani. Airline May Be Using a Price-Data Network to Lessen Conpetition. The Wall Street Journal, June 28, 1990: 31-36.

〔2〕 E.Wolff. *Top Heavy*. New York: Twentieth Century Fund, 1995: 7.

控杠杆应是可以预期的。

（三）调控网络消费的行政措施

尽管存在减少行政干预的论者，但各国政府都没有放弃对网络市场的调控。一般而言，政府用于干预网络消费的工具主要有以下四种：

第一，政策。通过信息、网络政策，可以表明政府的意图，并实质性地干预网络市场的走向。

第二，立法。近年来，对网络市场的调控有加强立法的趋势。这一方面缘于网络消费的快速发展及问题的不断增加；另一方面更由于政府对网络市场的了解更加深入，从而增强了以法治网的信心。

第三，制度。目前最常见的是网络准入制度和联网登记制度。网络准入制度借鉴了经济管理中的市场准入原则，即对网络用户的身份进行审查，对那些曾经有过信息侵权等不良行为者予以权利限制。联网登记制度一般要求对进出国际互联网的用户办理备案手续，并赋予其一定的权利。

第四，审查。运用先进的网络监测技术对网上信息进行过滤，将保密或宝贵的信息资源留在国内，将有害信息挡在网外。此外，政府一般还拥有监视或破译有重大犯罪嫌疑的站点的权力。

（四）网络消费中的自律机制

人类早期的农牧历史表明，在一个成员关系紧密的社区中，通常可以通过自律而达成秩序。互联网已经证明，在网络消费中存在自律机制，它是调控网络市场的重要途径。

有专家认为，互联网实际上存在自律自治的机制，迄今为止，国际互联网相当自律，网络社会的规则绝大多数是参与者互相尊重、体谅而约定俗成的。它能够使大家在一个不受控制的环境中自由地进行试验，同时还有公开的论坛，使每一个人都参加到标准的制定中，是一个自我管理、自我制订政策的文化氛围。据研究，在网络市场和网络消费中，已存在一些行之有效的习惯法（Custmary Rules）和网络礼仪（Netiquette）。

既然网络市场中存在自律机制，那么它在一定的条件下就能够自律。为此，努力创造使网络消费更加自律、更加有序的条件，应是政府和社会的重要责任。

第十节　我国网络消费的问题分析*

就发展速度而言，中国的网络消费取得了不小的成绩。但是，与发达国家相比尚存在多方面的不足，距网络经济的内在要求也有较明显的差距。本文从资源、市场、消费者等方面，分析中国网络消费所存在的主要问题。

一、网络资源问题

作为后发国家及非英语国家，中国网络消费市场的资源短缺是显而易见的。其中，在网络基础设施、中文信息资源、网络功能开发诸方面均有不同程度的问题。

（一）网络基础设施建设还有差距

自1993年后，互联网在中国得到了迅速发展。目前，我国有两个层次的互联网络，即国际互联网和接入网络。至2002年1月，国际线路的总容量为7597.5M，其中，中国科技网（CSTNET）55M，中国公用计算机互联网（CHINANET）6032M，中国教育和科研计算机网（CERNET）257.5M，中国金桥信息网（CHINAGBN）168M，中国联通互联网（UNINET）418M，中国网通公用互联网（CNCNET）465M，中国国际经济贸易互联网（CIETNET）2M，中国移动互联网（CMNET）200M，加上中国长城互联网（CGWNET）和中国卫星集团互联网（CSNET），连接的国家有美国、加拿大、澳大利亚、英国、德国、法国、日本、韩国等，已形成纵横有序的光纤骨干网。

网络消费的发展是以网络基础设施建设为前提的，换言之，网络基础设施的状况不仅制约着网络消费的数量水平，而且从根本上决定着网络消费的质量。美国商务部的研究报告表明：互联网信息流量正在以每一百天增加一倍的惊人速度增长，支撑这种增长的是互联网商务应用的普及和个人联网使用者的持续增加。报告认为，互联网使用者的超常发展，超过以往一切信息媒体。收音机花了30年才达到5000万听众，电视花了13年才拥有5000万观众，

---

* 原载《学术交流》2003年第1期。

而互联网只花了4年时间就有5000万使用者。[1]总的来看，美国的上网人数具有爆炸性增长的特点，而这一增长现象又建立在其雄厚的网络基础设施之上。

我国改革开放以来一直流传着一句名言："要致富，先修路"。因为，路是连接商品市场和外部世界的通道，路通，才能信息通，才能使商品流通得以实现。其实，在信息化的进程中，要想上台阶，仍要先修"路"，只不过修的是网路。目前，我国的网络消费水平相对于庞大的人口基数而言仍然偏低，再上水平就需要更多的网路；同样，我国网络消费进一步的发展仍然需要更多的网路；如果我们还寄希望于网络经济对国民生产总值的较大贡献，则更要关注互联网建设问题。由此可以认为，我国网络基础设施建设的差距，是需要优先解决的关键问题，因为它对网络消费具有直接的影响，并且是网络经济的基础和平台。

（二）中文信息资源相对匮乏

网络资源的重要内容是数据库，而中文数据库的开发和利用则是我国互联网建设的关键环节之一。我国在"七五"期间有800多个数据库，其中科技/工程数据库360个，并有小部分数据进入国际市场。1993～1995年制定规划：组建5～10个大型的部类科技中文文献数据库，组建综合性汉字数据库服务中心；在已建设的20多个基础学科数值数据库的基础上，进行充实提高，扩大容量，提高质量，边使用边建设，并适当增建部分学科和工程专业的数据库；同时，建立CD-ROM光盘数据库加工处理中心。[2]到1995年，数据库增加到了1038个，约占世界的10%，但其容量、产值只占世界的1%，且大多数在10～100MB之间。

上述数据库多为专业类数据库，不能满足日益增长的对网络资源的大众化需求。为此，国务院于1997年4月在深圳召开第一次全国信息化工作会议，提出要尽快建立我国自己的、中文环境的国家互联网络交换中心和网络控制中心，积极组织开发中文信息上网，使中华民族的文化传统在互联网上发扬光大。此后，互联网上的中文信息资源发展较快，但与网络消费市场的需求相比仍显匮乏，被认为是"当前互联网最令人不满意的地方"之一。有人将互联网上的中文信息概括为"三多三少"：一般信息多，实用信息少；静态信息多，动

---

〔1〕 陈湛匀主编：《改变世界的网络经济》，上海人民出版社2000年版，第2～3页。

〔2〕 倪波：《论加强我国信息化建设》，载《图书情报知识》1997年第4期。

态信息少;转抄的信息多,第一手信息少。这个概括目前看还是较为客观的。

(三)网络功能开发未获重视

网络消费大多是功能性消费,它要以相应的网络功能为依托。中国虽是后发国家,但也不必简单地“COPY”美国的互联网模式。为此,需要大力开发网络服务的新功能,以推动网络消费的进一步发展。就目前而言,这个问题尚未受到足够的重视。

网络功能开发的意义,可以从互联网及网络消费的自身发展中得到证明。在互联网发展初期,电子邮箱是其主要功能,而收发电子邮件则是网络消费的基础内容。可就是这样一个并不神奇的网络功能,却大大改变了人们的交流方式,它不仅冲击了电报、书信等传统信息传递方式,而且对电话等现代交流方式也具有实质性的影响。到了网络消费的信息利用阶段,互联网作为“第四媒体”对报纸、广播、电视这三大传媒产生着巨大的冲击,并且正在改变着人们的阅读方式。人们有理由相信,随着电子商务等网络新功能的开发和利用,人们的消费形态终将发生巨变,人们的消费行为模式也将步入网络新时代。总之,在推进互联网建设的同时,重视网络功能的开发和利用,是网络消费领域中的一大重要问题。

二、网络市场问题

网络市场是消费者与IT业的连接点,其完备程度对网络消费影响极大。目前,我国网络市场的发育程度还不高,主要表现为:

(一)信息服务业发展滞后

网络市场的发展要以信息服务乃至整个IT业的壮大为基础。我国的信息服务业和IT产业虽发展较快,但其总体规模和内部结构都较发达国家有明显差距。

首先,从总体规模看,IT产业占国内生产总值的比重偏低。这个比重在发达国家为60%~70%,在新兴工业化国家和地区为30%~40%,而我国只是20%~25%。专家们认为,IT产业在国民经济中所占的产值比重是衡量经济发展阶段的重要标志。据国际信息产业协会统计的结果,整个信息产业的增长速度明显高于经济增长速度。美国的信息产业以30%~40%的速度增长,到1970年,其产值已达国民生产总值的42%,1980年增至54%。在20世纪90年代中后期，美国信息技术部门的增长对实际经济增长的贡献大约维持在1/4比例的水平上。

相比之下，由于我国IT产业占国内生产总值的比重偏低，信息服务业发展滞后，因此网络市场发育程度还不高。这说明，中国的经济发展尚处于工业化阶段，还需要以信息服务业的快速发展将国民经济推进到一个全新的信息化阶段。

其次，从内部结构看，信息服务业与电脑制造业的营业额之比过低。这一比值在1989年美国为1.75∶1，欧盟为1.11∶1，日本为1.04∶1，新加坡为0.37∶1，韩国为0.18∶1，而我国1995年只有0.088∶1。[1]由于我国信息服务的产业化和商品化严重滞后，从而使网络市场的发育程度难以提高。

在信息产业内部，信息服务业与电脑制造业的营业额之比，是衡量IT产业自身发育程度的重要指标。一国的信息产业，如果主要依赖电脑制造等“硬”件业支撑，则其行业分布将是畸形的，其信息服务业的疲软一定会引致整个IT产业的疲软，此时的网络消费水平自然不会很高。随着信息服务业的发展，其与电脑制造业的营业额之比将不断上升，此时，信息产业在总体上将不断“软”化，而网络消费的水平和质量将不断提升。

我国信息服务产业化和商品化程度的不足，势必会造成信息产业内部偏“硬”的分布格局。这不仅影响到信息服务业的成长，而且也限制了信息、网络市场的发育程度。在这样的产业背景和市场环境中，网络消费的发展将遇到较大的困难。

（二）市场规模偏小

网络经济是以规模见效益的，其市场总量的大小具有生死攸关的意义[2]。据统计，1989年世界信息服务业的市场规模为1816.1亿美元，其中美国为920亿美元，占世界市场的50%多。1991年美国信息服务业总营业额为1155亿美元，1995年达到2020亿美元。日本信息服务业1989年的市场规模为335亿日元，1990年达到5.9亿美元，比上年猛增35%，1995年升至8.9美日元。我国的信息服务市场规模，1989年只有2.5亿美元，占世界市场规模的0.0014%，远远

[1] 乌家培：《中国信息产业的现状展望与对策建议》，载《中国软科学》1997年第7期。

[2] 郑英隆：《现代企业信息经济性分析——正在兴起的管理变革》，广东人民出版社2000年版，第63～68页。

落后于美国和日本。1991年达到5亿美元，也只占世界总产值的0.3%。[1]1995年，我国信息服务营业总额达到140亿元，连续多年保持着两位数的增长速度，但与发达国家相比，市场规模仍然偏小。

综上所述，网络消费具有群势效应，它必须以一定的市场规模为基础。其实，任何通讯网络都具有这样的特征：使用网络的人越多，它对每个人的价值就越大。但对于互联网这一巨型通信工具而言，这一规律是以一种更为强烈的正反馈形式出现的，被专家们称为“需求方规模经济”。[2]因此，市场规模的大小对网络消费的发展而言是一个决定性的因素。

由于目前我国信息、网络市场偏小，使得消费者所得到的效用不甚理想，同时也影响到网络产品与非网络产品的竞争力，以及网络消费的后续发展。从这个意义上看，把信息、网络市场做大，使其产生所谓“群势效应”，是进一步推进网络消费的重要课题。

（三）“两大瓶颈”因素同时存在

一般而言，网络消费的发展都会受到货币因素和时间因素的制约，前者反映了人们的支付能力，后者说明着人们的时间预算。但在不同的国家和地区，这两个因素的作用强度是不同的：对发达国家而言，主要受到时间因素的制约；对落后国家而言，货币因素的限制更加明显。

在中国，货币因素和时间因素不仅同时存在，而且都是网络消费发展中的“瓶颈”。在历次《中国互联网络发展状况统计报告》中，消费者认为当前互联网最令人不满意的七个因素中，“速度太慢”和“收费太贵”都远远高于其他五个因素，这足以说明这“两大瓶颈”因素的刚性。

消费者对网络“速度太慢”的不满一方面反映了我国信息网络基础设施的不足，另一方面也反映了我国网民对“时间价值”的认同。作为世界最大、发展速度最快的后发国家，其网民价值观的上述变化是令人振奋的，它既是社会信息化的成果，也是信息化进程中的推动力。学术界普遍认为，休闲是生产的根本目地之一，休闲时间的长短与人类文明的发展是同步的，随着生产力的进步，人类将进入“普遍有闲的社会”。在民众层面，目前我国网民已经不再认

〔1〕 张安珍：《中日美信息产业比较研究》，载《中国图书馆学报》1997年第3期。

〔2〕［美］卡尔·夏皮罗、哈尔·瓦里安：《信息规则：网络经济的策略指导》，张帆译，中国人民大学出版社2000年版，第158页。

为休闲时间是“无用的闲时”，而将其与网络生活联系起来。可以说，上网使网民认识到了时间的价值尤其是休闲时间的有用性。反之，当网速太慢之时，已经具有时间新观念的网民则会因耗时过多和消费效用的不足而大加抱怨，因为时间对于网民而言，不仅仅是金钱，而且是生命，是网络生活的欢乐时光。

网费问题一直是网络消费中的热门话题，也是业内人士普遍公认的影响网络消费总量的关键因素。1997年，美国人均月收入2000美元，月网费支出不到20美元，占总收入的1/1000；我国人均月收入不足1000元，月网费支出约300元，占总收入的1/3。[1]近年来，网费虽有所下调，但仍占网民总收入的15%～25%，与发达国家的差距之大是显而易见的。

实际上，作为综合性的门户网站，如新浪、搜狐、网易、TOM、21CN等，其最主要的收益应该是在线广告的收入，而决定在线广告量的基础还是网站的访问流量。从这个意义上说，访问流量才是网站的生命线，只有达到了一定的访问流量，网站才能承揽到足够的在线广告，从而出现营利的可能。也就是说，靠网费是不能支撑一个门户网站的。

国外有人分析说，免费网站会越来越少，但不会消失，它们将承担起超市里免费品尝的促销商品的功用，目的就是吸引顾客掏钱购买。在现阶段的中国，高网费形成的“高门槛”肯定会阻碍网民数量的增加，也不利于网络消费的顺利发展。因此，有必要通过网络商之间的市场竞争适当地降低网费，以吸引更多的网络消费者。当互联网“锁定”足够数量的网民之后，网费的“瓶颈”作用就会大大减弱。

（四）有序化程度不高

网络市场的无序，既表现在消费行为上，也表现在ISP之间。从消费行为看，很少有消费者意识到“规则”二字，消费似乎是无需外在约制的“良心活”；而在ISP之间，为争夺用户而展开的价格大战自2000年初以来空前激烈，但至今尚无行为规范去约制。网络市场的无序，反映了我国网络消费管理体制不健全、管理法规滞后等诸多问题。由此看来，这应是网络市场建设中的重要议题。

在现实社会中，消费行为的约束是有章可循的，包括法律、制度、道德、风

---

〔1〕 葛敬民、刘云等《影响国内Internet发展的五大问题》，载《情报杂志》1997年第6期。

俗等多种规范体系。但在网络生活中，其消费行为基本上仍处于无序阶段。在法律层面上，尚没有一套完善而有效的法律体系；在制度层面上，虽可见相应的内容却难以发挥作用；在道德层面上，尚处于理论探讨和宣传阶段；在风俗层面上，还没有见到广为有效的实质性内容。因此，从总体上看，网络消费行为的有序化程度是不高的。

由于ISP是一个有形的、非匿名的实体存在，因此其受约束的程度要大一些。即使是这样，各ISP之间的竞争行为，以及ISP与消费者的关系等，都还缺乏有效的制约。显然，这与我国网络市场发育不完善、有关法规体系的滞后有极大的关系。

三、消费者素质问题

网络消费可以看作网络功能的发挥，它在很大程度上依赖于网络消费者的素质。目前，我国网络市场中消费者素质的主要问题是，网络消费意识有差距、层次不高，并且存在语言障碍。

（一）网络消费意识有差距

我国网民群体发展速度很快，但作为网络消费者，在主观意识上尚存在不小的差距。这一点，首先表现在对互联网的认识上。互联网不仅仅是一种高新技术，它还是一种文化，并可以带来巨大的经济、社会变化。在互联网的作用下，人类的生活方式、工作方式、思维方式，乃至整个文明形态，都会发生历史性的跃迁。对于互联网的这种大趋势上的认识，目前仅在学术界得以确立，而在多数网民看来，互联网只不过是一种高技术的消费工具。因此有人认为，互联网发展的真正“瓶颈”，不是电脑普及率，也不是网络速度，而是我们思维的速度。这种观点虽有些过激，但却提醒我们注意：加深对互联网的认识是网络消费进一步发展的重要前提。

我国网民的意识差距，还表现为生活观的滞后。如前所述，人类生活观的基本形态从根本上说要受到一定的生活空间，尤其是科学技术水平的制约。对于中国这样的后发国家而言，人们对于高信息生活方式的主观要求会由于“示范效应”而几乎自动地产生膨胀，并最终演进为与信息文明相协调的生活观。但就目前而言，我国网民在生活观上的内在变化从总体上看要滞后于其在消费行为上的外在变化。

此外，我国网民的意识差距，又表现在权益保护上。在信息化社会，人们的生活和工作将首先取决于信息拥有的数量与质量，而隐含其中的一项重要命题是：人们怎样才能更好地拥有信息和消费信息，以及拥有信息和消费信息的正当权益如何得到保障。在中国，许多人对实物消费的权益意识还很淡薄，其对网络消费的权益意识几乎是空白。例如，历次《中国互联网络发展状况统计报告》披露，绝大多数网民收到过电子邮件垃圾，其中有相当多数的人仅是"不予理睬"，并未采取任何维权措施。

在人类消费形态演进的过程中，对消费主体的素质要求是不断提升的。在人类历史的早期阶段，消费几乎就是"吃"，而吃则是一种与生俱来的本领，那时，消费主体并不存在素质差距。随着生产力的不断进步，消费品越来越丰富，文化含量也越来越高，其对消费者的素质要求也不断提高。从历史的角度看，实物消费、劳务消费、信息消费以及网络消费，不仅代表着人类消费形态的演进，而且标志着消费文明的提升，其对消费主体的素质要求也是递增的。

当人类已经跨入信息时代的时候，信息、网络消费就成为人们不可缺少的内容。此时，不同的消费者素质，将对应着不同质量的消费行为。在现实中，世界各国的网络消费者普遍具有较高的文化程度，也在一定程度上反映了这种高要求。在我国，虽然网民的文化素质较高，但由于整个国民经济水平的不高，尤其是传统生活观影响较大，因而网民的整体素质并不完善，尚不适应网络消费的时代要求。由于消费主体是网络消费的实施者，也是网络消费的目的所在，因此其素质差距必将引起网络消费的行为偏差和目标偏离。为此，需要把网民素质的不断提升作为一个重要议题。

(二)网络消费层次不高

学术界一般将信息消费分为生活和娱乐、学习、科学研究和发展、决策四种类型，[1]网络消费亦可大体按此分类，其中各消费类型的层次是不同的。

我国消费者似乎对硬件设备较偏爱，往往一上网就是奔腾Ⅲ、Ⅳ。有消息说，美国许多家庭仍在使用486机型，1997年的美国大使馆使用的还是王安电脑。相反，对于计算机的使用以及网络功能的开发，我国消费者则处于较低的层次。历次CNNIC调查显示，中国网民主要以电子邮件和搜索引擎为主要消

〔1〕　贺修铭：《科学研究与发展（R&D）信息消费过程的历时性结构分析》，载《武汉大学学报》（哲社版）1996年第2期。

费内容，其消费层次多属于生活娱乐，较高层次的消费内容偏少。

网络消费者偏爱硬件而忽视网络功能开发，反映了我国消费一直存在的盲目攀比的心态。在现实生活中，这种心理曾长期存在，并且对我国的商品市场产生了极大的影响。由于网络消费者同时也是现实消费者，所以这种盲目攀比心理不可避免地会渗入网络消费之中，从而表现为对硬件的特别偏爱。

网络消费者以电子邮件、生活娱乐为主要内容，则反映了我国网络消费的初级阶段特征。随着互联网建设速度的不断提高，我国网络消费将会快步迈入信息消费阶段，并最终跨上电子商务的高台阶，从而体现出网络消费发展的中、高级阶段特征。

（三）网络消费中存在语言障碍

作为一种环球网络，互联网以英语为标准语言，这对于非英语国家的网民而言是一个极大的挑战。我国网民虽以大专以上文化者居多，但真正熟悉英语的人并不多。因此，我国网络消费的一大障碍因素，就是语言问题。

随着互联网的发展，网络消费中的语言障碍可以在一定程度上利用技术手段得以化解。联合国已从1996年开始，实施多语种通信环境系统工程（UNL），以实现6种联合国官方语言的转换。我国的一些IT厂商也在致力于中英文在线转换软件的开发。但是，技术措施只能帮助人们去理解英文信息，而难以实现人们感情和思维的交流。因此可以认为，最终克服语言障碍还要靠消费者文化素质的提高。

值得注意的是，由于语言是文化的载体，所以语言问题不仅仅在于语言本身，还在于文化的交流以及民族文化的存续。有人预言，随着互联网在世界范围的普及，网络消费将带有全球化的特色，而作为一种世界性通用语言的英语将会加速其普及过程。在此过程中，英语及西方文化将得到更广泛的认同，而非英语及其文化将面临极大的挑战。为此，国内有专家在问：在未来的网络世界中，汉语及中华文明将会如何？可见，在克服网络消费中英语障碍的同时，还要下大气力开发中文网络平台和汉语网络产品，为汉语及中华文明赢得在网络世界中继续发扬光大的机会。显然，这是一个需要认真对待的涉及整个中华文明的大问题。

四、网络消费中值得注意的几个社会问题

除资源、市场、消费者三大方面外，网络消费中还有一些值得注意的社会问题。这些问题的负面作用往往被低估，但其对网络消费的健康发展却具有较大的影响。

（一）网络消费中的不平等现象

有学者认为，在日益信息化的社会中，信息成为一种越来越重要的资源。谁占有了信息，也就占据了社会中的优势地位，而对信息的占有与消费是不平衡的，因此，信息贫富差距将是未来社会最严重的差距之一。目前，这种新的不平等现象在网络消费中已有所显现。据CNNIC统计，我国网络消费在受教育程度、年龄、性别、地域、行业等方面存在全方位的不平等现象。

由于信息消费具有效用递增的特点，因而可能因“马太效应”而得到强化。这样，怎样保护网络消费中的弱势群体，从公众利益角度调整网络消费贫富之间的利益关系，应是未来社会中的重要议题。

网络消费中的不平等，首先缘于各行业占有网络资源的不均等。从网络消费发展的进程看，最先涉入网络消费领域的一般是那些与计算机接触较多的人，如IT产业从业人员、专业技术人员、办公室工作人员等。他们在绝大多数人尚不知互联网为何物时就已经触“网”，成为网络消费的先行者。当网络消费开始大面积扩散时，这些网民早已成为高级“网虫”，并由此而取得了“马太效应”，使其网络消费跃上了一个更高的台阶。

网络消费中的不平等，还缘于各地区经济发展水平的不平衡。如前所述，这种不平衡与网络消费水平有着明显的相关性。也就是说，传统意义上的地区差别，已经转化成了网络消费的地区性不平等。

网络消费中的不平等，也与人们的自身发展有关。为什么网民中文化水平较高者众？是因为其素质能够适应网络消费的高要求；为什么网民中年轻人多，是因为其生活观和消费模式与网络消费更加符合。随着全民族整体素质的提高，网络消费的队伍会越来越庞大，上述不平等现象也会逐渐减弱。但由于惯性作用，这需要相对较长的一段时间。

（二）网沟问题

在一个开放的、急剧变革的社会，一代人与另一代人的社会经历不同，价

值观也不同，从而导致对同一社会现象的不同看法。这种认识上、价值观念上的代际差异，学术界称为“代沟”。在网络消费中，这种现象十分明显，年轻人与老年人不仅在观念上有差异，而且在行为上也存在极大的反差。由此有人认为，在网络消费问题上，年轻人与年老者存在巨大的“网沟”。

从社会发展的角度看，新生代群体实际上是一种标志，它是经济与社会结构转型的产物，并且代表着未来的趋向。但是，由于30～35岁的代际分界过于年轻，可能会导致中年一代过早地被“代际淘汰”。对此，应引起社会的足够重视，并采取有力措施促使更多的中年人步入网络天地。

被称为“数字经济之父”的泰普斯科特在《数字化成长：网络时代的崛起》[1]中认为，由于小孩喜爱互动式的网络电脑，使今天的美国小孩看电视的时间比五年前少，比其父母在和他们同年龄时的看电视时间更少。因此，他们是网络时代（Net generation），简称N时代。书中描述的15岁的奥斯汀·洛克说：“这是人类文明发展的头一遭，孩子们可以教育年纪较大的人们，因为孩子们更娴熟于使用电脑，父母、教师及其他成人都向孩子寻求电脑的相关资讯及协助”。不要以为这是一个预言式的畅想，其实在我们身边已经开始出现了父学子教式的网络消费形式。

问题的实质不在于谁教谁，而在于青少年一代与老年甚至中年一代在观念和行为模式上的巨大差异。如果我们不正视这种代际差异，不设法弥补网络消费中的“网沟”，就会出现现实生活中的代际冲突，中老年一代就会因落伍于网络消费步伐而过早地成为过去，这是一个引人注意的社会问题。

（三）“灰色消费”现象

我国网络市场的“灰色消费”现象是较为普遍的，主要表现为利用工作单位的设备和费用进行网络消费。历次《中国互联网络发展状况统计报告》显示，有相当一部分人的上网地点为工作单位；也有一些消费者全部或部分地用公费上网。由于中国特有的“单位”体制，这种灰色消费将会在一定程度上存续下去。客观地说，灰色消费在扩大网络消费者群、推动网络消费快速发展的初期是有积极意义的，但其长远影响尤其是对工作单位的经济影响，应是一个需严肃对待的问题。

---

〔1〕［美］泰普斯科特：《数字化成长：网络时代的崛起》，陈晓开、袁世佩译，东北财经大学出版社1999年版。

“单位制”是中国的一大特色，也是我国网民长期以来所熟悉和习惯的一种管理体制。在这种体制下，“单位”不仅是一个经济主体，而且是一个具有全部社会功能的“小社会”。人们不仅在“单位”工作，而且要依靠其解决几乎所有的生老病死等问题，因此“单位”就是“家”。在“单位制”环境中，人们会熟悉一种“大家”（单位）与“小家”（家庭）相通的生活模式，只要是“大家”所拥有的资源，“小家”一般都是可以使用的。

由于“大家”与“小家”相通，使得相当一部分网民的上网费用是公私兼有的，甚至全部由公费承担，从而形成网络支出的不透明，即所谓“灰色消费”。网络消费中的灰色现象不仅可以扭曲网络市场的价格信号，而且可能使网民的消费行为发生形变。

（四）消费过度问题

许多研究发现，网络消费是可以成瘾的，人们花在网上的时间越多，就越是沉迷于此。诺曼·尼（Norman，H.Nie）预测说，互联网的使用者与社会隔绝的趋势将会增强。[1]有消息说，中国网民中已经开始出现一些“网络病”，这是值得警觉的。

匹兹堡大学的金伯利·杨（Kimberly Young）是最早对“互联网依赖症”进行研究的学者之一。他发现，上网成瘾与病态赌博有许多相似之处，是一种很难对付的现象。专家们认为，那些在现实生活中缺乏社会支持的人，一旦步入网络世界就很可能患上“网络病”。

现代都市文明在一定程度上阻隔了人与人之间的交往，但是许多在现实中很难找到倾诉对象的人，都有可能通过上网来解决问题，这使网民患“互联网依赖症”的可能性大大提高了。尤其需要警惕的是，我国实行“一对夫妇一个孩”政策以来所产生的整整一代独生子女，目前正是网络世界中的主导部分，他们虽然在现实生活中因没有兄弟姐妹而缺少互动经验，却可以在网络生活中去弥补那份情感。当然，这也是“网络病”的一大根源。

---

〔1〕 John Markoff . A Newer Newer Lonelier Crowd Emerges in Internet Study. *The New York Times*. Vol.CXLIX.No.51300，2000.

第三章　网络化结构效能

第一节　一种新的社区形式：网络社区*

一、网络社区的形成及其特性

（一）网络社区的形成

信息高速公路的出现使人类沟通方式发生了革命性的变化，并由此而产生了一种新质的社区形式，即网络社区。

社区由人际沟通较为密切的社会成员整合而成，其形态和功能也随人类沟通方式的变化而演化。语言，作为信息交流的第一载体，始终是人类沟通的基本形式，也是决定社区形态的基本要素。文字的出现，虽冲淡了人们原有的时空概念，使跨时空沟通成为可能，但却存在异步沟通的"时滞"障碍。因此，由印刷术所引发的"第一次信息技术革命"，在推动人类社会由农业文明步入工业文明的过程中并没有动摇传统的以地域为基础的社区形态。由计算机通信技术所引发的新一轮信息技术革命，尤其是以信息高速公路为代表的互联网络的出现，基本上消除了跨时空沟通的"时滞"，使人类沟通发生着一场深刻的革命。

沟通是人们相互之间传递、交流各种观念、思想、情感，以建立和巩固人际关系的过程。作为社会基础要素之一的沟通，还必须具备可同步交换、可多主体共享、可局域分割等特性。

---

*　原载《中国国情国力》1998年第3期。

语言是可同步交换的，同时也是可多主体共享、可局域分割的，因此它至今仍是人类沟通的主要方式和决定社区形态的基础要素。文字可以多主体共享和局域分割，但不能同步交换，因此并不能构成社区的基础要素。而作为新质沟通方式的网络沟通，则完全具备了这三个特性，因此将作为人类沟通方式革命而影响社区的形态。

首先，网络沟通可以同步交换信息，因而可用作社区的基本沟通方式。一个社区必须有一种能够同步交换信息的基本沟通方式。迄今为止，人类尚没有找到一种优于语言的基本沟通方式。网络沟通的出现，使人类拥有了一种虽不如语言快捷，但基本上可以同步交换信息，且能进行跨时空交际的沟通方式。因此，网络沟通具备了用作社区基本沟通方式的潜在可能。与此相比，文字沟通虽具有可跨时空的优点，但由于不可同步交换信息而只能用作社区的辅助沟通方式。

其次，网络沟通可以多主体共享，因而可用之于社区成员的大众化交流。凡称之为社区的社会群体，不仅有两两交流的人际沟通，而且有多人参与的大众化交流。语言可用之于多主体进行大众化交流，这是显而易见的；电话是远距离会话工具，但基本上用于两两交际，因而不能用作大众化交流手段；网络沟通则是既可两两交际，又可进行多主体的大众化交流，因而是一种能够满足社区沟通之需的新质沟通方式。

最后，网络沟通可以进行局域分割，因而可用于界定社区范围。互联网络的迅速发展，在一定意义上证明了加拿大学者马歇尔·麦克卢汉的正确论断：现代传播使当今世界成为“地球村”。其实，如果地球真的成了一个互联之村，网络社区也就不存在了，因为社区作为社会的构成单位，只能是一个具体的、有限制的社会共同体，国内外社会学界绝少有人把一个国家，乃至一个省份、一个大的地区界定为一个社区。也就是说，网络社区的形成，不仅要靠遍布世界的互联网络的相互沟通，而且要靠互联网络的局域分割技术。在网络实践中，防火墙（firewall）等局域分割技术成功地解决了这一问题，使网络用户可以根据需要形成一个个相对独立的群落，即网络社区。

（二）网络社区的特性

信息高速公路为人们提供了一种冲破传统地域社区的通道，使人们有可能在网络之中生成一个与地理空间不同的网络空间（Cyberspace）。在这个空间里，人们可以创造“共同的文化”和行为规范；进而实现情感上的依存和相对独立的交往圈子。这样，一个特殊意义的社会共同体——网络社区就形成了。从构成要素看，网络社区的基本要素是：（1）以网络沟通为纽带相互联系、共同参与网络社会共同体并达到一定数量规模的网络人群；（2）该网络人群赖以从事沟通和共同活动的域名［DN（domain name）］系统，这一系统是网络用户之间经整合而成的交流空间；（3）具备相对完整的、可以满足网络人群某种特定需要的信息服务系统；（4）具备共同的文化和制度，其中包括共同的语言、适合社区生活的网络伦理、约束网络行为的法规制度等；（5）网络社区成员相互间及其对社区的认同感。1955年，美国学者G.A.希莱里对已有的94个社区定义作了比较研究，其中69个定义认为社区的本质要素有三点，即地域、共同的纽带和社会交往。可见，网络社区就其本质要素而言与传统社区大致相同，但要对“地域”的概念进行泛化理解，由地缘概念扩展为网络域名系统概念。

由于构成要素的相同与相异，使得网络社区的总体特征极富个性。第一，网络社区是一种社会互动共同体，即网络成员借网络进行心理交感和行为交往的社会单位。第二，网络社区是以网络空间为活动区域的社会群落，它同时超越了传统社区的地域疆界和社会行政区划的地区控制，成为其独有的界域形式。第三，网络社区是一个相对独立的社会共同体，也是人类生活中除家庭和办公室以外的“第三个处所”。第四，网络社区是一个有限的、可界域的具体社会群落。第五，网络社区主要是一种精神社区，而不是一个完备的社会单位。网络社区的活动内容多是一些精神产品的交流和人际互动，因此，以往社区理论中并不被看重的精神要素（如归属、认同感）反居于重要位置，精神性功能也是其主要功能。同时，网络社区由于不具备相对完整的生活服务设施，社区生活的内容也并非是全方位的，因此它不是一个完备的社会单位。由此可以认为，网络社区是一种与传统社区共生的复合型社会共同体。

二、网络社区的发展与建设

随着信息化进程的加快，网络社区将会在不断发展中占据重要的社会地位。为此，关注网络社区的形成与发展，并对以下问题予以适当的调控是十分必要的。

（一）网络社区的行为规范

网络社区及其所宿栖的信息高速公路，正在将人类生活引入一个新天地。斯坦福大学教授约翰·科阿告诫人们："现在，你必须毫不怜惜地抛弃各种妨碍创造性的因素：标准的运作程序、礼仪、行为准则、限制性的品牌形象，对以往成功满怀崇敬的记忆。"面对新的生活空间，"破"是必要的，但"立"也是必须的，当网络社区开始形成的时候，网络行为规范的创立就十分迫切了。

由于网络行为具有跨文化的互动性质，因此其规范的整合将是一个十分复杂的问题。美国学者罗伯特·N.巴格认为："在当今伦理困境正在变得越来越复杂的计算机世界中，找一种简单的、包括每一个人都赞同的标准的道德的希望是比较渺茫的，然而这并不意味着做这种努力是无用的，对其有不同哲学世界观的人来讲，同意相同的标准——尽管出于不同的理由，还是有可能的。"看来，网络社区的行为规范问题，恐怕要从最基本的东西做起。

国外一些网络组织在这方面已经进行了一些有益的尝试，比较著名的是美国计算机伦理协会制定的10条诫律以及南加利福尼亚大学网络伦理声明中所指出的6种不道德网络行为。美国杜克大学曾在环球网WWW（World Wide Wed）上开设了一门名为"伦理学和国际互联网络"的课程，使授课者和学习者能够在网上对网络行为规范进行讨论和交流。

中国的"国家信息基础结构"（National Information Infrastrueture）建设与发达国家相比是滞后的，但对网络社会问题的研究则不宜滞后。因此，如何在信息化进程中同步形成健康、合理、有效的网络行为规范，应是一个值得重视的新课题。

（二）网络社区发展与生活方式现代化

人类的技术进步和社会发展，最终总要落脚在生活方式的进步上。早在1976年，当时的法国总统德斯坦就指出："信息处理技术各项应用的发展，是经济和社会组织以及生活方式变化的因素，最好是我们的社会能促进它，同时又能控制它，使之为民主和人类发展服务。"正如其所言，信息化已经并继续推动人类生活方式的现代化，而网络社区则是这一推进过程的中继环节。

首先，网络生活的健康发展，将成为推进生活方式现代化的重要力量。网络生活是一种高智力活动，既需要计算机通信的硬件知识，也需要精神生活的软件修养，因而对其参与者的要求是较高的，这将催发网络社区成员的求知欲望。随着网络生活的健康发展，其参与者的自身素质将得到不断提高。由此，网络生活就成了推进人们生活方式现代化的重要力量。

其次，能否顺利地参与网络社区，将是现代生活方式的重要标志之一。所谓现代生活方式，在不同时代应有不同的标志性内容。信息社会的现代生活方式，不可能是游离于网络社区之外的生活方式。因此，从未来的发展角度看，能否顺利地参与到网络社区之中，将是衡量其生活方式现代化水平的重要标志之一。

最后，网络社区对生活方式的提升作用，将有赖于人们的信息能力。实际上，网络社区对生活方式现代化的推进作用并不是自然发生的，其对不同主体生活方式的提升程度也并非是等距离的，这里，另一个至关重要的因素是人们的信息能力。可以断言，网络社区对生活方式的提升作用，将与主体的信息能力成正比。

（三）网络社区与社会发展的协调

尼葛洛庞帝认为，“互联网络用户构成的社区将成为日常生活的主流，其人口结构将越来越接近世界本身的人口结构。”因此，目前被视为少数人行为的网络行为将逐渐上升为多数人的行为，网络社区也将与社会发展结合得越来越紧密。那么，如何协调网络社区与社会发展之间的关系呢?

第一，将网络社区纳入社会发展视野。社区发展在社会发展中的重要地位，已经开始被人们所认识。一般认为，“无社会发展的经济发展既不可取也不可行；同样，牺牲社区来追求社会的发展也并非合理之途，无社区发展的社会发展一样是既不可取也不可得的。从社区这一基础出发，依托和着眼于社区的发展来谋求社会发展，将社会发展置于社会发展理应包括的目标之中。这样的发展观，代表了人类对发展目标理解和发展规律认识的真正革命”。这一发展观也应该适用于网络社区，因为从未来的角度看，网络社区将是一种具有普遍意义的社区，它不仅影响到整个社会的发展，而且其自身发展也是社会发展的一个重要方面。因此，面向21世纪的社会发展，应该自觉地将网络社区纳入自己的视野。

第二，提高域内网络社区与社会发展之间的整合程度。所谓域内网络社区，是指在一定行政区划内的网络社区。一般而言，只要网络社区成员均为同一国家（或地区）的公民，则可将其视为域内网络社区。由于域内网络社区的成员与同地域的一般社会成员同质性较高，因此二者的发展方向和目标从根本上说是一致的。此时，可以按整体与局部的关系原则来协请社区与社会发展，尽可能地提高其整合程度，使二者达到协调共进。

第三，对超地域性网络社区进行必要的社会调控。超地域性网络社区是指跨越几个行政区划的网络社区。如果网络社区成员分属不同的国家（或地区），则可将其视为超地域性网络社区。对于超地域性网络社区，应进行必要的社会调控。在操作上，一要积极参与创建网络文化，尤其是网络社区价值观；二要通过网络生活采借人类文明的精华为我所用；三要保持民族传统文化，抵御“文化帝国主义”的入侵；四要弘扬中华文明，使其为新世纪的信息文明做出贡献。

“网络真正的价值正越来越和信息无关，而和社区有关”。网络社区真正的价值正越来越和信息高速公路无关，而和社会发展相关。对此，我们应予以足够的重视。

第二节　虚拟公共领域功能实现的过程*

一、引言

“公共领域”（publicsphere）作为国家与社会之间进行调节的一个领域，是近年来中外学界研究的重要内容和热点问题。以往对于公共领域的研究，一直集中于现实社会的公共领域，近年来网络技术不断发展并在全球范围内迅速应用和推广，虚拟社会为人类提供了一个全新的互动场域，这个场域的部分空间构成了全新的公共领域，即虚拟公共领域。随着虚拟公共领域发育的逐渐成熟，其功能实现的过程有待未来的研究做进一步的确证，进而构建出一般理论。在实践意义上，对于虚拟社会公共领域的研究，可以为公共决策系统的科学决策和进一步规范网络发展提供有力依据和理论支持。

所谓“公共领域”，源于古代希腊雅典时代的城邦精神，其理念强调公民每日可以任意在市集（agora）上自由地发表言论并参与公共事务的讨论。[1]根

---

* 原载《北京邮电大学学报》（社会科学版）2008年第1期，合作者唐雨。

〔1〕 郭玉锦、王欢：《网上公共领域》，载《北京邮电大学学报》（社会科学版）2005年第3期。

据哈贝马斯的界定，公共领域是指介于市民社会和国家之间进行调解的一个领域，在这个领域中，有关一般利益问题和批判性公共讨论能够得到体制化的保障，形成所谓的公共意见。[1]虚拟公共领域作用的发挥应是一个连续的过程，依赖于各种虚拟社区及其相互之间的联系来实现，而不是单纯在某种或某个特定的虚拟社区内完成。因此，在这里，研究者将虚拟社会中所有面向公众开放的虚拟空间和虚拟社区都称为虚拟公共领域，包括聊天室、论坛（BBS）、新闻跟帖、博客（Blog）、维客（Wiki）等各种网络形式。研究者曾以哈贝马斯的理论为主要分析框架，发现虚拟公共领域由虚拟社群作为参与者，以新闻/评论、论坛、博客等形式的虚拟社区为媒介，通过辩论、讨论和非辩论促成共识。虚拟公共领域的特征主要体现在三个构成要素上，包括自由的参与者、水平式多向沟通的媒介和多元论述达成的共识[2]。

所谓决策，就是为实现一定的目标，在两个或两个以上的方案中做出选择的行为。公共领域的功能一方面在于影响公众的日常生活领域的决策，另一方面在于影响政府决策，本节只探讨政府决策的方面。政府决策是指国家行政机关在法定的权力和职能范围内，按照一定的程序和方法而做出的处理国家公共事务的决定。[3]

虚拟公共领域功能实现的过程，就是指虚拟社会的政治公共领域对现实社会政府决策的影响。本节以上述理论框架为基石，以“孙志刚事件”作为研究个案，通过选择适当的信息智能收集和处理系统（CISnet3.0），获得时间序列上的初级资料并建立了Access数据库，借此从“孙志刚事件”在虚拟社会和现实社会发展的两条线索来考察虚拟公共领域功能实现的过程，并试图对此过程进行模式发现。

二、影响政府决策的过程

（一）维度的选择

时间，是对事物过程研究的一个重要维度。要分析“孙志刚事件”的发

[1] [德]哈贝马斯：《公共领域的结构转型》，曹卫东、刘北城等译，学林出版社1999年版，第2页。

[2] 唐雨：《虚拟公共领域的构成及特征》，载《社会工程与管理国际会议论文集》，哈尔滨工业大学，2000年。

[3] 闫维：《简论美国政府决策体制及其对我国的启示》，载《江西行政学院学报》2001年第9期。

展过程，研究者决定从现有的“孙志刚事件”在虚拟社会发生的记录入手，期望从时间序列上的密度和分布初步了解整个事件过程的波动。“孙志刚事件”的影响是深远的，但就整个事件发展过程来看，2004年10月，孙志刚案被写入《广州年鉴》的2003年大事记是一个标志性的结束。所以，研究者从2003年4月25日《南方都市报》以《被收容者孙志刚之死》为题首次披露“孙志刚事件”作为起点，以2004年12月31日作为终点，对事件过程进行分析。调查分析显示，在从2003年4月25日到2004年12月31日的这段时间里，共有249天有记录发生。观察记录的频次分布，我们可以大致分出2003.4.25～2003.5.4、2003.5.13～2003.5.27、2003.6.4～2003.6.28、2003.8.1～2003.8.13、2003.12.18～2003.12.28、2004.9.27～2004.9.28、2004.10.24～2004.10.27这7个频次密度比较高的时间段，其中2003.6.4～2003.6.28这个时间段集中了881条记录，占所有记录的61.35%，是整个事件发展的高潮时间段。

（二）过程的分析

按照前面的时间分布，研究者对照记录的主题与内容，整理出“孙志刚事件”发展的主要过程。通过“孙志刚事件”过程简表（文略）我们可以清晰地看到公众舆论和行动推动下的决策过程。“孙志刚事件”通过《南方都市报》一进入虚拟社会便引起广泛而强烈的关注，迅速升温的网络舆论引起了国务院和广东省委的重视，公安部增派了工作组，进而推动了对案件的调查。经由对收容制度和立法的普遍反思与讨论，形成了以救济取代收容的共识和三位法学博士与五位法学家的联合行动，最终导致了《城市流浪人员乞讨收容遣送办法》的废止和《城市生活无着的流浪乞讨人员救助管理办法（草案）》的出台，在全国范围内摘牌收容站、挂牌救助站。由“孙志刚事件”引发的对人性教育、人权意识和基层执法人员的素质的讨论，使各地方政府尤其是广东政府，做出了吸取经验教训、加强执法教育和狠抓作风建设的政策调整，并将孙志刚案写入2003年的《广州年鉴》。同时，我们也看到每当回应公众舆论的政府决策出台后，公众对其合理性及实施等方面会有即时的反馈与讨论。此外，在事件高潮退去之后，虚拟公共领域的参与者有一个自我认知的过程，对以网络媒体为媒介形成的公众舆论进行了理性的评估，意识到虚拟公共领域蕴含了强大影响公共决策的力量。

三、与现实公共领域的融合

(一)融合的端倪

从“孙志刚事件”在虚拟社会的发展过程看，虚拟公共领域作为公共领域影响政府决策的力量确实不容低估，其理想程度甚至有些出乎研究者的预期，基本上是规律的“舆论——决策”或“舆论——行动——决策”的过程。虚拟公共领域的功能真的是与生俱来的如此强大么?还是在此过程中另有其他因素的作用?研究者重新检视所有资料和记录，尝试发现新的分析变量和属性，以期有所收获。

在重新检视数据库时，研究者发现“孙志刚事件总纲”(限于篇幅、文略)和“相关链接表”(限于篇幅、文略)中的字段“一级消息来源”和“二级消息来源”中不仅有网络媒体，还包括《人民日报》、中央电视台《经济半小时》《法律与生活》杂志等传统媒体。于是，研究者分别在两个表中的“一级消息来源”和“二级消息来源”的两个字段后面新生成了“一级媒体类型”和“二级媒体类型”字段，将媒体类型分为“网络媒体”“传统媒体—报刊”“传统媒体—杂志”和“传统媒体—电视”四种。然后将两个表的所有记录按时间混合排序，考察在此维度上的记录的页面种类和媒体类型的关系。如图1所示，在页面种类中“新闻/评论”类型的记录最多，其次是“论坛”。在一级媒体类型中“传统媒体—报刊”最多，“网络媒体”紧随其后。也就是说，如果不考虑未标明消息来源的记录，“新闻/评论”形式的记录其消息主要来源于“传统媒体—报刊”和“网络媒体”，而“论坛”形式的记录则主要来源于“网络媒体”“传统媒体—报刊”和“传统媒体—电视”。可见，传统媒体尤其是报刊在消息来源方面承担了重要角色。从时间上看，传统媒体和网络媒体对“孙志刚事件”的关注基本保持同步。用“二级媒体类型”做同样分析结果类似，由于篇幅限制在此不再给出图示，区别仅在于“二级消息来源”中“无”的比例较大。

(二)融合的模式

为了进一步考察虚拟公共领域与现实公共领域的关系，我们继续抓住消息来源及其媒体类型这条线索，先来厘清网络媒体页面种类与一级媒体类型分布图与传统媒体的关系。为此，研究者对“孙志刚事件总纲”和“相关链接表”两个表中所有记录的“一级消息来源”“一级媒体类型”“二级消息来源”“二级媒体类型”进行了描述统计。表1中“无”表示该记录未注明消息来源，另一种情况是该消息由本网采编，但具体是何种情况无从考证。暂抛开“无”的情况，我们可以发现作为“一级消息来源”的“网络媒体”和“传统媒体—报刊”的数量和比例不分上下，分别为128（26.61%）、432（44.77%）和128（26.61%）、422（44.73%），作为“二级消息来源”的“传统媒体—报刊”的数量和比例高出“网络媒体”，分别为17（3.53%）、138（14.3%）和14（2.91%）和7（0.73%），从总数上作为消息来源的传统媒体（716）也比网络媒体（581）多。这些数据表明，我们搜集到的“孙志刚事件”的记录有来自本网采编的；有来自其他网络媒体的；有来自传统媒体尤其是报刊的报道的，最终的来源还主要是传统媒体的报刊。这里还有一点要补充的是，在所有“二级消息来源”的记录中，“一级消息来源”的媒体类型为“网络媒体”的，其“二级消息来源”的媒体类型全部为传统媒体，而“一级消息来源”的媒体类型为传统媒体的，其“二级消息来源”的媒体类型中有9个是“网络媒体”。

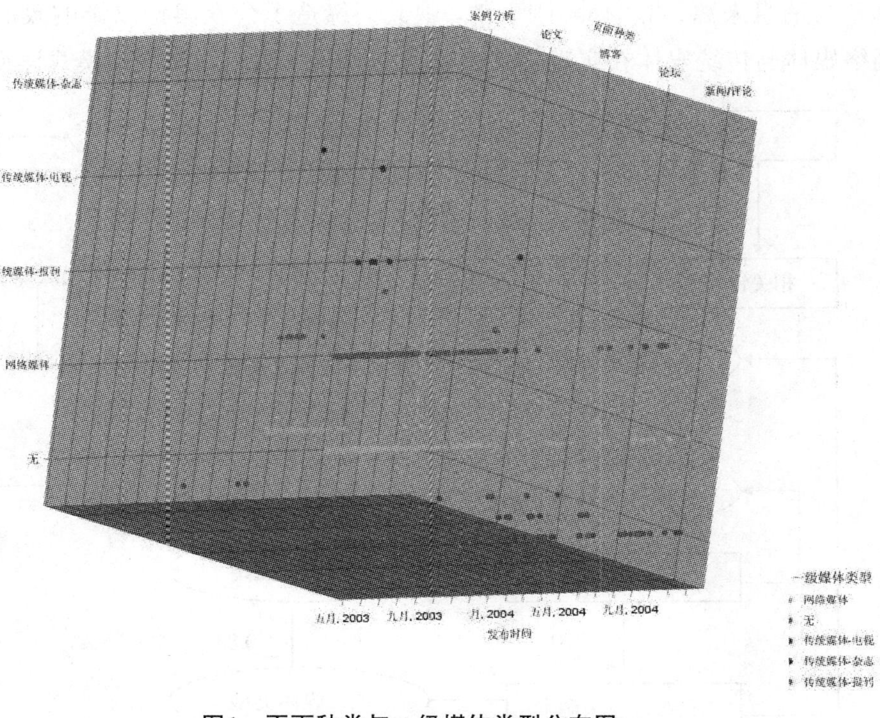

图1 页面种类与一级媒体类型分布图

表1　消息来源与媒体类型分布表

项目＼种类			无	网络媒体	传统媒体—报刊	传统媒体—电视	传统媒体—杂志	总计
总纲	一级消息来源	记录数	221	128	128	4	0	481
		百分比	45.95%	26.61%	26.61%	0.83%	0%	100%
	二级消息来源	记录数	450	14	17	0	0	481
		百分比	93.56%	2.91%	3.53%	0%	0%	100%
相关链接表	一级消息来源	记录数	105	432	422	3	3	965
		百分比	10.88%	44.77%	43.73%	0.31%	0.31%	100%
	二级消息来源	记录数	819	7	138	1	0	965
		百分比	84.87%	0.73%	14.3%	0.1%	0%	100%
总计			1595	581	705	8	3	2892

从前面对消息来源及媒体类型基本情况的描述可见，网络媒体和传统媒体互为消息来源，在“孙志刚事件”中共同缔造了公众舆论以影响政府决策。网络媒体与传统媒体在实现公共领域功能时相互作用的强度和模式详见图2。

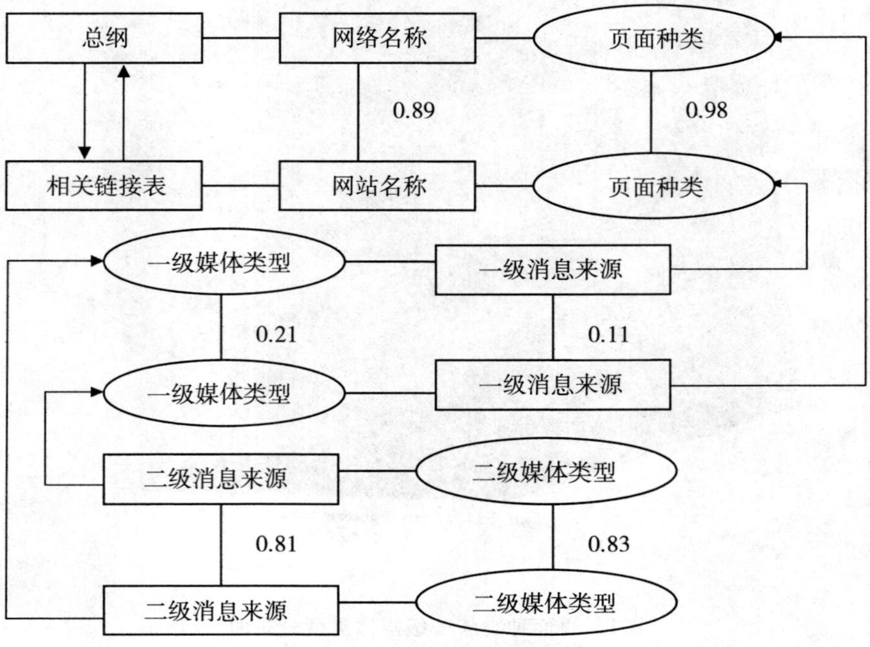

图2　议题传播模式图

图2是从“孙志刚事件总纲”和“相关链接表”的关系入手分析出来的。“相关链接表”是根据“孙志刚事件总纲”中字段“相关链接数”和“相关链接地址”延展而成，其字段“源序号”对应的就是“孙志刚事件总纲”中的序号。这样，我们可以通过“总纲”中记录的“网站名称”“页面种类”与其相关链接的匹配程度来分析公共议题在虚拟公共领域传播的规律，再通过两者在“一级消息来源”“一级媒体类型”“二级消息来源”“二级媒体类型”上的匹配来分析网络媒体与传统媒体的相互作用模式。从图2提供给我们的信息，“总纲”中的记录与其相关链接的记录在“网站名称”和“页面种类”上的匹配度分别为0.89和0.98，这说明“孙志刚事件”这个议题在网络媒体中的传播以同网站内部的同种类社区为主要关联规则，比如发生在新浪网站的“国内新闻”社区的记录，其相关链接多为此“国内新闻”或新浪其他同类分社区的记录。“总纲”和“相关链接表”的“一级消息来源”和“一级媒体类型”的匹配度很低，分别为0.11和0.21，这说明同一网站和相同类型社区的议题多来自不同类型的不同媒体。“二级消息来源”和“二级媒体类型”的匹配度很高，分别为0.81和0.83，这说明议题的最终来源比较集中，结合前面表1我们可以计算出“二级消息来源”，传统媒体的数量和约是网络媒体的7倍，可见最终消息来源较集中于传统媒体尤其是报刊。

综上，对政府决策公共事务的影响并非仅为虚拟公共领域单独作用的结果。如果没有以传统媒体作为媒介的现实公共领域的参与，公共议题的形成与传播就不会如此畅通，也就不会形成虚拟公共领域内如此热烈的讨论和如此强大的舆论力量。有人曾经预言，随着互联网的兴起，传统媒体将会受到挑战，会逐渐失去生存的空间，退出历史舞台。然而我们看到事实并非如此，传统媒体并没有被网络媒体所取代。它们之间不是此消彼长的竞争关系；相反，二者正逐渐走向优势互补的合作与整合。网络媒体确实有着平等、开放、互动等特点，但传统媒体也有自己的独特优势：一方面，尽管网上的信息很多，但是很多信息第一来源仍然是传统媒体，大量的社会信息，尤其重大的新闻信息，仍掌握在传统媒体手里，它们是新闻原材料的提供者；另一方面，传统媒体拥有一支庞大的训练有素的记者队伍和一整套成熟高效的采编经验、采编方法和采编手段，这是大多数网络媒体所无法比拟的。目前，有不少报业集团开始在网络媒体中开辟自己的空间，这大大增加了传统媒体为网络媒体提供消息来源和舆论出口的可能性，有利于二者更为紧密地结合。公共议题通过传统媒体从现实公共领域进入以网络媒体和虚拟社区为媒介的虚拟公共领域，讨论与传播同步进行并达成广泛的共识，传统媒体又参与促成虚拟公共领域内的共识转化为公共舆论并协助传达给政府，进而影响其对公共事务的决策。

四、结语

本节首先以时间作为分析的维度，对“孙志刚事件”在虚拟公共领域发展的完整过程进行了细致的梳理，从七个显著的时间段清晰地看到公众舆论和行动推动下的决策过程，抽象出“舆论—决策”和“舆论—行动—决策”的过程模式。研究者并未满足于这样的发现，而是抱着怀疑的态度继续探索，在重新审视所有研究资料时发现了传统媒体这个重要因素。对研究资料的二度挖掘，研究者发现传统媒体对公共议题的报道与网络媒体是共时态同分布的。传统媒体作为网络媒体的主要消息来源，促成了虚拟公共领域中议题的讨论与共识的形成，并作为虚拟公共领域的公众舆论的出口，将共识传达到现实公共领域，现实公共领域与虚拟公共领域的融合形成更大的公共领域的力量，最终共同影响政府对公共事务的决策。

第三节　网络集体行动的意义建构*

——基于斯图亚特·霍尔的编码—解码理论的分析

互联网改变了世界，同时改变了人们对世界的认识方式和改造方式。人们通过网络平台发表意见，表达诉求，甚至是为维护利益而发动或参与大规模的舆论攻势或现实的集体行动，已成为一种常见的表达形式。大规模的网民在相对自发、无组织和不稳定的情况下，以社会管理和公共事务为话题，在网络上发布和传播信息，表达言论、制造舆论和促发行动的群体性努力，称为网络集体行动。网络集体行动可以划分为两类，一类是仅限于语言表达，如网

* 原载《南京邮电大学学报》（社会科学版）2015年第3期，合作者梅梅。

络舆论、网络谣言，这类网络集体行动的特点是基于共同的关注点而进行的意见、态度和观点的表达；另一类是基于网络或利用网络的行为表达，如人肉搜索、网络群体性事件，这类网络集体行动的特点是有明确的行动目标和实际行动，可以是网上行动，也可以发展为网下行动。关于集体行动是如何发生的，社会建构理论认为，不同背景的行动者之所以能够聚集一起共同关注某个社会事件，是因为该事件被赋予了某种意义。也就是说，只有当社会问题或事件被大规模的网民感知并赋予其特定意义时才会引发网络集体行动[1]。因此，网络集体行动的产生依赖于人们对于“事件”不断的意义建构，而“意义”的生产和传播存在“主导的复杂结构”[2]。斯图亚特·霍尔的编码—解码理论提出需要在“生产、流通、使用、再生产”这种“主导的复杂结构”中研究大众传播过程。斯图亚特·霍尔虽然是针对电视话语提出的编码—解码理论，但是这个模式可以运用于任何话语生产的分析中。本节将运用斯图亚特·霍尔的编码—解码理论分析网络集体行动中话语意义的生产与传播过程。

一、斯图亚特·霍尔的编码—解码理论的启示

在《电视话语中的编码和解码》中，斯图亚特·霍尔提出“事件必须在电视话语的视听形式范围之内符号化”，“这个事件在变为可传播的事件之前，必须要变成一个‘故事’”。也就是说，任何种类的信息传播都不是自然生成的，在信息发送之前必须对它进行重新构建。因此，电视产品首先由信息的发送者“生产”出来，即信息的编码。信息的编码受到多种因素影响，包括“知识构架”“生产关系”和“技术基础结构”的影响，具体而言信息编码受到制度结构、传播媒介和方式，编码者的知识结构、技术水平、职业道德、价值观念，社会以及历史地界等因素的影响。信息编码完成之后，便经过“流通”环节进入接收者的视野，即信息从编码者被传送到接收者。信息的“使用”和“再生产”几乎是同时进行的，霍尔认为，编码的信息一旦被传送，编码者便失去了控制权，接收者获得信息的同时根据自身的“库存知识”（stock of knowledge）进

〔1〕 白淑英、崔静：《从意义建构到共识达成——关于网络集体行动的一个解释模型》，载《兰州大学学报》（社会科学版）2014年第2期。

〔2〕 ［英］斯图亚特·霍尔：《编码解码》，载罗钢、刘象愚：《文化研究读本》，中国社会科学出版社2011年版，第351页。

行解码，再创造出信息的意义。由于信息的编码者和解码者之间的关系和地位的结构差异，以及二者的符码之间的不对称性，造成了解码者的三种解读方式：主导—霸权解读、协商解读和对抗性解读。

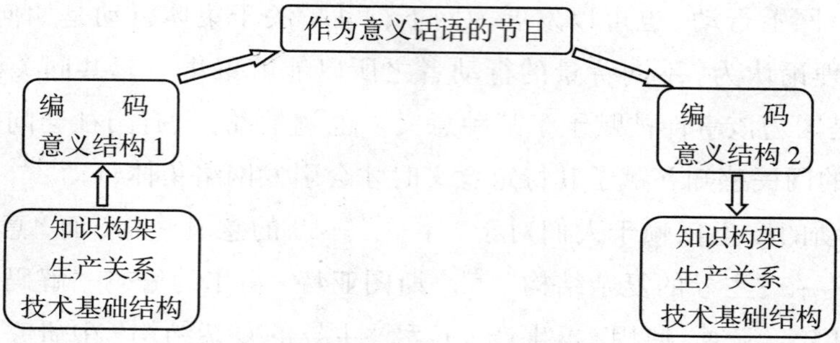

图1　斯图亚特·霍尔的“编码—解码”模型

网络环境下集体行动的意义构建通过信息的编码和解码的过程完成。由于网络媒介不同于电视媒介的新特点，在网络场域下信息的编码与解码产生了新的变化。第一，网络话语的意义建构更加复杂，是在信息发起者与行动参与者、行动参与者与行动参与者之间的互动中不断地编码与解码，此间编码者与解码者并没有清晰的界限。第二，信息发起者依据自身的知识、社会关系和结构对信息编码，以能够被行动参与者所解码的符码构建意义，目的是最大限度地引起行动参与者的关注和认同。第三，信息发起者的背景复杂，不再仅仅是所属某个媒体机构的专业人士的职业行为，很多情况下是以“私媒体”的形式发布个人化的信息，其对信息的编码更加容易脱离主流意识形态的控制。第四，行动参与者在信息发起者所编制的符码范畴内解码，同时在自身的社会文化背景下重新编码，不断地构建出新意义，并呈现多元化。第五，行动参与者能够轻易地观察到其他参与者的编码，参与者的解码受其影响。第六，行动参与者编制出的话语意义会向其他舆论领域扩散，常常引起其他媒介的关注并形成互动态势，此时其他媒介同样对事件进行着解码与编码并进一步构建意义。网络集体行动中话语意义的建构过程如图2所示。

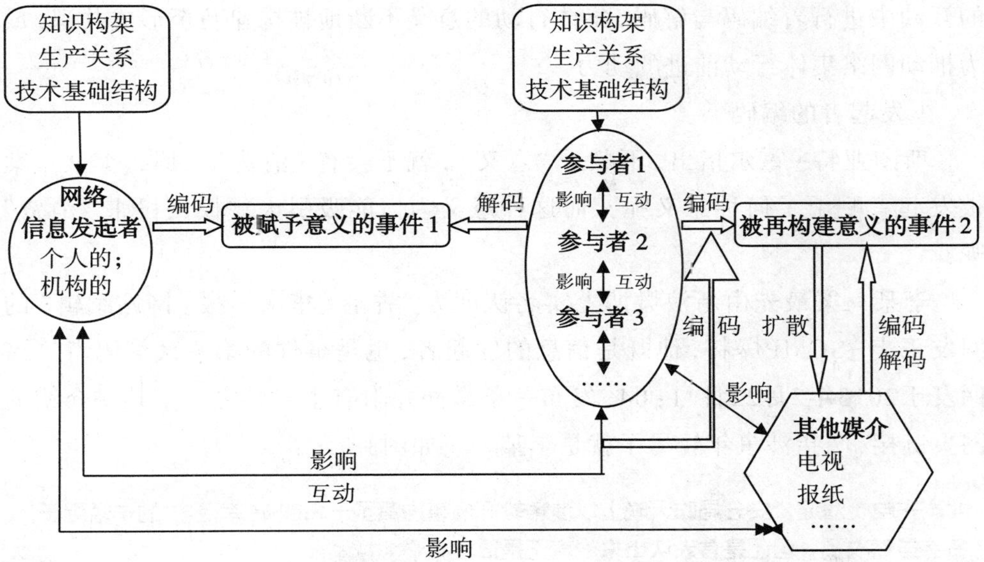

图2　网络集体行动中话语意义的“编码—解码”模型

二、李某一案件中的编码与解码

（一）案件背景

李某一，2013年2月17日晚，李某一伙同他人在某宾馆内轮奸一女子。2013年2月19日，北京市海淀分局接到女事主报警。2013年3月7日，李某一等人因涉嫌轮奸被依法批捕。2013年7月8日，北京市海淀区人民检察院依法对李某一等人涉嫌强奸一案向海淀区人民法院提起公诉。2013年8月28日，李某一等人涉嫌强奸一案在海淀法院正式开庭审理。2013年11月27日，李某一案在北京市第一中级人民法院依法公开宣判，李某一等人被处以相应的刑罚。李某一在未成年（15岁）时因寻衅滋事被判处较轻刑罚，曾经引起社会关注，又因其父亲的身份，被赋予“富二代”“官二代”“红二代”等多重意义，此次案件发生后舆论一片哗然，社会公众普遍关注案件的发展。

（二）编码：集体行动意义的生产

李某一案并不是经过一次编码就完成了意义建构，而是随着事件的发展经历了多重主体的多次编码。信息发起者、行动参与者以及媒体之间在不断的互动中进行着编码与解码，集体行动的意义不断地被构建乃至形成共识，成为推动网络集体行动前进的动力。

1.发起者的编码

斯图亚特·霍尔指出，不赋予“意义”，就不会有“消费”。那么李某一案被发起者赋予了何种意义呢？而这种意义为何能吸引大规模网民来“消费”呢？

李某一案最先由新浪微博上实名认证为“香港《华南早报》网站编辑”的网友王丰-SCMP爆料，他既是信息的发起者，也是事件的第一次编码者。该网友于2013年2月22日11：04，发布一条微博并附有李某某之子李某一介绍的网页链接，暗指涉事年轻男子就是李某一。如图3所示：

图3　李某一案爆料微博

首先，王丰-SCMP是一位网站编辑，具有极强的专业水平，能够精准地把握新闻的要旨和爆点，他运用了“北京来电”（隐喻：神秘的高层、内幕消息）、“名字虽然改了”（隐喻：在中国普通人改名字是很难的，有门道的人才能办到。）、“认出来他真正是谁”（隐含意义：此人肯定让你大吃一惊，点击吧。）等能够引起网民兴趣的词语，一步步地引导网民打开“网页链接”，最终揭露这个人就是李某某的儿子李某一。王丰-SCMP的这条爆料微博看似是在揭秘，事实上他通过一条简短的微博，成功地给一件普通的刑事案件贴上了“特权阶层”和“可能的内幕交易”的标签，再次唤起了网民对社会阶层之间不平等的愤慨，进而加入事件的讨论中，形成了网络中草根阶层的舆论场。李某一曾经于2011年因殴打一对夫妇被收容教养一年，当时舆论场内的一个关注点即是李某一可能因为是李某某的儿子而被判处较轻刑罚。李某一的再次犯罪迅速地引发网民关注。

值得一提的是，在王丰-SCMP对信息进行编码之前，“北京来电”的主体已经对信息进行了一次编码，虽然这次编码影响了王丰-SCMP，但是由于这次编码并不是网络集体行动意义建构的初始，因此不被考虑在内。

2.参与者的编码

行动参与者的编码与解码同步，参与者对意义的解码的同时也在编码，并以评论的形式体现出来。在信息发起者所编制的符码范畴内，行动参与者依据自身的社会处境、价值观念、认知结构对已经建立起来的意义进行解码和编码，当参与者将自己的解码以评论的方式发布之后，其评论就构成微博文本的一部分，可以当作对微博文本的第二次编码。

王丰-SCMP在2013年2月22日11:04发布微博，第一个参与者的评论（内容：真的假的啊……）在当天11:05发布，最后一个参与者的评论（内容：现已尘埃落定）在2013年9月26日23:07发布。事实上，如图4所示，该条微博在发出后的两个小时（13点）后转发数（1026）和评论数（267）达到峰值，在12个小时后只有偶尔零星的参与者进入微博进行评论和转发。2013年2月22日14时左右，各门户网站均对该微博予以转载，并向北京市海淀公安分局咨询，随后北京市海淀分局发布通报证实李某一等五人因涉嫌强奸罪被刑事拘留。因此随着消息被证实和其他舆论平台的建立，网民开始转战其他舆论场所，以更新信息，表达观点，构建意义，进一步地推动集体行动的发展。

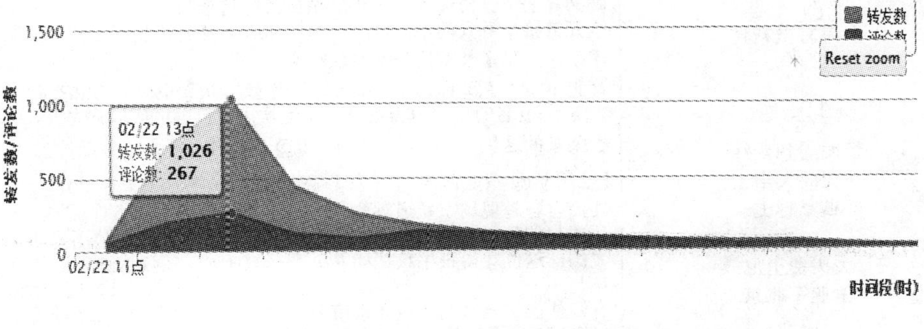

图4　转发数/评论数的时间（12小时）趋势图

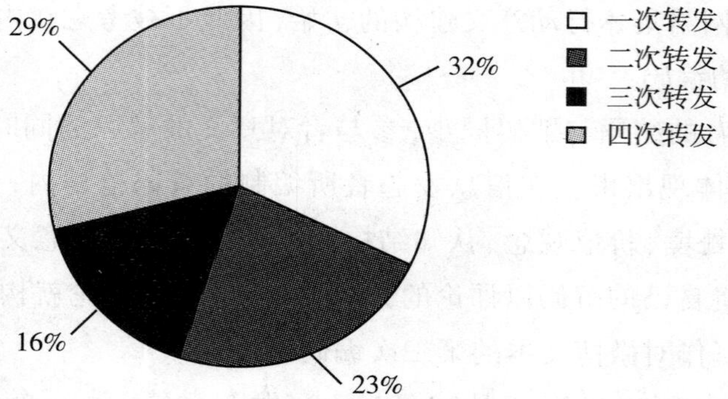

图5　行动参与者的转发层次统计

根据图5可知，该微博被参与者广泛转发，32%参与者一次转发，23%参与者二次转发，16%参与者三次转发，29%参与者四次转发。其中有10位关键传播参与者，他们的评论被多次转发，通过他们的评论可以考察行动参与者的编码过程。

表1　关键传播参与者的评论

参与者微博名称	评论
发起者：王丰-SCMP	元微博：北京来电：海淀公安分局昨天晚上以涉嫌轮奸刑事拘留了一名叫做“李某丰”的年轻男子。名字虽然改了，但还是有人认出来他真正是谁http://t.cn/zYC30EE
参与者： 王丰-SCMP 上海官微精选 新民周刊杨江 文冤阁大学士 私家野史 大头费里尼 王亚军北京 孟静 东方卫报 程旸cy	@平安北京 改名的事也值得查查。是上次出事后改的呢，还是干脆又弄了个身份证？这年头好像挺流行这个的。 点开链接，看到的是：“李某一，1996年4月出生于北京，父亲李某某、母亲梦某均是知名歌唱家……” 又犯事啦？ //@鲍志恒：坑爹，坑死爹。 //@王丰-SCMP: @平安北京 改名的事也值得查查。是上次出事后改的呢，还是 李某某的这块“小小猪排”哟！ //@何光伟：不改名会死吗？ [吃驚]//@费明微博：[转发]李某某之子。 江没有赶赴现场赔礼道歉？ 我想起的是归辛树两口子，归家起码还是因为孩子身体不好才溺爱的，这位壮得跟牛犊似的 //@反裤衩阵地：按说这种小孩儿应该是…… 有媒体已第一时间致电北京市公安局海淀分局工作人员求证此事，对方证实，李某某之子李某丰（原名：李某一）确实已被刑事拘留，具体细节不方便透露。2011年9月年仅15岁的李某一曾因殴打一对夫妻被刑事拘留，随后双方达成和解。最终性格还是决定命运。 有一句话挺适合李某一的——红歌“罩”你去战斗 真是他？ //@神气飞天猪：看来完全没有改造好……不知进去以后有没有书法歌唱比赛？

如表1所示，其中，“王丰-SCMP”作为信息发起者，又根据参与者的评

论，在11：43提出了“改名的事也值得查查”“还是干脆又弄了个身份证？”两个问题，其隐含的意义与元微博所构建的意义相呼应，通过再次编码强化“特权阶层肆意妄为，需要监督”的意义。

“上海官微精选”揭示点开链接之后的内容，节选李某一的父母背景，即“父亲李某某、母亲梦某均是知名歌唱家”。由此构建李某一的“富二代”“军二代”的身份意义，继续强化李某一案件的“特权”意义。大头费里尼的评论“李某某之子”与其有异曲同工之妙。

“新民周刊杨江”“孟静”和“王亚军北京”了解到2011年李某一因打人被劳教的事实，在已有的认识基础上，提出了李某一缺乏家教、父母亲有责任的新的意义。

“东方卫报”通过向官方求证而落实了李某一犯案的事实，并在此基础上重提2011年李某一的旧案以和解告终，并用“红歌‘罩’你去战斗”讽刺李某某护短的事实。同时暗示网民需要监督李某某是否还会利用关系“罩”孩子，提示可能发生的“暗箱操作”，新的意义被构建出来。

通过考察参与者的编码，可以发现，随着网络集体行动的发展，信息发起者和行动参与者不断地进行意义构建，最终将形成能够引领集体行动的共识性意义。

3.媒体的编码

2013年2月22日14时左右，各门户网站均对李某一案件的首发微博予以转载，赋予意义的信息开始向网络的其他舆论平台流动。受到网络舆论的影响，电视、报纸等传统媒体也纷纷报道李某一案件，赋予意义的信息开始向网下舆论领域扩散。各类媒体通过对信息话语意义的重新编码，不断地进行意义构建。网上、网下媒体之间的相互建构推动着网络集体行动的发展。

（三）解码：集体行动意义的再生产

在网络话语意义的建构中，编码与解码阶段很难截然分开，它们总是交互着同时发生。信息发起者和行动参与者在编码的同时对文本进行解码。集体行动的参与者按照自己对世界的认知解码文本，从而获得意义[1]。相对于信息发起者对于信息的首次编码，行动参与者的解码是集体行动意义的再生产。网民的评论能够体现他们的解码立场。下面以李某一案件爆料微博的评论为

〔1〕 范敬群：《网络话语意义的生产与传播研究》，载《华中农业大学学报》（社会科学版）2009年第2期。

文本，分析网络集体行动者的解码。在微博发布后的12个小时内的评论文本中，分别截取前20分钟、评论峰值附近10分钟、后20分钟的评论作为研究对象，考察行动者解码中的意义构建。

微博发布后的前20分钟内（11：05—11：25），共有13名行动参与者，发表了12条评论。其中有2名行动者转发微博并@他人，由于这2名行动者没有评论，所以不能观察到他们的意义建构。在12条评论中，4条评论在求证真相；5条评论批评李某一的人品；2条评论指向李某某的人品问题；还有1条评论是给发布者点赞，归类为其他。

表2　前20分钟内评论中的意义建构

意义	评论（条）
求证真相	4（33%）
指向李某一人品（负面）	5（42%）
指向李某某（负面）	2（17%）
其他	1（8%）

微博评论和转发峰值附近10分钟内（12：55—13：05），共有87条评论，其中有9条转发无评论。在其余的78条评论中，12条评论求证真相；25条评论批评李某一的人品；15条评论指向李某某的人品和教育方法有问题；8条评论认为李某一前次犯错没有得到应有的惩罚；7条评论讽刺李某一的家庭背景；还有11条评论没有具体指向，更多的充满了幸灾乐祸的情绪，归类为其他。

表3　峰值附近10分钟内评论中的意义建构

意义	评论（条）
求证真相	12（15%）
指向李某一人品（负面）	25（32%）
指向李某某人品、教育方法（负面）	15（19%）
2011年李某一打人处罚轻判	8（10%）
讽刺家庭背景、以钱权谋私	7（9%）
其他	11（14%）

表4 第12个小时的后20分钟内评论中的意义建构

意义	评论(条)
指向李某一人品(负面)	8(38%)
指向李某某人品、教育方法(负面)	3(14%)
2011年李某一打人处罚轻判	1(5%)
讽刺家庭背景、以钱权谋私	2(10%)
其他	7(33%)

微博发布后的第12个小时的后20分钟内(22:44—23:04),共有21条评论。其中,8条评论指向李某一的人品;3条评论指向李某某的人品和教育方法有问题;1条评论认为李某一上次犯罪处罚较轻;2条评论认为李某一辜负了他的“军二代”身份,而军队背景有助于他脱罪;还有7条评论没有具体意义,更多的是行动者之间与主题无关的回复,归类为其他。

通过三个不同时段的评论文本的分析可以看出,行动参与者的解码呈现多元化,这种多元化意义超出了信息发布者最初的意义建构。行动参与者根据信息发布者的编码、自身的“库存知识”以及其他行动参与者的编码,来解读意义,同时构建出多元化的意义,例如李某一的“坑爹”;李某某教子无方;李某某依靠特权帮儿子脱罪等。然而,随着时间的流逝,事件的意义逐渐地开始多元化,但其核心意义一直被不断地构建并完善。在微博发布后的前20分钟,虽然加入评论的行动者不多,但是已经提出了李某一“坑爹”和李某某教子无方这两个一直被不断构建的核心意义。当发展到微博转发和评论高峰时,大量的行动者参与讨论,又继续构建出李某一的特殊家庭背景有可能帮助他如两年前一样判处较轻刑罚的意义。

三、简要总结

网络集体行动的产生依赖于人们对于“事件”不断的意义建构,而意义的生产和传播即在行动者的编码与解码之间完成。运用斯图亚特·霍尔的编码-解码理论分析网络集体行动的意义建构具有一定的解释力。通过研究发现,网络媒介中集体行动的话语意义的编码和解码,与电视话语中的编码和解码相比,产生了新的特点。首先,网络集体行动中意义构建的主体主要由信息发起者和行动参与者组成,有时也出现可能的其他媒介渠道与前两者发生互动,并在三者相互建构中完善事件的意义。其次，经过信息发起者的编码、行动参与者的解码和编码到其他媒体的解码和编码，事件的意义被生产出来并不断地更新，呈现动态编码的特点。网络环境下编码者和解码者很难截然分开，编码者会对不断变化的意义进行解码，而解码者也根据情况赋予事件以新的符码。再次，被赋予意义的事件一旦被发布出去，便脱离了信息发布者的控制，行动参与者的解码呈现多元化趋势，其构建出的多元化意义常常超出了信息发布者最初赋予事件的意义。

总而言之，运用斯图亚特·霍尔的编码—解码理论分析网络集体行动的意义构建过程虽然具有一定的解释力，但仍然存在不足。例如，编码—解码理论并没有能够说明编码者和解码者是如何在自身的知识构架、生产关系以及技术基础结构的影响下进行意义的选择性建构，这是后续研究需要进一步探讨的问题。

第四节 行动者网络理论的困境及出路*

——以虚拟社区系统的社会建构为例

技术的社会型塑理论（SST）是科技哲学和知识社会学交叉的产物，它主要包括Pinch和Bijker的技术的社会建构理论（SCOT）、Hughes的技术系统（TS）理论以及Latour和Callon等人提出并完善的行动者网络理论（ANT，Actor-Network-Theory）三种解释进路，它们都认为科学、社会、经济、政治、文化等在技术发展中编织成一个有机的无缝之网[1]。在SS视野中，Pinch和Bijker眼中的自行车、Hughes关注的爱迪生电力照明系统、Latour笔下的炭疽病以及张滨楠和孟庆伟研究的试验卫星[2]，都是多主体社会建构的结果。值得注意的是：在行动者网络理论的视野中，某项技术产品或人工制品的社会建构

* 原载《自然辩证法研究》2009年第9期，合作者周桂林。

〔1〕 王汉生：《社会型塑技术的参与者分析》，载《自然辩证法研究》2008年第6期。

〔2〕 张滨楠、孟庆伟：《哈工大“试验卫星一号”工程项目中的“无缝之网”》，载《自然辩证法研究》2007年第11期。

中涉及的各种“行动者”主体在“广义对称性原则”下互动。这一原则虽然赋予物和人同等的能动性，动摇了西方二元论的哲学思想，但它却忽视了多主体互动中的权利问题，特别是具体情境中的某些特殊行动者的权利及其在行动者网络中的“非对称作用”。

为了分析行动者网络理论的“广义对称性原则”在特殊情境中的局限性，我们考察了一种特殊的人工制品或技术产品，即电子商务情境下的虚拟社区系统。我们认为，在企业对消费者（BtoC）型的电子商务环境中，虚拟社区系统的社会建构中所涉及的多主体的关系以及技术系统的社会建构过程与行动者网络理论的解释不尽相同。

一、行动者网络理论（ANT）的主要观点

拉图尔在1987年的著作《科学在行动：怎样在社会中追随科学家和工程师》中，利用脚本、问题界定、兴趣激发、招募成员、转译、简化、并置、策略和异质型工程等概念，试图打开行动者网络动态生成过程的“黑箱”[1]。脚本和问题界定明确主张和目标并吸引他人目光。招募成员包括吸收行动者参与并控制行动者行为两部分，其中，吸收行动者的前提是激发行动者兴趣，而这有赖于不同的“转移”策略；控制行动者则通过简化和并置来实现，简化是使被招募进这个网络中的行动者只对这个网络中所界定的问题服务，并置就是将所有行动者整合为持久的整体。

行动者网络理论受到科学知识社会学中的爱丁堡学派提出的“SSK的强纲领”（主要包括因果性、无偏见性、对称性和反身性等信条）的影响。以拉图尔为代表的巴黎学派认为强纲领忽视了自然物的作用，实际上存在很强的不对称性。因此，巴黎学派试图提出一种更具普遍性的广义对称性原则（generalsymmetryprinciple），以取代爱丁堡学派强纲领中宣称的对称原则。为了完成此任务，卡龙、劳和拉图尔等人倡导用“实践建构”来取代“社会建构”，并提出了意义更加广泛的“行动者”概念。“行动者”概念在拉图尔等

〔1〕　刘济亮：《拉图尔行动者网络理论研究》，哈尔滨工业大学2006年硕士学位论文，第24～25页。

人的观点中有两方面的革新，即能动性与广泛性[1]。拉图尔并不是把行动者看作处于某个特定位置以完成该位置预设功能的人，任何行动者都是转义者而不是中介，任何信息、条件在行动者这里都会发生转化。同时，拉图尔眼中的"行动者"不仅指行为人（actor），还包括观念、技术、生物等许多非人的物体（object），任何通过制造差别而改变了事物状态的东西都可以被称为"行动者"。通过对行动者概念的广义界定，行动者网络理论试图取消对自然与社会，主体与客体的传统二元划分，达到自然物与社会性观念之间的真正对称性。在"广义对称性原则"和"实践建构"指引下，他们进行了大量"实验室研究"或对人工制品的案例研究。例如，在拉图尔1988年的著作《法国的巴斯德化》中，法国"巴氏灭菌法"的发明过程与巴黎、君主、生物实验室、生病的牲畜、灰质物等行动者紧密联系，包括作为人的巴斯德和物的生物实验室甚至牲畜都在网络中发挥了重要作用。

二、虚拟社区系统的社会建构主体：基于行动者网络理论的分析

虚拟社区系统的本质是技术、经济与社会耦合而形成的网络沟通基础设施。借由注册注销子系统、公共平台交流子系统和个人后台管理子系统，为虚拟社区各主体的知识共享、信息交流和情感沟通提供虚拟社会空间。根据行动者网络理论，虚拟社区系统中存在多种互动主体（行动者）。拉图尔使用的"行动者"可以同时指称人和非人的存在和力量。因此，消费者、政府、电子商务企业、第三方组织和电子商务信任均可纳入行动者范畴。

（一）消费者

消费者是电子商务虚拟社区的主要使用者，他们对虚拟社区系统的认知、情感和行为将直接影响其消费意向和行为。因此，电子商务企业建构虚拟社区系统时首先要考虑的就是虚拟社区系统特征和功能与消费者需求的契合性，即虚拟社区系统能最大程度地满足消费者知识、信息和情感需求并提高消费效用。

（二）电子商务企业

作为电子商务虚拟社区系统的投资者，电子商务企业与虚拟社区系统的

---

〔1〕 吴莹、卢雨霞、陈家建、王一鸽：《跟随行动者重组社会——读拉图尔的〈重组社会：行动者网络理论〉》，载《社会学研究》2008年第2期。

关系在经济、技术、法律和社会等的复杂关系中得以体现。电子商务企业由于在虚拟社区系统上的资金投入和技术开发而拥有虚拟社区系统法律上的所有权。所有权基于资产投入的事实也说明，企业技术水平和资金充足性是虚拟社区系统质量的影响因素。同时，作为经济人的企业的终极目标是盈利，这也决定了虚拟社区系统是企业实现其盈利目标的手段和工具。

（三）政府

作为公民权利让渡的产物，政府具有保护公民权利不受侵犯的义务。电子商务企业拥有对虚拟社区的所有权，即对虚拟社区系统拥有占有、使用、收益和处分权。在经济利益驱使下，企业很可能失去“法人公民”的道德底线而侵害消费者权益。因此，政府必须承担“看得见的手”的责任，通过对电子商务企业的权利约束来保护消费者权益不受侵害。确切地说，政府必须在虚拟社区管理上扮演制度供给者的角色，针对电子商务虚拟社区收集和使用消费者信息等行为制定制度性规范。

（四）第三方

类似微软公司、因特尔公司、甲骨文公司和思科公司的软硬件提供商以及类似VeriSign、天威诚信（iTrusChina）和支付宝的域名登记、数字认证和网上支付公司构成了电子商务企业发展的外部条件。作为电子商务活动中的第三方企业主体，这些公司不仅在技术上为电子商务企业提供安全保障，而且还可以利用自身的声望改善消费者对电子商务企业的认知和态度，并提高消费者对电子商务企业的信任。因此，此类第三方公司是电子商务企业搭建虚拟社区时必须考虑的外部因素。

（五）电子商务信任

作为虚拟社区系统中唯一的“非人”存在，电子商务信任（ECT，E-commerceTrust）是网络消费主体在充满风险和不确定的网络上购物时，认为互联网技术、制度、特定交易对象和产品值得信赖的社会心理状态。它在多主体互动中生成，同时又独立于其他主体，是行动者网络理论中独立的行动者或“操作者”（actor，agent或actant）。作为非人的行动者，电子商务信任的意愿需要通过代言人来表达。同时，作为消费者的感觉和观念，电子商务信任也是网络消费中其他主体的行动指向，成为原始自然和人化自然之外的“第三客体”[1]。此特殊的“第三客体”对应着以上四类主体。以电子商务企业为例，为了借助电子商务信任来提高销售，企业期望利用虚拟社区培养电子商务信任；同时，作为信任培育工具的虚拟社区系统本身，例如，系统导航系统设计、版面布局、运行速度、反馈渠道、隐私保护机制和社区奖惩制度等，也会和虚拟社区中的各种社会行动一样，对消费者态度（如电子商务信任）产生潜在影响。因此，电子商务信任成为虚拟社区系统建构中其他主体的根本性考量因素。

三、第三客体“非对称作用”的原因：对“广义对称性原则”的质疑

在“广义对称性原则”视野中，上述各种建构主体中的各种社会行动者在虚拟社区系统形成中具有对称和同等重要的作用。但实际上，网络社会和电子商务的具体情境却使得消费者形成了群体主体性，消费者权利的增加使行动者网络理论中“电子商务信任”这一主体在行动者网络中起到了“非对称”的核心作用。

（一）信息技术“去蔽”与消费者群体主体形成

由于消费者组织缺乏、消费者沟通方式单一、消费者主体权益意识淡薄、信息不对称以及逆向选择和道德风险的存在，传统消费环境中消费者主体性被“遮蔽”。但在网络消费环境中，被遮蔽的消费者主体性被唤醒，主体性“去蔽”经历了由个人主体到群体主体的跃迁过程。

在“异化”和“技术理性”的人文主义技术哲学视域下，作为个人主体的消费者成为囚禁在“铁牢笼”中的无助个体。在这种悲观主义的技术批判视域下，“在电子媒介交流中，主体如今是在悬浮着，悬置于客观性的种种不同位置之间的不同构型使主体随着偶然情境的不确定而相应地被一再重新建构”[2]。我们认为，作为灵性和理性统一体的消费者并不必然会被囚禁在信息技术的牢笼中。与此相反，消费者完全可以把握信息技术，信息技术“即使仍被称为主体与对象之间的中介，也是主体化了的或对象化了的中介……技术的‘中介’特性的消失使其介入了人的本质性规定，或者说这些技术性因素对人的特质乃至规定性也起着根基性的作用，从而由人的工具变为人自身的规

〔1〕 郭湛：《主体性哲学：人的存在及其意义》，云南人民出版社2002年版，第16～17页。
〔2〕 ［美］马克·波斯特：《信息方式》，范静哗译，商务印书馆2000年版，第20页。

定性”[1]。换句话说，信息技术不是削弱了消费者主体性，而是彰显了个人主体性。

作为信息技术在网络经济中的应用，电子商务虚拟社区不仅彰显了消费者个人主体性，而且促成了群体主体。虚拟社区的匿名性、超时空性、去社会性和弱规范性等特点，使其非常接近哈贝马斯所说的“公共空间”。借由电子商务虚拟社区，作为个体的消费者可以通过“遥在”方式与其他作为个体的消费者“共现”于“公共空间”，畅谈消费体验，评价产品和价格，批评企业和市场。借用海德格尔用于刻画此在的空间性规定的基本概念（去远与定向），“去远”意味着距离的去除，此在在彼此之间建立起一种勾联来。“通信技术”本身就显示出人类“去远”的本质特征[2]。基于信息技术的虚拟社区为个体主体提供了沟通平台，众多个体经由虚拟社区汇聚而形成巨大力量，形成了足以影响企业决策的群体主体。群体主体的形成使消费者在电子商务中具备了更多话语权。作为群体主体的消费者在虚拟社区多主体关系中产生了“不对称”，对重塑多主体关系将产生很大作用。

（二）消费者群体主体对广义对称性原则的质疑

根据行动者网络理论的广义对称性原则，消费者、政府、电子商务企业、第三方以及电子商务信任在虚拟社区系统的社会建构中起到相同作用。但实际情况是，这些主体的作用并不对称。行动者网络理论中“行动者的提法虽然突出了各种异质因素在构建活动中的主动行为意义，但却没有看到这些行动者并非都是按自己的意愿而主动行为的，存在着被动的异质行动者”[3]。虚拟社区系统作为社会建构的具体事实，对其最有感受的是企业技术工程师和消费者，因为他们是虚拟社区的技术搭建者和使用者。而且，在对技术或人工制品进行社会建构论分析时，“通过研究具体的案例来说明某一项技术是如何在社会的影响下改进和最后定型的，而这种社会的作用通常又聚焦到具体用户的要求”[4]。更进一步，消费者（“具体用户”）个体主体向群体主体的跃迁而带来的消费者权利增加使消费者在虚拟社区系统建构中具备了更大话语权。因

〔1〕 肖峰：《走向信息技术哲学》，载《自然辩证法研究》2008年第1期。

〔2〕 杨庆峰：《“空间性”：技术及其进步的先验基础》，载《自然辩证法研究》2008年第5期。

〔3〕 葛勇义：《现象学对技术的社会建构论的影响》，载《自然辩证法研究》2008年第7期。

〔4〕 葛勇义：《现象学对技术的社会建构论的影响》，载《自然辩证法研究》2008年第7期。

此，消费者在电子商务虚拟社区系统构建中应该起到基础性作用，这种“非对称作用”对行动者网络理论中的“广义对称性原则”提出了质疑，说明“广义对称性原则”在某些特殊情境（例如本研究中的电子商务情境）下并不适用。

（三）电子商务信任“非对称作用”的直接原因

虽然消费者在电子商务虚拟社区系统构建中应该起到基础性作用，消费者并不是休斯“技术系统”理论中所说的背景和环境（context），而是虚拟社区系统建构的内容（content），但作为个体或群体的消费者本身并不对其他主体产生直接影响，并影响虚拟社区系统构建。我们认为，消费者群体主体的影响力需要通过作为非人态度的电子商务信任这一特殊主体得以展现。

究其原因，除了电子商务信任是网络消费的“润滑剂”，并且在网络空间中具有稀缺性之外，更重要的原因是，电子商务信任作为“第三客体”，是包括消费者在内的其他所有虚拟社区系统的主体的行为指向和行动基础。具体来说有四点：第一，电子商务信任既是个体主体的心理现象，更是作为群体主体的群体社会态度，是在社会互动中形成的基于个体体验的社会心理现象。需要注意的是，电子商务信任既是各主体在虚拟社区这一特殊场域中进行社会互动的结果，同时也是消费者进行各种社会互动的前提。因此，电子商务信任与群体主体的关系要比它与个体主体的关系更紧密和更重要。第二，电子商务信任是企业渴望拥有的无形资产，企业期望通过虚拟社区提升消费者对企业的信任。因此，虽然企业在构建虚拟社区时要考虑多重主体之间的关系，但作为“第三客体”的电子商务信任才是企业决策中最看重的主体。第三，虚拟社区构建中使用的技术和安全保证由第三方企业主体开发。为了提高自身技术和安全保证服务的市场占有率，这些技术和安全保证必须是可靠的和值得信任的。因此，第三方企业主体必须在技术开发和安全保证机制设计中以“第三客体”这一特殊行动者为“主体”，充分考虑“人工制品”与电子商务信任的相互影响。第四，电子商务信任是在网络经济中形成的群体主体的社会态度，是经济运行中必不可少的社会资本，是政府维持社会秩序和营造良好经济环境的必要条件。“与物质资本和人力资本相比，社会资本指的是社会组织的特征，例如信任、规范和网络，它们能够通过推动协调和行动来提高社会效率”[1]。因此,政府在规制电子商务虚拟社区时的出发点之一,就是使相关管理制度有助于提升电子商务信任。

四、第三客体“非对称作用”的机制:对“广义对称性原则”的修正

基于以上对“电子商务信任”这一特殊行动者重要性的分析,并且考虑到电子商务信任的多重来源,即其与其他行动主体间的关系,我们提出电子商务信任“非对称作用”发生机制,并基于机制分析对“广义相对性原则”进行修正。

(一)对电子商务信任“非对称作用”的具体解释

对“非对称作用”的发生机制的解释如下:第一,倾向性信任也称为信任倾向(propensitytotrust),是个人人格特质的表现,是一种经过社会学习而形成的相对稳定的人格特点。信任倾向基于消费者个人生活经历和对人性的看法,是电子商务信任构建中所必需的微观基础。对消费者主体来说,信任倾向是形成对虚拟社区系统初步印象的重要基础,消费者可能基于自身的信任倾向和虚拟社区系统的特点,得出某电子商务企业可信或不可信的结论;对企业主体来说,虚拟社区系统则必须能够通过技术选择和优化,最大程度地减少信任倾向对电子商务信任的阻力。第二,能力和善意是信任的重要维度,善意是主体的价值取向,能力是主体实现目的的手段和基础。由于电子商务企业的资金、技术能力和践约能力,以及企业不滥用消费者信息并为消费者利益着想的善意都可能使消费者在一定程度上改变对企业的信任态度,因此,企业主体的善意形成和能力培育都必须以电子商务信任这一特殊的“第三客体”为指向。在虚拟社区系统构建中,企业主体应该尽可能提高系统稳定性、安全性和隐私性,以通过体现自身能力和善意来博取电子商务信任。第三,信任也可以看作宏观层面的社会制度和文化规范的产物,是建立在法理和伦理基础上的一种社会态度。政府有关电子商务的规章制度的根本指向是消费者,而且其重要目的是改善消费主体的信任态度。对企业来说,是否遵守相关规章制度以及如何将遵守行为通过虚拟社区展现给消费者,决定了消费者对政府的制度信任能否成功转换为对企业的电子商务信任。第四,传递性信任也叫转

[1] [美]帕特南:《民主运转起来》,王列、赖海榕译,江西人民出版社2001年版,第195页。

化性信任，指的是信任可以在不同个体间、组织间以及个体和组织之间进行传递，通过保证或担保机制发挥作用。电子商务企业往往倾向于使用技术可靠和社会声望高的公司的产品来构建虚拟社区系统，并声称自己加入了某种信用保证系统，原因就在于主体信任的可转换性，消费者对第三方公司的信任可以转化为对电子商务企业的信任。

（二）对“广义对称性原则”的修正

对“广义对称性原则”在虚拟社区系统社会建构中不适用性的原因的探讨，有助于我们进一步认识并修正“广义对称性原则”。

第一，“广义对称性”原则源于科学知识社会学中对科学知识“生产”过程的研究，关注科学知识生产网络中所有起作用的因素。不管是对实验室生活的观察，还是对技术性论文中引用、引证和图形的分析，抑或是对巴斯德实验室介入炭疽病的考察，拉图尔的行动者网络理论都试图消解自然和社会的对立，对称地看待知识生产网络中的所有行动者。与拉图尔关注的科学知识的“生产”领域不同，本研究关注的虚拟社区系统在本质上属于“消费”领域，因为电子商务企业试图把虚拟社区作为营销手段，通过虚拟社区提高电子商务信任，以促进消费者购买。从表面上看，是消费主义和消费者权利意识使得消费者在虚拟社区系统的社会建构中起到核心作用，但在本质上，电子商务信任的稀缺性和企业的逐利性才是企业搭建虚拟社区系统时考虑消费者因素的原因。因此，在知识生产领域中提出的行动者理论并不一定适合解释其他领域，“广义对称性原则”必须修正为“相对对称性原则”，或增加一个并列的“情境权变的地方性原则”，以考虑情境变化对行动者和行动者网络关系的影响。

第二，在拉图尔的行动者网络理论中，虽然行动者的数量在招募、转译、简化和并置等过程中可以变化，但某个行动者的性质却是保持不变的。在我们考察的虚拟社区系统的社会建构案例中，正是消费者主体性质的变化（个人主体变为群体主体）才导致消费权利增加，并最终使得消费者群体主体（实质上是与群体主体相关的群体心理态度，即电子商务信任）在虚拟社区系统建构中发挥了非对称的核心作用。因此，我们认为应为“广义相对性原则”增加一个限制性条件，即“主体性质不变原则”，或增加一个并列的“主体权变的权利化原则”。

五、余论：虚拟社区系统案例总结与行动者网络理论的出路

通过消费者、电子商务企业、政府、第三方和电子商务信任等多元主体的复杂互动，电子商务虚拟社区系统被社会性地建构起来，而非完全遵循技术发展的内在逻辑和经济交易中的效率逻辑。多元主体的关系看似具有行动者网络理论（ANT）中"对称性"特点，但在网络经济的具体情境中，由于网络经济中消费者群体主体的兴起、消费者权利的逆转以及电子商务信任的缺失，特别是由于电子商务信任具有多种来源，因此，作为"行动者主体"和"第三客体"的电子商务信任在多元主体关系中居于中心位置，成为其他主体的行动指向。消费者的信任倾向是评价虚拟社区和企业可信性的基础之一，电子商务企业基于能力和善意的信任需要通过虚拟社区得以展现，政府在规制虚拟社区发展时必须扮演提供有利于提升电子商务信任的规章的制度供给者角色，第三方的技术和安全保证服务也必须以提高虚拟社区可信性为行动指向。各种主体都力图通过虚拟社区系统，采取可能影响电子商务信任的行动，以促成某种形式和某种程度的电子商务信任。

行动者网络理论是技术的社会建构论（SST）的重要分支，也是本研究借以分析虚拟社区系统的社会建构中多主体关系的理论工具。虽然该理论在认识论层面通过"广义对称性原则"较好地平衡了技术决定论和社会决定论，并在方法论层面引入了较为有效的微观层面的个案法（主要是实验室观察和人工制品的社会历史分析）等方法[1]，但该理论也存在一些问题。"技术社会建构主义者试图运用抽象的概念框架，来探讨隐藏在具体活动过程背后的基本原理，借以产生一劳永逸的纲领性模式[2]"。正是由于宏观概念框架的抽象性无法适应微观个案法的情境性，行动者网络理论在对技术进行社会建构论的解读时不可避免地存在一定的局限性。在认识论层面，"广义相对性原则"必须考虑情境和权利等因素，增加"情境权变的地方性原则"和"主体权变的权利化原则"等两个并列原则，或增加"主体性质不变原则"这个限制原则。在方法论层面，行动者网络理论走出困境的可能道路是，引入超越个案的概括、

---

〔1〕郭俊立：《巴黎学派的行动者网络理论及其哲学意蕴评析》，载《自然辩证法研究》2007年第2期。

〔2〕王金和、曹南燕《无缝之网上的缝》，载《自然辩证法研究》1997年第3期。

个案中的概括、分析性概括以及扩展个案方法[1]。借由这些由微观反观宏观的方法，行动者网络理论的拥趸也许能在众多个案研究的基础上，更为完满地解释科学知识和技术产品的“生产”问题。

第五节　演化博弈论在虚拟企业和谐互动研究中的应用*

20世纪末以来现代企业组织形式发生了极大的变化，那就是虚拟企业的异军突起改变了传统企业的单纯实体经营的特征，而使企业形态在虚拟场域下呈现出复杂演化的格局。与此相应，也给具有多种核心能力的动态联合体——虚拟企业之间的相互作用带来了影响。不仅如此，这种情形还对虚拟企业在和谐互动过程中的管理模式也产生了一定影响。鉴于虚拟企业总是处于复杂性的社会互动博弈和二元管理环境中，因此，为了更好地把握住虚拟企业组织演化与和谐互动的规律，我们必须借助于演化博弈论的观点与方法，学会处理相关的复杂性虚拟管理问题。以下，便是笔者对此问题所作的初步探讨。

一、虚拟企业的复杂演化机制

虚拟企业是怎样生成的?它的演化规律是什么?在论述虚拟企业演化机制之前，有必要明确一下虚拟企业的性质，认清这一点至关重要。按照威廉姆森的交易费用理论，网络经济——虚拟企业经营中的交易费用会因数字化、网络化技术的介入而大为降低。具体说来，通过计算机媒体技术可以使人类的交流和企业的沟通（包括管理沟通）环境得到前所未有的改善，从而使人的“有限理性”得到较大程度的缓解。更重要的是，虚拟企业的有效运作机制也有利于消除经济学意义上的“机会主义”、降低不确定性和提高交易频率。[2]这些

---

* 原载《哈尔滨商业大学学报》（自然科学版）2006年第3期，合作者唐魁玉。

〔1〕 卢晖临、李雪：《如何走出个案——从个案研究到扩展个案研究》，载《中国社会科学》2007年第1期。

〔2〕 解树江：《虚拟企业——理论分析、运行机制与发展战略》，经济管理出版社2002年版，第72～75页。

优势特质，无疑将对虚拟企业的“惯例”行为及其适应性空间，特别是惯例变异的选择的路径和稳定性产生非常直接的影响。[1]同时，也将为虚拟企业的虚实二元场域引入复杂性管理的理念。正如美国著名管理学家威廉·哈拉尔所说的：“复杂性的大大增加将需要做出变革，因为人们不可能通过自上而下的中心控制对复杂的环境加以控制。我们需要建立能够适应各种环境的体制。而我们是通过复杂性和混沌理论的新领域认识到这一点的。适应性变革应当采取自下而上的形式”。[2]虚拟企业间的和谐互动关系就是这样一种自下而上的复杂性演进组织形式。实际上，依据爱德华·洛伦兹的“蝴蝶效应”(butter flyeffect)的说法，[3]即一个复杂系统初始条件的微小变化可能非常显著地改变这个系统的长期行为。那么，作为虚拟企业组织系统，在结成伙伴关系之初就有可能受到这种初始敏感性的影响，以此生成为——演化的组织基础，逐渐“蝶化”为具有不可预测性的虚拟团队或虚拟企业联盟。虚拟企业，就是这样“作为一种高级形态的类生物企业”[4]，并通过信息知识对企业内外部资源进行和谐整合，从而柔性地创造出新的价值和学习型团队组织的。

二、虚拟企业的和谐互动及其演化博弈论基础

(一)虚拟企业的和谐互动

虚拟企业的和谐互动是一种理想化的虚拟企业伙伴间的双向沟通和协调博弈过程，以至于我们无论如何都不能忽视它的存在。虚拟企业的和谐互动基于如下理论假设：虚拟企业伙伴间的行动往往依赖于从混沌到和谐的过程。这就需要我们在对虚拟企业成立的考察、虚拟企业效益的评估和虚拟企业建模时，应该保持一种清醒的“和谐互动”意识，只有如此，才能更好地把握虚拟企业的复杂演进过程，以及未来虚拟企业的发展趋势。

在网络环境下形成和经营的虚拟企业行动中，还存在这样或那样的“沟通”和“整合”不和谐的问题。一般而言，虚拟企业在初始阶段时，企业经营

---

〔1〕 吴光飙：《企业发展的演化理论》，上海财经大学出版社2004年版，第49～77页。

〔2〕 HalaLlwe.*NewManagement*.NewYork：Barrett-Koehler Publisher，1996，119.

〔3〕 [英]迈克尔·C.杰克逊：《系统思考——适于管理者的创造性整体论》，高飞、李萌译，中国人民大学出版社2005年版，第110页。

〔4〕 达庆利、王愚、万伦来：《虚拟企业结构模型及运作机制——一种类生物化的分析视角》，清华大学出版社2004年版。

和管理者之间往往能够很好地进行合作，伙伴之间能够达成柔性配合的良好局面，企业也会得到转换的发展。然而，随着虚拟企业的发展、“虚实世界”二元管理难度的加大，虚拟企业伙伴间的互动过程中就会有大量的“不和谐”问题显现出来。在虚拟企业互动中，企业或团队有各自不同的动机、规划和目标。更重要的是，虚拟企业大多具有明确的核心技术和能力创新的意识。但很少有企业能够保持一种明晰的“和谐互动”或“和谐整合”的意识，这不能不令人颇感忧虑，任何企业家或管理者都不能否认一个事实，就是在市场博弈中为了取得“双赢”的经济绩效，除了要尽可能地促成企业内部的“和谐互动”之外，还必须推动虚拟企业外部（虚拟企业伙伴间）的“和谐互动”。因为，不管一个虚拟企业其核心竞争力有多强，都无法将自己和自己的企业行动截然分开，更不可能将本企业和其他企业的企业行动完全分开。也就是说，虚拟企业家或管理者可以利用外在的刺激物（市场博弈的对象）审视自己，努力尝试各种不同途径的虚拟企业行动，然后再做出如何选择虚拟企业伙伴和优选虚拟企业合作博弈目标等策略行动。

从逻辑上说，虚拟企业对和谐互动的寻求，还和虚拟企业的互动形式以及互动企业的类型不无关系。在虚拟真实的社会环境下，管理者面临各种令人困惑的企业互动形式和互动企业。为了更好地认识虚拟企业的和谐互动过程和实现机制，我们不妨将现代企业社会划分为几种企业互动的形式和互动企业类型。当然，虚拟企业互动的形式和互动企业的类型的认定，事实上只是相对而言的，在数量上的多少，也具有一定的变动性，这一点显然是由虚拟企业所处的网络空间具有的虚拟性、时空抽离性等特质决定的。在某种意义上，虚拟企业的互动形式可分为内部互动和外部互动，或是在线互动与线下互动，以及水平互动与垂直互动等。而互动者的类型按不同角度可分为：虚拟企业家、虚拟公司（如新浪、阿里巴巴、百度、搜狐、博客中国等）和虚拟团队，抑或是初创企业、成熟企业以及知名企业与陌生企业等，不一而足。

此外，虚拟企业的和谐互动也与组织规模密切相关，这方面的案例研究目前在管理学界还很不成熟，但无论怎么框定都不能无视二人团体（对偶组）和三人组（或三人以上）的社会心理学研究成果，以及二人博弈、多人博弈（合作博弈）或协调博弈等博弈论知识的影响。

（二）虚拟企业的演化博弈论基础

对虚拟企业行为过程及其管理激励、约束机制进行合作与非合作博弈论的分析，在侯光明、李存金所著的《管理博弈论》一书中已有非常深入的研究[1]。现代博弈论作为一种研究决策者（游戏者）在决策主体各方相互作用情况下进行决策及有关这种决策均衡问题的理论分析工具，它因为特别强调决策主体各方策略的互动性，实际上成为包括虚拟企业管理选择中确定最优行动策略的方法论技术。博弈论知识体系虽说艰涩而又复杂，但其精髓只在于博弈中的一个理性决策者必须考虑在其他局中人反映的基础之上来选择自己最理想的有利于实现均衡或完美目标的行动方案。

值得注意的是，博弈论中所着重强调的“均衡”结局和理论预设所指明的理性人，以及人们在交往合作中存在的冲突、行为互相影响且通常信息不对称的前提，都与我们在前面所探讨的虚拟企业的和谐互动行为和理想的社会发展目标的实质十分一致。这里，所谓的“均衡”可以说就是一种和谐互动的后果或状态。所不同的是，一般经济学意义上的均衡较侧重于获得经济效益，而“和谐互动”范式更倾向于建立一种良性运行的“亲社会性”整合关系。

在对虚拟企业和谐互动状态进行博弈分析时，不仅会涉及单人博弈，而且更多的将涉及两人或多人博弈论知识，因为两人以上的博弈会出现更多合作博弈问题。因此，多方博弈又可分为合作博弈与非合作博弈。由于在虚拟企业互动关系中，竞争与不合作是基本方面，所以非合作博弈理论与方法往往应用得更为广泛。

对非合作博弈论的标准解释是，参与博弈的各方是完全理性的，它们知道博弈的所有细节（尽管完全对称的信息状态几乎是不可能的），包括彼此对博弈结果的偏好。相反，演化博弈论则假设博弈方是从大的总体中随机抽取的，它们按照生物或者社会进化的方式反复进行博弈。当然，即使纳什也并没有假定上述博弈方拥有关于博弈整体结构的信息，或者具有展开复杂推理过程的能力和倾向。具体地说，“事先规定好”每个博弈方的行为——博弈中的策略，并且假定，在行为的总体分布上进行一种历时性的演进选择过程[2][3]。

---

〔1〕 侯光明、李存金：《管理博弈论》，北京理工大学出版社2005年版，第138～142页。

〔2〕 ［瑞典］乔根·W.威布尔：《演化博弈论》，王永钦译，上海三联书店2006年版，第1～3页。

〔3〕 陈学彬：《博弈学习理论》，上海财经大学出版社1999年版，第24页。

如果把上述演化博弈论应用于现代虚拟企业的生成和现状的解释中，我们将不难发现，其总体演进过程中既可能会趋向于博弈的一个纳什均衡，从而制造着虚拟企业伙伴间的和谐互动；同时又可能会在长期的总体演进行为中没有收敛到某个均衡，从而导致虚拟企业伙伴间存在诸多“不和谐”问题。在这种和谐互动的虚拟环境下，虚拟企业的最优行为在如下的意义上是内生的：这些行为取决于个人或者企业与之互动的总体中行为的分布，演化博弈论就是分析这种和谐互动的背景下虚拟企业演化性选择的理论与方法。

三、非合作博弈论在虚拟企业和谐互动中的应用

为了简便起见，本节的分析只限于标准化博弈，而非合作博弈论的标准形式更适于虚拟企业的行为描述。准确地说，令I={1，2，…，n}表示博弈方集合，这里n为自然数，对每一个博弈方i∈I来说，令Si表示它的有限纯策略集合。进一步地，我们将用自然数来表示每个博弈方的纯策略，从而每个博弈方i∈I的纯策略集合表示为Si={1，2，…，mi}，整数mi≥2。纯策略向量S=（S1，S2，…，Sn）称为纯策略组合，其中Si是博弈方i的纯策略。因此，我们可以将虚拟企业行动中的博弈方所处的虚拟场域视为一种“纯策略空间”。

一般来说，在只有两个博弈方挂起特殊情境下，我们可以方便地将收益函数，和π2分别写成一个m1×m2矩阵。博弈方1的收益矩阵由此可以表示为A=（ahk），这里对每个h∈S1和k∈S2，ahk=π1（h，k）；类似地，将博弈方2的收益矩阵表示为B=（bhk），这里bhk=π2（h，k）。矩阵中的第一行都对应着博弈方1的一个纯策略，每一列都对应着博弈方2的一个纯策略。任何虚拟企业的两个伙伴之间的冲突或竞争，都可以看作“行博弈方”和“列博弈方”合作博弈或非合作博弈行的结果。

在著名的“囚徒困境”博弈中，每个博弈方均包含了两个纯策略。而两个虚拟企业的虚拟行动也可以视为具有特殊性的纯策略（参与人i的纯策略是一个函数πi）。下面的一对收益矩阵给出的典型收益组合，即：

$$A=\begin{bmatrix}4 & 0\\5 & 3\end{bmatrix},B=\begin{bmatrix}4 & 5\\0 & 3\end{bmatrix}$$

显然，不论博弈方2用什么策略，博弈方1的第二个纯策略（“背叛”）带来的收益都高于它的第一个纯策略（“合作”）带来的收益；矩阵A第二行的每个

元素都高于第一行对应的元素。同样，博弈方2的第二个纯策略带来的收益高于它的第一个纯策略带来的好处；矩阵B第二列的每个元素都高于第一列对应的元素。因此，个体理性会导致每个博弈方做出第二个纯策略选择（背叛）。然而，困境在于如果两个博弈方均采取第一个纯策略（合作），那么，都会得到好的收益，但这与“集体理性”原则显然存在矛盾。

运用二人博弈分析虚拟企业行为时，我们会发现：当一家虚拟企业与另一家虚拟企业在虚拟经营同一种电子商品时，比较容易发生对抗性的博弈，从而导致和谐互动；而当一家虚拟企业与另一家虚拟企业在虚拟经营上游、下游产品时，就容易形成互补性、匹配性效果，即演变为非对抗性博弈关系格局，从而最终导致双方企业的和谐互动。

当然，虚拟行动过程的状态通常只是参与者估价的向量，而不是在某一时刻行动的完美信息条件下的策略选择。依据非合作博弈论理性预设和严格占优的前提条件，虚拟企业从不和谐通向和谐互动的路径并非坦途。通常情况下，非合作博弈论的一个基本理性假设是，“理性的”博弈方从不运用严格被占优策略。这里所谓的“严格占优”，是指如果一个策略带来的收益总是高于第二个（$xi\in\Delta i$）策略。由于这种占优关系和最优反应原则的作用，必然会使一个两人博弈的博弈方1或者2冒险采用三个纯策略（$x1=e31$或$x2=e32$）。虽说第三个纯策略不会被另外两个纯策略占优，但通过在其他两个战略上随机选择，总会到得更高的收益。如此这样，虚拟企业伙伴间的和谐互动也会在上述虚拟均衡的状态下渐进逼近。

最后，我们再谈一下演化博弈论的另一种虚拟行动策略——演化稳定策略思维之下虚拟企业和谐互动过程中的应用问题。按照演化博弈论的假定，当几个策略无差异时，参与者选择一个最优反应的纯策略就必须遵守虚拟行动的规则，就是相应地选择一种由不连续函数所描述的虚拟行动。与此相适应，如果在某一个外生的初始函数和有限时刻的制约下都采用了某种策略组合，那么，该策略组合就是一个纯策略稳态——纳什均衡。在此，我们可以把这种演化稳定性状态视为一种协调博弈或和谐整合的努力结果。

不过，虚拟企业的复杂性生成演化和存在方式决定了它必须时刻面临来自虚拟行动策略不确定性所带来的种种不和谐的挑战，如果要克服这种演化

"博弈中隐含的策略不确定性"。[1]那么,采取某些均衡策略比采取其他策略更具风险。但唯其如此,才更有可能获得帕累托最优的均衡效果,也更有利于在稳态与变化之间寻求促进虚拟企业和谐互动的途径。同时,也有助于建立有效的、良性互动的虚拟企业管理模式。

第六节 基于Weisbuch-Deffuant模型的网络舆论演化模式研究*

一、引言

随着信息网络技术的发展,互联网不再仅仅被当作加强信息传递、提升工作效率和促进人际交往的工具,它所具有的匿名性、交互性、即时性和非中介性等特征从技术上突破了传统媒介的限制,使人们可以更加深入地参与而非旁观各种社会事件的发展过程,同时,现实中处于弱势的个体意见通过在互联网上进行聚合能够影响甚至挑战主流的官方意识。网络舆论就是这种意见聚合的产物,从概念上来说,它是由各种事件的刺激而产生的主要通过互联网传播的人们对于该事件所形成的较具一致性观点或意见倾向。网络舆论演化模式既是网络舆论研究的一个重要方面,也是当前社会管理,尤其是网络社会管理的一项重要内容,深入了解网络群体对某一社会事件所持的观点倾向及其演化过程,对于社会管理者引导网络舆论发展、制定切实有效的管理策略具有重要意义。

就舆论或群体观点的演化而言,国外研究者大多结合随机化处理和物理学中的粒子交互分析方法,通过定义个体之间的相互作用模式,并将这种作用进行多次迭代,从而构建粒子交互模型来研究个体观点的交互方式与演化过程,进而在整体上模拟宏观系统的复杂行为。[2]按照个体观点取值空间的不同,这些模型可以划分为两个类别:一类是个体观点被限制在有限几个给定值

〔1〕[美]罗素·W.库珀:《协调博弈》,张军、李池译,中国人民大学出版社2001年版,第12页。

* 原载《情报杂志》2013年第7期,合作者张伟。

〔2〕刘小波:《基于NetLogo平台的舆情演化模型实现》,载《情报资料工作》2012年第1期。

的离散观点演化模型，比如Sznajd模型[1]就假设舆论传播场域中的个体只能处于0和1两种状态中的一种，并依据其邻域个体的状态而改变自身的状态；另一类是个体可以在给定观点区间内任意取值的连续观点演化模型，其中较具代表性的是Weisbuch-Deffuant（WD）模型和Hegselmann-Krause（HK）模型[2]，这类模型认为，观点连续取值在多数情况下能够更好地对个体的态度进行描述，同时还引入了信任阈值ε（有时也被称为"门槛值"）这一参数来模拟不同情形下的个体观点收敛状况。[3]国外学者提出的这些模型虽然都是探讨现实群体中的观点演化模式以及共识在群体成员中间形成的过程，但是，他们的研究思想和方法对于开展网络舆论演化模式的研究具有重要的启发性。

就网络舆论的演化过程而言，发生在个体层面的观点交互行为同样是舆论形成的基础，但是与现实中的舆论演化过程相比，网络舆论的生成具有一定的特殊性：首先，网络舆论场域中的个体具有"自组织性"，他们往往从自己的认知出发，并在与他人的互动过程中调整自己关于某一舆论事件的观点，杂乱纷呈的个体观点通过这样一种机制由"无序"走向"有序"；其次，网络舆论场域中的个体观点是"异步更新"的，由于网络空间的相对隔离，个体通常只是对其他个体的观点做出回应并据此更新自己的观点，而无法保证对方能对自己的回应进行"同步更新"；最后，几乎所有网络舆论的形成和扩散过程都蕴含活跃的关键人物，亦即网络意见领袖的影响。[4]

本节借鉴了WD模型的建模思想，并且从网络舆论生成的特殊性以及个体观点接受度的异质性出发，提出了网络舆论演化过程中的个体观点交互规则。然后按照这一规则，使用MATLAB进行编程和仿真分别考察了个体对其他个体观点接受程度的分布状况、信任阈值以及存在意见领袖的特殊情境对网络舆论演化过程的影响。

---

〔1〕 K. Sznajd-Weron, J. Sznajd. Opinion Evolution in Closed Community. International Journal of Modern Physics C, 2000, 11(6): 1157-1165.

〔2〕 R. Hegselmann, U. Krause. Opinion Dynamics and Bounded Confidence Models. Journal of Artifical Societies and Social Simulation, 2002, 5(3): 1-32.

〔3〕 J. Lorenz, Continuous Opinion Dynamics: Insights through Interactive Markov Chains. Proceedings of IASTED Conference "Modelling, Simulation and Optimization MSO 2005", August 29-31, Oranjestad, Aruba. 2005: 1-8.

〔4〕 王国华、曾润喜、方付建：《解码网络舆情》，华中科技大学出版社2011年版，第87～94页。

二、观点动力学中的WD模型

Weisbuch和Deffuant提出的观点动力学模型是一种基于个体交互的模型，该模型假设个体持有的观点可以是分布在［0，1］之间的任何值，并且个体之间的交互行为是随机发生的，在每一时刻，群体的两个随机个体根据如下规则进行交互：如果他们之间的观点差异小于某一个给定的阈值ε，交互行为可以发生；否则交互行为将不会产生。[1]

设群体规模为N，i和j为群体中的两个随机个体，他们在时刻t的观点分别为$xi(t)$和$xj(t)$，且$xi(t)$，$xj(t)$Î［0，1］，给定阈值εÎ［0，1］，如果$|xi(t)-xj(t)|\leqslant\varepsilon$，则：

$$\begin{cases} x_i(t+1)=x_i(t)+\mu\left(x_j(t)-x_i(t)\right) \\ x_j(t+1)=x_j(t)+\mu\left(x_i(t)-x_j(t)\right) \end{cases} \tag{1}$$

否则，

$$\begin{cases} x_i(t+1)=x_i(t) \\ x_j(t+1)=x_j(t) \end{cases} \tag{2}$$

参数μ在WD模型中具有非常重要的作用，通过对μ进行调节可以界定不同性质的群体。一般而言，μ在区间［0，0.5］上取值，当$\mu=0$时，参与交互的双方个体将不会发生任何变化；当$\mu=0.5$时，参与交互的两个个体将会得到双方观点的均值。此两种情形表明了不同特性的交互个体，μ较小时对应策略较为强硬的个体，不轻易改变自身的观点，而μ较大时则较容易对观点选择策略进行妥协。当μ的取值大于0.5时，意味着两个个体进行观点交互之后分别选择更加倾向于对方的观点，亦即二者的观点倾向得到了交换，WD模型认为这种情况在现实生活中是很少发生的，因此，μ的取值需要限制在区间［0，0.5］之内。在WD模型的初始模型中，μ的取值通常被固定为0.5，亦即：

$$\begin{cases} x_i(t+1)=x_i(t)+0.5\left(x_j(t)-x_i(t)\right) \\ x_j(t+1)=x_j(t)+0.5\left(x_i(t)-x_j(t)\right) \end{cases} \quad \left|x_i(t)-x_j(t)\right|\leqslant\varepsilon \tag{3}$$

---

［1］ G. Weisbuch, G. Deffuant, F. Amblard, J. P. Nadal. Interacting Agents and Continuous Opinions Dynamics. Heterogenous Agents, Interactions and Economic Performance, 2003, 521: 225-242.

其中阈值ε的取值对于群体观点的演化具有重要影响。通过对模型的仿真实验可以发现，$\varepsilon \geqslant 0.5$时群体倾向于形成一致意见，亦即群体中的所有个体最终对给定议题持有相同的观点，随着ε取值的减小，群体逐渐分化成两个甚至多个意见团体，每个意见团体内的成员共享相同的观点。[1]

三、网络舆论演化模型构建

（一）网络舆论演化规则

WD模型设定在满足交互阈值的情况下，每两个个体的交互导致两个个体观点的同时变化，变化的结果是两个个体的观点倾向于折中，即两个个体的观点分别向中间观点靠近。WD模型假定两个个体的观点分别向中间观点靠近的“步伐”是相同的，而且相关研究一般取$\mu = 0.5$，虽然做这样的处理使得计算更为简便，但究其思想本身却是有待商榷的。事实上，两个个体的观点分别向中间观点靠近的情形只能发生在个体深入交互的条件之下，由于舆论传播过程中参与人数较多，发生在任意两个个体之间的深入交互行为是很难实现的，再加上个体之间的差异性，他们向中间观点靠近的“步伐”在多数情况下是无法相同的，结果也很难“走上同一条道路”。互联网上的观点交互行为往往不是个体之间进行深入的意见或观点交换，而是个体对其他个体的观点做出反应，并依此对自己的观点进行某种程度的修正。也就是说，网络舆论演化过程中的个体交互实质上是一种个体参照行为。因此，更为切合实际的演化规则应该是：

$$\begin{cases} x_i(t+1) = x_i(t) + \mu_i\left(x_j(t) - x_i(t)\right) & \left|x_i(t) - x_j(t)\right| \leqslant \varepsilon \\ x_i(t+1) = x_i(t) & \left|x_i(t) - x_j(t)\right| \geqslant \varepsilon \end{cases} \tag{4}$$

其中μ的取值并不需要一定满足传统WD模型及其相关研究中所规定的$\mu \leqslant 0.5$，这是因为个体在非充分交互的条件下偏向甚至完全服从对方的观点的情况是完全可能发生的。对于不同的个体而言，$\mu = 0$表示完全固执己见，亦即在任何情况下个体的观点都不会发生改变；$\mu = 0.5$表示折中，对于μ值为0.5的个体，经过与他人的交互，他的观点会发生改变，其值为二者观点的均值；

---

〔1〕 M. Pineda, R. Toral, E. Hernandez-Garcia. Noisy Continuous-opinion Dynamics. Journal of Statistical Mechanics: Theory and Experiment, 2009（P08001）: 1–18.

$\mu=1$表示完全服从，对这种类型的个体而言，观点交互的结果是他放弃自己原先的观点，而服从交互对象的观点。在具体的研究中，通过设定μ的分布区间可以得到不同的仿真结果。也就是说，μ成为一个用来区分个体对他人观点接受程度的变量，它的不同取值不再具有调节群体性质的作用；μ的分布$F(\mu)$取代WD模型中μ的具体取值开始具有调节群体性质的功能。就此而言，通常有两种处理策略：一是设定μ的取值服从随机分布，这种情形适用于无法判断群体在某一属性上的分布特征而只能进行随机化处理，这一策略虽然可以使运算过程更简单，但是却会损失一些重要的属性；二是设定μ的取值服从某种特殊的概率分布，如正态分布等，这一策略假定对群体中的个体而言，μ的分布具有一定的规律性。在具体的仿真实验中，如果只能获得关于个体分布的有限知识，如均值或方差，按照最大熵原理选择熵最大的分布，即用正态分布来对个体分布进行模拟通常是最佳选择。[1]正因为正态分布本身所具有的一些性质，生产与科学实验中很多随机变量的概率分布都可以近似地用正态分布来描述，因而在无法获知网络舆论演化过程中个体意见接受度的真实分布的情况下，使用正态分布对其进行模拟是一种较好的处理策略。

本研究将使用数学仿真的方法，结合网络舆论传播过程的独特性来考察处于不同阈值ε以及μ服从不同分布情况下的网络舆论聚合状况，同时分析群体中存在意见领袖时的网络舆论演化模式。

（二）实验分析

1.个体观点接受度对网络舆论演化过程的影响

对于参与网络舆论演化过程的每一个个体，在与群体中的其他个体进行交互的过程中，受到对方观点的影响，其自身观点会在下一时刻发生改变，这种改变的大小取决于个体对他人观点的接受程度，这一点可以用参数μ来描述。不同于传统WD模型对参数μ的设定，本研究认为，由于个体之间差异性的存在，对于不同的个体而言，参数μ也会呈现出一定的差异性。为了考察个体观点接受度分布，即$F(\mu)$对网络舆论演化过程的影响，在具体的仿真实验中本研究按照上文所提出的μ分布状况的两种常用处理策略，分别设定μ服从随机分布和正态分布的两种情境。设定群体规模$N=200$，$T=1000$，网络舆论

〔1〕 E. T. Jaynes. *Probability Theory: the Logic of Science*. New York: Cambridge University Press, 2003: 168-242.

的演化过程分别如图1和图2所示：

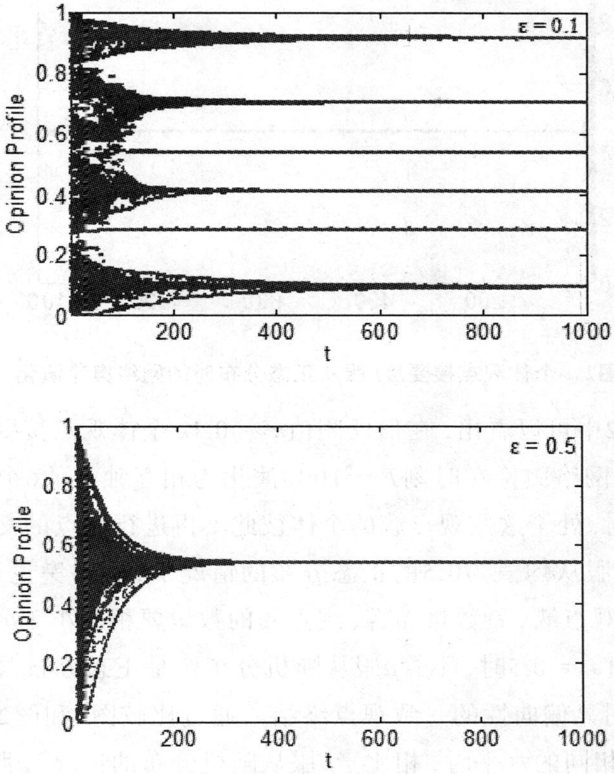

图1　个体观点接受度μ服从随机分布时的网络舆论演化

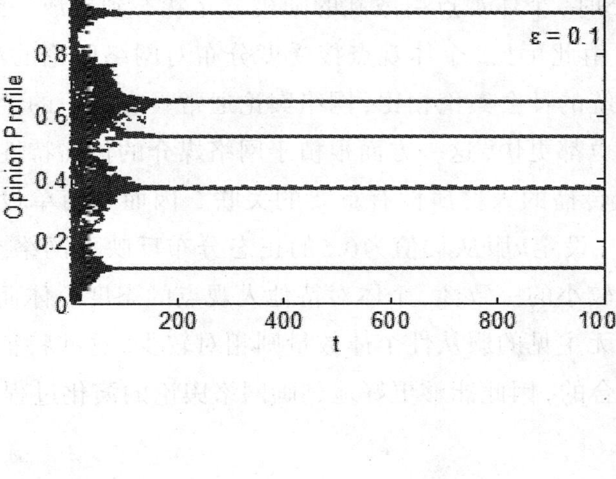

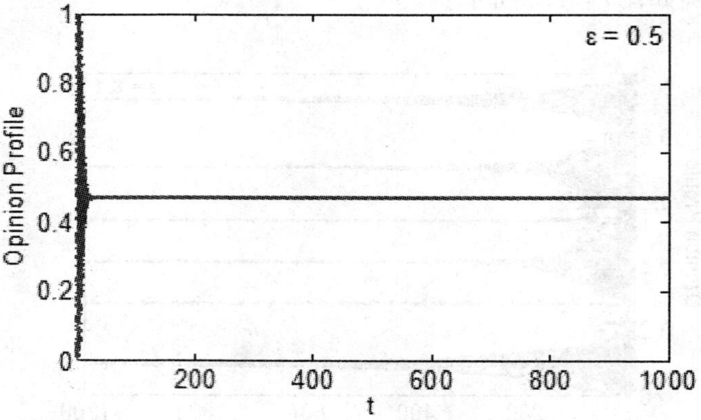

图2　个体观点接受度μ服从正态分布时的网络舆论演化

从图1和图2中可以看出，在信任阈值$\varepsilon = 0.1$，个体观点接受度μ服从随机分布的情况下，网络舆论在时刻$T = 1000$演化为相互独立的6个观点簇，受到信任阈值的限制，处于这些观点簇的个体彼此不再进行观点的交互活动；在个体观点接受度μ服从均值为0.5的正态分布的情况下，网络舆论最终形成彼此相互独立的6个观点簇，就数量而言，观点簇的数量要稍微小于μ随机分布的情况。当信任阈值$\varepsilon = 0.5$时，不管μ服从随机分布还是正态分布，网络舆论都是以形成不具有明显偏向性的一致观点终结。通过比较图1和图2可以发现，当信任阈值ε处于相同的水平时，相比于μ服从随机分布的情况，μ服从均值为0.5的正态分布时，网络舆论会以更快的速度收敛。在图1中，网络舆论的演化过程在时刻$T > 650$时趋于稳定，而在图2中，$\varepsilon = 0.1$时个体观点趋于稳定的时刻$T \approx 200$，$\varepsilon = 0.5$时，个体观点由散乱的随机分布状态到形成一致观点所耗费的时间只有34。由此可见，个体观点接受度分布对网络舆论的演化速度具有重要影响。与传统的社会舆论相比，网络舆论通常具有更短的生命周期，其生成与消散的速度也都更快，这一方面根植于网络媒介的传播特性，另一方面也与参与网络舆论传播的人群属性有重要的关联。因而与简单设定μ服从随机分布的情况相比，设定μ服从均值为0.5的正态分布反映了网络空间中的个体较大的同质性和较小的一致性，个体对待他人观点的态度总体而言是温和的，过于固执以及毫无主见的服从性个体数量则相对较少，这些特征与μ实际的分布状况是相互契合的，因此能够更好地刻画网络舆论的演化过程。

2.信任阈值对网络舆论演化过程的影响

在传统的WD观点动力学模型中，信任阈值ε的大小对于舆论演化最终形成的观点簇的数量具有决定性影响。通常而言，信任阈值取值的大小反映了观点交互过程中人们对于其他个体的信任水平。如果信任阈值ε的取值较小，说明群体内部的封闭性较强，群体中的个体倾向于独立思考某一社会事项，而很少与其他个体产生观点交互行为；反之，如果信任阈值ε的取值较大，说明群体内部具有较强的开放性，持有不同观点的个体也更有可能通过观点交互修正各自原先的观点。按照Weisbuch等人给出的结论，舆论演化最终生成观点簇的数量与信任阈值之间的关系满足"$1/2\varepsilon$准则"[1]，就是说，最终观点簇的数量$w = 1/2\varepsilon$。具体到网络舆论的演化过程，虽然个体之间的观点交互行为被个体对其他个体的观点参照行为所取代，但是，信任阈值ε对演化结果呈现出来的观点簇的数量仍然会发挥决定性的作用。分别设定个体观点接受度μ服从随机分布和正态分布，按照前文规定的演化规则，可以得到如图3所示的观点数量随时间变化的状况：

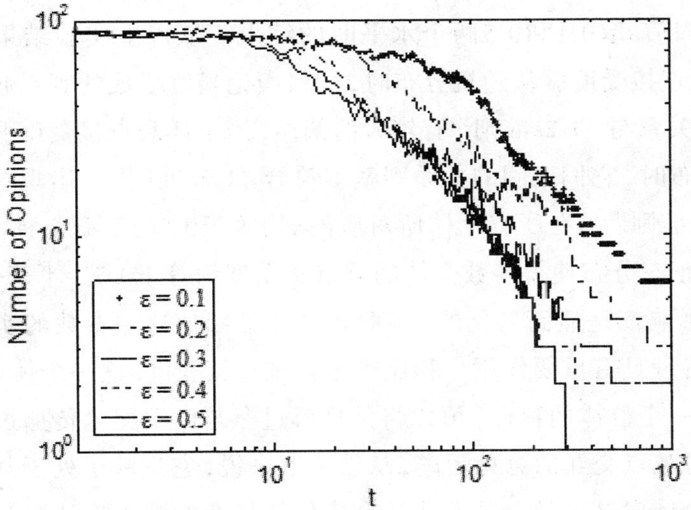

〔1〕 G. Weisbuch, G. Deffuant, F. Amblard. Persuasion Dynamics. Physica A, 2005, 353: 555-575.

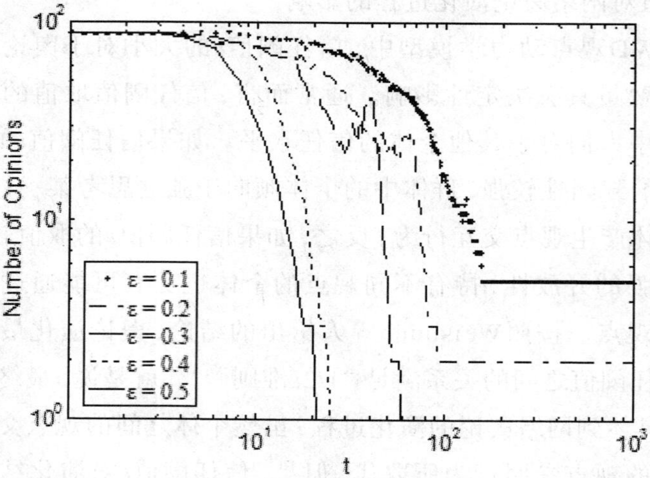

图3　信任阈值ε取不同水平时的个体观点数量演化图

根据图3呈现的结果，网络舆论最终生成的观点簇的数量与信任阈值ε所处的水平仍然呈现反比关系：随着信任阈值ε的不断增大，最终形成的网络舆论观点簇的数量不断减小。图1和图2中的网络舆论演化过程分别对应图3两幅图中信任阈值ε取0.1和0.5两个水平时的结果。从以上实验结果中可以发现，当个体观点接受度服从随机分布时，网络舆论最终生成的观点簇的数量和信任阈值ε的关系与“1/2ε准则”有较大的偏离；当个体观点接受度服从均值为0.5的正态分布时，它们之间的关系则基本符合“1/2ε准则”。出现这一结果的原因是“1/2ε准则”是在所有个体所对应的μ均等于0.5的基础上提出的，服从均值为0.5的正态分布使得多数个体的观点接受度约等于0.5。不管何种情况，信任阈值的影响都是显而易见的，因此理解信任阈值这一参数的实际意义对于网络舆论管理具有重要作用。相比于个体观点接受度μ这一个体属性，信任阈值ε体现了一个群体的特性，可以将其理解过参与网络舆论传播过程的人群是否可能进行观点交互的意见距离，从根本上来说，它反映了处于某种国家社会关系下的个体对某一社会现象或社会事件所持有的观点或认知倾向彼此进行交换或交互的可能性。这个值越大，说明人们对其他个体所持观点的容限度越高，不同个体进行观点交互的可能性也就越强，进而个体所属的群体也就越容易达成关于某一社会现象或社会事件的一致意见。

3.意见领袖对网络舆论演化过程的影响

在网络舆论的演化过程中，个体的影响并不像上述模型所规定的那样总是维持在一种均衡的状态，也就是说，群体中会存在这样一些特殊个体：他们的观点与其他个体相比具有较强的稳定性，虽然人数较少，却更有可能成为其他个体进行观点交互的参照方，因而具有广泛的社会影响，有时甚至能够决定事件或舆论的走向。这些具有特殊影响力的个体就是意见领袖，有时也被称为舆论领袖。另外，在初始观点均匀分布的情况下，网络舆论一般会呈现出（具有折中性的）统一和分裂两种结果[1]，意见领袖的存在，尤其是意见领袖所持观点具有较强偏向性时，则会显著增强网络舆论演化的另一种结果——极化发生的可能性。由于个体观点接受度μ服从均值为0.5的正态分布能够更好的拟合现实个体观点接受度的分布状况，本研究将以此为前提探讨意见领袖对网络舆论演化过程的影响。假设群体中存在意见领袖，并且在网络舆论演化的过程中，意见领袖的观点随时间而变化的幅度相对较小，且每一时刻选择意见领袖的观点为参照而修正自身观点的个体在群体中占据的比重较大。设意见领袖对其他个体的观点接受度μo Î [0, 0.2]，每一时刻选择意见领袖为观点参照方的个体数量占群体的20%，信任阈值$\varepsilon = 0.5$，系统演化的时间$T =$ 500，意见领袖的数量no分别设定为1和2，可以得到如图4所示的网络舆论演化过程：

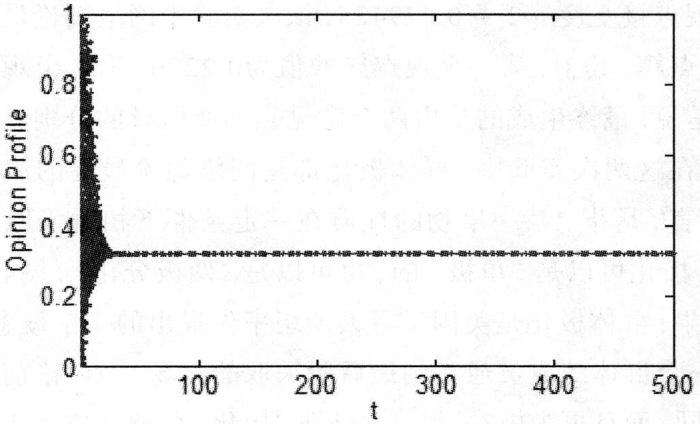

〔1〕 C. Tuncay. Opinion Dynamics Driven by Leaders, Media, Viruses and Worms. International Journal of Modern Physics C, 2007, 18(5): 849-859.

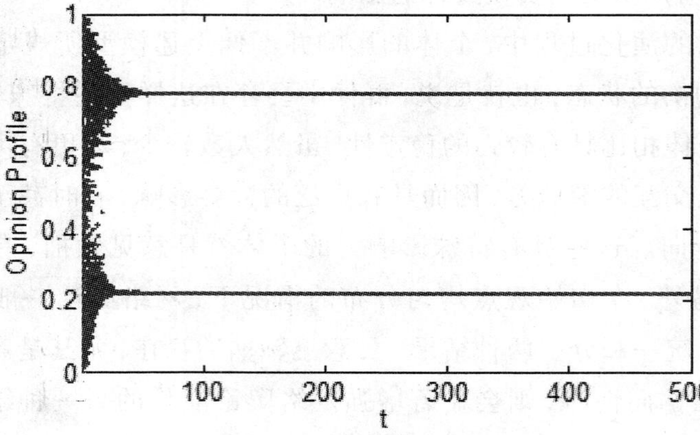

图4　意见领袖影响下的网络舆论演化过程

由图4可以看出，当$no = 1$时，网络舆论的演化过程最终以共识的形成为终结，但是与不存在意见领袖时的情况相比，群体最终持有的一致性观点具有明显的偏向性。该观点簇的取值为0.3221，而如上仿真实验中所生成的意见领袖在初始时刻的观点值为0.1883，他对群体中其他个体的观点接受度$\mu o1 = 0.112108$。由此可见，意见领袖在网络舆论演化的过程中发挥了引导性作用，本来纷乱无章的个体观点最终朝向意见领袖所持的观点偏移；如果意见领袖的初始观点具有明显的偏向性，那么网络舆论的演化结果也会具有明显的偏向性。当$no = 2$时，根据仿真实验中的数值，第二个意见领袖的初始观点值为0.8932，他的观点接受度$\mu o2 = 0.079425$，该次实验中网络舆论最终形成两个相互分离的观点簇，其中，第一个观点簇的值为0.2220，第二个观点簇的值为0.7811，也就是说，最终生成的是由两个意见领袖所引导的分别具有明显偏向性的观点簇。在这两次实验中，群体极化都是网络舆论最终的演化结果。就极化的本意而言，是指“某一事物的性质在一定条件下相对于原来状态有所偏离的现象”，极化可以是“单极”的，也可以是“两极分化”，图4所演示的就是这样两种结果；群体极化是美国学者桑斯坦率先提出的一个概念，它指的是“进行讨论的一个群体的成员通常到最后所采取的立场，与讨论前成员所持有的倾向总体相同，而且更为极端”[1]，它是把“极化”的概念应用于群体观点的

〔1〕 C. R. Sunstein. *Going to Extremes: How like Minds Unite and Divide*. New York: Oxford University Press, 2011: 3.

演化过程。通常而言，个体之间的相互隔离状态以及权威支配的存在是导致群体极化的两个主要因素。如同桑斯坦所言，互联网虽然为人们提供了丰富而便捷的沟通媒介，但是它也在经由“无限过滤”塑造一个个相互隔离的“意见孤岛”[1]，人们只会选择接触自己感兴趣的内容，而无法接触一些相反的观点。权威支配作为网络舆论向群体极化演化的另一个主要动因，在网络空间中显著地来自意见领袖所提供的声誉方面的信息或信号，这些信息或信号的存在使得意见领袖在网络舆论的演化过程中更容易成为一般个体的观点参照对象，因而最终引领网络舆论的演化方向；如果这些意见领袖的初始观点带有明显的偏向性，那么网络舆论最终也会朝向群体极化的方向演化。

四、结语

以WD模型为代表的基于个体的连续观点演化模型是当前观点动力学研究的一项重要课题，本研究借鉴WD模型的建模思想，综合考虑网络传播的特殊性以及网络舆论演化的具体实际，通过构建网络舆论演化模型来研究网络舆论的演化和发展过程。由于网络上的观点交互行为的异步性和非充分性，模型使用观点参照这一行为范式来取代观点交互，并且赋予不同个体不同的μ值，认为群体中的个体对其他个体的观点接受度是不同的。本研究首先考察了个体观点接受度μ的分布状况对网络舆论演化过程的影响，实验结果表明，相比于μ服从随机分布的情况，μ服从均值为0.5的正态分布时，网络舆论会以更快的速度收敛。此外，本研究进一步考察了信任阈值ε以及意见领袖在网络舆论演化过程中发挥的作用。仿真实验的结果显示，网络舆论演化最终形成的观点簇的数量与该参数所处的水平呈反比关系，信任阈值越大，最终生成的观点簇的数量越少；反之，最终生成的观点簇的数量则越多；意见领袖在网络舆论演化的过程中更容易成为一般个体的观点参照对象，如果意见领袖所持的观点具有较强偏向性，则会显著影响甚至决定网络舆论极化现象的产生。由这些结论出发，我们在网络舆论的管理过程中要避免出现将网民“同一化”处理的思维倾向，而要考虑到网民的异质性，他们在某些属性上的分布状况能够对网络舆论产生重要影响。其次，由于共同经验能够对网民的既有成见进

〔1〕［美］凯斯·桑斯坦：《网络共和国：网络社会中的民主问题》，黄维明译，上海人民出版社2003年版，第1～14页。

行激发和塑造，使网民在某些议题上具有较高的容限度，容易形成带有偏向性的一致意见，因而需要加强网络舆论信息的收集和整理工作，以有效预测可能出现的极端情况。最后，应当着力发挥网络意见领袖的积极作用，协力塑造健康、有序的网络舆论环境。

第七节　电子政务：政府与公众互动规则的技术化呈现*

从世界的范围来看，无论是发达国家还是发展中国家，都在进行着这样的努力：那就是将信息技术或互联网络引入到政府的政治、经济、社会或行政活动中来。这就是“电子政务”概念包含的目的和行动。也正是在这样一个宽泛的界定下，学者们对电子政务的内涵有了不同的理解：有的将其视为公共管理改革的手段，有的则将其定义为一种新型的管理模式，还有的将其等同于“政府再造”。

但是，无论是作为手段，还是作为政府改革的结果，电子政务的建设与发展，从本质而言，就是改变了政府组织和社会公众之间的关系。如简·芳汀教授所言，作为一项革命性的技术，因特网以及众多相关的信息技术提供了影响政府结构以及政府和市民关系的技术潜力〔1〕。而电子政务建设无疑是实现这一潜力的现实性选择。如此看来，政府组织和社会公众之间的关系是电子政务的本质属性，它决定着电子政务的发展方向和未来。

一、表征政府与公众之间互动关系的规则

“规则以及基于规则的行动是所有我们已知人类社会的主要特征。人类行动以规则为基础组织起来，这些规则组合，创建并维持了社会系统。”〔2〕社会科学界的学者已经意识到规则在组织和日常生活中的重要作用，并从多个角度

---

* 原载《自然辩证法研究》2007年第11期，合作者白淑英。

〔1〕 简·芳汀：《构建虚拟政府：信息技术与制度创新》，邵国松译，中国人民大学出版社2004年版，第27页。

〔2〕 [美]詹姆斯·马奇、马丁·舒尔茨、周雪光：《规则的动态演变》，上海人民出版社2005年版，第5页。

进行了研究。按照规则通行的不同领域，可以将规则分为个体行动中的规则、组织中的规则和社会生活中的规则。从规则的表现形式来看，规则有正式和非正式之分，既包括程序、规章等成文规则，也包括惯例、隐性契约等非成文规则。

毫无例外，政府组织和社会公众之间基于规则的互动，恰恰是公共管理系统得以维系的前提，也是政府组织和市民之间关系在某个时点的反映。弗里德曼就曾强调：在组织的日常事务中，规则系统的行为约束特征能够反映（政府）和市民之间的关系。（政府）能够从市民的思想中、参与政务的行动反应中来理解政府应该怎样做才能满足公众的需求[1]。

能否将规则作为电子政务本质的定位器?Ramon等人在刚刚发表的文章中进行了尝试。他们认为，政府部门通过门户网站提供一些技术特征，市民、企业以及其他的电子政务的使用者通过与政府部门的互动意识到这些是有用的，并且对政治家和公共管理者提出了电子政务新特征的要求。同时，来自使用者的压力也迫使政府部门开始增强技术和组织的融合。这意味着一个新的规则进化循环开始了[2]。这将规则的进化循环作为电子政务发展的内在规定性的视角无疑具有极大的启示作用。

另一方面，从规则产生的动因来看，它就是源于调节社会关系、维持社会秩序稳定的需要。Feldman就曾强调通过组织惯例改变的内来动力来表征的规则系统行为约束的特征体现了与组织相关的市民要理解他们需要做什么，并且从思想和行为上反映出个体对惯例的遵循。她说，人们期望将自己的生活都纳入惯例之中，并运用惯例来处理生活中有关的行为、计划和理想等[3]。更为重要的是，尽管规则从总是处于被创建和修订的过程中，但是从个体的角度出发，某一规则总是在一定的时间维内存在的。静态的规则展现了社会行动者之间稳定的关联。

---

〔1〕 Feldman MS.Organizational Routinesas Sourcesof Connectionand Understanding.*Journal of Management Studies*, 2002, 39(3): 309-331.

〔2〕 J.RamonGil-Garcia, Ignacio J.Martinez-Moyano, Understandingthe Evolutionof E-government: TheInfluenceof Systemsof Ruleson Public Sector Dynamics.*Government Information Quarterly*, 2007: 24266-290.

〔3〕 Feldman MS.Organizational Routinesas Sourcesof Connectionand Understanding.*Journal of Management Studies*, 2002, 39(3): 309-331.

如此说来，规则系统可以成为表征政府和社会公众之间关系的“晴雨表”，是公共管理系统的重要组成部分。规则系统的演化不仅能够表征政府组织和社会公众之间关系的变迁，也能够从侧面反映一个国家或地区的公共管理理念和模式，对政府的行政改革具有一定的标示作用。

二、信息技术背景下的政府与公众

信息技术具有纯粹技术工具的功能，它具有的可以“对当代社会的经济、政治、文化和全部社会生活以及相应的制度都产生深刻而重大的影响，导致社会结构的变迁，并引出相关的社会形式”的特性已经被人们所认知。在这样的背景下，作为社会主体的政府组织和社会公众，其行为特征也在悄然发生改变。

信息技术给人类带来的这种变革不是一般的量的变化，而是质的飞跃。这种变革涉及人类社会的政治、经济、文化、生活方式等方面，更重要的是，在这个时代里，人们缺乏一种普遍的认同感，也不再把社会看作一种有意义的系统。新的权力在于信息的符码(codesofinformation)与再现的意象(imagesofrepresentation)。在一个网络化的社会里面，对认同感的抵制同个体主义一样渗透于社会机体之中。可是因为人们抵制这种认同感，反对被剥夺经济、文化和政治权利的公民却趋向于形成一种新的社区认同感[1]。一种与工业社会不同的理性随之而生。

在这样的理性启蒙之下，即便是在“常态”的社会中，社会权力亦呈现出分散以及多元化的趋势，政府和社会公众之间的关系发生了本质的变化。无疑，这为政务规则创新提出了新的要求。尤其是进入20世纪90年代后，公共管理的环境发生巨变，社会关系相互依存的程度日益加深，范围不断扩展，“政府、工商界和市民社会之间的合作正成为民族国家竞争力和国家繁荣的基本构成要素”[2]。因此，构建多方协作的网络式的治理模式将成为政府改革的主要目标。

当然，政府治理模式的改变还要有赖于社会公众具有参与管理的能力和意愿。在现代社会背景下，社会公众参与的必然性越来越在实践中得到证实。

---

〔1〕 Manuel Castells.*The Power of Indentify*.Basil Blackwel lltd., 1997: 354-362.

〔2〕 Gilles Paquet.*Governance Through Social Learning*.University of Ottawa Press, 1999: 214.

"由于公民接受了更多良好的教育，他们也就更多地要求参与到那些影响他们生活的公共决策"之中，加之"新的信息技术进一步刺激和推动了知识传播和扩散进程，这使得公民拥有了更多迅捷获取信息的通道"。越来越多的公民逐渐意识到，他们有能力影响那些关乎他们生活质量的公共政策的制定与执行。于是，接下来的结果就是，他们不断地要求在公共政策过程中获得发言的机会。总之，如克利夫兰所指出的那样，越来越多的工作需要通过横向扁平化的方式来完成，否则，工作就无法完成；越来越多的决策需要通过越来越广泛的咨询来作出，否则，这些决策就不能维持[1]。看来，对于政府组织而言，现代社会中，社会公众已经不再是一个单纯的政务服务对象，而是一个主动参政的能动要素。

从政府的角度而言，政府组织不仅仅要应对由于信息技术的革命性变革而带来的管理对象——社会公众变化的压力，更有全球化、信息化的社会变迁给政府带来的压力和影响。如蒙塔格娜亚分析的那样，如果根据服务的特征和政府的任务来决定信息技术的使用的话，那么这将是一个缓慢的过程。但是，一些私营企业已经从互联网中感受到了巨大的利益并因此而改变了价值链的做法，使他们需要更加有效率和效能的政府。企业对政府的不满成为政府管理创新的动力[2]。可以说，信息技术的发展将为政府组织提出管理理念和管理制度创新的压力和要求，同时，信息技术也为政府组织创新提供了一种路径和可能。

三、信息技术与公共协商规则的选择性亲和

自科学革命以来，人类社会的每一次发展和进步，都与科学和技术的发展和进步密不可分。科技进步不仅带来了生产力的飞速发展，也带来了生产关系的跃迁，体现了技术与制度的相互嵌入性。尤其是信息技术的发展，更为社会制度和规则的变迁提供了技术支持和实现的可能性。第一次技术革命推动了产业革命，引起了社会产业结构的变化，使社会从农业社会进入农业—工业

〔1〕［美］约翰·克莱顿·托马斯：《公共决策中的公民参与》，孙柏英等译，中国人民大学出版社2005年版，第1～6页。

〔2〕 Jorge Marcelo Montagna.A Framework for the Assessmentand Analysis of Electronic Government Proposals.Electronic Commerce Research and Applications, 2005(4): 204219.

社会。随着生产力的发展，社会逐步分裂为不同的阶级，产生社会冲突。这时就需要国家来出面缓和社会冲突和阶级矛盾。为了摆脱无序和动荡的状态，延伸个人自由，公众将自身的一部分权利交与政府，并与政府订立契约。政府必须按照契约行事，代人民行使权利〔1〕。实现了孟德斯鸠所说的“权力来自权利”。

发生在19世纪中叶以电力的广泛应用为主要标志的第二次科学技术革命，可以说是社会变革的大发展阶段。它不仅促进了资本主义生产力的巨大发展，使资本主义的生产方式由自由资本主义进入垄断资本主义阶段，而且带来了社会全方位的资本主义化变革。但是由于资产是公共权力的主要来源且为少数人占有，使权力的配置仍然呈单极化状态，权力的使用也表现为自上而下的单向性特点，即韦伯所说的“官僚制”。

信息技术的发展和应用带来了政府管理体制的变迁已经成为一个不争的事实。奥斯本就曾深刻地论述了这种转变的必然性。他说，50年前，集权式的政府是不可避免地。当时，信息技术还很原始，地区之间的通信很慢，劳动力受教育水平很低，所以政府不得不采取集中管理形式，以使公共管理更有效。然而，今天的情况则大不一样了：信息技术的发达使得边远地区的通信瞬间即至，劳动力受教育水平空前提高，外部环境变幻莫测，坐等信息再作决策的时代一去不复返了。面对信息时代的复杂环境，政府组织将由集权方式转变为重视参与协作的分权模式〔2〕。

但是，奥斯本仅仅注意到信息技术在迫使政府进行管理体制转变中发挥的作用，而忽略了信息技术作为一种改变社会的力量在全世界蔓延的时候，它对行政规则的内在性改变所具有的可能性。这种改变就是由行政与政治/政策的二分对立转变为二者的融合。信息技术能否实现行政规则向政治与行政融合的内在性转变，衡量的标准就是能否实现标志政治先进性的民主的实现。民主的实现可以从深度和广度两个维度进行。民主的广度是指全社会成员参与政治事务的人数比例；民主的深度是指参与者政治参与的性质及其所达到的参与程度，关乎民主的质量和效果。从信息技术的一般性特征而言，它具有

〔1〕 王振海、黄霞：《构建政府与市民和谐关系的现实选择》，载《青岛行政学院学报》2006年第3期。

〔2〕 丁煌：《西方公共行政管理理论精要》，中国人民大学出版社2005年版，第406页。

实现民主广度的工具性。信息网络技术的开放性特征赋予了每个参与者平等的意见表达机会，它能够为所有参与者提供一个共同参与、讨论的空间。在这个空间里，主体的协商参与不受时间和空间的限制，不受身份、地位、教育、职业、权力、财富、宗教以及文化客观条件的限制。可以说，信息网络技术为政府和其他政治参与者之间创造了一个充分互动、平等交流的平台。

信息技术在发展民主广度的同时，也为深度民主的实现提供了前提。因为“处于分离状态的个体无法成功地矫正公共排除和既有的不平等，即使当他们作为运用公共能力的公民的时候，也无法成功矫正”。因此，民主深度的发展要依赖于广泛参与的集体意识。而集体意识形成的关键在于能够形成沟通的网络。无论是实践上还是经验上，信息技术都具有聚集社会公众的作用。因为在由信息技术所构成的互联网络中，很容易通过互动集合成为“虚拟社群”。按照Howard的界定，虚拟社群是指一群主要凭借计算机网络彼此沟通的人们，彼此有某种程度的认识、持续的公开讨论、分享某种程度的适合信息、相当程度的如同对待友人般的关怀，通过网络建立个人关系，在虚拟实在中形成社会的集合体[1]。虚拟社群的产生，表明了信息时代人际关系具有另一种组成方式，即“网缘性人际关系”。“一旦在公共理性上达成共识，公民们就能一致行动并结成团体或组织，在其中他们可以汇聚他们的资源、能力、权利，并去除根深蒂固的障碍。”[2]

另一方面，信息技术也可以成为规则实现的工具。它可以将规则内嵌在软件中。信息技术不能决定机构以怎样的绩效评估方法或标准是合适的，但那些评估标准一旦确立，软件分析师就能将程序、规则和标准等安装到电脑程序里，从而使数据的收集变得更加容易，数据的核对变得自动化，报告的产生则变得简单。内嵌在软件中的规则微妙但却清晰地界定了每项独立任务的不同方面。

由此可见，信息技术不仅成为迫使政府进行管理体制转变的始作俑者，而且也将成为体制变迁的一个重要的工具性选择。这种改变源自信息技术与多

---

〔1〕 ReingoldHH.*Virtual Community: Homesteadingon the Electronic Frontier*.Reading, Massachusetts, Addison Wesley, 1993: 4.

〔2〕 Joshua Cohen, Joel Rogers.Secondary Associationsand Democratic Governance.*Politicsand Society*, 1992(20): 393-372.

元参与的协商规则之间的内在亲和性。

四、电子政务：内嵌规则的高技术服务系统

如前所述，在信息技术的作用之下，政府组织和社会公众具有了新质的特征，他们的交换和协商的过程就是协调他们之间相互依赖关系的过程，即创立新的规则和规范的过程。另一方面，理性行动者模式告诉我们，当信息技术出现之后，人们将找到政府使用因特网的最有效的途径，从而获得更好的表现和更大的效用。这意味着政府组织也试图运用这项充满活力的技术将新生成的规则或规范予以固定化。这两方面努力的结果，便导致了电子政务的产生。可以说，理想的电子政务既是公共协商型政务规则实现的技术化支撑，也是信息时代一种新型的治理模式。

因此，基于规则和技术的互动，我们为电子政务进行新的定位：信息技术是电子政务存在和发展的物质载体，社会规则是电子政务的"智力"载体。即电子政务就是表征政府组织和社会公众关系规则的技术化呈现。电子政务如何才能实现规则与技术的互构？换句话说，如何将信息时代社会需要的公共协商规则通过信息技术的支撑以电子政务的形式实现？

第一，需要做的，就是树立公共协商的管理理念。将公共协商作为电子化政府的管理理念，要求从静态上看，它要成为电子行政、电子服务以及电子民主的指导原则。这意味着信息时代实行多元化治理的价值诉求，不仅要发生在民主领域，更应该成为社会治理的通行规则；从动态看，它要贯彻在电子政务发展的始终。穆恩指出，民主环境中的电子政务建设，要考虑到具有不同民主诉求和精神气质的公民、官僚主义者和政治家的要求[1]。

第二，将网络化的经济运行模式作为主导模式。社会经济机制和生产力发展水平是影响公共行政最主要的生态因素。正如工业化的经济模式催生了以理性、效率为价值目标的科层制的管理模式一样，以平等、多样为价值目标的电子政务的管理模式也需要一定的经济运行模式相适应。这就要求经济运行模式要从以商流、物流、信息流为主向以知识和信息的获取、生产、利用与

---

〔1〕 Moon M.J., Welch E.W.*Same Bed, Different Dreams?: A Comparative Analysis of Citizen and Bureaucrat Perspectiveson E-government*, Paperpresented at the Proceedings of the 37th Hawaii International Conferenceon System Sciences.2004: 9.

分配为中心进行转变。

第三，政府组织要成为具有耗散结构的开放系统。什么样的政府能更有利于实现电子政务的管理模式?答案是肯定的。那就是政府组织一定是具有耗散结构的开放性政府。按照自组织理论的观点，一个处于非平衡状态，与外界有能量、物质、信息交换的开放系统，才能够依靠参量涨落发生巨变，从而达到新的稳定态。就本质而言，电子政务的运行就是政府组织的结构、功能、模式不断变化，演化为具有新的结构、功能系统的过程。因此，政府部门的自组织性是电子政务实现的最基本的条件。

第四，公共领域的重建。“公共领域由汇聚成公众的私人所构成，他们将社会需求传达给国家”。然而，“国家和社会之间的相互渗透作用消解了私人领域，同样，具有批判意识的私人所组成的相对同质的公众这一基础也被动摇了。”[1]但是，理想的电子政务的运行，恰恰需要将已经瓦解了的公共领域予以重建。其所隐含的是社会中已经培育出了对公共事务关心，掌握信息和知识，具有一定的政治原则等素质的社会公众。

第五，沟通网络的完善。尽管在电子政务的建设中，制度学派的理论越来越居于主要的地位，使人们更加注重制度、规则等对于电子政务建设的意义。但是，电子政务毕竟是以信息技术为依托的政务管理模式，因此，互联网等通信基础设施以及市民的沟通能力将是电子政务运行的最基本的要素。

第八节 网络文化建设的两个视点与多主体协同发展*

网络空间本位和网络社会本位是网络文化建设中居于两极且相互排斥的发展观，但现实中的各种混合模式多有其各自的合理蕴含，这本质上是一个多主体协同发展问题。

---

〔1〕［德］哈贝马斯:《公共领域的结构转型》，曹卫东等译，学林出版社1999年版，第200～204页。

* 原载《兰州大学学报》(社会科学版)2013年第1期。

一、关于网络文化的两种发展观

关于网络文化的发展模式虽有两分法、三分法、四分法之说，但都是从两种最基本的发展观衍生而来的：第一种是网络空间（cybersociety）本位发展观；第二种是网络社会（network society）本位发展观。

（一）网络空间本位及其发展观

网络空间本位，是把互联网作为一个相对独立的生活场域，而把网络文化视为伴随虚拟行为规则生成、虚拟实践有序化的内在过程所产生的精神文明成果。在这一视角看来，网络空间是借助互联网所形成的一个信息沟通平台和非工具性互动场所，它本质上是一种新的社会关系和社会形式。从这个意义上说，互联网架构了一个承载人类生命内涵的新时空。按照许茨的理解，人的生活世界是具有多种维度的，“只要主体之某一部分经验表现出特定的认知风格，并且就这种风格而言前后一致且彼此相容”，那么它就构成一个“有限意义域”。[1]从网络空间本位看，“在线”是信息时代人类特有的一种生存状态，它打开了一扇门，为网络文化提供了更加丰富和更加多样化的条件与可能。

网络空间本位发展观的基本看法是：网络文化是一种秩序化的虚拟实践成果，其治理模式本质上是在网络空间内生成虚拟行为规则并以此来保持一种有序的虚拟实践状态。这一理论范式反对国家政府对网络文化的管理，被称为网络无政府主义（cyberspace anarchism），其代表人物是电子空间法律研究委员会主席David R. Johnson和美国乔治敦大学的David Post教授等。他们特别强调网络文化自我发展的有效性、电子空间的独特性，认为现实法律规则缺乏管理电子空间和网络文化的可能性和合法性。

网络空间本位的方法论基础是复杂性科学。国外学者早在20世纪末就已认识到互联网是一个自组织系统，其构成要素或过程的持续耦合为虚拟实践的有序化提供了基础。我国有学者提出，“可以认为Internet是一个典型的、具

〔1〕 苏国勋主编：《当代西方著名哲学家评传》（第十卷·社会哲学），山东人民出版社1996年版，第365～366页。

体的、开放的复杂巨系统实例。"[1]在复杂性视角下，以前被认为纷繁无序的互联网现象有了一个科学的定位，以前被视为混沌无章的网络文化现象有了一个全新的坐标。的确，如果深入虚拟实践内部就会发现，网络空间既有混沌的一面，也在掌控之中，其本身就是一个硕大无朋的混序界面。从这个角度看，网络文化结构存在一系列错综复杂的混序界面并表现为不同的张力作用，而这些张力相互关联和交织，恰好促成了网络文化的有序化和不断演化。

作为一个自组织系统，网络空间在经历人与人、人与网以及其他要素之间的交互性、相关性、协同性或默契性的复杂过程后，会形成某种特定的结构和功能。在此过程中，互联网无须外界指令而能自行组织化和有序化，而网络文化的生成与演化就是这种自组织能力的创造性成果。具体而言，这种自组织能力表现为在大量虚拟实践者合作下出现的网络文化新要素及其宏观上的新结构。某一类虚拟行为，经过参与者的相互作用以及不断适应和调节，会从无序走向有序并最终涌现出独特的整体行为特征，那便是网络文化新要素的产生。经验告诉我们，人与网络的结合可以创造出许多不可预知的宏观结构。实际上，即使是虚拟实践者也对"下一步"的行为结果难以预设，因为它往往取决于网络空间的情境变化和互动结果。这说明，虚拟实践的整体效应具有不可表达性，而网络文化则是要素之间不同的相互影响关系创造出来的。在这个从混沌到有序的复杂过程中，每一个虚拟实践者都存在个人目的，但作为总体的虚拟实践过程并没有接受外部指令，因此"网中人"作为直接的、一般的存在物处于运动状态，而网络文化的生成与演化却自在地进行着。最终，虚拟实践者就通过自在的随机过程产生了具有不确定色彩的虚拟行为规则和网络文化。

（二）网络社会本位及其发展观

网络社会本位，将虚拟世界看作在信息网络技术主导下的一种社会形态，而把网络文化视为在虚拟实践秩序化的有效规制过程中所产生的精神文明成果。从这一视角看来，网络社会实际上是信息社会发展到网络化阶段的一种现实性社会结构形式，网络空间不过是现实社会的延伸，而网络文化则是虚拟实践的精神遗产。对于作为一种社会结构形态的"网络社会"，卡斯特在《网

[1] 戴汝为、操龙兵：《Internet——一个开放的复杂巨系统》，载《中国科学》（E辑）2003年第4期。

络社会的崛起》中做了较为详尽的论述。他认为，互联网是一个去中心的、在任何节点都可以沟通的信息网络媒介，充分体现了"网络化逻辑"的结构形态，是"网络化逻辑"的缩影。如果以网络社会为本位，那么网络文化不过是社会文化的一个亚结构，因为网络空间也只是整个网络化社会的一隅。

网络社会本位发展观的基本看法是：网络文化既是一种秩序化的虚拟实践成果，也是当代人类文化的前锋形态，它所衍生出来的无序现象不仅可以妨碍虚拟社会实践的正常进行，而且对整个社会生活造成了直接影响，因此"信息高速公路也需要交通管制"。如有学者认为，"第一，网络空间或称'虚拟实在'（Virtual reality）在其本质上仍然是现实世界（Reality）的虚拟，'虚拟实在'不是另类社会，不是'天堂'，而是人类的作品。第二，对网络越轨判定适用的是现实社会中的准则或价值判断。"[1]"事实上，没有哪个国家真正放弃了对网络信息的管理。出于教育引导青少年、阻止恐怖活动、保护国家权益、限制不正当竞争等方面的考虑，从政府部门到单位机构，都从不同的层面管理着网络信息，将对网络的控制与管理视为自己义不容辞的责任和义务。"[2]我国在互联网治理上所遵循的原则即"政府主导、多方参与、高度协调、有效反馈"也一定程度上体现了这一视角。

网络空间本位的方法论基础是公共管理理论。事实上，社会秩序的公共产品属性为政府管制提供了前提，网络文化的历史先锋性又赋予了政府无可推卸的责任，这就使政府及其政策供给处在了一个不可取代的优势地位。目前，许多学者已经认识到网络秩序对于网络文化建设的意义并形成了所谓网络管制论，他们认为互联网自身无法实现秩序，需要政府管制，否则网络文化建设就会处于不确定和不可控状态。

随着互联网的发展，网络文化建设中的诸多社会问题不断闯入现实生活，一定程度上干扰了正常的社会秩序，因此互联网治理逐渐成为政府管制的重要议题，政府在网络文化建设中的作用也得到了越来越多的认同。如欧盟表示互联网"要有国家和政府的适度干预"，英国宣布"网络不是法律的真空地

---

〔1〕 胡新华、陈晓强：《大学生网民群体的越轨及其社会控制》，载《中国青年政治学院学报》2002年第9期。

〔2〕 陈华栋、于朝阳、胡薇薇：《国内外网络文化建设管理模式比较分析与借鉴思考》，载《思想理论教育》2010年第17期。

带”，法国则主张政府要与技术开发商、服务提供商和用户一同“共同调控互联网”。据有关部门对世界42个国家的调查表明，大约33%的国家正在制定有关因特网的法规；70%的国家在修改原有的法规以适应因特网的发展；有92%的国家对因特网进行不同程度的审查和监督；有26%的国家出现对因特网的执法案例。应该说，网络文化建设中的政府管制是社会和谐的基本制度安排，它以其维护公共利益的功能优势被人们所期待。

二、两分法框架下网络文化发展的类型学检视

（一）典型模式的相互相斥

网络管理体制与国家的政治、经济、社会背景关系极大，并在很大程度上决定着网络文化的发展模式。在两分法框架中，网络文化发展的典型模式被归并为彼此排斥的两种类型，即自我管理模式和政府管制模式。

在自我管理模式下，网络文化的发展是一个自律自理为主、政府管理为辅的过程，而不是在国家的指导、计划之下孕育、发展起来的。有专家认为，迄今为止互联网运转得相当有秩序，而这一切都是在没有政府的干预下发生的，因此政府对网络首先要学会的就是要有所不为。[1]美国是最早进入信息社会的国家，互联网的普及程度很高。虽然国家一直强调信息政策的重要意义并在一些基础研究上进行投资，但互联网的投资主体始终是私营机构，因此市场是推动网络文化发展的第一力量。源于这一市场基础，美国政府在“9·11”事件之前极力宣扬言论自由并放松对网络文化的管理，逐渐成为网络文化发展中自我管理模式的代表。美国的网络文化建设以分散式管理著称，在实践中形成了一种多元体制结构，缺乏一个权力集中的机构来充分发挥行政中心和协调中心的作用。这种格局的形成，与美国在互联网发展过程中的企业分散投资以及排斥中央集权的管理传统有关。在实际运作中，美国的政策法令及相应的组织工作，分别由总统科学顾问委员会的有关部门、国家科学基金、国家图书馆与情报科学委员会等机构就有关的政策、法规向总统及国会提供咨询意见，然后通过立法机构以法规形式公布于众，再由国家信息服务中心、国防文献中心等官方信息机构以及兰德公司等著名智囊机构组织实施。这种分

---

〔1〕曹亦萍：《有所为有所不为：关于政府与互联网关系的思考》，载《互联网世界》1999年第1期。

散式管理以市场需求为导向，使美国信息机构能够及时地根据市场需求进行灵活调整。“9·11”事件之后，美国因国家安全考虑开始加强网络管理并通过《爱国者法》加以明确体现，但总体而言还在坚持“以‘自由’之名，强调自律”的网络文化管理模式。[1]

由于东方国家不同的文化背景和管理传统，更由于东方国家的互联网建设始终是在国家的主持下进行的，因此政府在网络管理中具有“为主”的地位。这样，在东方国家网络文化的发展进程中，国家和政府的作用远远超过了市场力量。在这种政府管制模式下，网络文化的发展是一个国家管理下的文化建设过程，它是社会文化发展的组成部分，而不是在网民的自主、自律之下孕育、成长起来的。比如日本、新加坡、韩国、马来西亚等具有东方传统的国家都制定了各自的行动框架，私营机构只能在框架范围内活动，网络文化也是在既定的约束中发展的。其中，日本侧重于强化职能管理部门，建立有效的管理体系，早在1957年就建立了一个庞大的综合性信息中心（日本科学技术信息中心）并具有特殊地位。此后，日本又建立了产、官、学一体化的信息政策咨询研究体系。这种相对集中的管理体制既反映了日本的管理传统，又体现了政府在信息管理和网络文化建设中的主导作用。

互联网的快速发展似乎使“人类一下子掌握了前所未有的巨大力量，可是不知道这力量该怎样用，交给谁管合适。往右偏一步，很可能出现人类历史上最严酷、最无孔不入的专制，往左偏一步，又有可能出现毁灭人类社会的无政府状态。”[2]有人认为国家干预互联网存在所谓“合法性危机”，但无政府主义的自律模式也并无十足的权威性。问题的关键在于，能否在互联网发展中提供一套有效的规范体系，从而使网络文化建设健康有序地持续下去。其实，无论是自我管理模式还是政府管制模式，二者的意义都在于其“理想形态”所标志的典型性。但是，网络文化发展的两分法框架不仅在理论上而且在实践中形成了网络自治和政府管制的两极对立和相互排斥，都采取了一种有失偏颇的极端化立场。

---

〔1〕 陈华栋、于朝阳、胡薇薇：《国内外网络文化建设管理模式比较分析与借鉴思考》，载《思想理论教育》2010年第17期。

〔2〕 王小东：《信息时代的世界地图》，中国人民大学出版社1997年版，第190页。

(二)政府定位与混合类型的合理蕴涵

自我管理模式与政府管制模式的深层问题，是政府在互联网治理和网络文化建设中的定位问题。自从政府出现以来，在任何一个社会共同体中，人们总是首先把共同体的秩序寄托于政府，社会秩序的保障和供给一直是行政管理的基本要义。[1]乌尔里希·贝克(Ulrich Beck)曾提出所谓风险社会概念，认为科学被普遍化的同时也被神秘化了，在技术理性的扩张之下风险生产日益取代财富生产。近年来，有人将风险社会理论运用于网络社会研究，称互联网是一个点击中的风险社会。有研究者指出，“风险社会的根源不能仅仅从网络的发展来理解，但是，网络时代的到来无疑是风险社会的催生婆，从实际的历史进程看，风险社会是网络时代不可避免地历史后果”。[2]怀有此类担忧的人，自然会把目光投向政府，希望国家担负起互联网治理的责任，引导网络文化的走向。但是沉浸于虚拟世界的众多网民似乎并不接受这种外在约束，他们通过《网络独立宣言》向政府宣称：网络世界不在你们的领地之内，不要把它想成一个可以建造的公共建设项目。它可以在集体行动中自然成长，我们将在网络中创造一种心灵的文明。总体而言，无论是在理论上还是在实践中，人们都看到了貌似不能调和的两种主张。

仔细想一想，政府在互联网治理和网络文化建设中的定位，其实并非只有“管”与“不管”这两种选择，它可以是一个在集中与分散程度上调节的变量。在这一理念下，根据其政治经济体制以及文化传统，一国的互联网治理和网络文化建设模式可以是集中式的如日本、新加坡，也可以是分散式的如美国、加拿大，但更多的可能是混合式的。这样看来，两分法框架中的自我管理模式和政府管制模式都只是“理想型”，实际运行的互联网治理和网络文化建设模式并不是非此即彼的，而是要在集中与分散之间选择一个恰如其分的位置，以准确反映政府的定位。

政府定位的可选择性昭示出：各种混合管理模式都有其各自的合理蕴涵。比如英国就采用了充分发挥公益组织参与网络管理的治理模式，其网络管理工作主要由一个名为“网络观察基金会”的半官方组织负责。基金会以鼓励从业者自律为主，制定从业人员行为守则，并规定对其他媒介适用的法律对网

〔1〕 张康之：《论政府的社会秩序供给》，载《东南学术》2001年第6期。

〔2〕 庄友则：《网络时代与风险社会》，载《淮阴师范学院学报》2004年第4期。

络同样适用。有报告显示,英国互联网上源自本土的非法内容明显下降,“网络观察基金会”成效显著。[1]近年来,许多发达国家正在试图选择一些更加综合的互联网治理和网络文化建设模式。有迹象表明,美国长期以来所实行的运用市场机制来谋求信息服务效益的管理模式也在发生着变化,政府在互联网治理和网络文化建设中的参与程度不断提高;相反,日本则更加强调政府行为不要扰乱虚拟实践的自我发展。

三、网络文化建设中的多主体协同发展问题

(一)多主体协同发展模式的提出

文化虽然是人类活动在历史长河中的成果积淀但不完全是一种既成的遗产,它是人类作为“我们”共同参与社会实践的文明成果,是历史地凝结成的人类生存方式。历史唯物主义告诉我们,生产方式的物质形式生产力与其社会形式生产关系之间的矛盾运动是社会历史演进的根本动力。在此过程中,生产工具是社会生产力性质的决定性因素,而与生产工具相对应的生活工具则是人类生活方式的决定性因素。这就是说,“我们的”文化作为历史地凝结成的人类生存方式,在很大程度上要取决于生活工具的性质。如果说,网络文化是在全球化语境和特定社会氛围中的“我们”,以互联网生活工具的技术特性为基础,在虚拟实践过程中所取得的当代文明成果。那么,网络文化建设的关节点就在于:能否以互联网这一巨型生活工具的内在规定性为基础,成功地构建起虚拟实践成果借以实现“我们化”的社会机制。以此来审视网络文化建设,自然会提出所谓“多主体协同发展模式”问题。

首先,互联网作为巨型生活工具,使人类工具的内在规定性发生了革命性变化,奠定了网络文化多主体协同发展的技术基础。在人类发展史中,文化的具体内容总是与使用工具有关的,这种关联现象看起来是人类借助工具凝结成历时性的生存方式,其实是社会以特定工具的内在规定性为基础所取得的创造性文明成果。在人类早期阶段,不同地域的人群借助于手工工具从事初级、简陋和彼此孤立的社会实践,那时的生活工具仅仅是人手的简单延长,因而其文化发展是个人化、社区化且富有价值理性的。工业革命后,人类进入机

---

〔1〕《英国严格网络管理重点保护青少年取得成效》,http://www.dzwww.com/xinwen/xinwenzhuanti/070424djsqwz/tszs/200704/t20070425_2125481.htm。

器时代，越来越庞大、越来越复杂的“机器”工具似乎可以把人类之手延长至无限远，其时的文化发展是以主体性和“工具理性”等所谓现代性为内核的。如果说，机器时代的百年统治创造了“比过去一切时代创造的全部生产力还要多，还要大”（马克思语）的历史奇迹，那么网络时代短短几十年就带来了人类生活方式的颠覆性变革。这是因为，互联网巨型生活工具已不再是人类之手的继续延长，而是人类之脑的扩展和增量。这就意味着，与过去一切时代所创造的全部人类工具相比，互联网的内在规定性发生了革命性的变化。实际上，互联网所提供的最基本的工具就是所谓“在线沟通”，它是人类历史上一次划时代的沟通方式革命。按照帕森斯的观点，在社会系统分析的范围内，沟通是主要的互动过程。社会由相互沟通的社会成员整合而成，互联网对生活工具的革命性变化消除了跨时空沟通的“时滞”障碍，使人类由实态生存演进为虚实兼在的生存方式，从而奠定了网络文化多主体协同发展的技术基础。

其次，人类在虚拟实践基础上对精神生活的追求和享受呈现出人—机交互性、人—人共生性等非线性特征，形成了网络文化多主体协同发展的“我们化”机制。霍桂桓认为，文化的实质性内容是“作为人类物质生产实践的结果的‘对于自由的精神生活的追求和享受’。正是这种实质内容表达了人类共同具有的、最基本和最深刻的精神旨趣——通过最大限度地发挥自己的‘生存意志’和‘自由意志’，追求和享受精神上的自由”。[1]在互联网出现以前，人类使用特定工具形成不同时代的实然生存方式和文化样式，但网络工具实现了一种人—机交互的虚拟生存方式。这种人—机交相互、人—网合一的虚拟生存系统具有超强的智能性和智慧性，它超越了人的自然能力的物质基础，具有非线性的思维方式和行为能力，从而使人的“心智”与计算机的“高性能”得到很好的嵌合。这种嵌合不是量的叠加而是质的飞跃，它使人类对精神生活的追求和享受不再单向度地在使用工具中完成，而是在人与工具的交互作用中实现。在此基础上，网络文化的生成与发展出现了明显的人—人共生特征。在卡西尔看来，文化是由人类的符号活动而生成的。符号活动的“这种自发性和创造性就是一切人类活动的核心所在。它是人的最高力量，同时也标示了我们人类世界与自然界的天然分界线。在语言、宗教、艺术、科学中，人所能

〔1〕 霍桂桓：《全球化背景下的文化哲学研究初探》（上），载《哲学动态》2002年第4期。

做的不过是建造他自己的宇宙——一个使人类经验能够被他所理解和解释、联结和组织、综合化和普遍化的符号的宇宙。”[1]在互联网出现以前，这种符号（文化）的创造大多是少数精英在分立状态下完成的，甚至是笛卡儿式“我思”的成果，然后再经由某些传播机制实现“我们化”共享。在网络时代，人—网合一的嵌合结构使人类对精神生活的追求和享受必须要借助互联网这一巨型工具才能实现，于是符号（文化）的创造必须以某种共在的多主体方式去完成。此时，多主体人—人共生既是网络文化生成的时代特点，也是其持续发展的“我们化”机制。

总之，互联网使生活工具的内在规定性发生了革命性变化，人类生存方式借此由实然存在转型为虚实兼在。在人与互联网合一的嵌合结构中，网络文化作为人类在虚拟实践基础上对精神生活的追求和享受，将借人—机交互、人—人共生等网络化非线性过程构建起“我们化”社会机制，这必然催生出关于网络文化建设的多主体协同发展模式。

（二）多主体协同发展模式的理论源流与核心思想

网络文化建设中的多主体协同发展模式除建立在互联网技术和虚拟实践等现实基础外，还有其多方面的理论源流，主要包括协同论等复杂性理论、网络组织理论、网络治理理论等。其中，协同论等复杂性理论揭示出，大系统在自组织演化过程中存在多个序参量，它们之间的竞争与合作会使其中某一个或若干个序参量取得主导地位，这种合作与竞争关系决定着系统从无序走向有序的演化过程，因为序参量的合作会形成一种宏观结构，而序参量的竞争将导致一个模式的存在。网络组织理论认为，网络化组织运转的根本动力是各组织间的合作与竞争，组织之间的协调主要是一种过程而不是结果，组织之间的合作与竞争形成了网络化系统发展的内在动力即所谓涨落，同时网络化系统的演化也是与环境共生的，因此网络化组织的模式必须与环境特征相匹配。[2]网络治理理论的观点是，“网络是一个有着共同价值诉求的自组织系统，它不同于市场中自愿的个体行为，又不同于科层的命令服从体系”，其治理机制“在于信任机制和协调机制的培育，信任机制是网络的运作基础，其地位类似于市场的价格机制或科层的权威机制，而信任机制的落实，又需要回到协调

〔1〕［德］卡西尔：《人论》，甘阳译，上海译文出版社1985年版，第279～280页。
〔2〕洪军：《网络组织动态博弈分析》，东南大学2005年博士学位论文，第23～24页。

机制的构建上，只有在价值协同、信息共享以及诱导与动员等方面建立起良好协调机制的基础上，才能真正地培育起成员间的信任关系以及成员与集体之间的信任关系，最终实现互利互惠的合作”。[1]不难看出，上述诸理论殊流同源，似乎都与20世纪中后叶兴起并被认为将引领21世纪的所谓复杂性科学有关，而且这些理论之间也是互相交融、共生兼在的。

其实，多主体参与以及协同发展并不是近年来才出现的管理理念，而是人类多少年以来一直存在的社会生活理想，只不过由于技术发展不足而引致的手工工具逻辑乃至机器工具逻辑还不能支撑这样的管理模式。进入网络时代，世界各国的社会管理包括对虚拟社会的管理都在逐渐树立起一种“多方参与、共同治理”的新理念。1980年，约瑟夫·毕塞特在《协商民主：共和政府的多数原则》中将协商（deliberative/delibera-tiver）概念学术化，用以强调公共协商中公众参与的本质特征。由于协商的基本含义是审议、聚集或组织起来进行辩论以及慎重的讨论商议，包括参与主体的平等地位、自由开放的讨论、理性思考、协商共识等多层内涵，因此多年来一直是学术界的热门话题。应该说，“多方参与、共同治理”理念在网络时代再次兴起是一种历史的必然。如果说工业革命以前公共协商等民主理念因种种历史条件的限制还仅仅是一种理想形态，那么信息技术则为“多方参与、共同治理”提供了一个用以实践的历史契机，因为它符合公共协商民主存在和社会管理发展的双重要求。而网络文化建设中的多主体协同发展模式，就是一种网民个体、网络群体、网络管理部门通过多元协商建立协同关系，共同创造和使用网络文化成果的虚拟实践范式。其核心思想是：

第一，网络文化建设是由网民个体、网络群体、网络管理部门共同参与完成的。网络文化是“我们”的，而这个我们包括所有相关者即全体网民个体、网络群体以及网络管理者。应该看到，互联网虽有自组织功能，但网络文化建设并不是由无数个网民个体“自动”完成的；虚拟实践虽以“群”为基本形式，但网络文化建设也不是在群内自行解决的；同样，虚拟社会虽需植入现实规范，但网络文化建设的最终完成还是要经由网民实践并在网络群体内得以实现的。因此综合而言，网络文化建设是要由网民个体、网络群体、网络管理部

〔1〕 鄞益奋：《网络治理：公共管理的新框架》，载《公共管理学报》2007年第1期。

门来共同参与、协同完成，它要求其中的各个主体以平等的地位共存和互动。也就是说，任何主体都不能有先验的价值霸权，每一个主体都只能在与其他主体协同发展的过程中去显现自我成长的价值合理性。

第二，网络文化建设相关者之间是一种多主体协作关系。在网络文化建设中，网民个体、网络群体、网络管理部门这些“我们”的构成要素形成了一种协同一致的关系结构。具体地说，它是网民个体之间、网络群体之间以及个体、群体与管理者之间建立起来的正式或非正式的互动关系模式。事实上，这种关系结构是一个以共同创造和使用网络文化成果为功能的多主体协作系统，是网络文化建设目标赖以实现的组织基础。

第三，网络文化建设是可选择的虚拟实践范式。由于网络文化建设是和谐社会建设的组成部分，所以社会管理的重要目标便是构建起一种能够实现虚拟和谐的网络文化发展模式。一般而言，网络文化是在全球化语境和特定社会氛围中形成的，既带有全球化的时代印记又具有特定社会的国情特点。但对于一国一地具体的网络文化而言，其形成和发展过程往往是一个伴有管理行为的动态过程，既隐含“网络逻辑”的必然性，又呈现出网络文化建设模式的可选择性。

（三）多主体协同发展模式的治理结构

从社会管理角度看，网络文化建设应表现为相互协同的两个特征：一是虚拟行为从混沌走向有序的自组织化内部特征；二是管理规范持续植入的他组织化外部特征。与此相对应，网络文化建设的多主体协同发展模式，既依托于自律性内在秩序的生成过程，又依托于他律性外在秩序的植入过程，更在于内在秩序与外在秩序之间的互动耦合。也就是说，只有内在秩序、外在秩序及二者耦合而成的整合性秩序的共同存在才能真正实现虚拟和谐，进而实现网络文化的不断创新。基于此，多主体协同发展模式的治理结构应该由自律、他律、互律三个机制协同而成。

网络文化建设的自律机制要求网民个体和网络群体实现一个相对完善的发展状态，达到能够自律、接受他律、勇于互律的高境界，成为网络文化成果的主要创造者和分享者。就本质而言，自律机制是网络文化建设过程中网民个体、网络群体等内在主体自组织性的自我管理功能。现代管理科学认为，多主体协同网络不同于科层结构，它是具有自我组织功能的。在虚拟社会中，各种"群"、各类"社区"乃至形形色色的海量网民都承担着各自的自我管理功能，并且在宏观上表现为虚拟社会整体上的自组织特性。按照我们的观点，网络文化本质上是人类在线实践的产物，是随着网民的创造性参与而不断形成和演化的文化之"流"。因此，网络文化的主体必定是共同主体，它既反映了网民个体积极能动的存在方式，又反映了各种"群"、各类"社区"的存在状态。虽然在网络文化建设中也会出现引导行为，但它是基于共同准则的相互性逻辑，而不是强硬的权威关系。在一定意义上说，网络文化建设多主体协同发展模式的一个精彩之处就在于运用了网民个体、网络群体及相关社会组织的自组织能力和虚拟社会的自主管理功能。

网络文化建设的他律机制要求网络管理部门在管制与自治之间找到其恰如其分的定位，形成一个保护和促进虚拟社会的自主性发育，协力创造网络精神文明的大环境。显然，此处的"他律"是相对于网民"自律"而言的政府作用，因此他律机制表现为网络文化建设过程中政府功能的有效发挥。应该承认，网络文化建设不可避免地要受到外部力量的影响，其中，全球化语境是作用于网络文化建设的国际环境，国情特点是作用于网络文化建设的社会环境，而管理政策则是直接干预网络文化建设的综合性政治因素。从另一方面看，对虚拟社会秩序的保障和政策供给应该是网络管理部门的分内之事，因此网络文化建设中的"他律"既是政府的应尽职责，也是事关社会公正、虚拟和谐的基本制度安排。从社会管理角度看，加强虚拟社会管理的根本目的是维护网络秩序、促进虚拟和谐，为网络文化建设营造一个良好的大环境。以此为出发点，网络文化建设的多主体协同发展模式要求有关政策、法律、法规在植入虚拟实践的过程中能够尊重网络文化发展的内在规律，运用协同思维和管理策略，与自律机制形成一种合力。

网络文化建设的互律机制要求网民个体、网络群体、网络管理部门等多元化主体在虚拟实践过程中相互协同、相互监督和相互制约，共同创造出一个理性协商、规范参与的虚拟实践场域。一般而言，网络文化发展的内部自组织功能、外部他组织功能并不能独自发挥作用，因为单一的内在秩序或外在秩序都不足以造就出真正有效的虚拟实践规则，其产生的文化成果也都面临着来自另一方面的合法性挑战。其实，无论是互联网治理的技术可行性还是国家干预的所谓"合法性危机"，问题的关键都在于找到一个较为平衡的解决方法，而多主体协同发展模式恰好可以促成内在秩序与外在秩序之间的互动耦合，整合性地解决网络文化建设的治理结构问题。更为重要的是，互律机制还可以满足各类主体对平等性和包容性的诉求，为网络文化建设过程中的多元化主体创造一个理性协商、规范参与的虚拟实践场域。毫无疑问，多元化、个性化参与和理性化、规范化参与的有机结合，能够从根本上确立多主体协同发展模式的合法性。

第九节　我国网络文化建设的多主体协同发展战略*

在人与互联网共生的嵌合结构中，网络文化作为人类在虚拟实践基础上对精神生活的追求和享受，将逻辑地催生出一种多主体协同发展战略。我国网络文化建设多主体协同发展的战略目标，集中体现为网络文化的软实力问题，具有技术、政治、经济、社会等诸多维度，需对其进行集成性策略分析和法治化建设研究。

我国网络文化多主体协同发展的战略目标可以表述为，通过网民个体、网络群体、网络管理部门等多元化主体的共同参与和协同管理，建构一种具有中国特色和全球竞争力的虚拟实践范式，并借此创造和共享网络文化成果。这个战略目标有两个要点：

其一，我国网络文化建设的基本目标是形成多主体协同发展模式。在这个发展模式下，网络文化的多元化主体即全体网民、各类网络群体以及网络管理部门，可以形成一种共同创造和共享使用网络文化成果的协同关系。其时，网民个体和网络群体已经发展到了一个相对完善的状态，成为有自律能力的网络文化成果创造者；网络管理部门也有了一个恰如其分的他律者定位，成为保护虚拟社会自主发育和促进网络文化创新的政治力量；多元化的网络文化主体相互协同，协同创设出一个理性协商、规范参与的虚拟实践场域。

其二，我国网络文化建设应具有中国特色和全球竞争力。一方面，多主体协同发展模式本身应符合中国国情、有中国特色并且具有全球竞争力；另一方

---

* 原载《学术交流》2014年第1期。

面，网络文化的形态和内容也应具有中国特色和全球竞争力。为此，多主体协同发展模式所产生的网络文化应该是中华民族特有的原生态智慧在全球化语境中的新发展。事实上，这正是中国特色网络文化的生命力所在。

多主体协同发展战略目标的标度，集中体现为我国网络文化的软实力问题。“软实力”（soft power）概念最早由美国学者约瑟夫·奈提出。20世纪90年代以来，西方逐渐形成了以普世意识形态为核心的文化软实力概念，由于其带有世界意识形态霸权即文化领导权的蕴含，因而具有重要的战略意义。一般认为，文化软实力是一个国家的文化体现出来的凝聚力、吸引力、影响力，它与硬实力相辅相成、相互补充、相互转化，构成一国文化实力的重要组成部分。胡锦涛曾指出，“当今时代，文化越来越成为民族凝聚力和创造力的重要源泉，越来越成为综合国力竞争的重要因素”。为此“要坚持社会主义先进文化前进方向，兴起社会主义文化建设新高潮，激发全民族文化创造活力，提高国家文化软实力”。[1]在全球化语境中，网络文化不仅是国家软实力的重要标志，还应该是多主体协同发展战略目标实现程度的一个指标。具体地说，在多主体协同发展模式主导下，如果我国的网络文化持续提高民族凝聚力、强化自身吸引力、加强世界影响力，则标志着网络文化建设战略目标的不断实现，即国家影响力、竞争力和综合实力的持续提升。反之亦然。从这个意义上说，网络文化建设是当今时代具有战略意义的大事情。

一、关于多主体协同发展战略的多维度分析

网络文化软实力是一个综合性的标度，还可以对其进行不同侧面的分解和刻化。与此相对应，我国网络文化建设的战略目标也是一个具有多目标特征的目标群，应对其进行技术维度、政治维度、经济维度、社会维度等多维度描述。

（一）技术维度

网络文化建设的技术维度，本质上是一个虚拟社会实践中的“工具建设”问题。我们知道，生活工具对于文化的形态和内容都具有历史性的决定作用。任何文化的存续，都需要与之相应的生活工具做基础；任何新文化的产生，都

---

〔1〕 胡锦涛：《高举中国特色社会主义伟大旗帜 为夺取全面建设小康社会新胜利而奋斗》，人民出版社2007年版，第33页。

需要更先进的生活工具做支撑。应该认识到，网络文化建设是以虚拟实践工具的相对发达为前提的，换言之，工具建设水平从根本上制约着网络文化建设的水平和进程。为此，世界各国都在不断加大对信息基础设施的投入力度，其中包括信息技术的研究与应用、信息资源的开发与应用，以及以此为基础的高信息含量生活工具的设计与使用。由于多主体协同发展模式是以互联网的技术逻辑为支撑的，因此“工具建设”是网络文化建设的物质基础。在互联网发展的较早时期，时任总书记的江泽民曾说过一句话：四个现代化，哪一化也离不开信息化。中共十六大决定，把大力推进信息化作为我国在新世纪头20年经济建设和改革的一项主要任务。这反映了我国作为一个“后发”国家中的大国对于“工具建设”的重视，也是一个富有远见的历史性战略思想。我国网络文化多主体协同发展战略中的“工具建设”，要求将信息技术与信息资源持续性地物化为更快更强的互联网巨型工具，但更重要的是将其渗透在人们生活的各个方面，使人们的虚拟实践方式不断增加信息含量，最终推动我国网络文化的不断创新。

（二）政治维度

网络文化建设的政治维度，既表现为全球化语境中一国网络文化的特色和地位问题，也表现为特定国情下一国网络文化的核心价值导向问题。从国际层面看，文化软实力概念本身就是世界意识形态霸权的产物，是西方国家文化领导权战略的重要工具。互联网构建的全球化语境以及西方的“文化帝国主义”倾向，向非英语文化传统和非西方意识形态提出了具有生存意义的挑战，而我国网络文化建设的突出任务就是维护国家的文化主权。在一定意义上说，网络文化作为文化软实力的重要载体，决定着互联网时代文化软实力的基本性质和意识形态特征。我国网络文化的多主体协同发展战略，要求我们从国际关系和国家战略的高度来认识网络文化建设的重要性和现实价值。从国内层面看，任何网络文化软实力都要以一个国家成熟、先进的价值体系为基础。因此，我国网络文化多主体协同发展战略中最重要的一个问题，就是怎样在主流意识形态和传统文化的双重指导下形成富有时代感的网络文化核心价值观。根据徐仲伟的观点，这要处理好三个关系：一是“在坚持科学把握社会主义网络文化建设主题的前提下，重视网络文化发展的多样性，处理好网络文化建设的主题把握与网络文化多样性发展的关系”；二是“弘扬优秀传统文化，注重借鉴国外的有益文化，处理好网络文化建设的传统性与时代性关系”；三是“在网络文化主题把握的技术问题上，要处理好借鉴学习与自主创新的关系”。〔1〕

（三）经济维度

网络文化建设的经济维度，就是解决如何增加网络文化产品的内涵和品牌价值，不断提升国家网络文化产业竞争力的问题。一般认为，网络文化产业是从事互联网文化产品生产和提供互联网文化服务的经营性产业。它是信息技术与文化要素高度融合的产物，涵盖了一切通过互联网从事物质文化产品的生产、流通和以文化为内涵的各种服务活动或部门。如果说多主体协同发展战略目标的标度是网络文化的软实力，那么其物化形式就是网络文化产品，而与其相关联的生产、流通、服务等环节和部门正是网络文化产业。可见，网络文化产业的朝阳式发展不仅是综合国力增强的表现，而且是经济发展的时代特征。事实上，网络文化产业的核心是那些借助互联网工具进行文化内容的创造和商业化运作的所谓“内容产业”，主要涉及以网络为载体和平台的游戏、电影、录像、出版物、印刷品、电子期刊、网络广告、多维动画等文化商品和文化服务。人们在谈到网络文化霸权时大多要提到美国文化的强势地位，其实这种霸权地位正是通过发达的网络文化产业以及吸引眼球的网络文化产品实现的。不难发现，美国的一个成功经验就是巧妙地将其核心价值观转化成了大众文化产品，并且以网络为载体传播开来。这其中，如何在深入研究网络文化产业发展规律的基础上科学地制定文化产业政策，将是我国网络文化多主体协同发展战略中一个极具战略意义的课题。

（四）社会维度

网络文化建设的社会维度，是通过虚拟实践的逐渐有序化建立起一个自由、公正、和谐并且与现实社会相宜的虚拟社会。从逻辑上说，一个成熟、完善的网络文化体系不可能产生于杂乱无序的虚拟生活，因此我国网络文化多主体协同发展战略的一个重要方面就是逐渐实现虚拟实践的有序化。乌尔里希·贝克（Ulrich Beck）曾提出所谓风险社会概念，认为科学被普遍化的同时也被神秘化了，在技术理性的扩张之下风险生产日益取代财富生产。近年来，

〔1〕 徐仲伟：《论我国网络文化中的非意识形态倾向与网络文化建设的主题把握》，载《马克思主义研究》2008年第7期。

有人将风险社会理论运用于网络社会分析，称互联网是一个点击中的风险社会。有研究者指出，"风险社会的根源不能仅仅从网络的发展来理解，但是，网络时代的到来无疑是风险社会的催生婆，从实际的历史进程看，风险社会是网络时代不可避免地历史后果"。[1]互联网到底是一个点击中的风险社会还是一个走向和谐的网络空间？在网络文化建设的多主体协同发展视角下，人的主体性被虚拟实践赋予了全新的内涵，他们要借助对网络空间（cybersociety）的技术性体验及其在网络社会（network society）确立的当代理性，创造性地形成一种关于这种新生活的和谐网络秩序。从这个意义上说，我国网络文化建设中的多元化主体，正携手行进在从虚拟风险走向和谐网络的路上，而这条路的彼岸就是那个自由、公正、和谐并且与现实社会相宜的虚拟社会。

二、我国网络文化多主体协同发展战略的实践策略

任何网络文化多主体协同发展战略的实施，都需要集成使用一系列综合性、多层次的实践策略。结合我国网络文化建设的现实状况，可选择并综合运用以下对策性措施。

（一）把提升国家文化软实力作为网络文化建设的核心目标

在约瑟夫·奈看来，一个国家的文化软实力主要来自三种资源：其一是文化，它在能对他国产生吸引力的地方起作用；其二是政治价值观，它是在海内外都能真正实践的哲学价值；其三是外交政策，它被视为具有合法性及道德威信。尽管约瑟夫·奈的文化软实力理论含有世界意识形态霸权意蕴，但由于文化软实力概念所特有的战略意义仍然为各国所重视，中国学者大多也都认为文化是国家软实力的第一资源或首要资源。在信息化、网络化、全球化的当下，互联网已成为争夺和维护文化领导权的重要工具，网络文化也早已成为文化软实力的前锋形态。

在互联网已经覆盖全人类的全球化进程中，网络文化建设的核心目标必然会集中体现为如何提高我国的文化软实力问题。具体而言，就是要通过网络文化建设，使我国的国家文化和民族文化具备在世界范围的凝聚力、吸引力和影响力，成为民族凝聚力和创造力的重要源泉，成为综合国力竞争的重要因

---

〔1〕 庄友则：《网络时代与风险社会》，载《淮阴师范学院学报》2004年第4期。

素。为此，需要把建设中国特色网络文化提升为国家战略，充分利用互联网工具的自由、平等、交互等技术特点，以一种文化自觉的心态不断增强我国网络文化的意识形态领导权，有效抵御域外网络文化的负面冲击，在全球化的新形势下确立对域内文化的自我价值认同和国家、民族文化的领导能力。

（二）重视网络汉语符号系统建设

由于网络文化符号体系是精英文化与大众文化的对立统一和相辅相成，因此网络文化核心价值观的最终确立就是要成功地将核心价值观之魂转化为大众文化之体。种种迹象表明，网络语言将会引发一场新语言革命。国外有这样一个神话：由于互联网的跨地域性，西方文化将在多数国家获得立足之地，50年后可能会形成全球性的单一文化。就是说，这场网络语言革命不仅可以在虚拟世界大事扩张，而且会由于虚拟世界与现实世界的联通性而步入人们的日常生活，继而对现实生活产生较为深刻的影响。因此有专家指出，网络文化的民族特色和多样化共享也许会变得比一个国家的国民生产总值更重要。为此，我们不仅要寻求民族文化的生存之路，而且要寻找网络汉语的发展之途。

应该看到，由于使用汉语者人数众多、分布极广，更由于网络文化的局域特征，汉语及中华文明在网络时代并无消亡之忧。但是，如果不正视互联网对汉语世界和中华文明的挑战，不重视网络汉语符号系统建设，我国的民族文化将有处于弱势之虞。也就是说，重视网络汉语符号系统建设，为汉语及中华文明赢得在网络世界中继续发扬光大的机会，是一个需要认真对待的涉及整个中华文明的大问题。

可以认为，这不仅是一个文化问题，也不完全是一个经济问题，而且是一个政治问题，它是网络文化建设中一个至关重要的制高点。在这方面，万不可因为网络语言的草根特点就轻蔑和不屑。网络汉语符号系统的形成既有其必然性也有其可控性，本质上应该是一系列的协商过程。这个过程既发生在网上也发生在网下，并且无论精英者是否参与其中都会演化下去，因此有意识的参与和有指导的顶层设计都是至关重要的。

（三）明确网络文化边界和多元主体定位

从理论上说，网络文化存在不同的类型和划分方法。根据陈向阳、陆卫荣的归纳，“从包含内容的角度，网络文化可分为广义、狭义及通常意义三个层面”；“从构成要素的角度，网络文化有‘三分法’和‘五分法’”；从传播载体的角度，网络文化至少有两种含义。[1]在实践中，人们会根据自身工作、生活的具体定位对网络文化进行不同的理解。因此，网络文化建设中的一个前提性问题，就是明确网络文化系统的边界。由于网络文化系统内外的不同主体确需根据自身工作与生活性质划定自己的边界，因此从实践上看，我国网络文化建设可以在不同的语境和工作逻辑下，按系统、分层次地逐级划定网络文化系统的边界，但每一种划分都应该边界清晰、元素齐备。

在明晰网络文化系统的边界和要素基础上，还应该确定网络文化系统内多元主体的定位。具体而言，就是要搞清楚对应于特定网络文化系统的管理者、被管理者以及兼而有之者。在这个问题上，既需要对网络文化的管理模式、发展策略进行理论分析，也需要对网络文化现状以及可能、可行的管理手段进行实事求是的研究。以此为基础，还要对该网络文化系统内多元化主体的法定位置进行切合实际的说明，使他们在网络文化建设中做到身份明确、各就各位，最终实现各主体之间的良性互动。

（四）制定网络文化产业政策

产业政策“是对于一定时期内产业结构变化趋势和目标的设想，同时规定各个产业部门在社会经济发展中的地位和作用，并提出实现这些设想的政策措施。”[2]从狭义上说，产业政策就是国家为了鼓励或限制某一特定产业发展而采取的政策的总和，[3]因此网络文化产业政策就是国家针对网络文化产业发展所采取的特定政策。国际上一般称网络文化产业为“数字内容产业”或“数字娱乐产业”，其核心是内容产业。根据赵辰光等人的综述，“由于科技先进、经济发达和政府的支持，美国成为全球网络文化产业的‘领头羊’。日本则把内容产业定位为‘积极振兴的新型产业’，把数字内容产业界定为从单件制品、网络在线、移动电话和数字广播四种形式下分为：音乐、影像、游戏和信息出版。韩国文化产业发展迅速，目前已成为世界文化内容产业的五大强国之一”。[4]

---

〔1〕 陈向阳、陆卫荣：《网络文化含义研究综述》，载《科技信息》（学术研究）2008年第5期。

〔2〕 邬义钧、邱钧：《产业经济学》，中国统计出版社2001年版，第485页。

〔3〕 汪同三、齐建国主编：《产业政策与经济增长》，社会科学出版社1996年版，第37页。

〔4〕 赵辰光、张雪、夏徽、王欢：《网络文化产业发展研究综述》，载《边疆经济与文化》2010年第4期。

我国早在“1996年就已出现‘网络文化’研究命题，但有关网络文化管理命题的研究却是从2002年开始”的。[1] 2011年4月，上海市政府正式签发《关于促进本市数字出版产业发展的若干意见》，这是全国首个全方位支持数字出版产业发展的省级政府文件，也是有关网络文化产业政策的有益尝试。借鉴国外经验，我国应尽快制定出面向全国的网络文化产业政策，并将网络文化产业组织政策、网络文化产业结构政策、网络文化产业发展政策、网络文化产业安全政策等构成一个完善的政策链。不言而喻，这是网络文化建设中一个极具战略意义的举措。

（五）构建与现实社会相宜的虚拟和谐社会

在信息网络时代，很难设想存在一个脱离现实社会的虚拟世界，更不存在漠视虚拟世界的现实社会。这就是说，虚拟世界与现实社会是相互贯通的，它们共同组成了一个完整的人类社会。从这个意义上说，构建一个与现实社会相宜的虚拟和谐社会应该是我国构建和谐社会的合理命题，也是网络文化建设的重要方面。

从学术层面看，“虚拟和谐”时下还是一个形成中的概念，一般指以人为本、以网民为重、和谐共生、虚实并存的和合社会状态。其中，最具代表性的一个定义是：“虚拟和谐是网民在线生活的一种理想状态，同时也是一种‘和合共生’的网络社会征候。”它“应该是以人为本和以文明的伦理和公平正义为基点的良性社会运行目标”，“是一种合目的性的、理想状态下的人类个体关系或社会关系。”[2]在网络文化建设中，明确提出“虚拟和谐”概念并把构建与现实社会相宜的虚拟和谐社会设定为目标体系的重要维度，应该是具有重要理论意义的事情。

从实践层面看，“虚拟和谐”还只是一种理想目标，因为虚拟实践仍处在自无序走向有序的秩序化过程之中。要构建一个与现实社会相宜的虚拟和谐社会，作为目标虽人人赞成但路径和手段还是仁者见仁的。其中最关键和最现实的，或许是采用一种面向未来的虚拟和谐观去看待问题和处理事情。在虚拟和谐观下，虚拟和谐反映了网民对虚拟关系状态的内在需求，虚实相宜是网

〔1〕 解学芳：《自检与争锋：关于网络文化产业管理研究的述评》，载《探索》2010年第5期。

〔2〕 唐魁玉、何明升：《虚拟和谐：网络社会系统的一种理想状态》，载《黑龙江社会科学》2009年第3期。

民所追求的一种整体有序性。在网络文化建设刚刚起步的今天，提出并确立这种虚拟和谐观并以此来指导网络文化管理工作，具有明显的战略意义和实践价值。

（六）提高网民的综合素质和自主管理能力

将建设中国特色网络文化提升为国家战略并且把软实力作为网络文化建设的核心目标，这是我国这样的东方大国在全球化进程中的必然选择。但是，这个“高标准”的建设目标需要相对成熟的网民群体做支撑，而我国网民的成熟程度又存在不小的差距。为此，迫切需要对网民群体进行技术、意识、能力等方面的培养，以尽快形成具有一定规模和较高综合素质的虚拟实践者。

所谓技术培养，就是使广大网民具备与日新月异的网络技术相匹配的知识和技能。网络文化是网民在对网络工具的功能性运用中形成的，从这个意义上说，网民的技术水平有多高，网络文化的层次就有多高。其实，人类历史上的任何工具都需要与之相匹配的知识和技巧。只不过，网络作为巨型生活工具有着前所未有的复杂性，因此对虚拟实践者的技术含量也有着极高的要求。

与技术培养相比，意识培养是隐性的但却是更加重要的。作为“后发”国家，我国网民群体的规模发展很快，主观意识上却存在不小的差距。互联网当然是一种技术，但它更是一种文化载体；上网当然是一种消费，但它更是一种生存新定义。事实上，关于虚拟实践的文化建设内涵，我国的多数网民并没意识到。难怪有人说，网络文化建设的真正“瓶颈”，不是电脑普及率，也不是网络速度，而是网民的意识水平。

网民素质的核心是自主管理能力，这也是网民建设的关键所在。当人类跨入信息时代的时候，不仅虚拟生活系统具备了自组织性，而且网民的自主管理能力成为虚拟实践主体不可缺少的素质要素。由于网民主体既是虚拟实践的实施者，也是网络行为的目的所在，因此其自主管理能力的差距必将引起行为偏差和目标偏离。为此，需要把提高网民的综合素质和自主管理能力作为网络文化建设中的一个战略举措。

（七）强化网络群体和网民社会组织的自组织功能

在网络文化建设过程中，各类网民群体、协会组织的作用是极其重要的。这是因为，网络文化的形成和不断完善，最终只能由网民自己来解决，而不能由网民之外强加进去。网民自律除依靠其综合素质和自主管理能力的不断提高外，一个不可或缺的机制性力量就是网络群体和网民社会组织的自组织功能。

从社会管理创新的角度看，如何加快政府职能转变、明确社会组织的社会责任、引导更多社会力量参与社会管理，是我国下阶段社会转型的重要任务。就虚拟社会管理而言，如何培育网络群体和网民社会组织，以及这类社会群体和组织怎样参与虚拟实践，怎样发挥自治作用，都是值得研究的重大理论与现实问题。

事实上，目前已存在一些这样的组织并且也出现了一些自律性规范。前者如中国互联网协会、北京网络媒体协会，甚至形形色色的虚拟社区、BBS、“群”组织等，后者如不在系统中设置非法信息、不在个人或公共信息中使用不合适的令人不愉快的语言、不散布那些可能造成接收器或系统工作损失的信息、不发“连锁信”或给目录或个人乱发信息，以及不进行可能造成网络拥挤或干扰别人工作的行为等。它们都在或大或小的范围内发挥着作用。但是，目前还没有一种经过精心设计和实践检验的有效机制使网络群体和网民社会组织堂而皇之地进行功能性运作。从这个意义上说，我国的网络文化建设亟待形成一种可以使网络群体和网民社会组织发挥作用的有效机制。

三、我国网络文化多主体协同发展中的法治化建设

我国互联网起步较晚，走的是“先发展、后治理”道路。因此，相对于网络文化的发展速度，网络法治化建设稍显落后，在实践中未能给网络文化发展搭建起指导性的法律框架。尤其值得重视的是，由于我国特有的现实公共环境，网络一出现就成为网民公共意见平台，网民言论被空前地释放，呈现出网络文化的无序现象和不良特征；与此同时，各色网站为了自身发展而放弃责任，缺乏自律意识，表现出竞争无度和行为无良。因此网络文化的现实发展环境是，无论管理主体，还是网站、网民，都未能成为网络规制的着力点。这也反映出，在一个无法律作基础的网络“后发”国家，网络规制越是滞后于网络文化发展，就越可能为释放“负能量”提供文化环境。种种网络规制手段收效甚微，使法律规制成为我国网络文化发展中现实的、必然的选择。

网络文化建设需要虚拟实践的有序性与合目的性，而虚拟秩序的公共产

品属性决定了政府的优越地位，也为政府的法律规制和政策植入提供了网民方面的广泛需求。但是，政府在网络文化建设中以何种方式和力度进行法律规制和政策供给，与一国的政治、经济体制及其管理传统有着直接的关系。在实践中，网络规制模式可以定位于集中式如日本，也可以定位于分散式如美国，还可以在集中与分散之间选择一个更加中庸的位置，以准确反映政府在网络管理中的定位。近几年来，许多发达国家都在试图选择一个更加中和的网络管理和网络文化建设模式。目前，我国的互联网管理部门包括全国人大常委会、最高人民法院、最高人民检察院、国务院及其所属职能部门等共20余个，形成了政出多门、多重管理的状态。这导致了政府对互联网的管理缺乏系统性和整体性，也容易引发各部门之间的相互冲突。这种政府网络管理部门自身的不协调性，并不能在现有的管理格局下通过简单的归并和重组加以解决，而应在社会管理创新的未来视角下，通过恰如其分的政府定位来根本性地解决问题，从而大幅度提升政府在网络文化建设中的政策供给能力。

在网络文化发展过程中，管理者和用户对于法律规制往往具有不同的选择性偏好，管理者需要实现网络秩序，而网民关注更多的是网络权利。因此，全国人大常委会《关于加强网络信息保护决定》出台，虽加强了公民个人信息的保护，但社会上仍存在“为秩序限制权利”的忧虑。网络秩序与用户权利之间的张力，在一定程度上说明网络法制尚未在网民权利和义务间找到平衡点。《决定》虽拧紧了网上个人信息权的安全阀，但规定相对原则，对网络言论、网络行为仍缺乏规制标准。

从根本上说，网络法治需要多主体协同才能实现。网络文化建设的多主体协同发展模式是一种协商式民主管理模式和“多中心”治理范式，它强调多元化主体之间的互动和对治理规则、治理形态的能动创立过程。在我国社会管理创新的新格局下，这种协商式民主能够有效地促进共识、形成合力，最大限度地创新网络文化。值得指出的是，协商式民主并不否定法治化建设，而是把法治化建设视为一个在多中心秩序环境中的自主自理过程。在这个过程中，政府以外加的实证法律规范建立虚拟社会秩序，并通过合乎民主程序的方式说明其制定公共政策的指标，各利益相关方都有机会参与有关法律的制定和完善。这样，就在一个全新的立意之下，把网络文化建设与管理纳入了法治化的轨道。

由于虚拟实践主体的不同定位，网络文化建设与管理中的利益关系是较为复杂的，能够在更高层次上制定“游戏规则”的只能是国家政府，其表现形式则是立法。对于网络文化建设的多主体协同发展模式而言，具体的虚拟行为规范固然重要，但更紧要的事情还在于通过立法确立协商式民主管理模式和“多中心”治理范式的合法性和有效性。说到底，就是通过法治化途径形成和固化多主体协同发展模式的治理结构，真正实现自律、他律、互律三位一体的网络文化协同发展机制。其中，自律用以调节网络文化建设中内在秩序的生成与完善过程；他律用以调节政府管理规范等外在秩序的植入过程；互律则以内外秩序耦合而成的整合性秩序促成虚拟和谐，实现网络文化的不断创新。

第十节　网络文化的工具性因缘及其多样化共享问题*

——兼论中国特色网络文化的学理依据

人类文化与使用工具有关，并且在工具与文化之间呈现出特定的交互演进规律。在工具进化到互联网时代的当下，在线实践实际上是在“群”组织模式下进行的，这些富集了地方、民族元素的有限意义域，将会持续地生成各具特色的局域性网络文化。互联网工具与网络文化之间复杂的互动演化关系所蕴含的一个深层问题是：各种局域性网络文化是怎样因工具性因缘得以生成并实现多样化共享的？同时，也蕴含中国特色网络文化何以可能的学理问题。

一、文化与工具的因缘关系及其学理意义

（一）文化与工具的对应关系及其“脱域”式演进

人类进化过程表明，由生产力性质所决定的工具与文化形态之间呈现出特定的对应关系。事实上，人类历史上每一项划时代的重大技术进步，都会带

---

* 原载《哲学研究》2010年第12期。

来工具的质性飞跃，并将其转化为文化形态的演进；而一定文化形态的确立，又会加强和固化相应工具的主导地位。

就近代而言，这种文化与工具的对应关系就是清晰可见的。在经历了漫长的前工业社会之后，18世纪的蒸汽机技术使工业用具取代了手工业用具的主导地位，也使人类文化形态步入了工业时代。从此之后，人类开始脱离“传统”走向“现代”，城市生活方式成为一种基本的文化样态。19世纪的电气技术使工具的自动化程度不断提高，人类文化形态也步入告别传统机械的新工业化阶段。在这个阶段，学者们曾经将美国文化归结为汽车文化，并以“汽车上的国家”来指代美国，足见汽车作为工具与美国文化之间的深刻关联。时至今日，互联网使人们实现了“个人生活网络化”，并逐渐建构起一种被称为“在线”的生活方式，它所引发的工具革命将文化形态推进到了网络化时代。

吉登斯曾经用“脱域”来描述近代以来的发展过程：“社会关系从彼此地域性关联中，从通过对不确定的时间的无限穿越而被重构的关联中‘脱离出来’。”〔1〕事实上，吉登斯所言的“脱域”现象在文化与工具的互动关系中一直存在，并逐渐演化为“脱域文化”。所谓“脱域文化”，就是伴随工具的代际进化而形成的，以不断突破原有时空限制为趋向的整合性新文化。我们知道，希腊神话对“人是工具的使用者”做了“一个天才的猜测”。〔2〕此后，哲学家们持续地拷问着人的本性这个问题并一次次地验证着一个事实：人类文化在随着工具的不断进化而发生着“脱域”式演进。就是说，人类文化总是随着工具的不断进化而进行着自身的脱域，文化的变迁尤其是自中世纪后期经过文艺复兴、宗教改革、科学革命、启蒙运动以及最近的信息网络革命，所有的变化都指向一个方向即形成一系列的“脱域文化”。这些“脱域文化”的历时性汇集，就是展现在我们面前的各种文化不断交融、相互整合、涨落互见的宏观过程和显性特征。

（二）工具的地方性运用与文化的多样性

与“脱域文化”的显性特征相比，由工具的地方性运用所决定的文化多样性，是人类进化过程中一个被忽视的重要特征。在人类早期阶段，“工具的地

〔1〕［英］吉登斯：《现代性的后果》，田禾译，译林出版社2002年版，第18页。

〔2〕李伯聪：《社会形态的三阶段和工具发展的三阶段》，载《哲学研究》2003年第11期。

方性运用”似乎是一个不需证明的常识。最主要的原因就是在这个阶段中，人只创造出和拥有手工工具，并且这些手工工具由于其初级性、简陋性和孤立性的特点都是地方化的，因此所有的工具都只能在某些特定的地方和区域被运用。与此相对应，人类早期阶段的文化发展也是孤立性的和地方化的，其宏观形态自然是多样性的。

当工具进化到机器时代后，人类通过一系列“脱域”过程摆脱了使用手工工具的孤立生产，实现了与以往小生产不同的大生产。此时，人们开始产生了一个“普世性神话”：好像自然科学可以完全取代经验成规，似乎机器体系可以彻底消除工具的地方性运用。反映在文化上，就是普遍主义和绝对主义盛行，贬斥所有的地方性知识和民族文化。吴彤认为，“看似普遍性的东西实际上是一种地方性知识经过标准化过程导致的表面的普遍性”。[1]从这个意义上说，即使是决定大工业生产的自然科学及其核心工具机器体系也存在一个“工具的地方性运用”问题，与之对应的文化体系也应该是异型多样的。

不仅如此，其实人类文化在相当程度上依赖于“体验”，而体验则是个性化和地方化的。从工具的角度看，任何通用工具都只是一个为人们提供创造性体验的标准化平台，它允许人们在体尝过程中经验性地获得个性化知识。从文化生成的角度看，以往人们更偏重于大工业生产和大机器体系的技术理性维度而忽视了其技术体验维度，从而忘记了工具的使用者正是通过创造性体验生成着地方化的个性化知识和文化。

还有，惯习和路径依赖对于理解文化多样性也甚为关键。一种工具行为若能成功地应付反复出现的某种环境，就可能被人类理性固定下来成为惯习。这些惯习虽然是个性化的，却可以通过相互影响而成为地方性知识，进而演化为固有的多样性文化。这些固有的多样性文化，一方面要通过技术社会化去影响工具的运用过程，另一方面又会构成多样性文化发展中对自身元素的“路径依赖”(Path Dependence)。

(三)互联网的地方性运用及其学理内含

那么在互联网出现以后，人类已经整体性地被网络所笼罩，社会也已经依托在这个硕大无朋的人造神经系统之上，人们还能对其进行地方性运用吗？

---

〔1〕 吴彤:《两种地方性知识》，载《自然辩证法研究》2007年第11期。

就实质而言，互联网原本就是人类生存或生活的工具。作为工具，它一方面是人类自然身体的延长，另一方面是以其自身的被使用为存在前提的。在网络实践中，与互联网相结合的“人”并不是作为“类”而存在的，他们是一个个具体的人，而这些具体的人又是分“群”居之的。由此，我们才看到实际运行的互联网大多是局域性的，网民所聚集的在线群体也往往具有地方、民族色彩。

由于互联网在一定意义上实现了“地球村”的预言，因此又一次激发了一些人对未来生活的延伸式猜想，其中居主流地位的是以全球化、普世文化等核心概念为基础的普遍主义主张。事实上，普遍主义一直是西方文化传统的一个显性基因，它相信人类文化存在共同的结构和普遍的规律，这实际上也一定程度地符合由工具的跨地域进化而导致的文化交融性趋向。问题在于互联网出现以后，工具的跨地域进化达到了近乎极致的全球工具时代，进而使普遍主义在一段时间内获得了几乎唯一的合法化地位，也使得全球化、西方化、普世文化获得了某种意识形态霸权。

随着互联网在后发国家的快速发展，走至极盛的普遍主义招致了多方面的反思和批判，许多人坚持东方文化与西方文化的平等性，有些人甚至坚信东方文化的复兴。但面对扑面而至的互联网世界以及西味正浓的网络文化，尚不能说明地方、民族性文化在网络世界何以立足，也不能回答具有国家民族特色的网络文化何以可能。互联网工具与网络文化之间复杂的互动演化关系所蕴含的学理意义就在于此，它以揭示人类进化过程中“由工具的地方性运用所决定的文化多样性”这一潜在过程为基础，来说明不同特色的网络文化是怎样持续生成并得以确立的。

二、在线实践的组织形态与局域性网络文化的持续生成

（一）在线实践的组织形态：“群”

互联网工具的地方性运用不是一个抽象概念，更主要是一种实践形式，这就是我们常说的“在线”（on line）。马克思主义把人定义为手持工具进行劳动的劳动者，并认为人在改造世界的同时，也在改造着人自身。互联网工具的地方性运用就是人们通过在线实践来建造自己的数字化家园并且进行自我再造的过程。经由这一过程，互联网工具性地搭建了一种新文化平台，而在线生存方式则成了整个社会文化系统的一部分。从生存论角度看，在线实践在生

存的三个维度即实践维度、理想维度和价值维度同时创造了一个新的技术-文化体系：在实践维度，可以摆脱一切来自现实社会中的束缚，以自我实现作为实践的目标和追求；在理想层面，可以通过创造达到对理想世界的构建和探索；在价值领域，可以超越生命终结的界限实现本体论和价值论上的"终极关切"。特别需要注意的是，互联网工具的地方性运用并不是抽象的"网"与"人"的简单叠加，而是要机制性地形成和依托某些组织单元，其中最基本的组织形态则是一种被称为"群"的在线社团。

人们常说："物以类聚，人以群分"，这种现象已经成为网络世界的常态，也是当下在线实践的标准模式。事实上，当工具技术发达到不同地域、不同民族都可以运用同一种通用工具的时候，这种群群相异的实践方式就开始出现了；而当互联网这样一个能够覆盖全球的巨型工具降临之时，人们也随之将在线实践方式纳入群群相异的组织形态中。人们都说，互联网是一个承载虚拟空间的"无缝之网"，而在线生存则面临着"知识爆炸"等信息风险。但在实际生活中，迷失于网络的人并不比迷失于现实的人多，原因在于人们其实并不是在茫茫虚拟世界巡游，而是像在现实中一样找到了自己的"群"，并且把它作为皈依的家园。

实际上，在线实践正是在"群"组织模式下进行的。所谓"群"组织模式其实是一个非常宽泛的概念，不同类型的在线者可以根据不同的性格、需求和行为偏好加入或创建属于自己的"群"，每一个群又都是一个相对独立的在线生活社区。目前常见的QQ群、游戏群、新闻组、社区等，都是群组织模式的具体化。从这个意义上说，互联网不过是一个面向全球大众的巨型工具，而对互联网工具的地方性运用其实是小众化的。

（二）地方、民族元素的群内富集

从工具的角度看，互联网其实是一个高技术符号交换系统，它提供的基本功能就是所谓"在线沟通"。由于社会是由相互沟通的社会成员组合而成，因此互联网这一巨型沟通工具就成了推动人类生活进步的革命性杠杆。借助于互联网工具的地方性运用，人们营造了一系列以符号传递为实践方式的时空情境，那就是"群"。就一般意义而言，在线实践的符号形式和意义赋予与一般日常活动是大不相同的。但在一个具体的在线实践群内，某些特定的地方、民族元素又因其选择性而以富集的方式存在。这些富集了地方、民族元素的在线实践群，形成了网络生活中形态各异的“有限意义域”。

那么，本来是覆盖全球的巨型沟通工具，为什么要打上“地方”的印记呢？这与互联网的局域性使用有关，反映了工具发展的一条暗线。在人类脱离了手工工具时代后，就开始并越来越多地生产出可以跨地域使用的工具，如机器、科学仪器等。但其具体运用时，正如海德格尔所言仍要建立在地方性实践及工具的地方性运用基础上，它是以同类工具分立于不同地域的方式实现的。到了以互联网为代表的全球工具时代，工具的地方性运用不再以同类工具分立于不同地域的方式进行，而是以同一工具的局域性使用为基本模式。互联网作为一个高技术符号交换系统，相对于人类整体而言它是覆盖全球的，但就其具体应用而言它却是附着于地方的。因此，实际用于人类在线实践的网络大都是与地方、单位这类实体行政组织相耦合的局域网及其基本组织单元“群”。至于全球互联网，其工具性意义就在于能够通过群群互动和网际交流架构了一种可及世界范围的可能性空间。

与此相联系，民族元素也是群内富集的，这与在线实践所固有的虚实共生性有关，反映了互联网工具对共享符号系统的依赖。现实中的社会实践发生在社会主体之间，他们是被社会化了的自然人；在线实践发生在网络主体之间，他们不是现实的“自在之物”，而是现实与虚拟共生的在线者。在线实践是交互性的，而意义交换的前提是交换双方存在共享的符号系统。显然，这样的共享符号系统都具有强烈的民族属性，无论是英美文化还是中华文化都是典型的民族性共享符号系统。从这个意义上说，网络主体的虚拟性是源于社会主体之实的，它是社会主体在网络生活中的特殊表现形式。换言之，网络主体的在线形象虽然是符号化的，但却是自然人和虚拟人的统一体，这种虚实共生性必然要依赖一个特定的共享符号系统才能实现互通互联，从而使民族元素得以在互联网中实现群内富集。

（三）局域性网络文化的持续生成

由于文化总是与历史相联系的，所以一般认为文化是人类活动在历史长河中的成果积淀，是历史地凝结成的稳定的人类生存方式。本文所赞同的观点是，文化不完全是一种既成的、在任何时空场合都能拥有并有效的文明成果，它本质上应该是人类活动或实践过程的集合。微观地看，互联网工具的地方性运用所依托的在线实践群是富集着某些特定地方、民族元素的有限意义域。就宏观而言，这一系列富集了地方、民族元素的有限意义域，将会持续地生成各具特色的局域性网络文化。对于这一复杂的、能动的、历时性与共时性并存的在线实践过程，可以从三个方面去认识：

首先，局域性网络文化是被在线实践持续性地生成和创造出来的。从生成论的角度看，一个局域性网络文化的生成本质上是人类在线实践的产物，是“群”内之人通过互联网工具的地方性运用而建构出来的具有地方、民族特色的网络生活样态。在这一视角下，目前的网络文化其实都是局域性的，也都是带有地方和民族印记的，它们总是在一定的社会历史背景和特定的“群”中被永无休止的在线实践去产生和建构。所以动态地看，局域性网络文化是随着“群”内之人的创造性参与而不断形成和演化的文化之“流”，人们既存在于一种局域性网络文化之中，又通过自己的在线实践超越和创造着这种特色网络文化。极而言之，局域性网络文化的终极意义不是作为历史文明被后人欣赏，或者被作为他文化被别人去做比较，而是能够在当下的在线活动中被持续性地生成和创造出来。

其次，局域性网络文化是与特定的地方性情境相联系的。以往的网络文化研究，大都强调互联网以“流动空间取代了地方空间”，而忽视了网络文化的具体性、情境性本质。只要我们把地方性情境纳入网络文化的建构过程，就会发现网络文化的内容总是与特定的地方性情境相联系。如果以“群”为基点来理解互联网，那么不同的“群”就是不同的生活环境，他们用各自不同的象征符号体系来认识、传达和解释自己的在线实践，也构成了一个局域性网络文化。

再次，局域性网络文化是由“我们”共同参与建构的。大家知道，凡是文化都不能只是“我”的而必须是“我们”的。这个“我们”其实是有边界的，它必须能产生真切的“我们感”并在同一个意义域内进行顺畅的沟通。因此，局域性网络文化不能由少数知识精英和技术专家来发明和构建，它必须由“群”内的所有成员来共同生成。由此会引出一个基本结论：网络文化的主体必定是共同主体。显然，这个共同主体不可能是类的概念“人”，而只能是共同体的概念“群”。从这个意义上说，局域性网络文化既是在线者一种积极能动的存在方式，也是“群”的一种存在状态。

三、局域性网络文化的进化与多样化共享

（一）局域性网络文化的进化

在人类漫长的演化过程中，无论是工具的进化还是文化的发展抑或是二者之间的强对应关系，都符合以选择为中心，由简单到复杂、由低级到高级、由种类较少到种类繁多的社会进化规律。具体到互联网工具得以普遍运用的当今时代，那些富集了国家、民族元素的局域性网络文化的进化，则存在以下四个特征：

第一，网络文化具有多样态的局域特点。互联网是全球性通用工具，它在同一个时点上为不同的在线实践群所提供的工具性功能相差并不多，但群的组成、群的目标以及由此所决定的局域性网络文化的进化策略却是千差万别的。这样，网络文化一方面在共时性上表现出多样态的局域特点，另一方面在其历时性进化过程中，作为“群”的一种存在状态的局域性网络文化也总是表现出某些可持续的差异性。这些差异性极大的局域性网络文化，是由在线主体有意而为、与在线实践群相伴而生的一系列文明成果。

第二，网络文化具有社会选择性。由于网络文化是被建构的，因此一个局域性网络文化的生成始于一个“群”的组建，而其进化策略的制定者和执行者也都是这个群的成员。一般而言，哪种进化策略最终被选择取决于该策略本身的价值取向及其合目的性。如果说生物进化的自然选择体现了“物竞天择、适者生存”，那么网络文化的进化策略则更多地体现在社会价值观、网民偏好、政府意志等社会方面，其演化过程也往往伴随着知识、语言、体验、政治等社会性因素。

第三，局域性网络文化的进化存在群内竞争。群内进化，是在异质网络文化入侵或者生存环境发生不利变化时，网络文化各构成要素之间为了生存和继续进化而展开的群内竞争。由于群内竞争是在同一个共享符号系统内发生的，因此突出地表现为同质性话语的相互竞争与进化过程。福柯在《话语的秩序》中指出：“在每一个社会，话语的生产过程都不是漫无定则的。必定存在着若干程序，控制着、选取着、组织着并重新分配着话语的生产；透过这些程序，话语生产过程所激发的多种力量与危殆，也就能够规避，话语生产过程所可能遭遇的偶发事件，也就得以掌握，话语生产过程所需涉及的拙难之具体现

象，也就不难躲闪。”[1]在此过程中，能够生存下去的一定是那些适应性更强、更具生命力的文化元素。

第四，局域性网络文化还要在群间竞争中实现自身的不断进化。群间进化，是“群”与“群”之间存在的不同网络文化之间的相互竞争与进化过程。任何局域性网络文化都拥有一些只属于己群的元素，它们可能形成一个系统并存在固有的秩序。但放眼互联网世界，不仅存在多个符号系统而且是多个符号系统混用的。这样，一个局域性网络文化的进化就必然在与其他群文化的竞争中才能实现。通过这种群间竞争，那些适应性更强的局域性网络文化在成功胜出的同时也完善了原有的符号系统，保持和延续了所属群文化的特征和固有秩序。

（二）网络文化的多样化共享

互联网工具与网络文化之间复杂的互动演化过程蕴含一个深层问题，那就是各种局域性网络文化能够实现多样化共享的内在机制。所谓网络文化的多样化共享，是指网络文化在整体上表现为多样性与同一性的统一体。一方面，任何局域性网络文化内部的群文化都是百花齐放和互为补充的；另一方面，各种局域性网络文化又是共生共存和相互助益的。这种理想化的网络文化生态，首先表现为各种网络文化要素和谐共生的一种存在状态。就网络文化的生成与进化而言，多样性虽具有必然性，但多样性共享却仍然是人类的一种行动纲领。作为世界网络文化走向的应然生态，多样性共享是各种网络文化要素和谐共生的一种存在状态，它反映了各国各地区发展特色网络文化的内在要求，也符合各种局域性网络文化、在线群文化以及所有网络文化要素生成与进化的内在规律。

网络文化的多样化共享，也是各种局域性网络文化能够彼此分享的一种关系结构。依托于互联网这一全球通用的巨型工具，局域性网络文化不仅能够分立存在，而且可以互相连通并形成一定的关系结构。在网络文化大家庭中，有些网络文化元素可以通约并转化为跨局域的网络文化内容，但更多的网络文化元素则因不可通约而只能彼此相望。此时，需要建立起能够使各种局域性网络文化彼此分享的关系结构。青木保认为，“相互承认并真正理解这个

〔1〕 参见许宝强等：《语言与翻译的政治》，中央编译出版社2001年版，第17页。

世界是一个‘多文化世界’，乃是人类生存下去的一个必要条件”，所以正确的做法应该是“理解”异文化，就是对异文化进行认知、体验并与之对话。[1]在这样的关系结构中，各种局域性网络文化能够以相互理解为基础，在平等交流中实现相互欣赏和彼此分享的发展目标。

网络文化的多样化共享，还应该是各种局域性网络文化能够相互交流的一种网际秩序。互联网是无数个局域网的集合，各种局域性网络文化之间的交流本质上是一种网际文化互动，它与现实文化互动一样需要规则和秩序。网际秩序的构建具有跨国性，这既是其特色之一也是其难点所在，但绝大多数国家和网民的核心诉求是主权公平问题。从理论上说，全球的网络资源应属于全球社会共有，所有国家的政府、企业和民间团体都拥有问责之权。但在现实中，管理这个资源的ICANN（互联网域名与地址管理机构）却只对美国政府负责。因此，互联网国际治理的首要任务就是要建立一系列主权公平的网际秩序。通过这类网际秩序，各种局域性网络文化可以在相互交流中产生共同的跨局域甚至普世性网络文化，也可以在平等、公正的基础上参与竞争进而确立某种网络文化要素的标准化地位。最为重要的是，这不是强权文化的独角戏，而是多样性网络文化的共同进化。

四、关于中国特色网络文化的一个推论

（一）建设中国特色网络文化是历史选择也是能力展现

互联网中的多样性网络文化世界并不能自动地囊括人类所有文化，对于一个具体文化而言，进入互联网既是一种社会选择也是一种能力展现。就像在美利坚这个高度发达的国家可以生活着一群拒绝现代文明的雅各·阿曼（Jakob Ammann）人一样，互联网时代的人也可以选择拒绝网络，从而保持一种“不想看见别人，也不想被别人看见”的生活方式。在世界网络文化生态园中，我们能看到积极活跃的美国网络文化、英语网络文化，也能看到一些与静态历史甚至与濒于消失的民族文化有关的展示性网络文化，居于这二者之间的网络文化样态更是不胜枚举。这其中，隐含一些小国在信息化浪潮中的无力，也继续着一些弱势文化在现代化浪潮中的无奈。

〔1〕 青木保：《异文化理解》，于立杰、陈潇潇、吴婧译，中国青年出版社2008年版，第148页。

事实上,远离互联网未必就是一种主动的选择,也可能是一种"被"选择,因为进入网络世界是要有"门槛"的,其中最起码的就是特定符号系统的信息输入技术。互联网工具对共享符号系统的依赖,决定了只有存在共同语言的文化才具备进入网络的条件,而该种语言能否成功地解决信息输入技术则是一个硬能力。金吾伦认为,"由计算机和通信技术的结合,信息高速公路的建设而发生的第二次信息技术革命,对人类产生的影响将远比第一次信息技术革命所产生的影响要巨大而深远得多",用美国天体物理学家拉里·斯马尔的话说:"这是自从古腾堡以来所发生的最根本的变化。"[1]由此可以认为,当年的周恩来与"三钱"[2]等人做了一次历史性的伟大抉择,而著名科学家王选发明的汉字照排技术以及众多计算机学者对汉字输入法的研究,也是可以和古腾堡发明印刷机相媲美的伟大创新,它使中国文化成功地越过了互联网世界的高"门槛"。

(二)中国特色网络文化是在不断创新中建构的当代文明成果

对于"中国特色网络文化何以生成"这类问题,一些过于简单、机械的回答如"中国特色网络文化就是中国传统文化与互联网的结合"是极其危险的。对于这样一件需要大智慧并且仁者见仁、智者见智的事情,有必要进行多角度、多层次的哲学解读。

从在线实践主体看,中国特色网络文化应该是中国网民通过不同层面的在线实践所形成的属于"我们"的网络文化成果。从一定意义上说,在线实践就是运用网络工具去创造、去设想、去体尝那些在现实社会中感受不到的个人和生活体验。在此过程中,在线者的我之实践、交往者的互动实践、网络族群的集体实践以及政府意志的导入都有其各自的网络文化价值,并最终汇聚和升华为中国网民共同拥有的网络文化成果。

从网络文化本体看,中国特色网络文化的建构应该是中华民族特有的原生态智慧在互联网世界的延伸、转型和发展。在由传统文明、工业文明向网络文明的创新性演化过程中,延伸保持了中国文化的原生态蕴含;转型赋予了中

[1] 金吾伦:《信息高速公路与文化发展》,载《中国社会科学》1997年第1期。

[2] "三钱"即钱学森、钱三强、钱伟长。在1956年《十二年科学技术规划》编制过程中,他们力排众议,将发展计算机技术列入其中。后被该计划总负责人、国务院总理周恩来称为中国科技界"三钱"。

国文化的互联网样态；发展则是中国文化在网络时代的再造和创新，也是中国特色网络文化得以确立和具有生命力的根本所在。

从全球网络文化生态看，中国特色网络文化应该是多样性网络文化世界中能够与“他者”平等对话的“我者”。如卡尔·曼海姆所言，“在某些社会历史知识的领域内，某一个特定的发现必然包含认知者立场的痕迹，这一点应当认为是正确的和不可避免的。问题并不在于企图隐藏这样一些观察的角度，或者为这些观察角度辩护，而在于探索这个疑问：在承认了这些观察角度之后，知识和客观性为什么仍然是可能的”。[1]中国特色网络文化作为客观性知识之一，将能够与其他网络文化相互理解、欣赏和交流，其中的可通约元素还可以逐渐演化为广域网络文化。从总体上说，在全球网络文化生态园中，中国特色网络文化将会与“他者”共生共存。

（三）中国特色网络文化建设中的社会心态问题

建设中国特色网络文化所需要的社会心态，按照费孝通的说法就是文化自觉。[2]应该认识到，美国文化霸权等网络殖民现象仅仅是互联网中的一个结果而非唯一可能。互联网工具自由、平等、交互的技术特点与在线实践的主体能动性相结合，也可能为消解域外文化冲击、提升域内文化认同提供强有力的工具平台。为此，需要建立高度的文化自觉并避免以下三种心态：

其一，是重工具轻文化的心理偏好。在文化与工具的作用关系及其演进中，工具革命是第一推动力。但是，如果在加强工具建设的同时忽视了对互联网的功能开发尤其是网络文化建设，互联网的实际意义和真正价值就会大打折扣，奥格本所说的文化堕距（culture lag）就会过分拉大。事实上，我国信息化过程中确实存在某种重工具轻文化的心理偏好。如果这种现象不尽快改变，不仅硬件设施得不到很好的利用，而且要影响中国特色网络文化的建设，并最终影响国家信息化建设的水平和质量。

其二，是自大与自卑的两极化倾向。历史上，以儒学为核心的中国文化曾经将自己的主导价值观向异文化输出，国人的文化心态也就多了些自大的基因；鸦片战争后，中国人原有的文化自豪感逐渐减弱，国人的文化心态又多了些自卑的成分。这两种文化心态表现在网络文化建设中，就是有些人对中国

〔1〕 张文杰等：《现代西方历史哲学译文集》，上海译文出版社1984年版，第51页。
〔2〕 费孝通：《反思·对话·文化自觉》，载《北京大学学报》（哲学社会科学版）1997年第3期。

文化的认同感严重缺乏，而另一些人对中国文化的认同感又病态地膨胀，从而出现两极化的错误心态。不言而喻，这两种极端的态度都是危险的，因为二者都缺少对己文化与他文化的深刻认识，更缺少对中国特色网络文化建设的理性判断。

其三，是对大众文化的排斥心理。在中国特色网络文化建设中，相当一部分人都摆脱不了对大众文化或称网络草根文化的排斥心理。这可能缘于对精英文化的偏爱，但深层原因可能与美国网络文化霸权有关。人们都承认美国文化的强势地位，并认为其中的一个重要原因就是美国成功地将其国家文化转化成了大众文化。由于美国大众文化的全球扩张已经越来越引起各界的广泛关注，以至于许多国家在网络文化建设中都近乎本能地排斥以美国文化为代表的所谓大众文化。事实上，任何网络文化都是在实践中被建构起来的。更重要的是，在线实践主要不是精英者的实践，而是网民的大众实践，因此建设中国特色网络文化必须要解决如何将国家文化转化为大众文化的问题。

第四章　网络越轨与网络治理

第一节　网络侵犯行为：多视角解读*

Brittney G.Chenault提出：互联网无关技术，无关信息，而是一个容纳大量参与者的交流空间；交流构成了互联网的基础，而且这种交流无需指导和审查。[1]以信息技术为载体的网络互动，一方面，为人类提供了迅速有效的互动方式和自由交往的活动空间；另一方面，这种交往的自由也是一把“双刃剑”，它大大增加了包括“言语攻击”在内的各类侵犯行为发生的可能性。[2]网络侵犯行为是一种涉及较多学科的复杂现象，因此，对其进行多视角解读十分必要。

一、普遍存在但超越控制

网络是个开放、自由的空间。现实生活中制约侵犯行为的各种机制在网络空间中面临着“失语”的困境，使网络侵犯行为难以得到有效遏制。

（一）令人难以忍受的普遍性

网络讨论提供了一种发现健谈者，并同他们在舒适的数字化家园中进行交谈和争论的方式。然而，技术具有破坏性。网络情境下的匿名性、随意性以及自我认识缺乏导致网络沟通的

---

* 原载《哈尔滨学院学报》2005年第9期，合作者王艳莹。

〔1〕 Brittney G.Chenault.Developing Personal and Emotional Relationships ViaComputer-Mediated Communication.*CMC Magazine*, 1998(5).

〔2〕 Dibble, Jane.A Rapein Cyberspace .*The Village Voice*.http://www.levity.com/julian/bungle.html.

"去个性化",致使网络互动中的侵犯行为的普遍性远高于FTF互动。

Shelly Farnham等人指出,在(包括聊天室在内的)在线社会情境中,侵犯行为是一个普遍深入的问题。这类行为小到利用线上游戏中设置的"Bug",大至在聊天室中侮辱其他使用者。[1]Brenda Danet, Lucia Ruedenberg等人指出,CMC具有其丑陋的一面,包括恐吓、妨碍隐私、性侵害,甚至虚拟强奸。[2]赛博空间"决不是完全友善的",CMC释放了"侵犯行为,甚至令人震惊的恶毒行为,包括性骚扰和种族主义。"Chuq Von Rospach提出,"不要忘了在(电脑)的另一面是一个人"[3],因为在CMC中人通过电脑联网,很容易忘记这一点。CMC在使人们脱离隔离状态,拉近了地理距离的同时,也使人们接触到危险的人物。网络中,人们之间的关系并不总是积极和相互扶持的。通过键入信息与一个陌生人进行沟通毕竟不同于面对面的互动,它是侵犯行为发生的温床。[4]

(二)使人无能为力的不可控性

网络交往的本质是无限制地表达自由,人们可以随意加入或退出互动过程,参与者不确定的身份使网络侵犯行为具有不可控的特性。John P.Davis通过长期的在线调查,描述性地阐述了侵犯行为发生的频率、内容、影响以及人们对抗侵犯行为的方式,并集中关注有效减少侵犯行为的社会途径。[5]66.4%的受访者表示,网络互动中侵犯行为发生频繁以及他们对抗侵犯行为的方式大都并不有效。在对于如何通过建立社会规范来减少侵犯行为,无论是在个人或是系统的层面上,都没能够找到一个低耗而高效的方式。马倩、包晓云则研究了互联网中青少年面临侵害行为的问题。[6]她们指出,网上交往的虚拟性给攻击者披上了一层保护面具,从而使攻击行为有恃无恐、变本加厉,难以

---

〔1〕 JohnP.Davisand Shelly Farnham, Carlos Jensen.*Decreasing Online"Bad"Behavior Extended Abstracts of CHI2002*.Minneapolis, 2002.

〔2〕 Brenda Danet, Lucia Ruedenberg-Wright, and Yehudit Rosenbaum-Tamari. "HMMM... Where's That Smoke Coming From?" .*Journal of Computer-mediation Communication*, 1997,(2).

〔3〕 Chuq Von Rospach.*A Primeron Howto Work With the Usenet Community*.http://www.faqs.org/faqs/usenet/primer/part1, 1997.

〔4〕 Weinrich, Frank. *Establishinga Point of View Towards Virtual Communities*.http://www.December.com/cmc/mag/feb/wein.html.

〔5〕 John P.Davis.*The Experience of"Bad"Behaviorin Online Social Spaces: A Survey of Online Users*. Social Computing Group Microsoft Research Internal Paper, 2002.

〔6〕 马倩、包晓云:《互联网上青少年所面临的侵害行为》,载《青年研究》2000年第2期。

禁止。

当然，网络侵犯行为的不可控性是相对的。王卫东对网上侵犯行为的研究表明，人们即使在网上也会服从一些现实生活中的规则，辱骂、攻击、恶意利用他人的行为并不占主流。[1]Shelly Farnham等人认为，网络侵犯行为难以控制的潜在原因就是不同于面对面的沟通，网络空间中有关“合适的”行为规范未被启动。他们通过设计了一个基于“囚徒困境”的3D网络游戏证明，通过增加游戏参与者的“社会”特性可以减少侵犯行为的发生。特别是有声交往能够比较有效地遏制侵犯行为，而使用个人资料档案则影响较弱。[2]但事实上，这些手段是在实验中强制使用的。大多数情况下，网络参与者仍是“去社会性”“去个性化”的个体，因此，网络侵犯行为依然不可控制。

网络并不是一个完全友善的空间。以网络为媒介的互动中，侵犯行为不仅随时可能发生，而且受侵犯的个体除了退出互动之外几乎没有力量与之对抗；但与此相对的事实是，绝大多数人并没有因此抗拒网络互动，也不是所有具有侵犯性的言辞都会引起互动参与者的愤怒。这是因为与现实中的攻击行为相比，网上攻击是在虚拟状态下进行的，攻击强度及行为后果一般不及现实人身攻击，使人们有可能对某些侵犯行为“视而不见”，以保证互动的质量。正如库利所言，从社会意义上说，被想象的就成为真实的。换言之，并不是现实生活世界中所有侵犯行为的形式在网络空间中都会被认定为具有侵犯性。这是针对网络互动中侵犯行为普遍存在和超越控制的特性而采取的消极对抗策略，也可以说是网络作为一种语境，为侵犯行为提供的独立于日常生活世界的解释。

二、特定情境中的非特定行为

前人的研究不应将网络侵犯行为简单化，即以现实社会空间的意义系统定义侵犯行为，将其视为某种“想当然”的行动类型，直接将现实社会中的“知识”不加修正地移入网络中。只关注行为本身，而忽略了行为发生的情境及造成的后果。

---

〔1〕 王卫东：《关于互联网方法和行为的研究》，中国人民大学2003年博士学位论文。

〔2〕 John P.Davis and Shelly Farnham, Carlos Jensen.*Decreasing Online “Bad” Behavior Extended Abstracts of CHI 2002*.Minneapolis, 2002.

（一）多种多样的表现形式

不同于传统意义上的侵犯行为，由于网络互动附加的技术特性使得网络侵犯行为的表现形式更为复杂多样。就其危害程度而言，造成严重后果的网络犯罪，比如技术性破坏（包括黑客侵入、计算机病毒等），利用计算机实施诈骗、窃取机密和网上制作、传播有害信息等，就其传播渠道而言，侵犯行为通常发生在在线区域，如共时性聊天室，但会通过"E-mail"等历时性沟通渠道继续传播。

在网络中，话语本身即行动。除去通过技术手段所导致的侵犯行为外，网络侵犯行为最常见的表现形式是"言语攻击"。"flame"一词作为一种"网络暗语"可以用于定义CMC中的恶意责难。Mark Dery指出，网络互动中侵犯是"尖刻的"在线交流，通常发生在公开场合。另外，它通常是"突然的，通常由愤怒引起，具有侮辱性"。有时候，它又是通过电子邮件传播的"毒笔写就的信"。他认为，电子沟通方式具有幽灵般的性质：它的肉体是由字母组成的、漂浮在屏幕上的词语，它使愤怒时的敌意升级扩大；它是空洞的，使人们因为逃脱惩罚而肆意妄为。[1]Edward Mabry在对网络中侵犯性信息的研究中指出，网络侵犯行为是"贸然轻率的信息，通过发布帖子，直接针对在群体中持不同立场的人进行人身攻击"[2]。同时，Sherry Turkle和Julian Dibbell等人研究了网络中侵犯行为的极端表现形式——"虚拟强奸"。在MUD中，如果一个游戏者可以控制另一个角色的行动，那么，他就可以强迫此人与之进行虚拟性交。[3]尽管这种强奸是以词语的形式体现的，但是仍然具有明显的消极后果，严重影响了网络沟通的质量。

虽然研究者们对网络侵犯行为的各种形式进行了细致的探讨，但不可否认的是，越轨必定与感知有关而不是与动机相关联。网络互动中某种行为如果并没有对互动产生消极影响，没有引起互动参与者的注意，甚至参与者根本不认为它具有侵犯性，那么，这种行为形式就不能被简单地认为是网络侵犯行为（尽管以现实世界约定俗成的标准来衡量它已构成侵犯）。网络侵犯行为之

---

〔1〕 Mark Dery.Flame Wars: *The Discourse of Cyberculture*.Duke University Press, 1995.

〔2〕 Edward Mabry.Framing Flames: The Structure of Argumentative Messages on the Net. *Journal of Computermediation Communication*, 1997,(2).

〔3〕 Ju lian Dibbell. The Virtual Rape.*The Village Voice*, December21, 1993.

所以形式多样、复杂多变，就是因为我们无法以现实生活中的知识库来把握其真正内涵。

（二）网络文化语境中侵犯行为内涵的有限有效性

侵犯行为的传统定义是指蓄意损害别人（包括身体和语言）或破坏财物的行为。[1]社会学对侵犯行为的研究更注重社会文化环境因素的影响。社会学理论认为，侵犯行为不仅是具有普遍性的人类行为，同时也是一种社会文化现象。不同的社会文化系统对于侵犯行为的意义认定都有一定独特性。Suler, J.R.和Phillips W.对虚拟社会的研究也得出结论，认为越轨行为受文化影响，不同的社区中对于越轨行为有不同的界定。每种文化和亚文化对于越轨行为都有其独特的标准，具有文化上的相对性。[2]

无论是作为现实世界的延伸，还是作为独立的生存空间，网络互动所在的时空都可视为一个相对独立的生活世界。在网络互动的过程中，人们又迫切需要把这些零碎的信息综合起来，赋予其意义，在与他人的通信中构筑属于自己的"综合的世界像"和自画像，创造网络空间特有的"知识库"。在网络特有的社会文化环境下，现实社会中的"知识库"在某种程度上失去了效力，因此，网络互动过程中侵犯行为并不完全等同于现实世界，其意义是在一个相对独立的过程中被重新建构起来的。

在虚拟空间中，人—机—人式的独特沟通方式及其特有的文化语境，使网络互动中侵犯行为的内涵被具体情景所限，其有效性是有限的。由其形式的多样性可以看出，网络侵犯行为不是某一种固定的行为模式，也不是现实生活中侵犯行为在网络空间中简单地复制，而是一种特定情境中的非特定行为，所以应当在互动中动态地对侵犯行为及其语境进行深入探讨。只有将某一行为放置在某一特定情境中，它才能被真正称为"侵犯行为"。行为发生的具体情境是研究网络侵犯行为不可忽视的一个决定性要素。网络作为独特的交往情境，是一个"有限的意义域"，其所提供的经验只对一个有限的范畴是有效的。简言之，在由一段对话所构成的网络互动中，某种话语被认定具有侵犯性，不代表它在其他情境中也具有侵犯性。

---

〔1〕 郭晓飞：《西方主要侵犯心理理论评述》，载《绍兴文理学院学报》2000年第1期。

〔2〕 Suler, J.R.and Phillips.W.The Bad Boys of Cyberspace: Deviant Behaviorin Multimedia Chat Communities.*Cyber Psychology and Behavior*, 1998.

三、一种可说明的后天建构

组成社会世界的是人类的行动，这是一个主体之间使用词语、姿态、手势和其他符号进行意义协调的持续过程。越轨是在规则破坏者和规则维护者的互动中由社会建构的。网络侵犯行为作为一种越轨行为，既然不能以先在的标准进行理解，那么，其内涵就是被后天建构起来的，而且通过符号表达被“说明”。

Mabry在研究中指出，在CMC中具有侵犯性的话语与传统社会交往有着鲜明对比。在网络互动中，人们对侵犯行为的接受程度要高于现实生活。当一些负面情绪出现上升趋势时，争论者似乎试图努力去“中和”这些情绪。[1]另外，John P.Davis特别指出，一种行为是否被认为是侵犯行为是由其所指向的参与者对行为的理解决定的。而且，行为发生的情境是某一行为是否被认定具有侵犯性的重要决定因素。[2]由此可以看出，侵犯行为与人们的认识和特定的交际情境有关，它是一种“可说明”而且不断“被说明”的行动类型，它是通过互动参与者的反复磋商建构起来的。网络互动过程不同于现实世界，由于身体“不在场”以及表情、语调、姿势等符号的缺省，侵犯行为并不会对被侵犯者本身产生直接可见的后果，在某些情况下，人们会宽容或忽视这些侵犯行为，只有一部分行为会被认定具有侵犯性。那么，一种行为在网络互动的过程中是否构成了侵害行为并不在于行为主体的动机，而在于参与这段会话的人是否意识到它，是否认定它具有侵害性。事实上，实际的生活经验是没有意义的。对行为的意义赋予是在行为之后：反思性注视检出了一个已渐远去的生活经验，并且把它建构成有意义的。由此，网络互动中侵犯行为的意义是由互动参与者根据情境，通过具有“主体间性”的理解和反复磋商达成共识后所集体给定的，其标准并非先在的，而是存在于一个动态的过程之中。网络侵犯行为的认定需要经由特定互动过程的参与者通过“反思性注视”被贴上标签，它与侵犯行为发出者的动机无关，而只与其他行动者对其意义的理解和给出的

---

〔1〕 Edward Mabry.Framing Flames：The Structure of Argumentative Messages on the Net. *Journal of Computermediation Communication*，1997，(2).

〔2〕 John P.Davis.*The Experience of“Bad”Behaviorin Online Social Spaces：A Survey of Online Users*. Social Computing Group Microsoft Research Internal Paper，2002.

“说法”有关。这种“说法”，就是网络侵犯行为的“可说明性”。

意义并非纯粹是客观、永恒、无实体和不能改变的。意义存在于环境中，意义的生成需要众多因素的共同作用，不仅由说话者的意图还要由听话者的理解来决定。[1]麦克卢汉关于“使用者即是内容”的论断，在某种程度上与理查兹的观点相似。文本的意图不是存在于作者的意图之中，而是存在于读者合理的（不是异常的）解释之中。简言之，网络中意义的建构是群体互动的产物，它具有权宜性，其表达与理解都是磋商的产物。侵犯行为的意义建构是经由互动参与者通过一个类似于“博弈”的过程不断各自调整和集体合作而最终得以认定的。它是需要经由协商而最终所给出的独特“说法”，其意义和内涵是可以说明的，是被后天建构的而不是预先存在的。

第二节　网络成瘾与病态人格的选择性亲和*

随着互联网的日益普及，人们在充分感受到它所带来的惊喜和便利之余，也同时体会到了这个潘多拉盒子的另一面：人就像被一种巨大的魔力所吸引，陷入了难以自拔的深渊。网络成瘾，它给现代人带来的震惊，绝不亚于互联网建立伊始给人们带来的惊喜，因而，许多人似乎又像逃避洪水猛兽一样来躲避网络，认为网络实乃这种成瘾症状的始作俑者。但是，不管如何，我们必须承认，网络正在成为社会发展和人们日常生活所不可或缺的重要部分。本文旨在揭示网络成瘾的本质特征及其与病态人格的亲和性。

一、网络成瘾及其形成机理

（一）网络成瘾的基本含义

1994年，美国纽约精神病医生伊万·戈德堡宣布发现了一种新的心理障碍，并把它命名为“网络成瘾症”（Internet Addiction Disorder.IAD）[2]，于是，网络成瘾很快引起了精神病学家和临床心理学家的广泛关注。一般认为，网

* 原载《学术交流》2005年第11期，合作者庞勇。

〔1〕 王颗红：《因特网上聊天会话探析》，载《西安外国语学院学报》2001年第4期。

〔2〕 魏宁：《网络成瘾：虚拟空间对青少年的挑战及对策》，载《北京教育》2003年第7～8期。

络成瘾症是指“过度使用网络而在幸福感上的缺乏”的一种综合征，也有人认为用“网络的病态使用”表述更合适。1997年、1998年，在多伦多和旧金山召开的两届美国心理学年会上，与会者专门讨论了网络成瘾可以正式诊断的可能性。

网络成瘾者具有共性的特点：不上网时有抑郁、不安的表现；无法控制自己对网络的依赖；即使为其花费了大量的时间和财力，依然无休止地上网等。患者持续长时间地在网络的世界里遨游，忽略了现实世界的存在，进而对现实生活感到沮丧。网络成瘾通常可分为网络游戏成瘾、网络交际成瘾、网络色情成瘾、网络信息收集成瘾和网络制作成瘾等[1]。据统计，在全球两亿多网民中，有1140万人患有不同程度的网络综合征，其中约有20万网民患上“强迫型上瘾”的病症。

值得提出的是，目前对于网络成瘾的界定仍然是十分模糊的。例如，一些专门从事网络工作的人，甚至是黑客等，都很难对他们做出明确的判断。他们平均每天都要在网络上停留十几个小时，甚至更多，他们不仅将其视为工作，而且视为一种更为神圣的责任，视为生命中的重要组成部分和人生价值的良好实现。对于网络，他们已不仅仅停留在兴趣层面，其中的大部分人承认对于网络有一种特殊的依赖和迷恋，是生活中不可或缺的重要组成部分，他们就像任何一类为了自己的信仰而痴迷于自己的追求的人们一样，痴迷于网络。但是，我们又很难将其全部认定为网络成瘾者，因为其中的绝大部分人并没有放弃他们的现实生活和现实中的各种社会关系，也没有对现实生活感到厌烦和抑郁。相反，他们对于生活充满了激情和创造精神，追求自由节奏的工作，信仰个人能以不可思议的方式创造伟大奇迹，并充满了爱心和人文主义的关怀[2]。从这种意义上来说，这些人又绝非是一些具有病态特征的网络成瘾者。

因此，衡量某一个体或某一群体、组织的成员是不是网络成瘾者，应该从三方面来衡量：其一，是否对现实社会产生了距离感和厌恶感，并导致个人自身幸福感的缺乏；其二，个人是否将其在网上从事的工作视为逃避现实社会的方法和手段，将网络社会作为现实社会的替代；其三，个体是否在网络社会找

---

〔1〕 乐国林：《大学生网络心理障碍及对策》，载《社会》2001年第6期。

〔2〕 参见派卡·海曼：《黑客伦理与信息时代精神》，李伦等译，中信出版社 200年版，第58～61页、第141页。

到并真正实现了个人的人生价值和所追求的信仰。只有当前两点的答案是肯定的，而后一点的答案为否定时，我们才可以说，某个人或某一群体的成员为网络成瘾者。

（二）网络成瘾的形成机理

网络成瘾是随着互联网的兴起和壮大而逐渐在人们的行为中凸显出来的，可以说它是我们时代特有的一种成瘾症状，互联网是其产生的物理基础。正如美国心理学家卡伦·荷妮在《我们时代的病态人格》的导论中所言，“神经症不只是由于偶然的个人经历才产生的，而是由我们生活于其中的特定的文化处境所产生的，文化处境对神经症患者具有重要的意义”[1]。当然，网络成瘾者是否可以被称为神经症患者还有待进一步探讨。但是，将网络成瘾视为当代的一种偏态（或病态）行为则是没有异议的。另一方面，网络成瘾作为一种心理成瘾的症状，产生的是心理的依赖性，必然存在着心理上的作用机制，因而个人的心理机制则是网络成瘾产生的生理基础。网络成瘾是其物理基础和生理基础共同作用的结果，因而简单地将其产生的原因归咎于网络必然会导致认识上的片面性。网络成瘾症的产生，从宏观的方面来说，是社会环境与个人的心理机制相互作用、相互影响的结果；而落实到微观层面，则是个人的病态人格与网络自身特点的选择性亲和的结果。

二、病态人格对网络成瘾的选择

本文认为，网络成瘾与病态人格之间存在着选择性的亲和，但并不是说，所有的网络成瘾者都存在病态的人格，同样也无意在说所有的病态人格者都会成为网络成瘾者。所谓的选择性亲和，是指病态人格与网络成瘾者之间的相互关联性，即二者之间存在相互影响、相互促成的作用机制，而不是一种断然性的简单结论。它包括两方面内容：其一，网络成瘾的确能够促成（或加重）部分成瘾者病态人格的产生，从这一层面来讲，网络成瘾是病态人格产生（或加重）的重要原因；其二，病态人格者出于自身的需要，选择了网络，进而成为网络成瘾者。从某种程度上说，病态人格是网络成瘾的本质原因，是病态人格选择了网络成瘾。

〔1〕 乐国林：《大学生网络心理障碍及对策》，载《社会》2001年第6期。

（一）病态人格对网络交际的选择

成瘾者之所以选择网络交际，源自对关爱的需求。荷妮认为，“任何一种关爱都会给神经症患者一种表面的安全感，或一种幸福感”。当神经症患者在现实社会中苦苦寻觅这种关爱而变得伤痕累累之时，网络无疑就是他们梦想中的伊甸园。无论是正常水平的关爱，还是荷妮所谓的对关爱的病态需求，网络都可以为之提供。安全感在这里是非常重要的，无论是网络聊天室、BBS讨论网，乃至虚拟网络社区等，都可以作为个体寻求关爱的源泉，因为它们是安全的。由于网络中特殊的互动模式，使“一对多”的互动模式成为可能，这使得个体对关爱的需求不必在“质”上斤斤计较，而可以在“量”中取胜。实际上，对于病态人格者而言，爱的“实质”本来就是虚无缥缈、不切实际的。网络中的人际交往正是因为被赋予了如此之特质，才使一些病态人格者转而又成为网络成瘾者，而人们却只是看到了他们“逃避现实”“实际的情感疏离”“人际关系的淡漠”等表层现象。

（二）病态人格对网络色情的选择

成瘾者对于网络色情的选择，源自病态关爱需求中的性欲作用。人们对于网络色情成瘾者通常会嗤之以鼻，并简单地认为，这是由于个体的道德败坏和品质低劣所致。实际上，这些人的致瘾原因并不像通常所认为的那样简单，而是存在特殊的心理机制。研究表明，对关爱的病态需求常常表现为性迷恋或对性满足的饥渴，其中大部分表现为性欲的东西在现实中与性欲的关系不大，而是对安全欲望的表达，他们的特征乃是在内心不相信任何真诚的关爱，而性关系不仅是性紧张的发泄，而且是人际交往的唯一途径。可见，对于那些病态人格者来说，对于性欲的追求，并不像人们所想象的那么龌龊和低俗，实际上也与其道德品质关系不大。要知道，尽管病态人格者在某些方面表现出偏于常态的行为，但他们的内心是善良和真诚的，他们的道德品质和人格素养有可能是非常之高的，他们不是“流氓”，更不是“色情狂”。荷妮指出，“今天大多数的性生活都是心理紧张的发泄，而不是真正的性驱动，因此，它更多的是一种镇静剂而不是真正的性快乐和性幸福”。因而“那些需要性欲来作为平息焦虑的方法的人尤其不能够忍受任何性禁忌，即便是短时间的性禁忌”。但是“从某种程度上讲，关爱需求的性欲表达依赖于外在的环境是否有利”。网络恰好为这种需求提供了有利的环境。网络空间的虚拟性和开放性，使人们一方面不必担心由于浏览、观看色情内容而遭受别人的谴责、歧视，甚至是道德品质上的诋毁，安全性使网络成为满足这一需求的首选。另一方面，互联网络的开放性和近乎无限的广阔空间，为人们提供了大量的有关这方面的内容，人们可以轻而易举地在网上找到这方面的相关信息。尤其是近些年来，互联网上的色情内容已达到了近乎泛滥的程度，这无疑为这些人提供了有利的条件。尽管病态人格者并不将实质内容真正地指向“性”，但他们的确是通过表面上的性欲满足，来达到满足其安全欲望的目的。因此，他们被称为“网络色情成瘾者”也就不足为怪了。

（三）病态人格对网络游戏、网络信息收集以及网络制作的选择

成瘾者对于网络游戏、网络信息收集以及网络制作的选择，源自于对权力、声望及财富的追求。按照荷妮的观点，在我们的文化中，对关爱的追求，是获得安全感以抗拒焦虑所时常运用的一种方法。对权力、声望及财富的追求是人们时常运用的另外一些方法。赢得关爱意味着通过加强与他人的接触而获得安全感，而追求权力、声望和财富则意味着通过疏离与他人的接触，加强自身的地位来获得安全感。由于病态人格者内心的焦虑、仇视和自卑感，使其对于他人的轻视和淡漠具有过度的敏感。因此，他们迫切需要动用一切可能的途径和手段来阻止他人的轻视和冷淡，即使这将意味着疏离与他人的接触。因而，从范畴上来描述，正常人追求权力、声望及财富是出于力量，而病态地追求权力、声望及财富则是由于软弱。我们每一个人都具有达成某种目标、实现某种愿望的成就动机，并以此来发现和发展自己的自尊，对于病态人格者而言则更甚。然而，由于现实社会环境的影响和约束，加之病态人格者对于关爱和安全感的病态需求，致使其很难在现实社会中达成其对权力、声望及财富追求的目的，因此也就难以消除其内心的焦虑和紧张。

因为有了网络，一切都得以改观。网络社会的匿名性以及“符号”化的个人表现形式，使现实中的所有社会特征都被排除在网络之外，因此个人可以不受实际条件的约束，平等地与他人进行交往。不仅如此，网络社会独有的权力、声望评价体系以及特殊的财富赢取方法，更是可以将现实社会中的“贫民”点化为网络世界的“王者”。对于一心渴望通过获得权力、声望和财富以满足自身安全感的病态人格者而言，网络无疑是个乐园。通过网络游戏、网络制作以及网络信息的收集，不仅可以满足个体的成就动机，而且还可以获得来

自同属群体其他成员的认同。无论是网络游戏、网络制作还是网络信息的收集，只要个体做得出色，就会得到来自虚拟社会的权力、声望以及财富，而且在某种情况下，它还会向现实社会转化，直接给个体带来实实在在的权力、声望和财富。对于病态人格者而言，这可谓是一举两得。更为重要的是，在网络世界中，权力、声望及财富的获得并不像现实社会那样需要复杂的人际交往和应酬，而这恰恰是病态人格者最为担心和恐惧的。在网络中，他们可以用更加自我的方法来实现对于权力、声望和财富的追求，而不必顾及和理会他人的想法和感受，而这也正回答了人们常常提出的疑问：到底是什么力量驱使这些人对于网络如此地着迷。

（四）病态人格对网络痛苦的选择

最后，仍有一个问题困扰着大家，随着网络成瘾者“网瘾”的加深，忍受力的强迫性增强，他们身体的生理机能和心理都遭受到了巨大的损害，为什么他们并不表现出任何的痛苦，反而以此为乐呢？在这里，忘我和丧失自我的满足才是真正的目的。网络成瘾者常常将痛苦用作达到某种目的的手段，受苦对其有一种直接的防御价值，而且事实上常常可能是他们能防御眼前危险的唯一方法。因此，就像新墨西哥的苦修会士使用荆棘、鞭打、负重物来达到出神状态，以实现忘我和丧失自我的满足一样，病态人格者也将网络成瘾的折磨作为减轻和麻痹自己痛苦的有效方式和手段。

三、简要结论

网络成瘾不是由网络单方面造成的，因而简单地强行切断成瘾者与网络之间的物理联系，并不能达到彻底治疗的目的。网络成瘾作为一种心理成瘾症状，产生的是心理的依赖性，具有复杂的心理运行机制，并与病态的人格特征具有亲和性的联系。因此，对于网络成瘾的治疗，发现、矫正其病态的人格特点是关键，也是治疗得以成功的要义。目前国内学者对于网络成瘾治疗的困难性估计不足，缺乏合理的、行之有效的心理治疗和干预手段，通常是将网络成瘾与酒瘾、烟瘾等相提并论，这恰恰是没有看到网络成瘾与病态人格特点、偏差性心理行为等的内在联系，这无疑不利于对网络成瘾的治疗。

第三节 青少年网络越轨：虚拟和谐视角*

由于学界关于青少年网络越轨的看法各树一帜并呈现出互不兼容的混沌状态，因此无论是对于实证调查资料还是对于基本理论观点都有必要进行适当的学术整理。为此，本文试图在虚拟和谐理念下对青少年网络越轨的表征和内涵进行重新界定，继而探讨从虚拟风险走向网络秩序的互联网发展问题。

一、混沌的青少年网络越轨问题

作为一种客观存在，青少年网络越轨的表现形态是多种多样的，迄今为止不多的实证调查分别对其进行了不同的梳理和描述。与此相对应，作为一种理性思考，学界关于青少年网络越轨的界定也是各树一帜，呈现出多样化和互不兼容的混沌状态。

（一）纷繁复杂的表现形态令人关注

从一些实证资料所展示的情况看，青少年网络越轨的具体表现形态应该是多种多样和纷繁复杂的。共青团四川省委与四川省社会科学院对青少年网络越轨行为进行的实证分析表明，[1]在2887名接受问卷调查的青少年网民中，有402人在网络中经常有不文明行为，占13.92%；有992人偶尔有不文明行为，占34.36%。两项相加，在网络中有不文明行为的一共是1394人，占总人数的48.28%，实际比例应该高于这个数字。[2]

陆平等人在桂林工学院所做的调查显示，在日常生活中，大学生网络越轨具体表现在：①迷恋网络，忽视学业，影响学习；②网上聊天，虚幻交友，行为失范；③浏览不良信息，乱用滥发不正确言论；④学习不用功，不求实，利用网络抄袭、剽窃他人成果；⑤利用网络进行违法犯罪活动。[3]

---

* 原载《青少年犯罪问题》2010年第5期。

〔1〕 本次调查的对象是18～35周岁的四川青年。调查以问卷调查为主，分层随机抽样对象包括全省21个市、州、8个省直单位和10所高校，有效样本3983份。

〔2〕 高培文：《虚拟社区青少年越轨行为的分析与对策——以四川青年为例》，载《西南民族大学学报》（人文社科版）2005年第6期。

〔3〕 陆平：《大学生网络越轨行为及防范》，载《改革与战略》2004年第12期。

王丹凤通过对天涯社区的长期观察，发现网络论坛的越轨现象主要表现为：冲突频发、恶意回帖、违规信息、另类回复等。以此为基础，该研究对8种代表性违规现象进行了量化分析[1]，结果如表1所示。[2]

表1 网络论坛中网民越轨行为的表现（%）

违规行为	从未	偶尔	经常
发布违规信息，如病毒、广告、黄色信息、变态图片等	96.2	3.5	0.2
恶意灌水和破坏性回帖，恶意翻帖或个人连续发帖	81.2	17.9	0.9
与他人发生不愉快的争吵，甚至谩骂、人身攻击等	60.2	36.0	3.8
公开他人隐私（含真实姓名、证件号码、联系方式、地址等）	95.3	4.0	0.7
发言时使用煽动性词语或另类图片、误导、哗众取宠	85.3	13.5	1.2
谈论有损国家尊严的话题	87.5	9.9	2.6
抄袭及剽窃他人作品	92.5	6.6	0.5
模仿注册资深网友ID	93.2	5.2	1.6

根据北京市委教育工委近年所做的《北京高校互联网情况调查》[3]，有网络越轨行为的大学生占被调查者的67.7%。因此许多研究者断言：“这是一个相当大的比例，所以此问题足以令人关注。”[4]

（二）多样化的概念界定互不兼容

青少年网络越轨的复杂表现形态，加大了对这一客观现象进行理论概括的难度。反映在学术研究中，则是概念界定多样化和互不兼容。人们一般认为，越轨是人类社会普遍存在的一种社会现象，它与人类社会相生相伴。有人依据越轨行为所发生的空间将越轨行为分为现实越轨行为和网络越轨行为两种，认为“发生在网络世界中，由于网民行为的复杂性、异己性和网民自身素质的差异性时常发生的一些违反网络社会规范、准则和价值观念等的越轨行为称为网络越轨行为。因此，网络越轨行为实质上是发生在网络世界的现实

〔1〕 本次调查共有425名天涯网友参与。

〔2〕 王丹凤：《网络论坛常见越轨行为调查——以天涯社区为例》，载《企业家天地》2009年3月下旬刊。

〔3〕 该调查在北京15所高校师生中随机抽取了3000个样本，回收有效问卷2828份，回收率94%。其中，学生有效样本为2041个。

〔4〕 徐艳国：《大学生网络越轨行为影响因素的社会学分析》，载《思想教育研究》2007年第4期。

越轨行为，它所存在的网络世界仍然是现实世界的虚拟”。[1]

在另一些人看来，虚拟社区的越轨行为既符合传统概念的描述，又具有自己的特点。“在对虚拟社区的越轨行为进行研究时，显然无法采取与现实社会的越轨行为相同的评价标准，因此，应该将违反虚拟社区规范的所有行为都视为越轨行为。”[2]

针对青少年网络越轨概念的复杂情况，黄肖静、白冰评论说，“在现实生活中，我们判定青少年的某种行为是否越轨，有相对稳定的标准。这些标准从理论上说可以运用于判定青少年的网络交往行为，即用现实的政治、法律、道德和习俗等标准来衡量网络行为。但是，由于网络交往行为与现实交往有显著的不同，这些标准运用于网络行为存在着许多问题。有些在现实中属于越轨的行为，可能在网络中很难判断它是否越轨。因此，我们需要考虑网络运用本身的情况”。更为复杂的是，对“网络交往越轨行为的判定，标准是一个问题，谁来判定是另一个问题。从目前的情况来看，网络越轨行为的判定者包括网络管理者、网站或网络社区及论坛的主持人、一般网络使用者。这些不同的人其实在运用着不同的标准。网络管理者，包括网络警察和其他管理者，他们一般使用现实的政治、法律和道德标准来判定网络交往行为是否越轨。网站或网络社区、论坛的主持人，他们判定网络交往是否越轨的标准和第一种是相同的，但尺度较宽。一般网络使用者，如同一社区的网友，他们在交往的互动过程中，依据自己的价值观、习惯、个人偏好等判断交往行为是否越轨，这就没有固定的标准”。[3]应该说，对青少年网络越轨概念的多样化界定，一方面有其表现形态的现实根源，另一方面也凸现出进行理论清理的迫切性。

二、审视青少年网络越轨的两个基本视点

目前关于青少年网络越轨的研究，实际上反映出两个基本视点：或是把网络空间作为一个相对独立的生活场域，或是将网络社会看作是在信息网络技术主导下的一种社会形态。

---

〔1〕 李玉娟：《网络越轨行为及其矫正》，载《攀登》2005年第1期。

〔2〕 王丹凤：《虚拟社区的网民越轨行为及影响因素分析——以天涯虚拟社区为例》，湖南师范大学2007年硕士学位论文。

〔3〕 黄肖静、白冰：《青少年网络交往中的越轨行为》，载《当代青年研究》2006年第9期。

（一）网络空间（cybersociety）本位的青少年网络越轨

网络空间（cybersociety）是借助互联网所形成的一个信息沟通平台和非工具性互动场所，它本质上是一种新的社会关系和社会形式。网络空间冲破了物理性的生存域限，使社会关系从彼此互动的地域性关系中，从通过穿越不确定的时间而被重构的关联中脱离出来，并跨域无限的时空距离对这些关联进行重组，形成类似吉登斯所言“脱域”的现象。其结果，如维纳所言，人成为“一种通信存在物”。从这个意义上说，互联网架构了一个承载人类生命内涵的新时空。

其实，人的生活世界是具有多种纬度的。按许茨的理解，“只要主体之某一部分经验表现出特定的认知风格，并且就这种风格而言前后一致且彼此相容”，那么它就构成一个“有限意义域”。[1]从网络空间本位看，“在线”在赋予互联网生命意义的同时，网民自身也成为信息时代人类特有的一种生存状态，具有独特的生存意蕴。它打开了一扇门，使人类进入到另一个可能世界。这个世界虽存在着更加复杂的可能性与不可能性，但却为人的创造性提供了更加丰富和更加多样化的条件和可能。

越轨总是相对于秩序而言的，青少年网络越轨实际上是对网络空间既存秩序的某种扰动，这是网络空间本位的一个理论基点。从现有文献看，国外研究者大多采用这一视角，而这一理论视点的汇聚则成为声势浩大的所谓网络无政府主义（cyberspace anarchism）学派，其代表人物是电子空间法律研究委员会主席David R. Johnson和美国乔治敦大学的David Post教授。

（二）网络社会（network society）本位的青少年网络越轨

目前，国内研究者大多采用这一视角。在这一视角看来，网络社会（network society）是现实社会的一部分，因此现实中的越轨概念及其认定标准完全可以移用于青少年网络越轨。这里所谓的网络社会，实际上是指在信息网络技术主导下的一种社会形态，即信息社会发展到网络化阶段的一种现实性社会结构形式。

作为一种社会结构形态的“网络社会”，卡斯特在《网络社会的崛起》中作了较为详尽的论述。他认为，“作为一种历史趋势，信息时代支配性功能与

---

〔1〕 参见苏国勋主编：《当代西方著名哲学家评传》（第十卷·社会哲学），山东人民出版社1996年版，第365～366页。

过程日益以网络组织起来。网络建构了我们社会的新社会形态，而网络化逻辑的扩散实质地改变了生产、经验、权力与文化过程中的操作和结果……网络化逻辑会导致较高层级的社会决定作用甚至经由网络表现出来的特殊社会利益：流动的权力优于权力的流动。在网络中现身或缺席，以及每个网络相对于其他网络的动态关系，都是我们社会中支配与变迁的关键根源”。卡斯特认为互联网是一个去中心的、在任何节点都可以沟通的信息网络媒介，充分体现了“网络化逻辑”的结构形态，是“网络化逻辑”的缩影。

如果以网络社会为本位，那么青少年网络越轨问题不过是社会越轨的一个亚型，因为网络空间不过是整个网络社会的一隅。因此国内许多人认为，网络越轨就是发生在虚拟世界中的现实越轨，对现实越轨的界定完全适用于对网络越轨的界定。这是因为，“第一，网络空间或称‘虚拟实在’（Virtual reality）在其本质上仍然是现实世界（Reality）的虚拟，‘虚拟实在’不是另类社会，不是‘天堂’，而是人类的作品。第二，对网络越轨判定适用的是现实社会中的准则或价值判断。也可以这样说，网络越轨违反的准则或价值判断仍然是现实社会中的准则或价值标准，我们很难找出一种行为，它在现实社会中是越轨行为而在网络空间中却不是，也很难说出这种道德准则和价值标准适用于现实社会、那种道德准则适用于网络空间。因此现实越轨与网络越轨在其本质上完全是一致的，都是指违反某个群体或社会准则的感觉、认识和行为”。[1]

三、虚拟和谐理念下的青少年网络越轨概念

虚拟世界和现实社会共同组成了一个完整的人类社会，因此虚拟和谐建构应是和谐社会的一个合理命题。在虚拟和谐语境中，考察青少年网络越轨的两个基本视角得以整合，青少年网络越轨自身也获得了其应有的生存论意义，它表征着青少年网络生活与虚拟共生思想之间呈现出的某种张力状态。

（一）虚拟和谐与虚拟和谐观

网络空间是人类的“生活世界”之一，它的意义是在一个相对独立的过程中被重新建构起来的。另一方面，现实社会也是由具有创造性的人类建构而

〔1〕 胡新华、陈晓强：《大学生网民群体的越轨及其社会控制》，载《中国青年政治学院学报》2002年第9期。

成的，并且处在继续被具有虚拟生活经验的人的再建构过程中。在这种双重建构中，主观过程可以变得客观化，网络参与者建构虚拟社会过程同时也是“结构化”的过程，它会促使现实社会产生形变。其中最重要的一个结果是，虚拟世界与现实社会逐渐地互相嵌入从而构成一个复杂巨系统。这样，虚拟世界和现实社会就共同组成了一个完整的人类社会，而虚拟和谐的建构也成了和谐社会构建中不可忽视的重要一环。

“虚拟和谐”时下还是一个形成中的概念，也有谓之“在线和谐”抑或“数字化和谐”的，一般是指以人为本、以网民为重、和谐共生、虚实并存的和合状态。其中，最具代表性的一个定义是：“虚拟和谐是网民在线生活的一种理想状态，同时也是一种‘和合共生’的网络社会征候。”它“应该是以人为本和以文明的伦理和公平正义为基点的良性社会运行目标”，“是一种合目的性的、理想状态下的人类个体关系或社会关系”。[1]以虚拟和谐为基点来看待各种网络现象就是所谓虚拟和谐观，它是分析在线行为、虚拟社区，以及青少年网络越轨等诸多问题的一个全新视角。

在虚拟和谐观下，考察青少年网络越轨的两个基本视角应该得以整合。这不仅是因为虚拟和谐建构应是和谐社会的一个合理命题和实践目标，而且是基于虚拟社会与现实社会并存和共生的新视点。在这个并存和共生的新视点中，虚拟社会是与现实社会并存的人类社会存在的新形式，是现实社会主体以虚拟存在方式在计算机网络中开展活动，相互作用构成的社会关系体系。此时青少年网络越轨所显现的，应该是青少年网络生活与虚拟共生思想之间的某种张力状态。

（二）虚拟和谐语境中的概念批判

越轨（Deviant Behavior）一词在社会学、心理学和犯罪学中被广泛使用，但目前并没有一个统一的定义。其中最为经典的当属失范论和标签论，这也是解释青少年网络越轨现象使用最多的越轨理论。下面我们将会看到，在青少年网络越轨论域中，虚拟和谐观是一个可以整合传统研究视角的新视点，它可以对青少年网络越轨概念进行全面梳理和重新界定，以更加切合网络空间特质和青少年网络生活实际。

---

〔1〕 唐魁玉、何明升：《虚拟和谐：网络社会系统的一种理想状态》，载《黑龙江社会科学》2009年第3期。

失范论也称社会结构论，以涂尔干和默顿为代表。在他们看来，循轨行为可以使行为者的行为逐渐合法化，这使行为者倾向于遵从制度及文化所认可的行为目标和手段，因而可以维持社会秩序；而越轨行为就隐含在现有文化的价值多元和组织、制度的分类体系之中。默顿认为，网络越轨行为是网络社会问题的一种表现形式。“从其存在的范围看，它是一种影响到整个网络社会空间与部分网民的行为，它超越了网络参与者个人直接的网络社会生活的具体情境，延伸到整个网络社会生活空间之中，它超越了网络参与者个人狭小的网络社会关系范围，与网络社会中更多的网络参与者相互关联，涉及更为广泛的网络社会关系。从网络越轨行为造成的后果看，它不仅仅妨碍了网络社会中大部分或一部分网络行动者的正常的社会生活秩序，而且也对整个网络社会运行造成了极大的影响，并在一定程度上，影响了网络社会的变迁过程的形成。”〔1〕在虚拟和谐语境中并从失范论或社会结构论角度看，青少年网络越轨是青少年个体或群体在网络空间（cybersociety）中发生的违反虚拟和谐行为规范的行为，这种行为至少影响到整个网络空间与其他网民，也可能对整个网络社会（network society）的和谐运行造成影响，它在一定程度上削弱了网络空间的秩序性，有悖于“和合共生”精神，破坏了和谐共生的网络社会征候。

标签论认为，没有任何行为是内在的越轨或循轨，在人们变成越轨者的过程中，给其贴上标签是个关键因素。正如贝克尔所言：“越轨行为是应用规章、法律等对一个‘冒犯者’标定的结果。所谓有越轨行为者，就是被成功地贴上了这种标签的人。”在网络生活中，如果青少年的某些行为被其他人贴上越轨者的标签，就可能形成一个新的自我概念，即认定自己是越轨者并按照越轨者的方式去行动。因此青少年网络越轨不是行为本身的特质，而是青少年与其反应者之间相互作用的一种结果。在虚拟和谐语境中并从标签论角度看，青少年网络越轨行为是网络社会（network society）在创建网络空间（cybersociety）的某种“秩序性”、在形成某种具有“和合共生”精神的社会建构、在获得和谐共生的网络社会征候的过程中创造出来的。在此创造过程中，网民们逐渐制定出那些一经违反就会造成越轨的虚拟和谐行为准则，并以此来认定所谓的青少年网络越轨行为。

---

〔1〕 参见王勇：《网络越轨：解析与控制》，河海大学2004年硕士学位论文。

其实在传统社会学理论中，现象学的越轨理论是颇具特色的，但它却被目前的网络研究者所忽略了。在现象社会学看来，当准则干预到实际活动时，准则不是被“废除”，而是被“重新解释”，是被“运用”而不是被遵守。在虚拟和谐语境中并从现象学角度看，青少年网络越轨真正获得了现象学所设定的生存论意义，并由此得到一个重要的推论：在网络空间（cybersociety）这个有限“意义域”中，意义是多重的和不可通约的，行动筹划和意义解释有着存在论上的界限。因此，青少年网络越轨行为的意义不是先验给予的，而是在行动构成的过程中呈现为思想和生活之间的张力状态。

总之在虚拟和谐语境中，青少年网络越轨有其自身的生存论意义，它是在网络空间（cybersociety）这个有限“意义域”中，青少年网络生活与虚拟共生思想之间的一种张力状态。在网络空间秩序化过程中，青少年网络越轨行为可以被创造出来，它具体表现为：青少年个体或群体在网络空间中发生的违反虚拟和谐行为规范的行为，这种行为至少影响到整个网络空间与其他网民，也可能对整个网络社会（network society）的和谐运行造成影响，它在一定程度上削弱了网络空间的秩序性，有悖于“和合共生”精神，破坏了和谐共生的网络社会征候。

四、从虚拟风险走向网络秩序

在虚拟和谐理念下，网络秩序反映了网民对具有和谐属性的虚拟关系状态的内在需求，它不仅体现着某种目的性，而且是网民所追求的一种状态，是人们基于网络空间的技术性体验和自身的理性设计而形成的一种有序性。因此，网络秩序实际上就是一种合规则的虚拟和谐状态，它表现为凭借规则所束缚的某种时间和空间上的结构顺序，它在一定程度上具有客观真理性，同时又体现为某种实在规则体系。在网络空间中，网络秩序的固化结果其实就是虚拟世界共享的一套对话规则，它主要表现为三种形式：

其一，是成文的基本规则。这类成文的基本规则，一般是管理者通过对网络生活的长期观察和摸索，逐步建立的用以确定虚拟社会的活动形式、指导参与者基本活动的规则体系。如果没有这种宏观的、形式上的规范，虚拟社区的活动根本无法开展，内在的互动规则更无从产生。由于成文规则的制定往往是虚拟参与者在现实中完成的，因此它其实已经贯通了虚与实的界限。从这个意义上看，虚拟和谐就是虚实合一的一套实在规则体系，它也是虚拟世界与现实世界得以统一的合规则状态。

其二，是不成文的习惯约束。在虚拟世界中，一个主题社区的共享规则集往往是一些不成文的习惯约束，是人们在实际行动中自觉服从的行为准则，如不得进行人身攻击、不泄露他人隐私等行之有效的习惯法（Custmary Rules）和网络礼仪（Netiquette）。这些不成文的习惯约束在形成之初的试错学习过程就是达成共识的过程。在此过程中，模仿是从一个成员传递到另一成员的复制机制，那些获得成功的行为规则会被普遍效仿，并随着时间的推移在虚拟世界中占据主导地位。因此，虚拟和谐反映了复杂大系统所固有的允许不和谐因素合法存在的组织特性，为青少年网络越轨预留了一定的合理性空间。

其三，是内嵌在软件中的技术规则。在社会实践过程中，技术始终是用于满足各种社会需要的工具。虚拟世界作为互联网嵌入社会并与其相互耦合而成的复杂巨系统，提供了技术与政治相合一的当代场域。内嵌在软件中的技术规则就是互联网系统预先设定好的一些供用户选择使用的功能性工具，其政治功效在形式上并不明显。但事实上，信息技术日益成为规则实现的工具，内嵌在软件中的规则是虚拟世界中颇具刚性的网络秩序。

1986年，乌尔里希·贝克（Ulrich Beck）首次提出了风险社会概念，认为科学被普遍化的同时也被神秘化了，在技术理性的扩张之下风险生产日益取代财富生产。近年来，有人将风险社会理论运用于网络社会研究，称互联网是一个点击中的风险社会。有研究者指出，“风险社会的根源不能仅仅从网络的发展来理解，但是，网络时代的到来无疑是风险社会的催生婆，从实际的历史进程看，风险社会是网络时代不可避免的历史后果”。[1]由于越轨是秩序的另一面，因此学界更多地强调其“社会问题”的属性。其实，我们完全有必要从越轨的另一面即秩序的角度来探讨青少年网络越轨，它所引申出的一个问题是：互联网到底是一个点击中的风险社会还是一个走向和谐的网络空间？在虚拟世界中，人的主体性已经被赋予了某些新的内涵，而这些新内涵又脱离了原来的实践基础，根植于互联网所营造的另一个技术系统和可能世界之中。因此，虚拟实践者就具有了本体意义，他们要借助对网络空间（cybersociety）的技术

---

〔1〕 庄友则:《网络时代与风险社会》，载《淮阴师范学院学报》2004年第4期。

性体验，同时又基于自己在网络社会（network society）确立的当代理性，去形成一种关于这种新生活的虚拟和谐新秩序。由此可以说，我们正行进在从虚拟风险走向网络秩序的路上，而青少年网络越轨仅仅是这条路上的一道风景。

第四节　网络秩序的生成机理：从分层演化到共生演化*

随着互联网的广泛应用，网络秩序的形成过程成为当今时代最有意义的社会话题。一方面，互联网的繁荣发展使广大网民享受到了和谐网络秩序所提供的便捷服务。另一方面，由于网络本身特有的虚拟性、交互性、非对称性、匿名性、自由性、共享性、开放性、平等性、变动性以及资源丰富性和时间压缩性等，使由网络犯罪、网络欺诈、网络色情、网络垃圾导致的网络社会秩序混乱亟待进行综合治理。

一、网络秩序的构成分析

秩序是社会存在和发展的基础。社会秩序是"人们在团体、组织、社群和社会活动与交往中所构成的一种有条不紊的结果、状态和情形的事态"。[1]它包含了社会的可控性、社会生活的稳定性、行为的互动性及社会活动中的可测性等几个方面。所谓网络秩序是网络空间被高规范化状态的表征，具有内生性、有机性、可控性与可预测性。[2]社会秩序本身是一个复杂的系统，是多种因素复合作用的总体结果。从构成要素上看，社会秩序有三个要素：一是具有人格特征的主体（个体成员和组织）；二是连接行动主体的社会规则和行为规范；三是使多元主体有规则、合规范地互动的社会控制机制。网络秩序的研究同样离不开对网络规范、网络组织、网络控制等构成要素的研究。

（一）网络秩序的规范构成

制度经济学强调秩序是由制度规范出来的，因而在政策主张上强调用制

---

* 原载《生产力研究》2009年第8期，合作者高献忠。

〔1〕 韦森：《社会制序的经济分析导论》，上海三联书店2001年版，第119页。

〔2〕 吴满意：《论网络社会秩序的维护》，载《电子科技大学学报》（社会科学版）2002年第4期。

度去规范人们的行为从而促成所欲求的秩序。关于网络规范，美国斯坦福大学劳伦斯·拉斯基教授认为网络空间运行的规则包括法律、道德、市场规则和代码。这些代码既包括大量的硬件和软件，还包括大量的通信协议，决定了网络空间的网络结构以及网络空间将被如何管制。[1]

（二）网络秩序的组织构成

制度不同于组织，制度是“嵌入”在组织中的，组织是构成秩序的要素。“制度是比赛的规则，而组织是运动员”。[2]关于网络秩序的组织主体，主要包括互联网行业界、网民和政府等。[3]不同主体对应不同网络规范，互联网行业界提供技术规范，搭建网络平台；网民之间以网络伦理规范为约束，开展网络互动；政府是法律规范的提供者，保障网络空间的和谐有序。

（三）网络秩序的控制构成

社会控制是实现社会秩序的重要环节，没有社会控制就不可能有社会秩序。对网络进行社会控制，概括起来有两种，即硬性控制与软性控制。所谓硬性控制主要指依靠强制性的法律法规来实现对网络的限定。这种硬性控制是通过自上而下的方式进行的，只能被动地执行与接受，不能越雷池一步，否则就会遭受制裁。软性控制则指网络业界和网民通过技术规范、网络伦理来实现对网络的判断与选择，这是一种自下而上的自觉行为，体现出更高层次、更具广泛性的社会控制。

要素不同于秩序，秩序是要素耦合结果的“涌现”。网络秩序是由网络规范、网络组织主体和网络控制机制三者不同“嵌入”“耦合”而成的。“世界是过程的集合体”，网络秩序的生成有其过程。从历时态看，先后经历了网民伦理规范秩序、业界技术规范秩序和政府法律规范秩序等子系统秩序的分层演化过程；从共时态看，网络整体秩序作为一个复杂的系统是由网民伦理规范秩序、业界技术规范秩序、政府法律规范秩序等子系统秩序“耦合”集成。

---

〔1〕 Lawrence Lessig.*Code and Laws of Cyberspace*.New York: Basic Books Publisher, 1999.3.

〔2〕 North, D.C. *Institution, Institutional Chang and Economic Performance.* Cambridge and NewYork: Cambridge University Press, 1990: 4.

〔3〕 D.Johnson and D.Post, Law and borders—The rise of law in cyberspace.*Stanford LawReview*, 1996,(5): 1- 20.

二、网络子系统秩序的分层演化

从历时态看，网络秩序的供给经历了一个分层演化过程（见图 1）。在网络空间发展的初期，由于技术尚不成熟，人类行为的调整更多依赖于网民“共识”，此时网民自治的习惯规则占主导地位；当技术发展到一定程度，互联网行业界利用技术对网络空间进行一定程度的控制后，技术规范逐渐取代习惯规则而成为主要的规范，此时习惯规则的地位相对下降，而法律规范则因为其自身的局限性和网络社会关系的不确定性，尚无法全面介入；随着人们认识水平的进一步提高和法律规范自身的完善，网络社会规范的重心会转移至法律规范。

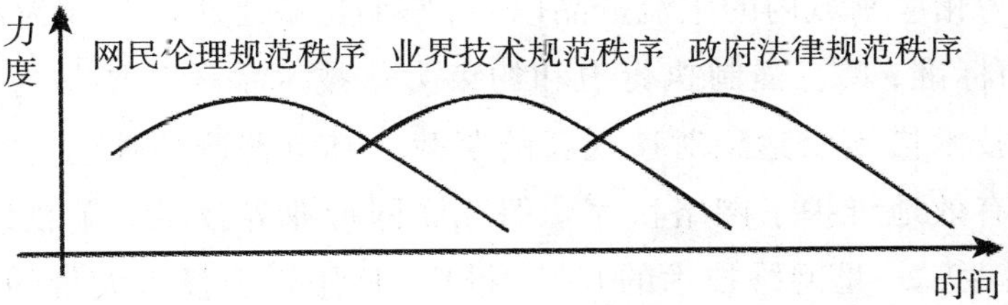

图1　网络单项子秩序的分层演化过程

（一）网民伦理规范秩序的生成

自组织理论认为，任何自组织系统都具有在没有外部命令与干涉的条件下，依靠组织内部的相互默契和协调行为，自发地生成秩序的能力。“正是互联网上的众人以真正民间的方式建立了万维网”。[1]网络自治秩序成为维护网络秩序的重要力量。网络自治秩序指的是网络秩序的维系主要靠自发形成的管理机构，在全体网民的参与下，在网络礼仪、契约基础上，通过自律的方式实现的。[2]作为自发形成的互联网规则制度体系，其发展过程主要是在非政府组织的推动下，经过自下而上的网络伦理推广，最后形成了平面化结构的开放式参与空间，获得相当有效的网络秩序。自治秩序在互联网发展初期有其理论的先进性和说服力。互联网繁荣发展的历史事实就是最具说服力的说明。

---

〔1〕［英］蒂姆·伯纳斯-李：《编织万维网：万维之父谈万维网的原初设计与最终命运》，张宇宏等译，上海译文出版社1999年版，第47页。

〔2〕 Dclacourt J.T. The International Impact of Internet Regulation.*Harvard International Law Journal*, 1997(38): 207.

但近年来，网络所衍生出来的网络色情、虚假信息、垃圾邮件、隐私侵犯等非秩序化的社会现象，“不仅妨碍了网络社会中大部分人或一部分网络行为者的正常的社会生活轨迹和秩序，而且也对整个网络社会生活造成了较大的影响，并在一定程度上影响了网络社会正向变迁过程的形成”。[1]这说明网络自治秩序不能完全克服网络发展中的负效应。

（二）业界技术规范秩序的生成

采用技术手段是维护网络秩序的重要方式。网络安全专家帕克认为，调控网络行为的技术方法构成了网络的安全保障系统。在互联网的发展中，技术标准发挥了非常大的作用。标准最初都是由技术开发商所制定的，开始时并没有普遍的强制力和约束力，但是随着其技术和产品对市场占有份额的扩大，软件成为相应领域内的主流产品以后，它们也就逐步演变成为社会公众认同和遵守的标准，具有强制执行力和约束力。技术手段主要是通过准入、监视、反制等技术措施以达到对违规者的制裁。具有普遍的强制力和约束力的技术标准，有效地维护了网络秩序。但互联网行业界技术规范秩序的供给也具有其局限性。一是网络技术的开发、推广、使用需要投入大量的人力、物力和财力，单凭业界的力量难以实现。二是“魔高一尺，道高一丈”，运用网络的技术防控，纯粹是一种“以技制技”，无法对网络失范行为起到威慑的作用，反而会进一步激起网络行为主体的“好强争胜”心理，钻研出更高的技术手段来突破现有的技术防范，因而这种防控永远是一种被动的行为，缺乏足够的主动性和威慑力，只能在某种程度上减少网络失范行为，无法在根本上制止网络失范行为。

（三）政府法律规范秩序的供给

近年来，互联网所引发的负面外部性，对现实的危害正愈发突出。网络社会需要政府介入，否则互联网的滥用，将把网络带入不确定和不可控制状态。互联网管理已被各国政府与组织所重视，有关部门对世界42个国家的调查表明，大约 33%的国家正在制定有关因特网的法规，70%的国家在修改原有的法规以适应因特网的发展，有92%的国家对因特网进行不同程度的审查和监督，

---

〔1〕 冯鹏志：《数字化乐园中的阴影：网络社会问题的面相与特征》，载《自然辩证法通讯》1999年第5期。

26%的国家出现对因特网的执法案例。[1]基于政治、经济、文化传统和价值观念的不同，互联网管制模式存在欧美模式、东南亚模式。欧美国家对互联网的管制主要倾向于有限管制。东南亚尤其是东方文化传统深厚的国家和地区主要倾向于政府主导的管制。不论哪种管制模式都面临困境。由于互联网空间具备开放式参与、结构一致、不存在层级制的中心控制节点等特性，使互联网具有“三无”特征，即无法律、无国界、无法控制，导致现实的法律对网络空间的规制使用性不强，并且有限的管制在实施过程中都面临崇尚自由网民的大喊大叫，政府管制遇到了有关其可行性与正当性的“合法性危机”。

三、网络整体秩序的共生演化

虽然网络子系统秩序的生成经历了一个先后相继的分层演化过程，但网络子系统秩序间并不存在相互替代的关系。相反从共时态看，各网络子系统秩序同时并存，彼此耦合，共同克服彼此不足，共同构成了网络整体秩序（见图2）。

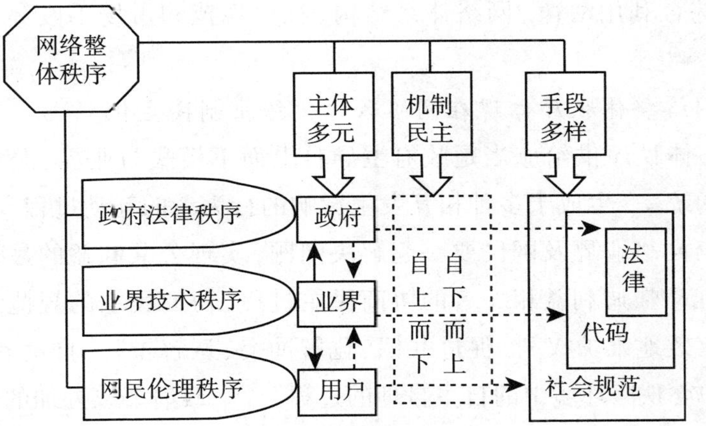

图2　网络整体秩序

（一）网络整体秩序体现在网络秩序供给主体多元化

利益相关者是对社会管理多元主体角色定位和权责分析的概括。“利益相关者是能够影响一个组织目标的实现，或者受到一个组织实现其目标过程影

〔1〕 王雪飞、张一农、秦军：《国外互联网管理经验分析》，载《现代电信科技》2007年第5期。

响的人”。[1]政府、业界和网民等共同构成了网络利益相关者，各具不同的角色定位和权利、责任和义务。政府应该适应 WTO 的原则性法律要求，提供市场准入政策及相关管理法律程序，确定 ISP在著作权、言论自由、隐私权、新闻传播、电子商务方面的法律地位和责任；网民和业界应加强自律，严格遵守网络伦理规范和行业规范；市场生产部门应积极加强过滤软件、内容分级等技术手段的开发和推广。总之，只有法律界、计算机软硬件编制、生产部门、网民间的全方位的通力协作，共同努力，才能促进网络的有序发展。

（二）网络整体秩序体现在网络秩序供给手段多样化

规则具有促进秩序的功能，但单一的规则不能促成秩序，只有正式规则同非正式规则协调起来，社会才能形成稳定而有效的和谐秩序。[2]“秩序并非仅仅是单个意向的加和，而且还是非线性相互作用的集体后果”。[3]美国斯坦福大学劳伦斯·拉斯基教授认为网络空间运行的规则包括法律、道德、市场规则和代码。这些代码既包括大量的硬件和软件，还包括大量的通信协议，决定了网络空间的网络结构以及网络空间将被如何管制。因此，加强网络秩序建构，必须充分综合利用法律、网络体系结构、社会规范和市场手段等各类网络规范。

（三）网络整体秩序体现在网络秩序供给机制民主化

网络整体秩序供给应当是政府主导自上而下模式与业界、公众主导自下而上模式的统一，生成于多种相互发生影响的行为者的互动过程。所以，要求政府部门与网络业界及网民要一起解决问题，实现公共利益的最大化。政府主导下的互动强调利益相关者的协商民主过程，协商民主的规范意义和价值取向能够有效地维护权利、促进共识、化解冲突、调解矛盾、推动和谐。“民主是一个多中心秩序环境中的自主自理的过程”。[4]政府要以外加的实证法律规范建立网络社会秩序，就必须透过合乎民主程序的方式，更清楚地说明其制定

---

〔1〕 Freeman, R.E.&Evan, W.M.Corporate governance: A stakeholder interpretation.*Journal of Behavioral Economics*, 1990,(19): 337- 359.

〔2〕 刘少杰:《社会理性化的感性制约——建构和谐社会的难题》，载《吉林大学社会科学学报》2005年第2期。

〔3〕 [德]克劳斯·迈因策尔:《复杂性中的思维》，曾国屏译，中央编译局2000年版，第305~306页。

〔4〕 [美]迈克尔·麦金尼斯、文森特·奥斯特罗姆:《民主变革：从为民主奋斗走向自主治理》(上)，载《北京行政学院学报》2001年第3期。

相关网络公共政策的指标，以及选择这些指标的标准。换言之，现实世界的法律规范介入网络世界的运作，应该谨以“透明”“合理”“自制”“民主”的方式规范技术规范的使用，以及引导网络习惯规则的形成。

第五节　基于进化博弈理论的网络秩序生成机理研究*

随着互联网社会成为当今社会最具未来意义的表现形态，网络秩序的供给成为当今时代最有意义的社会话题。为全面把握网络秩序的供给方式，本研究以公共物品及其供给理论为视角，分析社会秩序的公共产品属性，归纳各类网络秩序供给方式及其缺陷，探讨摆脱网络秩序供给困境的出路。

一、社会秩序的公共物品属性

（一）公共物品的内涵

“公共物品”这一范畴最先出现于林达尔（lin-dahl, 1919）的博士论文《公平税收》中，在此之前，大卫·休谟、亚当·斯密和约翰·穆勒都从政府职责的角度论述了有关公共物品范围和供给方式等方面的思想。标准公共物品理论研究源于萨缪尔森的经典理论界定，“公共物品是指那种不论个人是否愿意购买，都能使整个社会每一成员获益的物品”[1]。公共物品具有两个基本特点：使用时的非竞争性和非排他性。

（二）社会秩序的公共物品属性

社会秩序作为表征政治、经济、文化、社会等系统运行有序性的一个基本范畴，许多著名学者对此作了阐述。哈耶克将秩序解释为“事物的一种状态。在这种状态下，各种因素相互联系，因此我们能根据我们对整体的某个局部或是间断的了解而得到对其他部分的正确预期，或至少期望很有可能被证明是正确”[2]。布尔认为，“社会生活的秩序并非个人或群体之间达成的任何一种情

---

* 原载《自然辩证法研究》2008年第3期，合作者高献忠。

〔1〕 Samelson P.The Pure Theory of Public Expenditures.*The Review of Economics and Statistics*, 1954(36): 387-389.

〔2〕 Michael Hechter, Christine Horne.*Theories of Social Oder: A Reader*.California: Stanforde University Press, 2003: 221.

势(pattern),而是一种能带来特定结果的格局、一种能实现社会生活中某些目标或价值的安排"[1]。

从公共物品的内涵和社会秩序的功能来看,无疑社会秩序属于无形的公共物品。社会秩序是社会存在和发展的基础,也是所有社会成员共享的。秩序的底线功能是确保共同体或社会本身的存在。冲突是秩序的对立物,是导致无秩序的祸根。共同体或社会本身存在的条件就是"缓和冲突,把冲突保持在'秩序'的范围以内"[2]。不仅如此,秩序还具有保证共同体或社会内部基本关系再生产的功能。"只有在它执行了它的这种职能时(共同体或社会内部基本关系再生产)才能持续下去"[3]。另外,社会秩序的最高价值是保障每一个个体的全面发展。理想的社会秩序状态"将是这样一个联合体,在那里,每个人的自由发展是一切人的自由发展的条件"[4]。总之,人类生活的延续、人类社会的进化都需要秩序。只有大家共享社会秩序,社会生活才能和谐。所以,秩序具有公共物品的属性,公共物品供给理论为系统分析秩序的供给提供了一个有力的理论视角。

二、单边体制下网络秩序的供给及困境

(一)公共物品供给理论的变迁

关于公共物品的供给方式,不同时期的学者有不同观点。迄今为止,经历了"市场失灵""政府失灵""志愿者失灵""多中心治理"等理论变迁过程。20世纪50年代,以萨缪尔森为代表的经济学家认为,市场机制在公共物品提供上是失灵的,"市场经济虽然是有效率的,但对公平或平等却是盲目的"[5]。政府是公共产品的最好提供者,公共产品也只能由政府来提供。但自20世纪70年代以来,随着福利国家危机的出现,"应当认识到既存在市场失灵,也存在着政府失灵"[6]。之后志愿组织作为一种平衡政府与市场关系的调节机制而出现。

---

〔1〕 Hedley Bull.*The Anarchical Society: A Study in the Order of World Politics*.NewYork: Palgrave Macmillan, 1977: 3-4.

〔2〕 马克思、恩格斯:《马克思恩格斯选集》(第4卷),人民出版社1995年版,第170页。

〔3〕 马克思、恩格斯:《马克思恩格斯选集》(第3卷),人民出版社1995年版,第523页。

〔4〕 马克思、恩格斯:《马克思恩格斯选集》(第1卷),人民出版社1995年版,第294页。

〔5〕 Samelson P.The Pure Theory of Public Expenditures.*The Review of Economics and Statistics*, 1954(36): 387-389.

〔6〕 [美]科斯等:《财产权利与制度变迁》,刘守英译,上海人民出版社1994年版,第67页。

然而第三部门非营利组织存在组织诞生的先天不足、组织环境的后天不利、官僚制倾向的组织结构、领导无力、决策失败与沟通不畅的志愿过程以及组织停滞等多个方面问题。美国学者萨拉蒙教授将志愿组织的这种局限性称为“志愿性部门失灵”[1]。面对志愿失灵，公共选择理论又努力寻求公共物品的市场化供给[2]。

上述任何单边供给主体都无法实现公共物品供给的可持续性，发展一种有机的、整体的、生态的供给方式成为客观要求。20世纪末，奥斯特罗姆夫妇等人创立了多中心治理理论。“多中心治理”作为一种治理思路，认为在公共物品的生命周期中，大致存在三个角色：消费者、生产者和连接消费者与生产者的中介者。该理论强调公共产品供给结构的多元化，强调公共部门、私人部门、社区组织均可成为公共产品的供给者，从而把多元竞争机制引入公共产品供给过程中去。政府不再是公共物品唯一的参与者和主体，而只是其中一个主体，更多地扮演了一个中介者的角色，即制定多中心制度中的宏观框架和参与者的行为规则，同时运用经济、法律、政策等多种手段为公共物品的提供和公共事务的处理提供依据和便利。

（二）单边体制下网络秩序的供给及其各自的困境

基于公共物品供给视角，网络秩序作为当今具有全新意义的公共物品的供给也经历了一个演化过程。在网络空间发展的初期，由于技术尚不成熟，人类行为的调整更多依赖于网民“共识”，此时网民自治的习惯规则占主导地位。当技术发展到一定程度，互联网行业界利用技术对网络空间进行一定程度的控制后，技术规范逐渐取代习惯规则而成为主要的规范，此时习惯规则的地位将逐步下降，而法律规范则因为其自身的局限性和网络社会关系的不确定性，尚无法全面介入。随着人们认识水平的进一步提高和法律规范自身的完善，网络社会规范的重心会转移至法律规范。应该说每一网络秩序供给都有其特点，但也各有缺陷。

---

〔1〕 Salamon Lester M.*The Nonprofit Sector*: *A Research Handbook*.New Haven: Yale University Press, 1987: 110-113.

〔2〕［美］丹尼斯·C.缪勒：《公共选择理论》，杨春学等译，中国社会科学出版社1999年版，第315页。

三、多中心秩序是摆脱单边网络秩序供给困境的合理选择

互联网的发展使“人类一下子掌握了前所未有的巨大力量，可是不知道这力量该怎样用，交给谁管合适。往右偏一步，很可能出现人类历史上最严酷、最无孔不入的专制，往左偏一步，又有可能出现毁灭人类社会的无政府状态”[1]。面对单边秩序供给难题，需要寻求平衡的方法加以解决。多中心治理秩序成为摆脱单边秩序困境的合理选择。“多中心秩序是这样的秩序，在其中许多因素的行为相互独立，但能够作相互调适，以在一般的规则体系中归置其相互关系”[2]。

（一）网络多中心秩序要求，网络秩序供给主体多元化

政府、业界和网民等组织主体共同成为网络秩序的利益相关者。利益相关者是对社会管理多元主体角色定位和权责分析的概括。“利益相关者是能够影响一个组织目标的实现，或者受到一个组织实现其目标过程影响的人”[3]。政府、业界和网民等网络利益相关者，各具不同的角色定位和权利、责任与义务。政府应该适应WTO的原则性法律要求，提供市场准入政策及相关管理法律程序，确定ISP在著作权、言论自由、隐私权、新闻传播、电子商务方面的法律地位和责任；网民和业界应加强自律，严格遵守网络伦理规范和行业规范；市场生产部门应积极加强过滤软件、内容分级等技术手段的开发和推广。总之，只有法律界、计算机软硬件编制、生产部门、网民间的全方位的通力协作，共同努力，才能促进网络的有序发展。

（二）网络多中心秩序要求，网络秩序供给手段多样化

规则具有促进秩序的功能，但单一的规则不能促成秩序，只有正式规则同非正式规则协调起来，社会才能形成稳定而有效的和谐秩序[4]。“秩序并非仅

---

〔1〕 王小东：《信息时代的世界地图》，中国人民大学出版社1997年版，第190页。

〔2〕 [美]迈克尔·麦金尼斯：《多中心治理体制与地方公共经济》，毛寿龙译，上海三联书店2000年版，第76页。

〔3〕 Freeman R.E., Evan W.M.Corporate Governance: A Stakeholder Interpretation.*Journal of Behavioral Economics*, 1990(19): 337-359.

〔4〕 刘少杰：《社会理性化的感性制约——建构和谐社会的难题》，载《吉林大学社会科学学报》2005年第2期。

仅是单个意向的加和，而且还是非线性相互作用的集体后果”[1]。美国斯坦福大学劳伦斯·拉斯基教授认为网络空间运行的规则包括法律、道德、市场规则和代码。这些代码既包括大量的硬件和软件，还包括大量的通信协议，决定了网络空间的网络结构以及网络空间将被如何管制，政府通过法律、网络体系结构、社会规范和市场手段能调控互联网的发展[2]。因此，加强网络秩序建构，必须充分综合利用法律、网络体系结构、社会规范和市场手段等各类网络规范。

（三）网络多中心秩序要求，网络秩序供给机制民主化

“多中心”治理强调参与者的互动和对治理规则、治理形态能动创立过程。网络秩序供给应当是政府主导自上而下模式与业界、公众主导自下而上模式的统一，生成于多种相互发生影响的行为者的互动过程，所以要求政府部门与网络业界及网民要一起解决问题，实现公共利益的最大化。政府主导下的互动强调利益相关者的协商民主过程，协商民主的规范意义和价值取向能够有效地维护权利、促进共识、化解冲突、调解矛盾、推动和谐。“民主是一个多中心秩序环境中的自主自理的过程”[3]。政府要以外加的实证法律规范建立网络社会秩序，就必须通过合乎民主程序的方式，更清楚地说明其制定相关网络公共政策的指标，以及选择这些指标的标准。换言之，现实世界的法律规范介入网络世界的运作，应该谨以“透明”“合理”“自制”“民主”的方式规范技术规范的使用，以及引导网络习惯规则的形成。

第六节　电信技术选择管制的理论与政策分析*

在世界范围内，电信产业“放松管制”的理论探讨成为一种潮流，与之相符合的政策实践也在不断推进中。从中国政策实践看，信息产业部对电信产业采取了诸多的改革措施，如竞争性市场培育、电信业务目录重新调整、电信

---

〔1〕［德］克劳斯·迈因策尔：《复杂性中的思维》，曾国屏译，中央编译局2000年版，第305~306页。

〔2〕Lawrence Lessig.Codeand Laws of Cyberspace.NewYork: Basic Books Publisher, 1999: 3.

〔3〕［美］迈克尔·麦金尼斯、文森特·奥斯特罗姆：《民主变革：从为民主奋斗走向自主治理》（上），载《北京行政学院学报》2001年第3期。

* 原载《研究与发展管理》2006年第3期，合作者郑文、郑时。

企业重组特别是3G现场测试[1]，管制方向与管制内容（即加强或者放松管制内容）与国际电信业发展趋向一致。作为发展中国家，如果对充满动态性和多样性特征的电信技术放松管制，将影响到我国电信设备制造、电信基础网络甚至电信服务业。面对来自各主要发达国家的技术与资金实力都极为雄厚的企业的直接挑战[2]，电信技术选择政策将决定国家电信设备制造业和电信服务业发展方向、服务水平和企业竞争能力[3]。

一、电信管制政策的理论前沿

管制理论经历了由管制企业的公共利益和利益集团理论到竞争市场的管制理论的发展过程。20世纪90年代中后期，技术与市场的革命性变革冲击着电信产业政策的发展[4]，相应的电信政策建构落后于技术的发展[5]。市场与技术协调发展的管制理论成为学者们关注的焦点。

Faul haber以美国为例[6]，将电信技术产业发展历程分为三个阶段：BSR（贝尔体系，1915～1960）、RC（竞争体制，1960～1990）和M（/C/W）R（多媒体、计算机和无线技术体制，1990～）。他认为当前电信制度变革速度滞后于电信技术变革速度，而电信技术与电信制度变革缺乏协同性使电信制度成为扼制电信市场与电信技术发展的“瓶颈”，从而抑制市场适应机制的形成并缺少动态性特征。Wilson Ⅲ 和Wong研究了非洲信息技术政策改革发展[7]，把发展历程划分为PTT（Post, Telephoneand Telgraph, 1980～1990）、OPT（Officeof Postand Telecommunications, 1990～1995）和SNO（Second National Operator, 1995～2000）政策时期。第三个发展阶段的主要特征是电

〔1〕 李小卯：《我国电信市场融资与投资模式分析》，载《美中经济评论》2005年第1期。

〔2〕 李小卯、张德平：《我国增值电信市场现状与经营模式》，载《美中经济评论》2005年第31期。

〔3〕 Geray H. Network policy formation between idealist and strategic models: A political economy perspective from Turkey. *Telecommunications Policy*, 1999(23): 495-511.

〔4〕 Faulhaber G. R. Public policy in telecommunications: The third revolution.Information Economics andPolicy, 1995(7): 251-282.

〔5〕 Arnbak J. Regulation for next-generation technologies and markets .Telecommunications Policy, 2000, 24: 477-487.

〔6〕 Faulhaber G. R. Public policy in telecommunications: The third revolution.Information Economics andPolicy, 1995(7): 251-282.

〔7〕 W ilsonÓE J., WongK. African information revolution: A balance sheet.Telecommunications Policy, 2003(27): 155-177.

信技术的多方案和多选择性，在电信技术多选择的条件下，电信政策变革会出现分叉效应，不同的分叉点作用下，会产生完全不同的政策效果。Beltran[1]认为1994年之后的发展阶段将是ITU（国际电信组织）倡导的第三代系统和IMT2000成为主导的时期。Vertova[2]以历史数据的实证检验结果证明，国家技术优势的获得与技术政策有着密切的关系。众多专家研究支持这样的结论：电信技术剧烈的动态性，打乱了传统的固定电话市场放松管制的进程，电信技术的多元化成为电信产业演变的主要特征。

Ypsilanti和Xavier[3]把技术多样化特征理解为技术聚合现象，认为技术聚合现象拓宽了技术机会，消除市场进入的“瓶颈”。如果说传统管制是建立在服务领域，那么技术聚合所代表的多样化技术特征已经超出传统的政府管制范畴之内，相应的管制政策问题是如何在技术变更的情况下，改革管制框架的问题。

Bourreau和Pinar认为，由于技术发展与产业结构的内生关系，使管制政策可以影响技术变化的发展速度，管制政策应该考虑技术的动态特征，在网络效应存在的条件下，网络范畴是产业结构中一个非常重要的维度。互联影响着技术创新并加大了发展中的不确定性，以短期为时限的评价，将影响长期的经营决策，造成技术创新的障碍。事实上，基于设备的竞争正在取代基于服务的竞争，市场进入是由基于设备的竞争而引入的，带来了先进技术的采用和有效率的资本投资，管制技术标准为进入者提供了较高的创新激励，可兼容系统可以避免那些由于减少竞争和消除创新动力所引起的静态和动态损失。管制政策应该能够提供可预测性[4]。

20世纪末，出现电信技术、计算机网络技术和有线电视网技术相融合的、三网合一为表现形式的技术聚合现象。ICT（InformationandCommunication Technology）的发展，使管制作为控制市场势力而存在的价格调节器功能在弱

〔1〕 Beltran F. Economic and technological aspects in the design of a regulatory framework for PCS markets in Colombia.TelecommunicationsPolicy, 2000(24): 223-232.

〔2〕 Vertova G. National technological specialization and the highest technologicalopportunities historically.Technovation, 2001(21): 605-612.

〔3〕 Ypsilanti D., Xavier P. Towards nextgeneration regulation.TelecommunicationsPolicy, 1998, 22(8): 643)659.

〔4〕 Bourreau M., Dogan P. Regulation and innovation in the telecommunications industry. *Telecommunications Policy*, 2001(25): 167-184.

化。技术与市场的聚合现象，对管制框架的更新有重要的启示作用[1]，管制更多是针对技术与市场的动态特征而改变的[2]，作为取得长期政策目标手段之一的国家管制政策以“技术中立”作为技术选择方式的对称性管制，已成为理论与实践的需要[3]。管制政策可以设计成使新技术的潜在功效能够有效地服务于国家发展和技术扩散的整体目标[4]。电信技术的聚合效应带来了多种技术共生的局面，数字化的ICT提供了独一无二的创新与选择特征的组合，带来了网络经济实质性改变。经济与选择特征体现在：(1)光速传输；(2)质量与价值在传输中的无损性；(3)迅捷的复制、传播、回复与归档能力；(4)完善消费者选择——有线接入与无线网络；(5)便携式的终端仪器[5]。从竞争的意义上讲，这些因素决定着相关的区域市场和新产品市场(在混合市场中提供捆绑式产品与服务的能力)。政策与其长期目标的一致性需要保证技术能够推动产业发展，管制者需要先验地决定什么时候、以什么标准管制电信技术。

管制经济理论前沿研究已经聚焦于技术聚合共生性特征之上，技术的多样化和动态性是主要考虑的因素，如何建构在新技术条件下的管制框架成为世界范围内需要解决的核心问题。

二、技术选择的研究框架

电信技术和电信市场的动态特征、聚合效应[6]与经济全球化的发展趋势使技术变迁与管制经济进入了同一研究领域，迅猛发展的电信技术使掌握电信技术的轨迹、预测发展趋势并有效管理这一发展势头成为一种理论需要。发达国家处于技术发展的前端，这既是先发优势也一定程度上意味着对技术

---

〔1〕 Ypsilanti D., Xavier P. Towards next-generation regulation.*Telecommunications Policy*, 1998, 22(8): 643-659.

〔2〕 Arnbak J. Regulation for next-generation technologies and markets .*Telecommunications Policy*, 2000, 24: 477-487.

〔3〕 Ypsilanti D., Xavier P. Towards next-generation regulation.*Telecommunications Policy*, 1998, 22(8): 643-659.

〔4〕 Bourreau M., Dogan P. Regulation and innovation in the telecommunications industry. *Telecommunications Policy*, 2001(25): 167-184.

〔5〕 Arnbak J. Regulation for next-generation technologies and markets .*Telecommunications Policy*, 2000, 24: 477-487.

〔6〕 Perrucci A., Cimatoribus M. Competition, convergence and asymmetry in telecommunications regulation.*Telecommunications Policy*, 1997, 21(6): 493-512.

供给问题不确定性增强的损失。对于像中国这样的发展中国家，技术选择是利用计划经济与市场经济转型的结合点，由国家力量推动技术变革发展的理论探讨，既包含市场能力的内部“熵”推动的自然过程，也包括外在决策动力施加影响的过程。

（一）技术选择概念界

彭攀、杨青[1]认为，技术选择是决策者为了实现既定的经济技术和社会目标，对多种技术路线、技术方针、技术措施和技术方案进行比较选优的过程，是一个多层次、多因素的动态决策过程。唐守廉[2]认为，中国电信产业已取得的发展与国家优先发展电信产业的政策措施密不可分，资金政策的优惠、技术的明智选择以及产业的统一指挥使中国电信市场成为当今世界上成长最快、最富有活力的市场。梁雄健与张静[3]以企业创新服务为主要研究内容探讨技术创新的重要作用，提出技术轨道的外部边界由技术范式所决定，通信技术的轨迹是在某种通信技术范式规定下的技术发展方向，沿着某一技术轨迹进行创新，并可能达到极限，出现重大的技术突破，在引起技术范式的变更后跳入一个新的技术范式空间，引起技术轨迹的突变；同时认为，运用技术范式与技术轨道理论，可以有目的地跟踪和评价通信技术的发展变化。

技术选择是指由选择机会决定的技术抉择过程，技术的多样性是构成技术机会的先决条件，决定技术选择的客观可行性。对技术选择可以用主观选择（selection）、采用（adoption）和选择（choice）语言来描述。技术选择是主观的技术抉择过程与客观的技术机会存在相结合的过程。

（二）技术选择模型建构分析

技术选择的模型建构是构建在选择行为的动力学理论基础上。主要研究模型如下。

1.市场选择为基点的技术扩散模型

Madden和Savage[4]研究技术选择的内部熵的创新扩散过程，提出

---

〔1〕 彭攀、杨青：《技术选择评价标准初探——兼议科技、经济、社会的协调发展》，载《科技进步与对策》1999年第1期。

〔2〕 唐守廉：《电信管制》，北京邮电大学出版社2001年版，第79页、第179页。

〔3〕 梁雄健、张静：《通信服务创新》，北京邮电大学出版社2002年版。

〔4〕 Madden G., Savage S. T. Telecommunication productivity, catch up and innovation. *Telecommunications Policy*, 1999(23): 65-81.

Malmquist生产力变化指数的创新扩散模型。Islam等[1]提出创新技术扩散的非线性模型，并利用技术创新扩散模型分析市场需求。Jun等[2]研究韩国移动通信服务市场，提出替代和竞争的创新扩散模型。Gruber和Verboven[3]利用逻辑扩散模型分析欧盟国家电信服务业的移动通信技术扩散，认为新技术扩散遵循逻辑函数，而决定函数形态的重要因素有：潜在用户总数、位置或时间变量以及扩散速度，进而得出扩散速度等于技术用户的增长速度与没有采纳者的比值。Madden和Savage[4]研究OECD国家从1980～1995年期间R&D在技术发展中的作用，确定了从长期而言国家生产力水平与研发活动的溢出效应之间的正相关关系，证明了内生增长模型作为技术扩散的一种手段用以使“后发国家”实施赶超战略进而推动社会、经济、技术发展是可行的。

2.技术选择的静态描述模型

安同良建构了企业技术选择学习战略模型，他认为，发展中国家与地区的技术能力发展路径与发达国家不同，技术发展起源于技术选择且具有对“初始条件的敏感依赖性”[5]。对中国企业技术选择的研究，能够指导企业做出明智的技术能力发展决策，从而避免企业被锁定在技术能力发展的低级化道路上。从技术学习成本与学习收益的均衡分析得出技术发展效益的贴现值和成本，并求出技术研发利润率极大值点。事实上，技术选择应该是动态适应的战略抉择，初始位置越低、技术缺口越大、技术追随的收益越大；在技术追赶过程中，能有效地切入发达国家技术发展轨迹的主导设计潮流中。同时应将技术选择的决策分布程式化，发挥技术部门决策的效用，制定前瞻性的动态适应性技术学习战略。

杨忠直等定义了技术实用价值，构造了用于技术选择的技术生产力度量和技术风险回报率，得出技术选择的综合评价指标，并建立了技术评价和决策

〔1〕 Islam T., Fiebig D. G., Meade N. Modellingmultinational telecommunications demand with limited date.*International Journal of Forecasting*, 2002(18): 605-624.

〔2〕 Jun D. B., Kim S. K., Park Y. S., et al. Forecasting telecommunication service subscribers in substitutive and competitive environments.*International Journal of Forecasting*, 2002(18): 561-581.

〔3〕 Gruber H., Verboven F., The diffusion ofmobile telecommunications services in the European Union.*European Economic Review*, 2001(45): 577-588.

〔4〕 Madden G., Savage S. J. R&D spillovers, information technology and telecommunications, and productivity inASIA and the OECD.*Information Economics and Policy*, 2000(12): 367-392.

〔5〕 安同良:《中国企业的技术选择》，载《经济研究》2003年第7期。

方法[1]。

3.技术选择的动态决策模型

Hahn和Yu[2]从技术生成和技术扩散整合的角度提出对新技术的政策管理模型DBIS（基于扩散的激励系统），把生产与扩散的技术变化过程统一在一个框架内加以分析，将动态化的研究思路引入技术选择分析中。Bessant和Rush[3]认为，技术转换不是瞬时事件，而是以时间为基础、包括几个阶段的过程。技术是一个多范畴商品，发展中国家与发达国家在技术转换过程中存在着持续依靠外来资源的倾向，“市场锁定”（marketlock-in）和“追捧效应”（bandwagoneffect）的潜在危机，都使建构良好的技术转换成为政策目标的一个方面，探求可选择技术的可行性边界并与需求相匹配，以一定形式的标识对比所有可选技术并以这种标准选择适宜的技术无论是发达国家还是发展中国家都是有必要的。

Kim等[4]利用QFD（质量函数展开）连续矩阵处理方法，以消费者需求为主要参数，从公司研发计划选择的角度提出电信技术选择问题，认为时间变量在技术选择路径确立过程中非常重要，QFD矩阵被认为是系统反映消费者需求的方法，以连续的矩阵展开方式来描述技术选择过程，从消费者需求和竞争者能力选择电信技术优先性。

Gottinger[5]认为，技术选择是向随机终点发展的过程，技术发展与决策选择过程由决策形成的一组离散时间序列，选择过程是确定性和随机性的，可变创新速度与单调非减变量成本可以停止或者移动到任何位置，企业研发中的优化轨迹选择点在决定性阶段的随机运动模型为。

---

〔1〕 杨忠直、张世英、李光泉：《技术选择的评价与决策方法研究》，载《中国软科学》1997年第1期。

〔2〕 Hahn Y. H., Yu P. I. Towards a new technology policy: The integration of generation and diffusion.*Technovation*, 1999(19): 177-186.

〔3〕 Bessant J., Rush H. Building bridges for innovation: The role of consultants in technology transfer.*Research Policy*, 1995(24): 97-114.

〔4〕 Kim K., Park K., Seo S., A matrix Approach for Telecommunications Technology Selection.*Computers and Industrial Engineering*, 1997, 33(3)4): 833-836.

〔5〕 Gottinger H. W. Modeling Stochastic Innovation Races.*Technological Forecasting & Social Change*, 2002(69): 607-624.

$$z(t,S)=FT+f\left(\frac{\mathrm{d}(0,t)}{T}\right)\mathrm{d}(0,t)+\left(f(s)+\frac{F}{S}\right)\sum_{i=1}^{n}p_i\mathrm{d}(t,i)$$

选择最优时间的决策点模型为：

$$Z(t)=FT+f\left(\frac{\mathrm{d}(0,t)}{T}\right)\mathrm{d}(0,t)+TC^{*}\sum_{i=1}^{n}p_i\mathrm{d}(t,i)$$

随机决策阶段模型为：

$$Z(t_{j-1},t_j)=f(h_j-h_{j-1})+f\left(\frac{\mathrm{d}(t_{j-1},t_j)}{h_j-h_{j-1}}\right)\mathrm{d}(t_{j-1},t_j)$$
$$+v_jTC^{*}\sum_{i=1}^{n}p_i\mathrm{d}(t_j,i)+(1-v_j)Z_{j+1}(t_j,t_{j+1}^{*})$$

式中，$d(i,j)$是i点与j点之间的欧拉距离，FT是定常值，Z是决策点，$TC*$是决策点成本，pi是i点成为决策点的概率。

Lange等[1]以非线性动力学方法建构技术选择突变模型，分析在竞争运行体系中技术选择路径的确定，认为技术选择是技术标准设定的一种表现方式，当网络外部性强则技术标准竞争就成为一种零和博弈并在市场上产生不稳定性，能够引发从一种技术标准向另一种标准突然转换的"追捧效应"，运用尖点突变模型检验跃迁行为，以独立变量X代表网络效应、Y代表外部性，依赖变量Z表示技术选择，初始条件设定为dZ=（Z3－ZY－X）=0，统计表达式为ΔZ=Z2－Z1=β0+β1（Z1）3+β2Z1Y+β3X+ε，Lange等修正后提出GEMCAT（估计突变模型的综合多变更方法），运用缩放法先验地界定变量类型，把突变等式替换为：

$$Z_t^{*}=\sum_{i=1}^{I}Z_{it}\alpha_i,\quad Y_t^{*}=\sum_{j=1}^{J}Y_{jt}\beta_j,\quad X_t^{*}=\sum_{k=1}^{K}X_{kt}\gamma_k,\quad 0=Z_t^{*3}-X_t^{*}-Y_t^{*}\cdot Z_t^{*}$$

目标函数为最小化：

$$\underset{\alpha_i,\ \beta_j\ \gamma_k}{\mathrm{M\,in}}\Phi=\left\|\varepsilon_t^2\right\|=\sum^{T}[Z_t^{*3}-X_t^{*}-Y_t^{*}\cdot Z_t]^2$$

通过实证数据估算，得出尖点突变模型的系数方程为：

---

〔1〕 Lange R., McDade S., Oliva T. A., Technological Choice and Network Externalities: A catastrophe Model Analysis of Firm Software Adoption Forcompeting Operating Systems.*Structural Change and Economic Dynamics*, 2001（12）: 29－57.

(Zt−0.3586)3−0.0073X1−0.1833Y1(Z1−0.3586)=0

这一研究没有从突变理论的方法，用势函数来研究奇点如何随控制参数而变化，而这正是研究技术演进的重要方面。这一研究的一个重要成果就是此种分析方法使得掌握主要技术范式转变的发生和技术的跨越式发展成为可能。

三、技术选择的电信管制政策内涵分析

从国家政策制定层面探讨技术选择路径的确立，对特定的电信产业来说，首先与技术标准设定和市场进入许可这两项制度设置因素密切相关。

David和Shurmer[1]认为，SDOs（标准发展组织）对国际标准订立与操作负有重要责任，无论是产生于国家公共代理机构或者是秘密协议的技术标准都可以被视为是改进在纯粹市场力量操纵下难以获得协调发展的一种反应。20世纪80年代早期，技术标准可以成为商业和工业政策组成部分的潜在的和实际的用处最先引起发达国家公共政策制定部门的瞩目与争论，英国的两份报告：(ACARD, 1982)和(DTI, 1982)证明，国家技术标准体系能够承担达到和维持本国产业国际竞争优势的作用。美国(OTA, 1992)和日本(JETRO, 1992)也起到了同样的作用。欧盟在电信产业中曾提出的一些技术标准，如：UMTS(Universal Mobile TelecommunicationSystem), TMN(Telecommunication Management-Network), PSTN(Public Switched Telephone Network), IN(Intelligent-Network)等在实践中证明是成功的。

李太勇认为，当技术选择留给市场之后，倡导不兼容技术的企业就具有大力创建用户技术的激励，以便获得超过其竞争对手的竞争优势，或者阻止竞争对手取得优势。在网络效应的情况下，以用户基数为基础的正反馈效应的市场力量可能会使市场选择非最优的技术标准。同时在网络效应、规模收益递增的情况下，会产生一定的路径依赖，市场对技术选择的结果会因此被锁定在一种技术或标准上，从而产生一定的网络不可逆性。此时，政府就有必要在确定技术标准的过程中发挥积极的作用，以弥补市场机制的不足。帅旭和陈宏

[1] David P. A, Shurmer M. Formal Standards-setting for Global Telecommunications and Information Services-Towards an Institutional Regime Transformation? .*Telecommunications Policy*, 1996, 20(10): 789−815.

民[1]认为市场对技术标准的动态选择在移动通讯2.5G标准下选择的动态趋势与路径依赖效应的事实存在以及市场锁定的潜在危机都是国家管制技术标准成为现实必需。李再扬与杨少华[2]以GSM为成功的案例，分析技术标准选择成功的原因为欧盟的统一政策标准和技术扩散过程中标准化联盟的形成，指出3G发展的不确定性特征给中国带来了技术能力赶超的机遇。

Gruber & Verboven[3]以实证检验证明，设置单一的技术标准在美国历史上曾经起到了加快模拟技术扩散的作用，对于数字技术也有证据显示单一标准同样会有益处。有网络外部性作用的技术标准与产业竞争体系的争论，在20世纪末有扩大趋势，并在结论上出现了一些共识，即技术标准的设定减少了消费者的搜寻和交易成本，进而有利于消费者。风险在于：所选择的标准不是最有效的，而且不易转换或发展成为一种优秀的技术。而对市场需求的掌握与控制可以有效解答这一问题，对市场效果的评价取决于引入市场与技术的参数。而且技术与服务质量、服务类别有着密切联系，技术变革与需求不可分割，新的需求产生新的技术。

已有的研究证实[4]，技术选择标准的设立与技术选择的成功范例，如欧洲的GSM（Global System for Mobilecommunication）和SIM卡（Subscriber Identity Module）标准，正引导着产业以超乎常规速度的方式发展，并且带来了市场繁荣和成本下降[5]。非线性科学的研究进展同时表明，突变式发展模式和显性化的模型结构对于技术选择路径的设定与时间数量级的减少具有重大研究价值[6]。据此可推断，从非线性科学的角度探讨发展中国家的技术选择使其产业加速完成跨越式发展进程是可能的。技术选择一般被认为是一种企业

---

〔1〕 帅旭、陈宏民：《网络外部性与市场竞争：中国移动通信产业竞争的网络经济学分析》，载《世界经济》2003年第4期。

〔2〕 李再扬、杨少华：《GSM：技术标准化联盟的成功案例》，载《中国工业经济》2003年第7期。

〔3〕 Gruber H., Verboven F. The Evolution of Markets Under Entry and Standards Regulation: The case of Global Mobile Telecommunications.*International Journal of Industrial Organization*, 2001(19): 1189-1212.

〔4〕 Arnbak J. Regulation for next-generation Technologies and Markets .*Telecommunications Policy*, 2000, 24: 477-487.

〔5〕 Gruber H., Verboven F., The diffusion ofmobile telecommunications services in the European Union.*European Economic Review*, 2001(45): 577-588.

〔6〕 Lange R., McDade S., Oliva T. A., Technological choice and network externalities: A catastrophe model analysis of firm software adoption forcompeting operating systems.*Structural Change and Economic Dynamics*, 2001(12): 29-57.

行为，但更应成为政府促进技术创新的手段[1]，已有的研究把技术选择的研究范畴界定为市场环境中，综合消费者需求因素、网络外部性、研发的溢出效应、时间序列性与市场进入和市场标准设定等诸多因素，提出了可供进一步推演的理论结论、模型分析和实证检验。

四、结论及研究前景

当前，关于电信技术选择的研究主要集中在：对技术与市场的动态性特征及其对于政策变革的影响；对以ICT聚合技术特征为代表的电信技术发展轨迹的考察；市场不确定性因素分析；技术标准设定的可行性研究等。电信管制研究趋势呈现出三个主要特征：系统化研究思路、管制政策中各方利益和各系统之间的协调观；技术与市场并重。以H.霍兰[2]为代表的复杂系统理论广泛应用电信管制研究，具体表现为：(1)对竞争性全球化的电信市场趋势研究；(2)从管制价格行为研究向管制技术与市场协调发展的研究趋势，管制的价格调节器功能正趋于弱化，管制者的市场引导者身份在强化，从对服务的关注到对技术设备以及投资的关注，从不对称性管制向对称性管制的过渡；(3)从管制机构单方面研究到管制者与被管制企业之间双方的博弈分析，再到从整个经济系统的角度对管制各方与市场、技术综合协调运作的研究趋势；(4)从关注于单一国家管制政策制定向全球化管制政策及在全球化背景中建构本国管制框架的研究倾向发展。目前，电信技术研究关注两类电信产业经济发展方向：(1)立足于发达国家(以欧盟和美国为代表的)对技术发展能力、创新能力的动态化因素的研究，以及管制制度因素、提高区域性整体竞争力的研究；(2)立足于发展中国家的技术选择战略以及技术追赶过程、避免形成非最优市场锁定、提升国家电信产业在全球化竞争压力下的技术能力的研究。两大研究焦点引出了一些需要深入探讨的理论问题，如与市场条件密切相连的电信技术发展路径动态描述、管制制度、政策与技术演进协调点的选择与控制等。从全球范围来说，急需加快电信技术研究步伐；从中国的发展实践看，也需要

---

〔1〕 李思一：《我国关键技术选择——政府促进技术创新的手段》，载《国际技术经济研究》1995年第1期。

〔2〕 约翰·H.霍兰：《隐秩序——适应性造就复杂性》，周晓牧、韩晖译，上海科技教育出版社2000年版，第37页、第76页、第82页。

相应的理论探讨提高我国电信产业的整体国际竞争力。

第七节　虚拟社会治理的概念定位与核心议题*

在信息化进程中，网络技术进步与虚拟社会治理一直是相伴而行的两个主题。相对于技术进步的高速度，网络规制不仅滞后而且已成为社会治理的一大难题。为此，有必要厘清虚拟社会治理的概念前提和基本内涵，并以此为基础探讨网络规制的正当性、虚拟社会治理的边界划分、权力结构以及国家民族特色等核心议题。

一、虚拟社会治理的概念前提

在社会进化史中，生活实践的有序化过程与合秩序状态始终是人类的共同目标和基本任务。为达此目的，人类在特定历史条件下总是会建构起所属时代的日常生活范式与社会合作模式，并对其进行不断完善和倾力维持。历史地看，这无非是人类的不同时代所创造的一系列制度性社会治理架构，并借此所实现的自由与秩序的历时性动态平衡。由于虚拟社会治理附加于虚拟工具逻辑之上，具有虚实共生的混合特性，并且在一定程度上超越了国家疆域，因此它不是现实社会治理的自然延伸，而是呈现出鲜明的个性特征。

（一）网络工具逻辑确立了虚拟社会治理的技术基础

目前，学术界普遍借用吉登斯的“脱域”概念来说明近代以来人类社会关系日益脱离传统地域限制并形成新的时空组合的复杂过程。如果将吉登斯所言的“脱域”现象向前追溯就可以发现，人类社会其实一直行走在逐渐摆脱时空约束的进化之路上，而且每一次成功都是依赖于“工具脱域”才得以实现的。所谓“工具脱域”，就是新一代工具不断打破旧工具的时空限制，未来的工具总是以进一步脱域为发展方向。在一定意义上说，这应该是人类社会发展的一个主旋律。对此，李伯聪有个很有启发的分析，他认为古希腊神话中有“一个天才的猜测”，就是把人认定为“是工具的使用者”。马克思主义哲学把

---

*　原载《湖南师范大学社会科学学报》2014年第11期。

制造工具和使用工具看作人的最基本的本性，由此可以推论，工具的发展水平是劳动水平和发展阶段的最直接、最突出的表现和标志，于是工具的形态也就成为了表现和标志人类历史发展阶段的最直接、最无可辩驳的证据。也就是说，“工具进化史是人性和人类社会进化史的直接体现和深层基础”。[1]显然，李伯聪所描述的就是人类历史上持续进行着的“工具脱域”过程，它是吉登斯“脱域”概念的技术基础。依赖于这种工具的代际进化，人类生活范式与合作模式也在进行着不断地创新和完善，并且表现为社会实践方式以不断突破原有时空域限为特征的历时性进化。

根据张旅平、赵立玮的研究，虽然自由与秩序的适当平衡是西方社会治理所追求的最高境界，但在“治理失范和失序，建构维续社会稳定与和谐的秩序”问题上“采取何种方法，亦即主要靠法治，靠国家、市场和公民社会的协调互动，还是主要依赖强权的严厉行政手段”，却经历了一个并无定论的长期探索过程。从历史上看，西方国家在逐步转向国家理性和善治的同时，国家权力也在扩张。但在国家权力不得不扩张的条件下，逐渐确立了三个基本原则：一是尊重法治（不同于法制）；二是政府对社会的管理要理性、适度，懂得常态与非常态管理之别并保护和爱护正当的自发性；三是国家与公民社会尽可能地采取协商、合作的方式互动，也就是法治下的文明互动。[2]我们在解读这一段历史的时候，常常会将其归结为人类理性进步的文明进化过程，却省略了这其中的“工具逻辑”。历史唯物主义告诉我们，生产方式的物质形式生产力与其社会形式生产关系之间的矛盾运动是社会历史演进的根本动力。在这一历史进程中，生产工具是社会生产力性质的决定性因素，而与生产工具相对应的生活工具则是人类生活方式的决定性因素。这就是说，对于一个具体的社会（社区）而言，其成员的生活范式与合作模式是依赖于相应的“工具”而得以建构、维持和不断完善的。换言之，社会治理的具体形态在很大程度上要取决于工具的性质。

在人类发展史中，特定社会的生活范式与合作模式总是与其所使用的工具有关，这种关联现象看起来是人类借助工具凝结成历时性的生存方式，其实

---

〔1〕 李伯聪：《社会形态的三阶段和工具发展的三阶段》，载《哲学研究》2002年第11期。

〔2〕 张旅平、赵立玮：《自由与秩序：西方社会管理思想的演进》，载《社会学研究》2012年第3期。

是社会以特定工具的内在规定性为基础所取得的治理模式创新。那么，在虚拟社会架构下即互联网与人类行为耦合之后，人类生活范式与合作模式会出现哪些趋势性的变化呢？从工具的角度看，互联网作为巨型生活工具，使人类工具的内在规定性发生了革命性变化，奠定了虚拟社会治理的技术基础。事实上，互联网就是一个高技术符号交换系统，它提供的基本功能就是所谓“在线沟通”。由于社会由相互沟通的社会成员整合而成，因此互联网这一巨型沟通工具就成了推动人类生活进步的革命性杠杆。人们利用这一巨型沟通工具，可以有选择地进行人对群、群对群、群对人的互动，从而实现了点面交织的网状沟通。这样，人类就由实态生存演进为虚实兼在的生活样态，从而奠定了虚拟社会治理的技术基础。

（二）虚实共生范式决定了虚拟社会治理的混合特征

在互联网架构下，人类日常生活及其合作方式呈现出人机交互性、人人共生性等非线性特征，形成了虚拟社会治理独有的社会基础。在互联网出现以前，人类使用特定工具形成不同时代的日常生活范式。但网络工具实现了一种人机交互的生存方式，这种人机交互、人网合一的生存系统超越了人的自然能力，具有非线性思维方式和行为能力，从而使人的“心智”与计算机的“高性能”得到很好的嵌合。这种嵌合不是量的叠加而是质的飞跃，它使人类社会实践不再单向度地在使用工具中完成，而是在人与工具的交互作用中实现。在此基础上，人类的相互合作模式也出现了明显的人人共生特征。进入网络时代后，人网合一的嵌合结构使人类的日常生活和相互合作必须要借助互联网这一巨型工具才能实现，于是社会治理的任务也必须以某种共在的方式去完成，这就从根本上动摇了以往社会治理的根基。

关于虚拟社会的规制模式虽有两分、三分甚至四分法之说，但都是从两种基本观点衍生而来的：其一是网络空间（cybersociety）本位观；其二是网络社会（network society）本位观。事实上，网络空间本位和网络社会本位不过是虚拟社会规制中居于两极且相互排斥的基本视角，而现实中的各种中间模式则多有其各自的合理蕴含，这种混合特征是由网络实践的虚实共生范式所决定的。在传统思维惯性下，网络空间的虚拟行为与现实社会的生活实践是分离甚至对立的。在非线性思维下，“虚拟”与“现实”是互联网环境下人类最基本的两种存在样态。从哲学高度看，一方面，“‘在线’与‘在世’是一个生物实体在两种截然不同的生活世界中的存在方式”；另一方面，“‘在线’与‘在世’形成了一种相互嵌入的生存关系”。[1]由此决定了，网络世界中的虚与实是一种共生关系。为此，“我们需要确立一种以‘共生’为导向的理念，即以寻求虚拟和现实的共生作为设计和建构人类未来生活世界的一种基本价值和理想，并以此为基础，去建立一种能够展现和支撑人类未来生存方式之合理前景的行动平台。”[2]基于虚实共生范式，网络行为甚至网名都呈现出虚拟与现实共生的存在状态，它要求虚拟社会治理也具备这种混合禀赋。

（三）国际政治生态影响着虚拟社会治理的政府行为

近年来，许多人将网络空间视为风险之地，甚至有“点击中的风险社会”之说。在他们看来，“风险社会的根源不能仅仅从网络的发展来理解，但是，网络时代的到来无疑是风险社会的催生婆，从实际的历史进程看，风险社会是网络时代不可避免的历史后果”。[3]现实中，相当多的民众对人类进入网络时代甚为担忧，越来越多的人希望政府能够承担起虚拟社会治理的责任。因为“自从政府出现以来，在任何一个社会共同体中，人们总是首先把共同体的秩序寄托于政府，社会秩序的保障和供给一直是行政管理的基本要义”。[4]事实上，社会治理历来都是一个较复杂的概念，它与各国的政治体制、文化传统以及经济社会发展状况紧密相关，因而带有鲜明的国情特点。在互联网时代的今天，一国的社会治理模式不仅要具备世界特征，还要具备国家特色，但怎样获得这两种禀赋则需经历一个相当复杂的社会过程。因此，如何实现自由与秩序在虚拟社会架构下的新平衡，是各国虚拟社会治理都要面临的历史性选择。这其中，一个核心的问题就是政府在虚拟社会治理中如何定位。

迄今为止，人类有限的网络治理经验已经证明，政府在虚拟社会治理中的定位是一个可选择、可调节的变量，这与其政治经济体制以及文化传统有关。现实中，集中偏好的治理定位如日本、新加坡，分散偏好的治理定位如美国、加拿大，以及众多的混合式治理定位都有其各自的合理蕴含。学术界在讨论这类治理经验时，或强调其普适性或分析其特定的政治、经济、文化背景，但

---

〔1〕 何明升、白淑英：《论“在线”生存》，载《哲学研究》2004年第12期。

〔2〕 冯鹏志：《从混沌走向共生——关于虚拟世界的本质及其与现实世界之关系的思考》，载《自然辩证法研究》2002年第7期。

〔3〕 庄友刚：《网络时代与风险社会》，载《淮阴师范学院学报》2004年第4期。

〔4〕 张康之：《论政府的社会秩序供给》，载《东南学术》2001年第6期。

却忽略了另一个重要方面，就是影响政府治理行为的国际政治生态。虚拟社会治理固有的跨国性，既是其特色所在也是其难点之一。2003年12月，联合国工作组曾确定了一个工作定义："互联网治理就是各国政府、企业界和民间团体从他们各自的角度出发，对于公认的那些塑造互联网的演变及应用的原则、规范、规则、决策方式和程序所做的发展和应用。"此后各利益相关方陆续就互联网国际治理的含义达成了一些共识，主要包括：互联网治理的范围涵盖技术和公共政策等问题，包括政府在内的各利益相关方均应参与治理；互联网治理过程应是开放和包容的，多边的、透明的、民主的；与互联网治理有关的公共政策问题是各成员国主权范围内的事情，成员国政府有权利和责任对与互联网有关的国际公共政策事宜进行治理。

但在各国实践中，政府怎样定义虚拟社会治理仍需要在具体的国际政治生态中细细权衡。首先，网络文化生态中的民族文化态势是政府选择其治理行为的重要考量。虚拟社会在一定意义上应验了"地球村"式的猜想，也引发了一些人对"大一统文化"的预言，甚至形成了声势极大的所谓普遍主义主张。应该说，普遍主义关于人类文化存在共同结构和普遍规律的说法一定程度上符合"工具脱域"所带来的文化交融趋向。但各国政府在定位虚拟社会治理时所思虑的是，在虚拟社会架构下，普遍主义获得了几乎唯一的合法化地位，这使得全球化、西方化、普适文化获得了某种意识形态霸权。其次，国家实力从根本上决定着政府在虚拟社会治理中的定位。应该看到，目前的世界仍处于强权时代，主义和价值的推行也是依附于国家实力之上的。因此，无论理论上如何论证、意识形态上如何纠结，各国政府在定位虚拟社会治理时都不得不考虑自己在国际舞台中的硬实力。从这个意义上说，民族自信、文化自信都是以国家实力为基础的，普遍主义的具体内容也会因国际政治生态的变迁而有所变化。

二、虚拟社会治理的基本内涵

对于虚拟社会治理的理解既要立足于互联网工具逻辑，又要突破"传统"与"现代"的两分框架。依此来看，虚拟社会治理的逻辑起点应该是对网络工具的理性选择。它在微观形态上表现为网民生活样态的范式化，在宏观形态上表现为网络合作关系的模式化，而其历史形态则是自由与秩序的网络均衡。

（一）虚拟社会治理的逻辑起点是对网络工具的理性选择

现代信息技术一经出现就具备了维纳（N.Wiener）所言的“帝国主义性质”，以至于社会“只能通过研究信息和通信工具来认识”，而人也成为“一种通信存在性”。[1]默顿（R.K.Merton）认为，“是科学与社会的互助使科学在某些确定类型的社会中获得重大而持久的发展”。[2]同样，科学技术与社会的互助也使社会在某种确定类型的技术推动下获得巨大而持久的进步。网络技术与当代社会恰好形成了这样一种良性互助关系，而这种关系又代表着我们这个时代的重要特征。时至今日，互联网似乎是一个无需讨论的既存系统，极少有人问及其得以存在的来由。其实，在互联网问世、发展并表现出扩张特性的同时，也在被社会所选择和改造着，这就是学者们所说的“技术与社会互相生成”过程。随着这一进程的加快，互联网的普及应用逐渐演化为一种具有技术—经济—社会复合色彩的信息化进程。此时，人们在由“工业人”向“信息人”转化，文明在由“工业型”向“信息型”迁移，互联网的工具功能也在逐渐释放。

互联网的工具功能具有社会属性，这是社会赋予网络的非技术内涵。从这个意义上说，虚拟社会治理固然要遵从“网络工具逻辑”，但网络工具首先要被社会所选择。也就是说，互联网所提供的“工具菜单”需要经历一个社会整合与调适过程，以使其成为社会相容工具。这主要表现在：其一，网络工具的目的性是社会所赋予的。作为一种技术产物，互联网平台并无目的性，但其应用工具则具有明确的社会指向。我们都知道，劳动使猿变为人，人又通过劳动来制造工具，并使相应的技术获得社会属性。互联网作为现代交流工具在相当程度上是人类目的性的体现。其二，网络工具的社会后果受控于社会。正如原子能技术既可以造出杀人武器原子弹，也可以造福于人类一样，网络工具的社会后果也是正负兼有的。但总的来看，网络工具的社会后果也是可控的，它的整体效用是由社会来选择和控制的。其三，网络工具的演进过程受社会因素制约。技术发展史表明，任何新技术都存在多种演进方向，而其最终的

---

〔1〕［荷兰］E.舒尔曼：《科技时代与人类未来——在哲学深层的挑战》，东方出版社1995年版，第177页、第13页。

〔2〕［美］R.K.默顿：《十七世纪英国的科学、技术与社会》，范岱年等译，四川人民出版社1996年版，第20页。

发展过程总是受到各种社会因素的制约。据记载，古希腊的希罗（Hero）很早就发明了一种蒸汽动力机械，这是蒸汽机的原型，但由于当时社会条件的制约，它演化成了一种高级玩具。而同样的原理和机械，却在18世纪发展成为蒸汽机。由于社会生产技术的准则是追求高效率的新技术，因此互联网一经出现就注定要被市场体系所选择，并加速其社会化进程，使其迅速上升为改变社会治理格局的推进器。

循着这个思路，虚拟社会治理的逻辑起点不应该设定为如何在一个既有的互联网平台上规范虚拟实践，而应该前置在如何对网络工具进行理性选择。其实这很自然，因为人的生活范式与合作模式受制于其拥有的生活资源，并且以其选择的生活工具为物质基础。如果说，生活工具信息含量的不断提高是人类生活范式与合作模式跃迁的前提条件，那么，对网络工具的理性选择，则机制性地制约着虚拟社会治理的性质和走向。因此，信息化进程中的"工具选择"，是虚拟社会治理需要优先考虑的基础性工作。以此为基础，互联网将在受控于社会的状态下渗透在人类生活的各个方面，通过网络工具的功能发挥不断提升人们衣、食、住、行及精神文化生活的信息含量和网络化水平。

（二）虚拟社会治理的微观形态是网民生活样态的范式化

微观形态的虚拟社会治理主要是网民个体对其虚拟行为的自我管理，表现为网民生活范式的生成、维持和不断完善，实质上是网民生活样态的范式化过程。在此过程中，单个网民的生活样态是自主产生的，而网民生活范式的生成、维持和不断完善则是经由互动完成的，其内在的演进规律将是虚拟社会治理的实践基础。从这个角度看，虚拟社会治理可以被理解为如何在网络空间确立网民生活范式及其行为规则，并以此为基础保持有序的虚拟实践状态。理论和实践都表明，这一复杂过程的实现要依托于虚拟社会固有的自组织能力。

从理论上看，列维斯（Lewis, M.D.）等学者最早认识到互联网是一个自组织系统，其构成要素或过程的持续耦合为虚拟实践有序化提供了基础。[1]戴汝为、操龙兵是较早研究互联网自组织功能的国内学者，他们认为互联网

〔1〕 Lewis, M. D., & Granic, I.(1999). Who put the self in self-organization? A clarification of terms and concepts for developmental psychopathology. *Development and Psychopathology*, 11, 365、374.

系统是一个由物理维（Physical）、自我维（Self）、社会维（Social）和关系维（Relational）组成的大规模复杂系统，具有强大的自组织能力。[1]按照霍兰的观点，自组织其实是复杂系统的动力机制，其基本表现就是在海量要素自主参与下形成协同能力和宏观上的新结构。在普里高津看来，“复杂性是自组织的产物，在远离平衡、非线性、不可逆的条件下，通过自发形成耗散结构这种自组织而产生出物理层次的复杂性，在此基础上才可能通过更高形式的自组织产生出生命、社会等层次的复杂性”。[2]在先前的一个研究中，我们曾把虚拟社会的自组织特征归纳为：可嵌合的系统、混序现象、虚实共生、人机交互、多主体等。[3]通过互联网这个人网合一的耦合系统，虚拟社会可实现其从物理层面走向社会层面、从低阶行为走向高阶行为的自组织演化过程。

虚拟实践经验表明，任何“网中人”都对其“下一步”行为结果无从预期，这要依“超链接”“Re”“赞”等网络情境变化和交互行为而定。由于所有的网络行为都是自主的、具有个人目的性的，因此作为总体的“网络行为集合”并无外界干扰。但是，网民生活样态的范式化过程却自动地进行着，众多网民通过一系列自在的随机过程最终会产生一些未经预设的标准化生活范式。这就是说，通过虚拟社会的自组织功能，基于某网络工具的虚拟行为（如微博）对于个体而言始终是自主的，但经历了与同类虚拟行为的交互作用后会出现某些协同和默契，最终导致该类虚拟行为的有序化。在这个从无序到有序的过程中，“混沌”与“秩序”的临界点就是出现网络秩序的新质元素以及以此为内核的新结构。从这个意义上说，不同网民生活样态的交互、融合和范式化，是互联网自组织能力的创造性成果，也是虚拟社会秩序的生成与演化机制。

（三）虚拟社会治理的宏观形态是网络合作关系的模式化

马克思曾经把人看作是手持工具从事劳动的实践者，这就是我们常说的人通过劳动改造世界，同时也在实践中改造人自身。在虚拟社会架构下，“在线”（on line）就是人们使用互联网工具的一种实践形式，网民通过这种形式来构建其数字化家园并在虚拟生活中实现自我再造。网民们都知道，虚拟社会

〔1〕 戴汝为、操龙兵：《Internet——一个开放的复杂巨系统》，载《中国科学》（E辑）2003年第4期。

〔2〕 许国志主编：《系统科学》，上海科学技术出版社2000年版，第298页。

〔3〕 何明升：《复杂巨系统：互联网——社会研究的一个新视角》，载《学术交流》2005年第7期。

实践并不是“网”与“人”的简单相加，而是像现实社会一样依托于特定的组织单元，为此人们创造性地形成了一种被称为“群”的组织形态。随着虚拟社会的自身发展，“群”已经成为实现互联网工具功能的机制性构件，而“物以类聚、人以群分”也成为虚拟生活的常态，抑或是虚拟实践的标准模式。“群”组织模式在表现形式上非常丰富，任何一类网民都可以基于特定的需求、兴趣甚至行为偏好聚合成属于自己的“群”，每一个群都是一个相对独立的虚拟生活单元，如目前网络中常见的QQ群、游戏群、新闻组、社区等。

就本质而言，“群”就是一种网民合作共同体，其成员之间的互动结构与行为规则是一种模式化了的网络合作关系。在工具发展史中，关键性的“工具脱域”往往依赖于全新的技术框架，并且会引起人类合作模式的革命性变化。根据马克思的研究，人类工具进化史分为手工工具时代、机器时代、社会基础设施时代三个阶段。李伯聪认为，马克思对第三阶段将要出现的工具系统有一个天才的预言，即“共同的社会生产能力成为他们的社会财富”，而这恰是互联网的“经济学性质”。[1]与这种“共同的社会生产能力”相对应，人类合作模式也将进入信息和网络时代。

在工业社会以前，工具的物理性状是确定的，人类合作的主客体关系也是明确的。但在互联网时代，虚拟工具的物理性状是模糊的，人类合作关系也存在多主体并存、互为主体等现象。从工具的意义上说互联网就是一个高技术符号交换系统，而人与网的耦合则可以超越“在场”与“不在场”的现实性分界，从而出现虚拟社会中一对多、多对多、多对一等点对面的互动方式。人们可以有选择地使用不同的网络工具，并能够在网络工具系统中同时维持着多个“主体”。这些主体之间“通过聚集相互作用而生成具有高度协调性和适应性的有机整体；这种作用是非线性的，并会产生突现（emergence）现象”。[2]此时，海量网络行为的直接后果是自动突现出一种意料之外的整体效应，即网民合作的关系结构与合作模式。由于网络合作关系已超出一己范围并具有很强的外部性，因此基于某种网络工具的合作模式往往还要经历一个合法化过程，以取得现实社会的认可。

---

〔1〕 李伯聪：《社会形态的三阶段和工具发展的三阶段》，载《哲学研究》2002年第11期。

〔2〕 约翰·霍兰：《涌现——从混沌到有序》，陈禹等译，上海科学技术出版社2001年版，第85页。

(四)虚拟社会治理的历史形态是自由与秩序的网络均衡

在人类历史尤其是西方进程中,自由与秩序的均衡一直是社会治理所隐含的主题,其具体表现形态依托于生产力的性质并且与“工具脱域”保持着大致同步的递进关系。事实上,人类所取得的每一项划时代技术创新都会带来工具跃迁并将其转化为社会治理形态演进,而每一种社会治理形态的确立都是自由与秩序关系的再一次平衡。在人类早期阶段,不同地域的人群借助于手工工具从事初级、简陋和彼此孤立的社会实践,那时的工具仅仅是人手的简单延长,因而其社会治理方法是传统且富有价值理性的。以这样的生产力性质和“工具逻辑”为基础,“在古典世界,一方面是‘集体性自由’,另一方面是个人为共同体所吞没。不过,如贡斯当所言,当时人们觉得承认个体对共同体权威的完全服从与这种自由之间没有什么不容之处。”[1]

工业革命使人类进入机器时代,越来越庞大、越来越复杂的“机器”工具似乎可以把人类之手延长至无限远,其时的社会治理方式是以“主体性”、“工具理性”等所谓现代性为内核的。起初是划时代的蒸汽机技术给人类带来了工业用具,并且开始了从“传统”走向“现代”的社会转型,使社会治理形态逐渐步入现代文明阶段。到了19世纪,电气技术革命极大地提高了工具的自动化程度,人类社会治理形态也因其更高的智慧因素而步入所谓第二次工业化阶段。在这个阶段,学者们曾经将美国称为“汽车上的国家”,并以汽车加高速公路的网格式执法来理解美国的社会控制方式。更深层的意义在于,“19 世纪不仅是‘伟大的错位、解脱、脱域(disembeddedness)和根除(uprooting)的世纪,同时也是一个不顾一切地试图重新承负、重新嵌入、重新植根的伟大世纪’。西方在英国和法国革命后,随着自由的成长,建构相应的新秩序便成为不能不完成的主题”。[2]通过一次次社会转型,人类确立了“现代性”的价值取向和社会禀赋,自由与秩序在城市生活方式中找到了一种新的平衡样态。

如果说,机器时代的百年统治创造了如马克思所言“比过去一切时代创造

---

〔1〕 张旅平、赵立玮:《自由与秩序:西方社会管理思想的演进》,载《社会学研究》2012年第3期。

〔2〕 张旅平、赵立玮:《自由与秩序:西方社会管理思想的演进》,载《社会学研究》2012年第3期。

的全部生产力还要多，还要大"的历史奇迹，那么互联网时代短短几十年就带来了社会生活范式和人类合作模式的颠覆性变革。这是因为，网络作为笼罩于全球的巨型工具已不再是人类之手的继续延长，而是人类之脑的扩展和增量。这就意味着，与过去一切时代所创造的全部人类工具相比，互联网的内在规定性发生了革命性的变化。因此从历史形态上说，虚拟社会治理是自由与秩序的网络生态平衡。它要求我们不仅要在虚拟社会语境中理解社会治理问题，而且要在第三次工业革命这一新的历史条件下去寻找自由与秩序的时代坐标。

三、虚拟社会治理的核心议题

在互联网所在之处，国家干预和政府管理都遭遇了"合法性危机"，这使得虚拟社会治理论者不得不把网络规制的正当性作为研究始端。与此相联系，还要说明虚拟社会治理的边界划分、权力结构，以及国家民族特色等基本问题。

（一）网络规制是否具有正当性？

自互联网问世以来，一直有人对网络规制持反对态度。有技术论者认为，网络是由现代信息基础构建的高技术交互系统，不能用政治的甚至政府的思维和手段来管理，而应以技术规范来约束，由技术自身的发展逻辑来决定虚拟世界可以做什么、应当如何做、不可以做什么等基本问题；还有认识论者认为，因为虚拟世界是人类生活的全新时空，我们对其了解不深、知之不多，因此借用传统管理思维和规制方法来管理互联网是不可取的，过多的干预肯定是行不通的；也有自律论者认为，虚拟世界本来就是在政府管理缺位的环境中成长起来的，而且到目前为止也一直自律得很好，因此政府首先要做的不是加强规制，而是要学会有所不为和相信网民的自律能力。上述理论在西方发达国家影响较大，被统称为网络无政府主义（cyberspace anarchism），其共同点是特别强调网络空间自我发展的有效性、电子空间的独特性，认为现实法律规则缺乏管理电子空间和网络行为的可能性与合法性。

近年来，由于虚拟世界出现了太多的麻烦并且在很大程度上影响了社会秩序，因此许多人通过反思认识到，在国家干预存在所谓"合法性危机"的同时，网络无政府主义也并无十足的权威性。有专家说，互联网的快速发展似乎使“人类一下子掌握了前所未有的巨大力量，可是不知道这力量该怎样用，交给谁管合适。往右偏一步，很可能出现人类历史上最严酷、最无孔不入的专制，往左偏一步，又有可能出现毁灭人类社会的无政府状态”。[1]在实践中，虚拟社会治理逐渐成为国家政治的重要议题，越来越多的人开始认同政府在虚拟社会治理中应有的作用。如欧盟表示互联网要有国家和政府的适度干预，英国宣布网络不是法律的真空地带，法国则主张政府要与技术开发商、服务提供商和用户共同调控互联网。目前，大多数国家都对互联网进行着不同形式的监督审查，虚拟社会治理作为一种基本制度安排正在被人们所期待。

那么，如何回答网络规制正当性问题呢？首先，互联网是一个高技术集成物，而对高技术及其社会效应的预判和规制不仅是当下“风险社会”最紧要的事情，而且对人类社会的未来走向至关重要，克隆技术如此、纳米技术如此、网络技术更是如此。其次，虚拟社会是一个多主体交互平台，由于其超出了“私”的范畴而必须顾及公共利益和社会秩序。“事实上，没有哪个国家真正放弃了对网络信息的管理。出于教育引导青少年、阻止恐怖活动、保护国家权益、限制不正当竞争等方面的考虑，从政府部门到单位机构，都从不同的层面管理着网络信息，将对网络的控制与管理视为自己义不容辞的责任和义务”。[2]再次，互联网具有极强的外部性，虚拟社会实践不仅仅是网络空间的狂欢，而且对整个社会生活造成了直接影响，因此如有学者所言，“第一，网络空间或称‘虚拟实在’（Virtual reality）在其本质上仍然是现实世界（Reality）的虚拟，‘虚拟实在’不是另类社会，不是‘天堂’，而是人类的作品。第二，对网络越轨判定适用的是现实社会中的准则或价值判断”。[3]

（二）虚拟社会治理的边界在哪里？

一般而言，可以从三个层面来划分虚拟社会治理的边界，即网络空间、虚拟与现实的关系，以及互联网国际治理。相应地，虚拟秩序也可以凝结成三个边界性问题，分别是混序（Chaord= Chaos + order）界面、虚实界面和国际界面问题。

---

〔1〕 王小东：《信息时代的世界地图》，中国人民大学出版社1997年版，第190页。

〔2〕 陈华栋、于朝阳、胡薇薇：《国内外网络文化建设管理模式比较分析与借鉴思考》，载《思想理论教育》2010年第17期。

〔3〕 胡新华、陈晓强：《大学生网民群体的越轨及其社会控制》，载《中国青年政治学院学报》2002年第9期。

从网络空间（cybersociety）层面看，由于互联网构筑了一个赋予人类生命新内涵的时空环境，因而虚拟可以被视为某种相对独立的生活场域。许茨认为，人的生活世界是具有多种维度的，“只要主体之某一部分经验表现出特定的认知风格，并且就这种风格而言前后一致且彼此相容”，那么它就构成一个“有限意义域”。[1]从这个意义上说，虚拟实践是互联网环境下人类的一种新型生活方式，它为人类生活及其相互合作提供了更加丰富和更加多样化的条件与可能。事实上，这个“有限意义域”就是狭义的虚拟社会概念，同时也是网络无政府主义所着意护卫的自组织边界。应该承认，网络自治理论在这个边界之内是有其解释力的，因为此种意义上的虚拟社会治理本质上是在网络空间内生成虚拟行为规则并以此来保持一种有序的虚拟实践状态。如果深入到虚拟实践内部就会发现，网络空间既有混沌的一面，也在掌控之中，其本身就是一个硕大无朋的混序界面。在此界面上，虚拟行为表现出不同的张力作用，而这些张力相互关联和交织，恰好促成了虚拟实践的有序化和不断演化。

从虚拟与现实关系层面看，虚拟世界应该是信息网络技术主导下的一种社会亚形态，而虚拟实践则是信息时代特有的行为方式。站在这个层面上，网络空间并不是孤立封闭的，它不过是现实社会的延伸，是信息社会发展到网络化阶段的一种现实性社会结构形式。其实，这是一个广义的虚拟社会概念，常常被人们称为网络社会，同时也是网络管制主义所强调的大网络边界。卡斯特在《网络社会的崛起》中认为，互联网是一个去中心的、在任何节点都可以沟通的信息网络媒介，充分体现了“网络化逻辑”的结构形态。从这个角度看，网络秩序不过是社会秩序的一个亚形态，因为网络空间也只是整个网络化社会的一隅。基于此，虚拟社会治理就是对网络行为和虚拟实践的有效规制，而网络规制的焦点则是聚集了诸多虚拟与现实关系问题的虚实界面。在这个界面上，社会秩序具有公共产品属性，它不仅要协调虚拟实践而且要影响现实生活，不仅要保护网民权益而且要保护社会公益。因此互联网秩序不仅需要自我组织，更加需要政府管制，否则虚拟社会就会处于不确定和不可控状态。

从互联网国际治理层面看，虚拟社会治理既具有跨国性也体现国家意志。首先，互联网有主权问题，如中国域名.cn当然属于中国的主权范围，要由主权

〔1〕 苏国勋主编：《当代西方著名哲学家评传》（第十卷·社会哲学），山东人民出版社1996年版，第365～366页。

国来管辖。其次，互联网虽有国际网关等防护系统，但却没有物理边界也很难划定边界，因此管辖权具有模糊性。此外，互联网关键资源的分配管理，如顶级域名的管理权归属、域名根服务器的掌管等，都关系到各国的国家安全和国际竞争力，也都是互联网国际治理的焦点问题。近年来，网络安全、垃圾邮件、网络立法、内容管制、知识产权以及美国对DNS根区文件的单边控制等互联网国际治理问题日渐升温，逐渐汇聚成虚拟社会治理的国际界面。在这个界面上，互联网国际治理问题很多也很复杂，但绝大数国家的核心诉求是主权公平问题。因此，国际治理层面的虚拟社会治理需要建立一个主权公平的跨国治理机制。

（三）谁是虚拟社会治理的权力主体？

无论是从网络技术的工具逻辑还是虚拟实践的共生特性看，抑或从虚拟秩序聚焦的三个边界性问题出发，虚拟社会治理的权力主体都应该是多元的。通过这种多主体互动，众多网民个体、网络群体以及政府部门将形成一种协同管理结构，借以建构、维持和不断完善特定形态的网民生活范式和网络合作关系。在生活论视野下，虚拟社会治理关乎“我们”在互联网环境下的社会生活范式和互动合作框架，而这个“我们”包括所有相关者即众多网民个体、网络群体、国家管理者乃至全社会成员。应该看到，互联网虽具有自组织功能，但虚拟社会治理并不是由无数个网民“自动”完成的；同样，虚拟实践当然需要规范和约制，但虚拟社会治理目标的达成还是要靠全体社会成员在日常生活和互动合作中得以实现。因此，虚拟社会治理的权力主体具有多元性，并且各个主体之间要以平等的地位共存和互动。也就是说，任何主体都不能有先验的价值霸权，每一个主体都只能在与其他主体协同发展的过程中去显现自我成长的价值合理性。这样，多元权力主体之间就以互联网为平台形成了一种协同一致的关系结构。这种关系结构是一个以共同建构和不断完善虚拟社会生活范式和合作框架为功能的多主体协作系统，是社会目标赖以实现的组织基础。

在多主体权力结构中，虚拟社会治理不仅限于政府职能，还包括其他主体以及社会自身的管理，它应该是多元主体以多样化形式进行的协调活动和秩序化过程。由于多主体权力结构能够在相互作用中产生协同效应，因而比现行的科层体制具有更大优势。基于这种权力结构，政府管理主体将致力于形成一种承认、保护和促进自主性虚拟社会的大环境；网民公众、网络组织也要通过自我完善而形成高水平对话能力和高效协调机制。一般而言，一个完整的多主体权力结构应该由三个机制耦合而成：其一是自律机制，即多元主体自身的自主管理功能。虽然多主体权力结构也会出现引导行为，但它是基于共同准则的相互性逻辑，而不是正式的权威关系。其二是他律机制，即政府功能的有效发挥。相对于“自律”而言，政府“他律”不仅是其应尽的职责，更是事关网络正义的制度架构。其三是互律机制，即多元主体之间的相互制约。它要求各类网络主体平等对待不同诉求、规范参与虚拟实践、理性协商有关虚拟社会治理问题。

（四）虚拟社会治理是否存在国家与民族特色？

互联网的出现把“工具脱域”发展到前所未有的水平，人类作为一个整体已经被网络所笼罩，其日常生活和相互合作几乎全部附着于网络平台之上。那么，在网络大行其道的当下，是否还存在虚拟社会治理的国家与民族特色呢？经验告诉我们，真正使用互联网工具的不是作为“类”的人，而是现实中的自然人，他们在虚拟实践中又往往是“群”而居之的，这就是前文说过的“群”组织模式。恰是这网络中无所不在的“群”，奠定了虚拟社会治理的国家与民族特色。

首先，“群”组织模式为网民生活范式和网络合作关系打上了国家（地方）印记。在人类学界，一直存在“普遍主义和历史特殊主义之争”。[1]互联网问世以来，吉尔兹的地方性知识理论受到“普适性神话”的强有力挑战，盛行于世的绝对主义和普遍主义对所有地方的、民族的实践方式和知识体系都予以贬斥。但实际上，人类生活范式和相互合作模式在相当程度上依赖于个性化、地方化“体验”。从工具的角度看，互联网只是一个为所有人提供创造性体验的公共平台，人们在工具应用过程中得到的都是具体的、经验的个性化知识。从实践生成的角度看，人们似乎对互联网的技术理性维度重视颇多而对其技术体验维度多有忽视，但网民正是通过技术体验创造了地方化、个性化虚拟实践范式。更重要的是，“群”组织模式的具体形态与网民的“惯习”关系极大，而惯习当然是个性化的。这些个性化的惯习在相互作用、相互影响中可以汇

---

〔1〕 叶舒宪：《地方性知识》，载《读书》2001年第55期。

聚成网络中的地方性知识，其中的一部分还可能被标准化为局域性的网民生活范式和网络合作模式。

其次，"群"组织模式富集了特定的民族文化元素。互联网工具的任何功能都要依赖于相应的共享符号系统，这就注定了虚拟实践行为一定是虚实共生的。剖开来看，虚拟行为之虚，有赖于语言文化之实；自然人之实，造就了网中人之虚。与此相联系，网络行为人并不是"自在之物"，而是虚实共生的在线者，其网络生活范式必然脱胎于现实的民族文化。网络合作更是如此，意义交换要在同一个符号系统中才能实现，而同一个符号系统内必然富集了特定的民族文化元素。从这个意义上说，网络主体的虚拟性是扎根于现实主体的实在性的，它不过是现实主体在虚拟生活中的一种形态。如此一来，一个具体的"群"，一定是一个富集了特定民族文化元素的组织单元。

综合起来看，活跃在虚拟实践中的各色网"群"，都具有地方元素和民族元素双重富集特征。以此为基础，网民生活范式和网络合作关系就会呈现出特定的地域、民族之风，从而使一国的虚拟社会治理具有不同于他国的个性特点。微观地看，互联网工具所依托的虚拟实践群仅仅是一系列富集着特定地方、民族元素的组织单元；就宏观而言，这类虚拟实践群终将会建立起相应的特色行为方式并且彰显其国家民族特色。现实中，一国的虚拟社会治理不仅要具有国家特色而且要兼备世界特征，但怎样获得这两种禀赋则是一个相当复杂的社会选择过程。

第八节　网络治理：政策工具与推进逻辑*

目前，关于网络治理的讨论尚处于大而化之阶段。由于每一种模式都是多种政策工具的综合运用，因此并不能以"最小单位"的量级精细地识别相互间的差异性。实践中，受网络建设方式和现实新闻制度的影响，不同国家的网络治理会呈现出各自的推进逻辑和工具组合策略，而网络治理的跨地域、超国界特点客观上要求使用具备世界禀赋的政策工具。因此，有必要对现有政策

* 原载《兰州大学学报》(社会科学版)2015年第5期。

工具的可通约性进行检视，进而形成并不断充实网络政策工具谱。以此为基础，可以深入分析和比较不同网络观指导下的治网逻辑和工具偏好。

一、网络治理形态的影响因素与政策工具的可通约性

在治网实践中，互联网建设的投资方式会对网络治理形态具有决定性作用，现实新闻制度也会对网络治理形态产生亲和性制约，从而使不同国家的网络治理呈现出互有区别的推进逻辑。但由于互联网已成为人类共享的神经系统，网络治理已超越了国家疆域和民族居所，因此对政策工具的可通约性和世界禀赋提出了客观要求。

（一）互联网建设方式对网络治理形态的决定性作用

历史表明，社会治理的具体形态在本质上要与由生产力水平所决定的经济活动方式相对应。在信息经济时代，互联网建设方式在很大程度上决定了网络治理的具体形态，起到了最基础的决定性作用。实际上，“人类对不同的资源基础的选择和依赖既是社会文明变迁的一种内在依据，又是社会文明发展不同阶段的重要标志。目前人们对信息资源的高度重视和作为主要的资源基础，正表明了社会化的重要特征”。[1]信息技术与信息资源的综合形式，就是所谓“信息高速公路”，它可以支持信息获取、传输、处理和利用全过程，并与国际互联网络一起改变人们的交流、工作和生活，成为信息社会的中枢神经。很容易理解的是：谁投资建设了互联网，谁就获得了网络治理的话语权。

西方发达国家一直在依靠私营机构和市场力量来推动互联网建设。以美国为例，1993年颁布的“国家信息基础结构计划”提出了其互联网建设目标，即用20年时间，投资4000亿～5000亿美元，实施一项永久改变美国人工作和互相沟通方式的跨世纪工程。1994年，美国允许商业资本介入，互联网从实验室进入了面向社会的商用时期。1996年10月，克林顿政府表示支持“下一代互联网（NGI）动议”，以促进高速网络的发展。此后，美国的124所大学及众多厂商投入到被称为Internet2的浩大工程中，并于1998年取得了巨大进展。为应对2009年金融危机，奥巴马政府设立了72亿美元资金支持宽带发展，将网络基础设施建设纳入经济刺激计划之中，意在推进互联网与其他产业深度

---

〔1〕 胡继武：《信息科学产业与信息》，中山大学出版社1995年版，第205页。

融合，继续保持在网络技术领域的领先地位，把美国打造成“世界宽带灯塔”。秉承其传统的市场化优势，美国特别强调私营机构的投资份额，“信息高速公路”计划虽耗资巨大，但仍希望私营机构能够承担大部分投资，并成为开发产品和开展服务的主要执行者，政府的主要作用是创造一个能使市场力量起作用的环境。可以说，美国很早就走上了市场化的互联网建设之路，其市场运作非常成熟，网络经营者可以根据政府规划和市场需要，不断调整各自的网络发展策略。由此所决定，美国逐渐确立了与互联网建设体制相适应的社会治理形态，其特点是通过市场调节和网络行业自律来达成社会治理目标。实践中，除违法行为须依法惩处外，主要依靠网络行业自律与市场调节来进行日常管理，并以法律的手段来确保自我调节的有效性。

许多“后发”国家尤其是那些具有东方文化背景和管理传统的“后发”国家，其现代化并非是由企业投资推进的“自下而上”路径，而是政府直接投资的“自上而下”路径。在“自上而下”的现代化模式下，公共机构的投资是必不可少的，即使像日本和韩国这样的资本主义国家，也是由政府承担基础设施、基础理论、网络服务等方面的投资。作为现代化建设的核心工程，这些国家的互联网建设始终是在政府的主持下进行的，因此国家政府在网络治理中先赋地获得了“为主”的定位，其调控作用一定程度上要胜过市场力量。值得重视的是，由于各国经济体制和政治制度的差异，同样是“后发”国家，其网络治理的具体形态也是差异很大的。现实中，日本围绕科技立国建立其网络治理体系，技术控制与法律监督并举，民间组织与政府部门协同。[1]韩国则在世界上最早设立了互联网审查机构，实行网络黑名单制和网络实名制。新加坡的网络治理多有成功经验，主张多管齐下、严格立法、安全第一。[2]这说明，虽然互联网建设方式在很大程度上决定着网络治理形态，但政府的定位和行为方式仍然具有很大的选择空间，是一个可以进行自我选择和动态调节的变量。

（二）现实新闻制度对网络治理形态的亲和性制约

新闻制度，是对新闻事业进行管理的国家新闻法律、政府部门规章、媒体行业协会制度、媒体自律制度的总称。虽然各国新闻制度差异极大，但都可以

〔1〕 詹真荣、刘阳：《世界典型国家互联网监管实践及其启示》，载《中共杭州市委党校学报》2011年第2期。

〔2〕 李娅、刘宁：《网络监管的国外经验及对中国的启示》，载《理论学习》2010年第11期。

从媒体归属、新闻自由、新闻监督、内容规制等方面进行分析和比较。由于互联网具有强大的信息发布功能，也由于网络新闻对传统新闻构成了极大的冲击，因此网络素有“新媒体”“自媒体”之称。这就使网络治理与新闻治理有一种近乎天然的亲缘关系，并直接转化为现实新闻制度对网络治理形态的亲和性制约。

从媒体归属方面看，不同国家存在着巨大差异。在西方发达国家，一般是所谓媒体民有，即媒体主要由民间资本举办，归民间资本所有。在这个格局下，相应的网络治理工作也要依托既有媒体管理机制进行并且各有其特色，如路透社措施详尽、实用性强，针对不同的第三方社交网络平台制定不同的操作细节；美联社强化个人管理，对员工个人如何使用社会化媒体进行详细指导；澳大利亚广播公司（ABC）强调对主体的全面管理，全方位规范有关政策的适用主体、适用时间以及相关法律风险等。[1]在我国，新中国成立之初就确立了新闻媒体归属国家的原则，并逐渐具体化为新闻媒体国有制、出版机构主办单位制、电台电视台行政化，以及互联网站特许制。近年来，西方国家的网络媒体越来越多地介入政务公开、总统选举和政党运营等公共领域，我国也在推进媒体的企业化改制等多项改革，因此网络媒体在总体上呈现出多元化归属趋势。

从新闻自由方面看，这个原本是欧美等国为争取出版自由而起的热词仍在与时俱进，通常指政府通过宪法或相关法律条文保障本国公民言论以及新闻出版界采访、报道、出版、发行等的自由权利。现实中，人们对新闻自由的理解各不相同，各国对新闻自由的把握差异也较大。在媒体归民间资本所有的西方，一般将新闻自由理解为媒体自身的权利，即传媒独立报道、自由评论、充分竞争、不受权力控制等外化制度，因此国家的意识形态要素和社会调控功能是内化于新闻业务的。相应地，在媒体非民间资本所有的国家，一般将新闻自由理解为公民使用媒体的权利，即可以在媒体上自由表达自己对国家事务、经济和文化事务、社会事务的见解和意愿。由于网络“自媒体”的出现，公民的表达方式逐渐突破了媒体“把关人”和政府的压力，但无论是媒体所有者还是政府管理部门都在试图通过新闻制度转型来适应网络媒体的发展。

---

〔1〕 宋青：《十家国外新闻机构社会化网络管理的借鉴意义》，载《传媒观察》2013年第3期。

从新闻监督方面看，无论是媒体、政府还是民众，都有着较为一致的看法，即所谓监督官员、保护公民。从一定意义上说，它是新闻自由权的延伸和运用，被认为是发挥媒体的公器作用和“第四权”的监督作用。由于新闻监督针对的是政府官员、社会组织或权势人物的违法、违纪、违民意行为，因此需要必要的法治保障如新闻记者享有采访权、报道权以及人身权利等。在网络信息时代，新闻监督应该是公民集合力量行使监督权的前锋形式，它把政府权力运行中的热点问题与公民最切实可行的监督手段有机结合在一起。如果说新闻监督在传统媒体中更多地发挥着媒体的公器作用，那么在网络媒体中则更多地表现为公民集合力量的监督权利。值得注意的是，互联网强大的信息搜索和传播能力可以使新闻监督取得“倍增”功效，但同时也出现了“人肉搜索”被乱用等侵犯个人隐私现象。

从内容规制方面看，传统媒体时代以新闻自由之名排斥内容规制的观点已被网络媒体所改变。目前，各国的普遍共识是：对网络内容进行规制有利于国家安全、社会公德和社会秩序，可以使网络媒体步入良性轨道。恩格尔总结归纳了网络内容管制的主要办法：一是规制国内提供者，如德国颁布法规对不良内容进行规制，其中大多带有惩罚性；二是规制外国提供者，可运用国际法如《反对传播淫秽出版物协定》《防止和惩罚民族屠杀公约》《联合国人权公约》等来规制源于国外的不良内容；三是规制网络使用者，许多国家已把不良内容使用者列为规制对象；四是规制网站经营者，如美国新电信法规定蓄意为不良内容提供方便的网站经营者要承担法律责任；五是规制互联网供应商，一般要求互联网供应商做出一些反不良内容的技术保障。[1]

（三）“脱域”现象与网络政策工具的可通约性

人类历史上的每一项重大技术进步都是其肢体或心智的延展，都可以带来摆脱自然界束缚的又一次飞跃；而前一次飞跃，又成为再一次延展人类肢体或心智的前置基础，从而渐进地确立人对自然的主导地位。吉登斯曾经用“脱域”概念来说明近代以来人类社会关系日益脱离传统地域限制并形成新的时空组合的复杂过程。他认为：“社会关系从彼此地域性关联中，从通过对不确定的时间的无限穿越而被重构的关联中‘脱离出来’，由脱域唤起的图像能够

〔1〕 查先进：《面向高速信息网络的信息资源有效配置》，载《情报学报》1999年第3期。

更好地抓住时间和空间的转换组合，这种组合一般而言对社会变迁，特殊地说对现代性的性质，都是特别重要的。"[1]事实上，吉登斯所言的"脱域"现象在人类社会中一直存在和发展着，只不过是近代以来更为突出罢了。也就是说，人类社会一直行走在逐渐摆脱时空约束的进化之路上，而且每一次成功都是依赖于技术进步才得以实现的。在此过程中，新一代技术不断打破旧技术的时空限制，未来的技术总是以进一步脱域为发展方向。

那么，在互联网已成为人类共享神经系统的当代社会，人类肢体和心智是否已延展至空前水平，以至于出现"脱域"现象质的飞跃呢？就本质而言，信息技术是人的信息器官的扩展。"如果说，印刷术和印刷机的发明导致了第一次信息技术革命，使人类社会从农业社会进入到工业社会，那么计算机与通信的结合、信息高速公路和多媒体技术的发展将导致第二次信息技术革命，这场新的革命将使人类社会从工业社会跃进到信息社会"。[2]从"脱域"的角度看，互联网作为巨型人造信息器官，使人类生存方式发生了革命性变化。按照符号论者如米德或者控制论者如维纳的观点，人与人之间的沟通是人类社会最根本的基础，以至于社会"只能通过研究信息和通讯工具来认识"，而人也成为"一种通信存在性"。[3]事实上，互联网就是一个高技术符号交换系统，它提供的基本功能就是所谓"在线沟通"。由于社会由相互沟通的社会成员整合而成，因此互联网这一巨型沟通工具就成了推动人类生活进步的革命性杠杆。人们利用这一巨型沟通工具，可以有选择地进行人对群、群对群、群对人的互动，从而实现了点面交织的网状沟通。这样，人类就由实态生存演进为虚实兼在的生活样态，从而奠定了虚拟社会的技术基础。在此基础上，互联网的快速发展和普及应用逐渐演化为一种由技术及经济再及社会的复合式信息化进程，人们在由工业文明跃升为信息文明的同时，终于彻底挣脱了地域的限制。

此时，关于网络治理就成了一个全球化的共同话题，而有效的网络政策工具也必然是那些能够体现"最大公约数"即具备世界禀赋的治理手段。这首先是因为，互联网作为覆盖全球的技术架构，客观上需要运用可通约的政策工

〔1〕［美］吉登斯：《现代性的后果》，田禾译，译林出版社2002年版，第18页。

〔2〕金吾伦：《信息高速公路与文化发展》，载《中国社会科学》1997年第1期。

〔3〕［荷兰］E.舒尔曼：《科技时代与人类未来——在哲学深层的挑战》，李小兵译，东方出版社1995年版，第177页、第13页。

具来进行调适。其实，现实治理中存在无数行之有效且富有个性的治理手段，但大量只适用于小范围的个性化政策工具对于互联网这个庞然大物而言效果并不显著。只有那些在不同地域共同使用的通用型政策工具，才能用于互联网治理实践。还有就是，只有具备世界禀赋的政策工具才能取得与各国各民族政治制度、社会环境的最佳适配度。应该认识到，互联网虽是一个全球性技术架构，但网络行为却发生在一个个具体的区域性社会中，这就要求网络政策工具与各种政治、经济、社会环境都具有良好的适应性。显然，只有那些能够体现最大公约数的政策工具才能满足这一要求。从这个意义上说，所谓网络治理的世界禀赋，就要选择和运用那些能够体现最大公约数即具备世界禀赋的政策工具。

二、基于可通约性检视的网络政策工具谱系

就实质而言，网络治理是为实现合秩序状态而进行的虚拟实践有序化过程，它在微观上表现为网民生活样态的范式化，并在宏观上呈现出网络合作关系的模式化。在此过程中，用以调控网民行为的“手段”是多种多样的，可对其进行可通约性检视和谱系排列。

（一）关于网络政策工具的一个谱系排列

“初看起来，‘政策工具’的概念似乎很简单，然而，事实上，对工具概念的描述还是十分困难的”。[1]在研究实践中，通常会依据一定的特性和标准对常用政策工具进行分类和排序，建构出一个“网络政策工具谱”。

西方很多学者对政策工具的识别与分类做出过贡献，其中加拿大学者霍莱特和拉梅什在《研究公共政策：政策周期与政策子系统》中提出的自愿性工具（voluntary instruments）、混合性工具（mixed instruments）、强制性工具（compulsory instruments）三分法最为流行。沿用这种按“政府介入程度”的分类方法，可以对各国网络治理实践的既存“手段”进行通约性检视，进而识别和归纳出12种通用性网络政策工具。

以此为基础，根据每种工具承载主体与效用特征的不同，可以将12种常用工具简化为四种类型即自愿性工具、疏解性工具、调节性工具、规制性工具，

〔1〕［美］B.盖伊·彼得斯等：《公共政策工具——对公共管理工具的评价》，顾建光译，中国人民大学出版社2007年版，第13页。

从而形成图1所示的网络政策工具谱。显而易见，逐一分析网络政策工具谱中每一种工具的特点和效用，是对互联网进行有效治理的理论基础和应用前提。

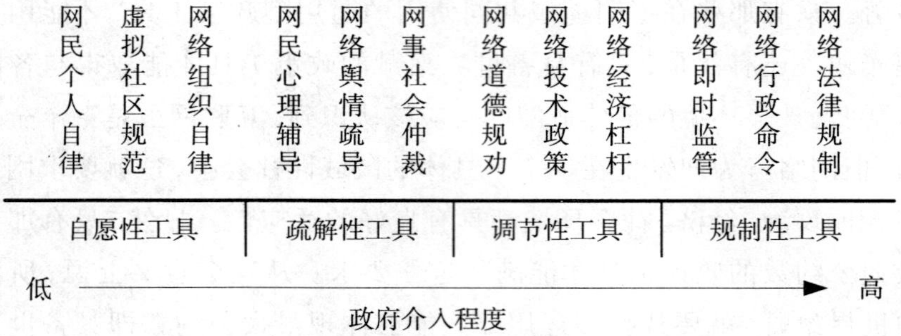

图1　网络政策工具谱

（二）自愿性工具的功用与构成

政策工具实际上是一个较宽泛的概念，如霍格威尔夫所言：它“是行动者采用或者在潜在意义上可能采用来实现一个或更多目标的任何东西”。[1]从这个意义上去理解，当人们基于一定的诱因或出于某种内在驱动力而自主、自愿地完成网络治理任务时，就实现了自愿性工具的功用。也就是说，“这种工具是指在所期望实现的任务上，政府较少的介入，而由民间力量或市场自主运作”。[2]在虚拟社会治理中，可通约的自愿性政策工具主要有：网民个人自律、虚拟社区规范、网络组织自律。

网民个人自律是虚拟社会治理过程中网民自身的自主管理功能。美国“十分注重通过道德和规范引导来建立个人自律机制，如通过学校教育、家庭教育和社区宣传等多种手段，积极引导互联网使用者树立正确的价值观，唤起其追求真理、维护正义，保障国家和社会安全的责任感和使命感”。[3]网民个人自律应该是虚拟社会治理的一个基础性机制，而其本身又要建立在网民自身素质基础之上。为此，需要深入探讨通过道德修养和社会规范来引导网民达成网络治理的自愿性机制。

〔1〕［美］B.盖伊·彼得斯等：《公共政策工具——对公共管理工具的评价》，顾建光译，中国人民大学出版社2007年版，第13页。

〔2〕M.Howlett and M.Ramesh. Studying Public Policy. *Policy Cycles and Policy Subsystems.* Toronta Oxford University Press，1995，p.83.

〔3〕张玉亮、陆瑶：《国外突发事件网络舆情信息流导控模式及其对中国的借鉴》，载《湖北社会科学》2013年第7期。

虚拟社区是指在互联网上形成的，由相互间联系相对密切的网民所组成的虚拟生活共同体，[1]而虚拟社区规范则是相应社区形成的行为准则。这种行为准则一般是成文的，每个社区成员都可以感受得到并且有义务接受管理。由于虚拟社区是以成员之间的“归属感”为基础的，因此虚拟社区规范虽是一种正式、刚性权力，但却是在加入社区时以“接受”的方式自愿产生效力。比如，有人以“天涯人”自居，就是因为他们在虚拟天涯社区找到了归属感。深入其中你会发现，这种归属感依赖于一系列相对完善的治理体系，每一个板块都在用成文的或约定俗成的规则进行自愿性约制。

网络组织自律指网络行业协会和网络民间组织的自我约束机制。在互联网发达国家，形形色色的网络行业协会和网络民间组织承担了非常重要的网络治理职能，是政府与企业、政府与网民、网络经营者与消费者之间的中介和桥梁。网络组织自律通常是通过制定相关行业规范和组织规章来确保其成员合乎法律规定和道德要求，如美国计算机协会制定的《网络伦理八项要求》、美国计算机伦理协会制定的《计算机伦理十戒》等。这些要求和戒律，都源于共同准则的相互性逻辑，而不是正式的权威关系，体现了社会组织的自组织能力和社会力量的自愿约制机制。

（三）疏解性工具的功用与构成

疏解性政策工具是借助网络平台，进行网民心理辅导、疏导社会情绪、调节社会纠纷的网络治理手段。网络为人类打开了虚拟生存之门，同时也引发了前所未遇的生活烦恼。比如，因网络交往带来的人际信任难题、因沉溺网游引发的心理疾患、因网络舆情触发的社会不良情绪、因网络侵犯行为造成的社会纠纷等。在虚实不断转换的后现代生活中，接踵而至的网络问题不断增大着社会张力，网民不仅需要现实的物质基础和精神疏解，还需要面向虚拟生活的精神疏解和心理调适。从性质上说，疏解性政策工具并非完全基于民间的自愿，而需要政府和民间共同参与，常常是政府指导下的民间活动。在网络治理中，可选择的疏解性政策工具主要有：网民心理辅导、网络舆情疏导、网事社会仲裁。

---

〔1〕 Frank T. Rothaermel, Stephen Sugiyama. Virtual Internet Communities and Commercial Success: Individual and Community-level Theory Grounded in Theatypical Case of Time Zone.Com. *Journal of Management*, 2001.

网民心理辅导是针对网络中存在的个体心理疾患或群体心理恐慌所实施的介入手段。网民心理辅导与现实心理辅导极为相像，可视其为临床心理手段在网络条件下的延伸和发展。目前，网络成瘾症、网络孤独症并不少见，也应该是网络治理中的一大顽疾。但作为一种政策工具，网民心理辅导更加关注的是那些群体性心理恐慌，因为它可以由网络外溢至现实，由心理恐慌发展为社会恐慌，进而冲击正常的社会秩序。在群体性心理恐慌开始出现，社会恐慌有可能蔓延的时候，通过针对性网络心理辅导予以干预，是保持网民心态平衡不可或缺的关键一环。

网络舆情疏导是以网络为平台，围绕社会热点、焦点问题，尤其是有可能引发群体性事件的公共问题所进行的疏通和引导。由于网络舆情是通过互联网表达和传播的公众态度，因此，作为政策工具的网络舆情疏导既是一种传播调控手段，也是一种态度转变技术。从传播调控角度看，网络舆情疏导就是运用网络传播规律将网络舆情导向既定方向，包括如何掌握议程设置权、怎样发挥主流网站的引导作用、如何发挥“意见领袖”的影响力等问题。从态度转变角度看，网络舆情疏导就是运用态度改变方法影响网民对特定事物的评价和行为倾向，包括如何增加所提供信息的作用力、怎样弱化网民的自我防御等方面。

网事社会仲裁，是指对网民争议进行第三方判断或裁决的一种社会机制。现实生活中，人们的合法权益受到损害时必然要寻求第三方解决办法。在我国民间，关于家事、邻里纠纷的第三方裁决方法古已有之，那些受到尊敬和信任的族长、前辈、师长、朋友、领导都可以在争议双方自愿的前提下充当仲裁者。在网事纠纷日趋增加的云计算时代，可考虑在政府指导下创新民间网事仲裁公断机制，并作为网络政策工具加以运用。在此架构下，日常网事纠纷大多可由民间网事仲裁机构予以调处，重大网事纠纷或民间无力解决的网事纠纷则可由司法仲裁程序解决。

（四）调节性工具的功用与构成

调节性政策工具与疏解性政策工具的不同在于，它不是被动地在网络问题发生之后去疏导和裁决，而是主动地发挥道义的、市场的、技术的调节作用，借以引导网络发展方向。同时，由于调节性政策工具要依托于人文环境、资源配置、技术评估等非管制机制，因此是一种力道适中、自主运用的手段。在一个市场发育较完善、核心价值体系较稳定、网络技术有序化的环境中，调节性政策工具可以发挥核心作用。在网络治理中，普遍采用的调节性政策工具主要有：网络道德规劝、网络技术政策、网络经济杠杆。

网络道德规劝就是运用社会核心价值的感召作用，对网民行为进行指导和规范。将网络道德规劝作为一种政策工具来使用，前提是社会已形成一套明确的核心价值，并将其具体化为相应的网络道德规范。网络道德是一种非正式规范，它一旦得到绝大多数网民的认同就会产生巨大的约束作用。要建立使网络道德规劝发挥作用的网络环境，需要设置一些对网络不良行为的警示渠道。日常生活中的一次皱眉、一声不满都可以对过错行为发出警示。如能在虚拟社会设置相应的警示渠道如南加利福尼亚大学归纳的“六种网络不道德行为”，则可以有效阻止网上不良行为，令当事人在网络舆论压力下主动矫正其过错。

网络技术政策就是运用技术评价和技术控制等手段，对互联网发展和运营进行指导和规范。从技术评价角度看，网络治理涉及“安全”“发展”“风险”“创新”等核心议题，而谁为前置主题则事关一国互联网事业的可持续性。为此，需要对网络新技术、新应用进行风险评估和前置审查。在此过程中，行政部门、行业主体和社会第三方均可提供相关的风险识别参数、风险估计要素、风险驾驭要则、风险监控措施。从技术控制角度看，各国常用的手段就是网络内容分级和过滤，如美国的PICS和Net Nanny，德国和英国的“互联网标签技术”等。诸如此类的问题，需要在互联网发展前置主题、有关法律法规指导下综合考虑，并将其集成为一国的网络技术政策。

网络经济杠杆，就是要发挥市场在互联网发展中的资源配置作用。除大规模网络基础设施建设外，网络产品开发主要集中在三个方面，即网络硬件产品、网络功能开发和网络信息产品。由于网络产品更新换代较快、竞争较为激烈，因此供求关系和市场环境极为重要。网络经济杠杆利用了投资者、消费者趋利避害的共同本性，既可以弥补道德规劝的不足，又可以避免政府管制的强硬色彩。在市场发育较完善的环境中，国家用以调控市场的各种手段如补贴、税收、使用者付费等都可以开发为网络政策工具。这样，政府就有了可以灵活调节网民行为的经济杠杆，并以此来调节互联网发展和网络产品开发的方向、力度和节奏。

（五）规制性工具的功用与构成

规制性政策工具是用强制和直接行动的方式对网民组织和网络行为进行规制，以达成预期的政策目标。规制性工具在现实社会中不仅历史悠久并且被认为是维护社会秩序所必需。近年来，由于网络社会问题不断干扰正常社会秩序，规制性工具以其维护公共利益的功能优势被网民所期待。越来越多的人认识到，规制性工具是网络治理不可或缺的工具，如新加坡主张政府必须强制介入互联网管理。在网络治理中，运用较多的规制性政策工具主要有：网络即时监管、网络行政命令、网络法律规制。

网络即时监管就是设置某种被赋予法定权限的专门机构，对互联网运营、网络信息和网民行为进行即时监管或直接干预。由于规制性工具的前提是治理主体具有合法使用强制力的权力，因此，执行网络即时监管的专门机构应该是法定主体，并且只能在法定权限内履行网络监管职责。在具体实践中，因各国各地区的政治体制不同、意识形态各异，所以执行网络监管任务的专门机构也应该是多样化的。比如，可以是政府部门，也可以是行业组织，还可以是“第三方”机构；可以独立设置，也可以作为既有机构的附设职能；可以被赋予“删帖”等直接介入权，也可以仅有监督、报告权。

网络行政命令是指国家行政机关运用指示、命令和其他行政措施，对网民组织和网络行为进行强力规制。一种政策工具的强制性越强，就越容易达成短期目的，但付出的社会成本较高。其中，规制程度最强的治理手段就是网络管制，即以政府权力为后盾、依据有关法律法规、通过限制人们的网络行为来达到政策目标。网络行政命令的治理主体是政府，而其作用对象则是众多网民个体，因此会遇到执行难等实践问题。在网络治理实践中，网络行政命令常常避免直接面对网民本身，而是利用行政处罚、经济制裁等强制性稍弱的手段来贯彻政策目的。值得注意的是，网络行政命令需要依靠具有威胁性的强制力量才能实施，容易产生抑制网络活力等负面效应，若使用不当会产生较大的消极后果。

网络法律规制是用法律的形式规定网民的权利、义务和行为规范，并通过国家强制力保证其实施。网络法律规制具体表现为网络法律、网络行政法规、网络部门规章、地方性网络法规等，具有稳定性、规范性和可预期性等特点。互联网的社会属性改变了人与人、人与信息的相互关系，越来越多涉及国家安全、行政管理，以及网民财产、个人权益的事件被嵌入网络。在网络治理实践中，法律是不可缺少的最重要的政策工具，其内容涉及公共秩序、国家安全与犯罪、未成年人保护、网上隐私权等多个方面。目前，世界各国都把网络法律规制视为最重要的规制性政策工具，以法律形式确定网络治理的主要调整对象及调整方法，以增强依法治网的力度、精度、信度。

三、不同网络观指导下的治网逻辑和工具选择

迄今为止，人们对“互联网是什么？”并无统一认识。一国对网络属性的不同定位将决定其网络治理的思维模式，并体现为相应的治网逻辑和工具组合策略。具体而言，可以将网络定位于有别于现实社会的“异时空”，或是现实社会延伸出来的“亚社会”，抑或是区别于传统媒介的“新媒体”。

（一）网络“异时空”观的治网逻辑与工具组合

如果把互联网看作是有别于现实社会的“异时空”，网络空间(cyberspace)就是许茨所言的“有限意义域”，即相对独立的生活场域。[1]在网络“异时空”观的视野中，网络空间是一种与现实社会相异的技术时空，是由信息通信技术构建起来的可以承载人类生命内涵的实践场域，本质上是一种新的社会关系和社会形态。这种网络“异时空”观，源于被誉为21世纪方法论的复杂性科学。在复杂性论者看来，互联网看起来混沌，却处于“从无序到有序”的过程中，因为它是一个具有自组织能力的复杂系统。在这个系统中，虚拟行为是随网民个人随机而动的，而众多网民的自主行为又可以通过相互作用、相互适应“涌现”出整体行为特征，这些整体行为特征的反复出现就可以固化为虚拟行为规则和网络秩序。

网络“异时空”观的治网逻辑是：对于一个自组织系统而言，无序恰是有序的始点，演化总是指向秩序的，因此网络治理就是网络行为规则生成和虚拟实践有序化的内在过程。由于网络“异时空”观强烈主张网络治理的自我可达性和内化过程，反对国家政府对网络空间的管理，因此有网络无政府主义

---

〔1〕 按照许茨的理解，人的生活世界是具有多种维度的，“只要主体之某一部分经验表现出特定的认知风格，并且就这种风格而言前后一致且彼此相容”，那么它就构成一个“有限意义域”。参见苏国勋主编：《当代西方著名哲学家评传》(第十卷·社会哲学)，山东人民出版社1996年版，第365～366页。

(cyberspace anarchism)之称。在网络无政府主义看来，现实法律规则缺乏管理电子空间和网络行为的可能性和合法性。其中一个广为流传的代表性观点是：网络空间“无法被规制”，它“天生的能力”就是抵制规制，那正是它的性质、它的本质使然。按照网络“异时空”观的治网逻辑，网络治理应该以自律自理为主、政府规制为辅，对网络政策工具的选择要体现自愿性工具优先的原则。

首先，网络治理的基本格局是政府指导下的多主体自律。如美国以分散式网络治理著称，逐渐形成了一种“以‘自由’之名，强调自律”[1]的多元体制结构。其他如英国，加拿大、欧盟，也都根据自己的国情形成了倚重自律机制的网络治理格局。这种分散式网络治理格局以社会需求为导向、以自愿性政策工具为基础，着重强调网络界自身的网络分级制度和从业者的自律规范。

其次，自愿性网络政策工具较为完善。在美国，行业协会是政府和行业的沟通平台，一方面，为行业内厂商提供合作机会，采取措施保证其权益不受侵害。另一方面，不断推动行业自律以确保其行为符合法律和道德准则，对于“违规”者，行业协会采取措施迫使其改正行为。[2]同时，民间组织也建立了自律模式，通过自觉摸索、试验和示范来引导和推动互联网的健康发展。[3]还有，就是强调社会主流意识引导下的主体自律，网站大都制定有发帖规则，网民不仅要自律遵守，还可通过电子邮件举报他人的违规行为。

再次，自愿性工具与其他政策工具配套良好。美国网络治理以行业协会、民间组织、网民个人的全方位自律为基础，但其他政策工具也发挥了良好的配套作用。如经济手段的调控作用、技术手段的管控作用、法律手段的规制作用，以及网民心理辅导、社会情绪疏导、社会纠纷调节等疏解性政策工具的运用。

最后，具有对规制性政策工具的纠偏能力。1996年，克林顿政府签署通过《通信内容端正法》(Communication Decency Art)，试图规制由网络普及带来的保护未成年人问题，但却引起了广泛争议和普遍不满。1997年6月，联邦最

---

〔1〕 陈华栋、于朝阳、胡薇薇：《国内外网络文化建设管理模式比较分析与借鉴思考》，载《思想理论教育》2010年第17期。

〔2〕 石萌萌：《美国网络信息管理模式探析》，载《国际新闻界》2009年第7期。

〔3〕 Pamela Samuelson, University of California, Berkeley Intellectual Property in Cyherspace oderator.http://usacm.acm.org/usacm/events/police98/session7.htm1, www.FCC.gov.

高法院以“违反成年人的言论自由基本权利”为由判决该法案违宪。

（二）网络“亚社会”观的治网逻辑与工具偏好

如果把互联网视为现实社会延伸出来的“亚社会”，网络社会（network society）就是卡斯特意义上的新社会样态，即由信息网络技术引发的社会形态跃升。卡斯特在《网络社会的崛起》中对“网络社会”做了较为详尽的论述。他认为，互联网是一个去中心的、在任何节点都可以沟通的信息网络媒介，其“网络化逻辑”架构起一个全新的社会结构形态。在网络“亚社会”观的视野中，网络社会就是所谓“后工业社会”，是人类社会发展到信息文明阶段的现实称谓，而网络空间则是整个网络化社会的一隅，亦即现实社会的延伸。这种网络“亚社会”观与社会进化论同源，并且以公共管理立场来理解网络治理问题。站在这一立场上，网络社会的“失序”是社会进化的自然现象，而现时政府的历史使命就是通过公共政策供给重拾社会秩序，政府的责任既无可推卸又不可取代。由于网络“亚社会”观强烈主张网络治理的政府责任和外在干预，声称互联网自身无法实现秩序，因此被称为网络管制主义。随着互联网的发展，虚拟社会中的诸多问题不断干扰现实社会秩序，政府在网络治理中的作用愈来愈得到认同，政府也以其维护社会秩序的功能优势为人们所期待。

网络“亚社会”观的治网逻辑是：网络秩序不过是社会秩序的一个亚结构，网络治理就是把现实治理模式植入网络空间并以此来保持网络有序状态。网络行为是当代人类实践的前锋形态，它所衍生出来的无序现象不仅可以妨碍虚拟社会实践的正常进行，而且对整个社会生活造成了直接影响，因此网络治理是社会治理的题中之义。如有学者认为，“第一，网络空间或称‘虚拟实在’（Virtual reality）在其本质上仍然是现实世界（Reality）的虚拟，‘虚拟实在’不是另类社会，不是‘天堂’，而是人类的作品。第二，对网络越轨判定适用的是现实社会中的准则或价值判断”。[1]也就是说，网络治理应该是在现实社会治理框架下对网络行为和虚拟实践的有效规制。按照网络“亚社会”观的治网逻辑，网络治理应是一个政府规制为主、其他政策手段为辅的过程，因此对于网络政策工具的选择应该体现规制性工具优先的原则。

首先，网络治理的基本格局是政府主导下的协同管理。东方国家具有“大

〔1〕 胡新华、陈晓强：《大学生网民群体的越轨及其社会控制》，载《中国青年政治学院学报》2002年第9期。

一统”文化传统，“后发”国家往往存在“自上而下”的现代化惯性，因此有些国家的互联网建设是由政府直接推动的，其信息化进程也是由政府来掌控的。这些国家的虚拟社会并非在网民的自主、自律下孕育成长，而是国家管理下的有计划建设过程。日本是“自上而下”现代化模式的代表，在网络治理上也侧重于强化职能管理部门。早在1957年，日本就建立了一个庞大的综合性信息中心（日本科学技术信息中心）并赋予其特殊地位，此后又建立了产、官、学一体化的信息政策咨询研究体系。这种相对集中的网络治理体系既体现了政府在网络建设中的主导作用，又反映了日本的文化背景和管理传统。

其次，规制性政策工具居网络治理的核心地位。韩国从2002年起推动网络实名制，此后不断修改和制定保护网络安全的法律条款。目前，“已通过立法、监督、管理和教育等措施，对网络邮箱、网络论坛、博客乃至网络视频实行实名制，成为全球网络管理最彻底的国家之一”。[1]新加坡、德国、澳大利亚也都强调政府在互联网管理中的作用，并通过国家法律、政府规章和过滤技术对网络进行管理。

最后，非规制性政策工具存在缺位、弱化现象。我国现行170余部涉及互联网的法律法规中，调整行政类法律关系的超过80%。在具体内容上，多从方便政府管理角度，规定管理部门职权和处罚措施。在规范设计上，多以禁止性规范为主，缺乏激励性内容，强调网络服务提供者和网络用户的责任和义务，网络用户的权利保障相对欠缺。比较而言，规制性政策工具运用较多，自愿性、调节性政策工具受到弱化，而疏解性政策工具则基本缺位。

（三）网络“新媒体”观的治网逻辑与工具选择

如果将互联网看作是由信息网络技术架构的“新媒体”，网络（Internet）就是不同于传统媒体的意见交流和观点表达平台。按照罗素的观点，“某些人具有对他人产生预期效果的能力”[2]，他便具有了权力。由于网络新媒体具有“自媒体”性质，因此可以围绕自行设置的议程去影响、操纵甚至支配社会舆论场，从而在一定程度上决定了某些事件的最终走向。因此可以说，互联网架构了一个足以解构现实权力结构的新场域，它为社会成员的意见表达及其

---

〔1〕 罗静：《国外互联网监管方式的比较》，载《世界经济与政治论坛》2008年第6期。

〔2〕 Bertrand Russell, *Power: A New Social Analysis*. London: George Allen and Unwin, 1938: 25.

聚合形态提供了更加宽松自由的环境和更加不确定的色彩。在网络“新媒体”观的视野中，网络作为当下社会主要的动员手段和传播渠道，既是社会治理的特殊对象，也是社会治理的有效工具。网络“新媒体”观立于传播学和新闻理论之上，认为网络治理应是在既定的新闻制度下对网络媒介及社会舆论场进行有效调控。毫无疑问，各国“新媒体”治理的学理性支撑，就是最基础的新闻传播理论尤其是以此为指导的网络传播行为研究。但是，那些具体的规制活动只能在既定的新闻制度框架内得以完成。

网络“新媒体”观的治网逻辑是：“新媒体”是传统媒体的延伸和当代形式，网络治理就是把现行新闻制度转型为新媒体制度并以此来保持网络有序状态。张品良认为，网络对经典新闻传播理论带来了一系列冲击：网络传媒无法承担“把关人”角色，新闻信息的传播与接受不再被严格控制；网上公众议程不断形成，传统大众传媒的议程设置权遭到瓦解和弱化；网民不再“沉默”，舆论中心被去除，打破了所谓“沉默的螺旋”神话；“沙皇退位、个人抬头”的网络舆论生态，解构了经典的“意见领袖”学说；虚拟与现实相分离，改变了“使用与满足理论”的传媒语境。[1]如同人们把信息社会的经济形态称为“新经济”一样，许多人把网络称为“新媒体”，尝试援用既定新闻制度或将其转型为新媒体制度来规制互联网络。由此，便形成了与各国新闻制度相关联的网络治理体系。按照网络“新媒体”观的治网逻辑，网络治理应是国家新闻制度的组成部分，因此对于网络政策工具的选择应该与新闻规制相协调。

首先，网络治理的基本格局要与国家新闻制度一致。在西方，尽管谁都知道新闻是没有绝对自由的，但政府在新闻领域的任何行为都会被扣上新闻管制的帽子。因此，西方国家的共同做法是将意识形态要素内化于新闻业务活动，而非外化于新闻管理实践。相比之下，具有东方文化传统的国家，其新闻制度的外化约束性更强。我国新闻制度可以描述为“公民有自由、媒体归国家”，从中可以看到政府约束强于行业协会和媒体自律的基本特点。但无论既有的新闻制度为何，都决定着网络治理的基本格局。

其次，主管网络的政府部门要与传统媒体相协调。其实，对互联网进行内容监管是世界各国的普遍共识。但网络同时具有电信功能、新闻传播功能和

〔1〕 张品良：《网络传媒对经典新闻传播理论的冲击》，载《江西财经大学学报》2007年第1期。

计算机软件功能，因此难以确立应由哪个部门来行使管理权。现实中，有的国家将互联网作为电信服务进行管理，还有国家将其作为计算机业务管理，也有国家将其作为广播服务来管理。如果将网络定位于“新媒体”，则主管网络的政府部门应该与传统媒体协调一致。如新加坡专门成立信息通信发展局负责互联网管理工作，并通过《网络内容指导原则》明确规定了禁止在网上传播的内容。

最后，以媒体治理的原则选择和运用政策工具。显然，对网络属性的不同定位，直接影响着援用哪一项法规、选择何种网络政策工具。若以“新媒体”观来看待网络，必然将其归类于媒体治理并选择相应的网络政策工具。新加坡早在1996年就依据《新加坡广播法》颁布了《网络行为准则》与互联网产业标准。当然，由于世界各国的新闻制度差异极大，即便同是将互联网定位于“新媒体”的国家，其治网逻辑也有所不同，这与网络媒体承载的政治功能和意识形态内涵不无关系。

第九节　中国网络治理的定位及现实路径*

人类共同体的一个基本目标，是达成社会实践的有序化过程与合秩序状态，这就需要人们持续建构其所属时代的日常生活范式和社会合作模式。在此进程中，人类的不同时代创造出一系列制度性社会治理架构，并借此实现了自由与秩序的历时性动态平衡。由于互联网已成为覆盖全球的人工神经系统，因此网络治理需要具备世界禀赋。但作为国家主权的当代构成要素，一个国家或地区网络治理的具体形态，要取决于其在国家治理体系中恰如其分的定位。对中国而言，有效的网络治理模式既要契合网络社会存在机制，又要嵌入现实社会治理体系，还要融入法治中国进程。这是分析中国网络问题的基本定位，也是考察我国网络治理状况的三个判据。以此为基础，可以深入讨论创新网络治理体系，提升网络治理水平的现实路径。

---

* 原载《中国社会科学》2016年第7期。

一、契合社会存在机制的网络治理方式

网络社会存在机制使人类生活形态和相互合作范式都呈现出明显的共生性，这种新质"共在模式"是网络治理不可或缺的内在基础。在信息技术时代更替过程中，网民共在模式也将更新换代，并且内在地制约着网络治理的有效性。

（一）网络社会存在机制是治理有效性的内在基础

1.作为一种"共在模式"的网络社会存在机制

马克思从人类社会存在的角度探讨了本体论问题，认为"历史性是一切社会存在的根本范畴"。[1]我国学者俞吾金撰文指出，应该沿着"共在"思路对相关概念作纵深思考，因为"一定的关系"就是某种"共在模式"。[2]

事实上，人类的"共在模式"往往历史性地被特定"工具"的内在规定性所限制。早期，人们借助手工工具延长"手"的功能，初级、简陋和彼此孤立的社会实践确立了分离且富有价值的共在模式。进入机器时代，人类之手被"机器"延长到极致，同时确立了以主体性、工具理性等所谓现代性为基础的共在模式。时至今日，互联网已不再是人类之手的继续延长，而是人类之脑的扩展和增容，工具的内在规定性发生了革命性变化，从而奠定了网络社会存在的技术基础。

这样看来，网络社会存在机制实质上是一种新质的共在模式，它实现了人—机交互的生存方式，使人的心智与计算机的高性能得到了良好的嵌合。这种人网合一的嵌合结构使人的实践能力发生了质的飞跃，人类社会实践不再是单向度地使用工具，而是通过人与工具的交互作用产生倍增之效。以此为基础，人类的生活形态与相互合作模式都呈现出了明显的共生性。

2.共在模式换代对网络治理的制约

在互联网发展进程中，技术的时代进化改变着网民共在模式，而共在模式换代又机制性地制约着网络治理的成效。由此，就形成了不同时代的网络治理方式，以及面向未来的网络治理思维。WEB1.0是一种以门户网站为中心节

〔1〕 杜章智：《卢卡奇自传》，社会科学文献出版社1986年版，第204页。

〔2〕 俞吾金：《存在、自然存在和社会存在——海德格尔、卢卡奇和马克思本体论思想的比较研究》，载《中国社会科学》2001年第2期。

点的大众传播技术，网民的共在模式也是围绕网站展开的。以此为基础，用户得到的信息大多是网站编辑处理后的内容，网民则实践着一种基于门户网站的数字化共在模式。在这个阶段，各国纷纷将网络治理定位于“媒介管理”，形成了以网站服务为抓手的网络治理方式，如“资质审批”“内容管理”等。

当下，WEB2.0是一种注重用户交互作用的分众传播技术，网民的共在模式是基于“关系”展开的，互联网内容更丰富、联系性更紧、工具性更强，网民地位大不一样。比如，微博将分众传播发挥得淋漓尽致，而微信则是由“互联网+社交网”形成的精细传播。可见，WEB2.0打通了线上与线下的界限，构建了一种基于熟人关系的全方位社交空间，使人们可以有选择地为自己划分“圈子”，实现了信息推送模式的自主化和互动化。在这个阶段，网络治理不只是简单的技术问题，而是复杂的社会系统工程，需要从“媒介管理”转向“社会治理”，更加注重多元共治的管理方法如行业和网民自律等。

未来，还会出现WEB3.0、WEB4.0的时代更替，如已初见端倪的Netvibe、codyy.com等。据预测，未来的上网体验可能像围住一张桌子聚餐，所有人都把资源放在一起供大家选择和使用。所谓“桌子”就是提供网站协议的平台，所有网站（人）都围在协议（桌子）之旁。可以肯定的是，随着信息技术的时代更替，网民共在模式也将更新换代，进而推动网络治理方式升级转换。

（二）以网络社会存在机制为基础的规则重构

1.尊重内嵌于“代码”的网络技术规则

劳伦斯·莱斯格认为，“网络空间存在对行为的规制，但规制主要是通过代码施加的。代码导致了规则的不同，进而分出了网络空间的不同部分。”[1]以此为基础，网络秩序的不同主体提供各自的网络规则，如互联网企业提供市场规则，网民群体提供伦理规则，政府部门制定法律规则。在网络世界中，既存在各组织主体的多元互动，也存在不同规则形态的混序共生。

一方面，作为高技术架构的网络社会，“代码”就是其内在的生存密码和存在逻辑，是需要人类社会予以尊重的“自然法则”。看上去，代码不过是程序员写出来的源文件，但本质上是由字符、符号组成的规则体系。卡斯特在《网络社会的崛起》中揭示了当代文明制度的内在逻辑，使我们清楚地认识到信息

---

〔1〕［美］劳伦斯·莱斯格：《代码——塑造网络空间的法律》，李旭等译，中信出版社2004年版，第25页。

社会的内涵。他所谓的“网络化逻辑”(networking logic)是网络社会存在机制的基本内核,也是互联网代码所固有的逻辑。表面上,预先设定好的功能性工具并没有明显的政治功效,但事实上,内嵌在代码中的技术规则体现着互联网系统颇具刚性的秩序目标。因此,我们唯有尊重“代码”所指示的网络技术规则,才有可能从自然王国走向自由王国。

另一方面,人类是可以对“自然法则”进行解密并加以利用的。早期,曾有人认为互联网已经创造了一个自由环境,因而网络空间无法被规制。事实恰恰相反,代码既可以创造出一个自由的世界,也可以创造出一个充满沉重压迫和控制的世界,尤其是那些出于电子商业目的而旨在将网络商业化的代码。“某只看不见的手正在建造一种与网络空间诞生时完全相反的架构。这只看不见的手正在通过商务活动构筑一种能够实现最佳控制的架构——一种使高效规制成为可能的架构”。[1]其实,技术始终是用于满足各种社会需要的工具,代码所展现的更多是技术与政治相合一的当代场域。

2.对网络工具的“技术归化”和社会评估

对于高风险社会而言,“技术归化”和社会评估都是社会治理的必有环节。一般认为,各种新技术必须得到转化,使其从陌生的、可能有危险的东西转变成能够融入社会文化和日常生活之中的驯化之物,这就是所谓“技术归化”。“火器、造纸等技术之所以对中国和西方近代社会产生迥异的影响,其根本原因是技术归化过程的不同。”[2]可见,技术归化实际上是对技术应用所进行的社会选择过程,表现在网络发展进程中则是对网络工具的社会选择和引领作用。通过网络技术归化,将会建立起各具特色的虚拟实践方式。

近年来,有人将风险社会理论运用于网络社会研究,称互联网是一个点击中的风险社会。由此,就要求对新开发的应用工具进行风险预判。在风险评价和社会评估过程中,行政部门、行业主体和社会第三方,均可提供网络新应用的风险识别参数、风险估计要素、风险驾驭要则、风险监控措施。最终,将通过合程序的综合认定来决定该应用工具“配何种刹车,走哪条道路”,从而避免网络新应用“先上高速、再配刹车”。

---

〔1〕［美］劳伦斯·莱斯格:《代码——塑造网络空间的法律》,李旭等译,中信出版社2004年版,第6页。

〔2〕黄嘉:《技术归化:理解用户与产品关系的关键视角》,载《自然辩证法研究》2012年第1期。

3.治理方式转型与网络技术换代同步进行

早期的网络管理问题多与计算机犯罪(Computer Crime)有关。自1983年确立"传输控制协议"和"网络间协议"(TCP/IP)后,计算机犯罪一词逐渐被网络犯罪(Cyber Crime)所替代。当时,各国均采取了程度不同的国家干预政策。从1995年起,以WEB1.0技术为代表的信息发布系统爆炸式地成长起来,成为互联网的主要应用内容,日益取代着报纸、电台、电视台的新闻发布功能。WEB1.0技术以信息传递为时代特征,它通过网站把无数个网络终端链接起来,再通过人机耦合实现网民之间的相互连通。因此,作为信息传输节点的网站就成了各国WEB1.0时代网络治理的"抓手"。

大约从2000年开始,互联网逐渐完成了从WEB1.0到WEB2.0的时代转换,它不再是以网站为中心的连通系统,而是嬗变为以现实社交网络为基础的互动平台。相对于WEB1.0以网站聚合用户的"网站中心"技术,WEB2.0采用了基于用户关系生产和聚合内容的"用户中心"技术。面对WEB2.0时代,原有的政府依托网站进行管理的治理方式显得捉襟见肘,每个国家都力图针对网络应用理念的换代进行各自的治理方式转型。

我国在互联网发展早期也采取了国家干预政策,并且延续至今。在WEB1.0时代,监管部门建立了以"网站内容服务"为抓手的网络管理方式,基本达到了预期目标。近年来,有关政府部门和网络管理机构对互联网发展的"去WEB1.0"趋势已有所察觉,但网络治理方式"升级"仍徘徊不前。总的看,我国网络治理方式正处于从WEB1.0到WEB2.0的转型过程中,网络问题大量聚集和应对不力均与此有关。这种已滞后于网络技术换代的治理方式,在面对未来WEB3.0、WEB4.0时将更难作为。为此,加快网络治理方式"去WEB1.0"进程,尽快构建治理方式与网络技术同步跃升机制,就成为一项关键而迫切的网络治理创新。

二、嵌入现实治理体系的网络治理安排

虚拟社会秩序要受制于多种现实社会因素,网络治理的制度安排也要取决于国家政权的组织形式。因此,网络治理不是孤立现象,要特别强调网络治理安排的虚实相宜性。

（一）网络制度安排取决于国家政权的组织形式

1.网络治理的基本制度体现了国家的统治意志和利益要求

近年来，网络逐渐成为国家政治的重要议题，大多数国家都对互联网进行着不同形式的监督审查，网络治理正在成为一种基本的制度安排。现实中，各个国家存在不同的政权组织形式，它表明国家采取何种原则和方式去组织用以治理社会、维护社会秩序的政权机关。特别是中央政权机关的组织原则和运行方式，直接对应着国家本质，间接体现着国家的统治意志和利益要求，而权力则是国家意志的制度体现。换言之，权力运行表述的是国家对社会成员的一般要求，反映的是国家的整体利益趋向，标志的是社会的正常秩序。基于此，网络管理体制的基础是国家政体，其具体安排取决于既有的政权组织形式。互联网发展到今天，已经没有哪一个国家仅仅将其视为技术现象，网络治理逐渐成为国家治理的重要内容。相应地，网络治理的基本制度已成为一种体现国家统治意志和利益要求的政权体制或表现国家权力的社会制度。

2.网络治理模式是一种制度化的主体间关系

网络治理的运作，需要特定的治理模式作为支撑，不同主体所掌控的资源、社会影响力以及在治理实践中表现出来的能力都是有差异的。规范意义上的网络治理，其实就是制度化的主体间关系，是对主体功能范围和相互作用关系的边界划分，核心是权力配置即国家统治、社会调节与网民自治三者的权力关系问题。除非出现了外部效应，或者有无法解决的难题，抑或有违反法律规定等情况，这些权力之间应该彼此不僭越、不替代、不干预。

3.网络治理的具体安排是对现行社会治理体制的延伸

虽然互联网发展越来越快，其社会影响也越来越大，但迄今为止还没有哪一个国家设置了独立、集中的网络管理机构。实践中通行的做法是，“各国根据互联网管理的需要和属性，对网络管理职能进行任务分解，按照‘功能等同’和‘现实对应’的原则”，“在已有政府管理机构之间进行分配和安排，在现有国家行政管理体制中默认、授权或者指定某些传统的行政管理机构，来行使互联网的各种政府管理职能”。[1]简言之，各国如何管理现实社会，便如何管理网络社会，而网络治理的具体安排大多是现行社会治理体制的延伸。

---

〔1〕 马志刚：《中外互联网管理体制研究》，北京大学出版社2014年版，第11页。

（二）以虚实相宜为导向的网络治理安排

1.重视网络伦理的基础功用

网络社会要共享一些伦理规则，它们是网络制度创新的基础和内核。从过程上看，任何虚拟社区的形成必然伴随着伦理规则建设，那些获得成功的行为规范会被普遍效仿并随时间推移占据主导地位。从功用上看，网络伦理承担了非常重要的治理职能，相关的戒律、要求及制度创新，都源于共同准则的相互性逻辑，体现了社会力量的自组织能力。

最基础的网络伦理，是形形色色虚拟社区的行为规范，一般表现为“线上”伦理规则集合。在那些较为正式的虚拟社区中，首先表现为成文的行为准则，如虚拟社区形成之初就已经存在并且不断加以改进的准入性规则，每个社区成员都必须知晓并且有义务接受管理。但更为重要的是那些不成文的行为准则。由于虚拟社区是以成员之间的“归属感”为基础的，因此即便是不成文规则也会产生较为刚性的约束效果。由此可以认为，重视网络伦理的基础功用，是完善网络治理体系的必由之路。

网络伦理规则的一般含义，是指网络相关群体的伦理规则。除前述虚拟社区规范外，还包括两部分内容：其一，是用以约束全体网民（最大的网民之群）的伦理规则，即具有最大公约性的行为准则，如不得进行人身攻击、不泄露他人隐私等行之有效的习惯法（Custmary Rules）和网络礼仪（Netiquette）。由于网民个人自律是虚拟社会治理中十分重要的自组织功能，因此构建广域适用的网络伦理应该是网络治理安排不可或缺的基础。其二，是用以约束网络组织（组织化的网民之群）的伦理规则。网络组织还可细分为网络行业协会、网络非政府组织、网络非营利组织、网络民间组织等各种形态，它们分别承担着所在领域的网络治理职能。为此，需要制定相关行业规范和组织规章来确保其成员合乎法律规定和道德要求，这是网络制度创新中颇具专业性和专门性的建设内容。

2.发挥“互联网+”再组织化的正功能

现代社会的核心逻辑是通过“组织化”产生协作效能。所谓“互联网+”再组织化功能，是指互联网对既有组织样态进行的重新组织，主要表现在三个方面：一是现有社会组织的网络化再造，其中的关键不在于网上政务、组织官网这类电子化形式，而在于现实组织样态、组织结构、组织流程甚至组织功能因不得不适应网络社会而被重新塑造；二是虚拟社会组织的广泛存在，这种网络中再自然不过的现象却是现实中的革命性变化，大量原子化个体通过该途径找到了自己在网络社会中的归属；三是“线上”组织向现实社会的扩张，越来越多跨越地理、不限人数、组织灵活、活动多样的“线上”组织，通过社交网络平台发起、组织现实社会活动，实质性地改变了现实社会的组织样态和组织机制。

由于“互联网+”再组织化功能不可避免且具有正负两面性，因此社会治理安排的关键就在于充分发挥其正向功能。不可否认，尽管“互联网+”再组织化现象体现了正能量，蕴含着社会治理的创新性，但大量存在的违法违规问题，也对人们掌握这一历史机会的能力提出了挑战。从社会治理创新角度来理解，“互联网+”再组织化应该是社会变革的驱动器，而牢牢掌握“互联网+”再组织化的大方向和正功能则是创新社会治理的关键环节。

3.构建多主体网络治理结构

网络治理安排的深层问题，是能否构建起虚实相宜的多主体治理结构，核心是政府在虚拟社会管理中如何定位。这意味着，政府独一无二的管理主体地位将被改变，网络企业、第三部门尤其是网民公众将获得参与网络治理的权利和机会。这种多主体治理结构，是政府和其他社会主体尤其是网络主体间的组织运作形式，能够在相互作用中产生协同效应，因而比现行科层体制具有更大优势。具体而言，一个虚实相宜的多主体治理结构，是由以下三个机制的建立及其相互耦合而成的：

其一是自律机制。这是网络治理中各社会主体的自主管理功能。在发达国家，网络行业组织、网络社会组织、虚拟社区乃至其他形形色色的网民组织都承担着数量可观的网络治理职能。虽然多主体协同网络中也会出现引导行为，但它是基于共同准则的相互性逻辑，而不是正式的权威关系。这种虚实相宜的多主体治理结构的一个精彩之处，就在于运用了虚拟社会的自组织能力和社会力量的自主管理功能。

其二是他律机制。这是网络治理中政府功能的有效发挥，此处的“他律”是相对于社会“自律”而言的政府作用。网络治理安排的根本目的是维护网络秩序、促进社会和谐、保障网民的数字化生存，为互联网和社会发展营造良好环境。“他律”既是政府的应尽职责，也是事关网络公正、社会和谐的基本制度安排。

其三是互律机制。这是网络治理中各相关主体之间的相互监督和相互制约关系。互律机制的建立,可以满足各类社会主体对平等性和包容性的诉求,创造一个理性协商、规范参与的活动场域。毫无疑问,多元化、个性化参与和理性化、规范化参与的有机结合,将会从根本上确立这种多主体协同治理结构的合法性。

三、融入法治中国进程的网络公序良俗

网络治理在法治中国进程中集中表现为法治网络建设。为达成网络公序良俗,需要进行一系列网事秩序建设。

(一)法治中国进程中的网络场域

1.网络公序良俗是法治中国的当代标识

法治中国建设既要承续中国的文明禀赋,又要注入法治的当代品格,而网络公序良俗恰是反映其时代特征的元素,是法治中国的当代标识。在社会发展过程中,公序良俗对社会关系的调整和规范功能往往要早于成文法。具体到互联网环境下,无论是"线上"与"线下"、现代与后现代的观念碰撞,还是网络互动方式、新型社会关系的层出不穷,都是既有法律难以应对的。此时,网络公序良俗就成了调整网民行为的基本原则,它可以应对因网络法滞后不可能预见到的那些损害国家利益、社会公益和道德秩序的行为,弥补禁止性规定的不足。

作为社会公共利益和一般道德观念的网络化形态,网络公序良俗本质上是一种客观存在,既独立于网民主观认识之外又不以个人主观认识为转移。因此,如何在网络世界产生和确立这种"客观存在",应该是法治中国一体建设在网络场域的时代性课题。值得注意的是,网络公共秩序并不是通常意义上的"可见"秩序,如虚拟社区秩序、微信发送秩序、电子商务秩序等,它是能够体现国家、社会以及网络空间一般利益,用以规范"线上"行为的网民共识和价值尺度。同样,网民善良习俗乃是与特定民族文化相契合,用以维系国家、社会基本秩序的一般道德准则,是网民普遍尊重和服从的基本伦理要求。从这个意义上说,积小习为共识、化具体为一般,应是网络公序良俗建设的重中之重。

2.网络法是一种先锋形态的文本规范

作为当代高科技的代表，互联网已逐渐承载起信息时代的价值诉求和生活态度，富含着人类理性的新内涵。它不仅是网络社会的物质基础，还具有按网络化逻辑重构法律秩序的能力。由此，网络法便处于法治中国建设中极具挑战性的前沿位置。

法律研究要解决的是“行为模式与法律后果之间的因果关系”。[1]网络法作为一种先锋形态的文本规范，首先要回答的就是：这种前所未见的“线上行为模式”的法律后果是什么？以往，人们谈论较多的是科学如何通过揭示自然现象和社会现象背后的因果关系而改变法律，但网络的重要性不是发现了新的因果关系，而是创造了新的“线上行为模式”。同样，网络不是通过揭示新的因果关系去改变法律，而是要求法学家针对这种“线上行为模式”的法律后果进行说明，并依此来调整网络关系甚至重塑法律秩序。

由于科学技术与法律制度之间的张力是近代以来的一种常态，因此各国法治化历程不仅与科技进步相伴而行，而且要被打上当时的先锋标记。18世纪的蒸汽机技术使工业用具取代了手工用具的主导地位，也使人类生活步入了工业文明形态，当时最发达国家的法治化之路是充满机械之声的。19世纪的电气技术使生产工具的自动化程度不断提高，人类生活也进入一个新的阶段，彼时致力于法治化的国家必然与电结缘。当我们把美国称为“汽车上的国家”时，也能触到其法律体系的汽油味和车轮声。可见，处于不同法治化时点的国家，其进程和内容都会留下时代特征和历时性先锋样态。依此来看，中国的法治化进程会不可避免地打上互联网印记，而网络法无疑是一种先锋形态的文本规范。

3.网络法益是居于核心地位的重要概念

所谓网络法益，就是由法律所保护的网络生活利益和网络社会秩序。根据李斯特的观点，“这些利益的存在不是法律秩序的产物，而是社会生活本身。但是，法律的保护作为一种途径把生活利益上升为一种社会法律秩序从而形成为法益”。[2]目前，现实社会正聚集起建设法治网络的迫切需求，而居于法治网络核心地位的网络法益问题，也到了理论上呼之欲出、实践中存之待发

〔1〕 葛洪义：《法理学》，中国政法大学出版社1999年版，第271～274页。

〔2〕 张明楷：《法益初论》，中国政法大学出版社2000年版，第148 ～149页。

的时候。

狭义的网络法益，就是呈现为网络形态的法益，主要包括三大类型：其一，是网络工具权，即使用网络工具的权利和利益，比如进入或退出网络的自主权；运用或弃用某种网络工具的选择权；虚拟财产的处置权及其相关利益。其二，是网络信息权，即使用网络信息的权利和利益，比如公众和特定机构对某些网络信息的获取权；特定主体对非公开网络信息的专有权；权利人将网络信息所载明的客观事实予以实现的利用权；权利人对网络信息的传播权；权利人对网络信息内容的维持权。其三，是网络大数据权，即拥有、使用网络大数据的权利和利益，比如个人对网络大数据的专有权；公众对网络大数据的使用权；第三方平台对网络大数据的处置权；国家对网络大数据的管理权和处置权。

广义的网络法益，指的是涉网络法益，既与网络有关又表现为常态法益。现实中，多数网络犯罪仅仅把互联网作为一种犯罪手段，所侵害的仍然是现实法益形态。此类罪错之所以被称为网络犯罪，是因为互联网在犯罪过程中发挥了独有的杠杆作用，表现为传统犯罪的倍增效果和对集群犯罪的组织能力、动员效果。“它属于传统犯罪的网络异化，虽然有可能套用传统的罪名体系，但如果不进行较大强度的扩张解释，传统的罪名根本无法适用于滋生网络空间中的此类犯罪行为”。[1]在互联网全方位扩张的今天，法律不仅要加大对现实法益的保护力度，更要重视对涉网络法益的研究和保护。

（二）以法治网络为目标的网事秩序建设

1.对现有法律进行涉网络调适

互联网在成为必备生活平台的同时，也给各种犯罪提供了一个方便、快捷的工具和场域，使传统犯罪在网络作用下出现了倍增效果和异化现象。由于网络传播速度极快，具有将时间、空间高度压缩于一体的优势，因而使犯罪行为有可能在成本低廉的情况下获取极大的利益。比如，将传播谣言作为牟利手段古已有之，在现实社会可识别性、可控制性较强，但网络谣言的牟利效果会放大无数倍而且极难控制。2011年，由日本海啸而起的“谣盐风波”，就造成了江浙各地的食盐抢购风潮。事后，有媒体综合各种市场迹象分析称，食盐

---

〔1〕 于志刚：《网络犯罪的代际演变与刑事立法、理论之回应》，载《青海社会科学》2014年第2期。

抢购风波后，有民间游资提前布局某只股票从中渔利。此种以网络为工具操纵股市、市场，进行金融、财产诈骗，从事贩毒、卖淫等犯罪行为屡屡得手，都显示了涉网络犯罪中异乎寻常的放大效应和变异效果。

目前的当务之急是将现实法益转换为涉网络法益，使之适应信息网络社会的新情况。以此为基础，还要对现实法律条文进行涉网络调适和文本对接。于志刚认为，“从刑事立法的角度来讲，立法术语和网络技术术语的不对接，直接导致了相关概念的界定不清和量化标准的模糊，致使现行刑法中涉及计算机犯罪的罪名陷于空置，难以有效地对相关犯罪行为进行评价和制裁”。基于此，“未来网络犯罪司法解释资源的重点和中心问题一定仍然是传统犯罪网络化实施的定罪量刑问题，尤其是‘罪状’的网络化解释（包括罪状整体、关键词语在信息时代含义的扩张解释），以及网络犯罪的立案标准体系的明确”。[1]可以说，在网络犯罪可及的地方都存在如何将现实法律条文进行涉网络调适和文本对接的问题，这应该是法治网络建设的基本要务。

2.创制互联网专门法律

虽然网络犯罪多是传统犯罪的网络化形式，侵害的是涉网络法益，但法治网络建设的核心问题仍然是对典型网络法益的有效保护。为此，亟需推进互联网专门法律的创制工作，用法律的形式规定网民的权利、义务和行为规范，并通过国家强制力保证其实施。从广义上说，互联网专门法律包括网络法律、网络行政法规、网络部门规章、地方性网络法规等，具有稳定性、规范性和可预期性的特点。由于互联网改变了社会关系，许多涉及国家安全、行政管理、网民财产的权益和冲突被嵌入网络，因此，法律是最重要的网络治理工具。近年来，我国网络立法取得了不小的进步，但相对于网络超快速发展、网络法益屡遭侵害、网络企业无序竞争等复杂局面，仍是一个法律基础薄弱的网络“后发”国家，对互联网专门法律的创制工作仍显滞后。

第一，加快制定网络上位法，协调权力机构间的关系。互联网发展首先是“技术上”的，若对信息技术前景及功能模式预判不足，就会导致先发展后治理、以管理代治理和多头管理等困局。为解决网络治理“部门化”倾向，需要建立结构功能明晰的法治体系。具体来讲，全国人民代表大会作为最高权力

---

〔1〕 于志刚：《网络、网络犯罪的演变与司法解释的关注方向》，载《法学论坛》2013年第11期。

机关，应制定基本法律，为协调网络治理职责提供根本法律依据；国务院作为最高行政机关，应发挥宏观指导作用；而制定并监督执行各项具体政策法规的应是各网络管理职能部门，其中工信部应发挥关键作用，不仅要制定宏观信息产业发展战略，更要前瞻性地拟定互联网行业标准和技术法规，为网络治理提供操作性方法。此外，网络法律还应注重各方的权责平衡和权责明确。

第二，针对三大网络法益，构建分类分层的网络法律体系。网络法益的多样性，决定了网络问题的多样性，也决定了网络法律需要分类。当前，需要针对三大网络法益，完善和创制互联网基础法律。一是针对网络工具权，推进互联网使用和虚拟财产保护法；二是针对网络信息权，进一步完善信息权益法；三是针对网络大数据权，出台数据资源权益法。同时，在分类基础上也要注重分层，而分层的重点和难点是如何界定违规信息，尤其应以法律形式明确哪些是必须禁止的、哪些是限制性信息，告诉网民如何识别侵权行为，如何保护合法权益等。实践表明，只有划清“禁止性规范”与“义务性规范”的边界，才能确保网络行为的良性发展。

第三，规制“用户”与规制“网站”并重。目前，网络已成为“用户”与“网站”双主体共存的平台，因此法律规制应“两手抓，两手都要硬”。一方面，要总结WEB1.0时代以“网站”为规制主体的管理经验，根据全国人大常委会《关于加强网络信息保护的决定》进一步明晰网络服务供应商义务，界定网络公司媒介功能，规范网站工作人员后台操作。另一方面，要顺应WEB2.0时代用户中心、分众传播的特点，既要规制网络中的不法行为，如网络诈骗、盗窃私人信息以及网络软暴力等，又要完善法律授权，保护用户合法权益不受侵犯。

第四，从侧重司法解释转为推进网络部门法建设。互联网的社会属性改变了人与人、人与信息的关系，越来越多的国家安全、行政管理问题，以及网民之间财产、人身关系被嵌入网络。为应对一些网络热点、难点问题，司法解释一定程度上起到了弥补网络法律缺位的良好功效，如关于网络谣言的认定与处罚等。但是，通过司法解释将现实法律应用到虚拟社会，不宜作为法治网络建设的常态手段。应对网络法律滞后的根本举措是，确定虚拟社会的主要调整对象及调整方法，做好网络法律体系的高位设计和立法规划，尽快形成互联网部门法。事实上，确立网络法律的部门法地位，既可以有效解决我国网络法律法规效力层级较低、缺乏基本原则及系统性的问题，也能在法律跟进不够时利用“司法解释”有效补位。

第五，推进网络程序法建设。全国人大常委会《关于加强网络信息保护的决定》及此后出台的网络相关法律，以法治方式拧紧了网络使用和信息权的安全阀，对加强网络治理具有重要意义。但是，这类法律仅从“实体法”角度明确了信息保护范围，提供了法律依据。“实体法”所规定的权利和义务，若没有“程序法”来落实，就会出现法律适用的随意性和扩大化。因此，有必要构建网络程序法，如怎样确定“虚假”信息、谁来判定“网络侵权”性质、网民提供的“事实”依据能否成为免责证据等。建立这样一套程序化的规则和制度，可以为司法适用和执法实践设置红线，在“依法治网”过程中保障公民权利。

3.设置网事仲裁机制

我国将仲裁俗称为“公断”，其本义是地位居中之人对纠纷的裁断，而网事仲裁则是对网民争议进行第三方判断或裁决的一种网事纠纷解决模式。作为一种新的社会设置，网事仲裁机制是国家法律制度在网络治理领域的延伸，兼具民间性和国家保障性，它可以丰富我国的网络治理模式，更好地应对WEB3.0、“互联网+”、大数据等互联网发展的未来趋势，引导网民用制度手段去化解网络问题。

作为国际通行的纠纷解决机制，仲裁历经了从民间自救到被国家承认的公力救济，从道德规范、舆论维系到国家强制力保障，从解决国内民商事争议到解决国际民商事争议、海事争议和国家争端的三个嬗变。随着网事仲裁机制的建立，它还将经历从解决现实社会争议到解决虚拟世界争端的第四个变化。在互联网发展和网事纠纷同步递增的“互联网+”新时代，网事仲裁无疑是一种符合我国民间调解习惯和“无讼”文化传统的社会调节器，因此有必要设置政府网事仲裁机构，同时鼓励民间网事公断机制。这样，既能将日常网事纠纷交由民间网事仲裁机构调处，又能使政府网事仲裁和司法机构专心处理重大和复杂的网事纠纷。

对网络治理实践而言，一个完善的法律救济体系，不仅能保护网络空间中的权利，也提供了以权利限制权力的可能。目前，我国有关互联网的法律法规多为禁止性条例，既限制了网络信息流动，也未能向网络服务商和网民提供相应救济保障。为此，需要尽早完善网络治理的法律救济体系，通过个人利益、公共利益、社会利益的公开意见表达与多元共同协商，形成治网共识与治理决策的社会参与机制。以此为基础，厘清互联网领域内的责、权、利，建立并不断完善互联网领域的法律救济体系。

后　记

我对互联网研究的兴趣始于1996年，先是写一些不痛不痒的小文，自1998年发表《现代信息技术的技术特性与社会效应》并被《新华文摘》全文转载后，就成了一个越来越沉湎其中的"网中之人"。那时曾不太经意地说过："互联网的快速扩张正在形成一种新质的网络文化，这种全球性的、跨时空的文化形式将引起传统社会的再造和人类知识体系的创新。"当伴随互联网一路走来的时候，还真是不断地被她的巨大能量和无穷魅力所震撼。及至目前，网络社会研究已经成为最具挑战性的跨学科前沿方向之一，如何解开网络社会密码也成了当代学人的担当和使命。

本书从四个方面总结了我20年学术生涯中有关"网络社会"的研究成果。其中，第一篇是对信息技术与网络社会的理论探讨，从物质层面的信息技术特性讲起，既涉及网络生存的哲学问题，也议到网络社会系统的虚拟和谐。第二篇是网络化生存样态研究，有些是网络生活中的情景定义、主体特征、虚拟认同等一般性问题，但相对集中于网络消费的具体论域，这与我当年的博士论文选题有关。第三篇是网络化的社会结构及效能发挥问题，由于"互联网+"的再组织化功能，网络社会的组织化逻辑已渗透到各个角落，触及网络社区、虚拟公共领域、虚拟企业、网络舆论、电子政务、网络文化等诸多内容。第四篇是网络越轨和网络治理这一对相辅相成的论题，既包括对网络侵犯行为、网络成瘾、网络越轨等病态现象的分析，也包括对网络秩序的生成机理和供给机制、网络治理的核心议题和推进逻辑等重要议题的研究，同时，还深入讨论了中国网络治理的定位及现实路径。作为华东政法大学校庆系列之一，本书对字数有总量限定，因此只是我这些年网络社会研究的部分成果。书中的一些文章为合著，在此对合著者表示感谢。虽然有些缺憾，但仍然很高兴与大家见面。

回想这20年的网络社会之旅，不能不感谢持续给我以课题资助的国家社会科学基金。1999年，在我刚刚涉足网络社会研究不久的时候，有幸得到国家社科基金的第一次资助，即“因特网对我国网民生活方式的影响及其社会控制研究”(99BSH004)，这奠定了我在这个研究领域的学术基础。此后，又先后获得了国家社科基金的两项一般性课题，分别是2003 年的“网络互动：一般理论与实证研究”(03BSH015)和2005年的“虚拟社会与现实社会的关系研究”(05BSH005)。再后来，当我在2007年获得国家社科基金重点课题“中国特色网络文化建设与管理发展战略研究”(07ASH007)的时候，还不太敢去想重大项目招标问题。但2012年的“中国特色虚拟社会管理模式研究——基于网络关系结构的多主体协同治理方案及其法律支撑”(12&ZD083)，让我圆了这个美美的梦。与此同时，我也要感谢国家博士点基金、国家软科学课题、黑龙江省社会科学基金、哈尔滨工业大学、华东政法大学的多渠道大力支持。可以说，没有这些资助和支持，就没有本书的成果，我在网络社会研究领域也走不到今天。现在看，这种连续、多层次地对同一个学者的同一个论域的支持，可以保证其研究工作的稳定性、可持续性以及前沿性。在书稿付梓之际，我还要对法律出版社的精心匠作表示衷心感谢，这保证了本书的高质量和高颜值。

何明升

2017年6月于上海松江大学城

图书在版编目(CIP)数据

网中之我：何明升网络社会论稿 / 何明升著.—北京：法律出版社，2017
(华东政法大学65周年校庆文丛)
ISBN 978-7-5197-1313-3

Ⅰ.①网… Ⅱ.①何… Ⅲ.①互联网络—影响—社会生活—研究 Ⅳ.①TP393.4②C913

中国版本图书馆CIP数据核字(2017)第212063号

网中之我
——何明升网络社会论稿
WANGZHONG ZHIWO
——HEMINGSHENG WANGLUO SHEHUI LUNGAO

何明升 著

策划编辑 高 山
责任编辑 韩满春
装帧设计 汪奇峰

出版 法律出版社
总发行 中国法律图书有限公司
经销 新华书店
印刷 固安华明印业有限公司
责任校对 晁明慧
责任印制 陶 松

编辑统筹 学术·对外出版分社
开本 720毫米×960毫米 1/16
印张 21.5
字数 336千
版本 2017年10月第1版
印次 2017年10月第1次印刷

法律出版社 / 北京市丰台区莲花池西里7号(100073)
网址 / www.lawpress.com.cn
投稿邮箱 / info@lawpress.com.cn
举报维权邮箱 / jbwq@lawpress.com.cn
销售热线 / 010-63939792
咨询电话 / 010-63939796

中国法律图书有限公司 / 北京市丰台区莲花池西里7号(100073)
全国各地中法图分、子公司销售电话：
统一销售客服 / 400-660-6393
第一法律书店 / 010-63939781/9782
西安分公司 / 029-85330678
重庆分公司 / 023-67453036
上海分公司 / 021-62071639/1636
深圳分公司 / 0755-83072995

书号：ISBN 978-7-5197-1313-3
定价：66.00元
(如有缺页或倒装，中国法律图书有限公司负责退换)